A. Woldt

Captain Jacobsens Reise an der Nordwestküste Amerikas 1881-83

DOGMA

A. Woldt

Captain Jacobsens Reise an der Nordwestküste Amerikas 1881-83

ISBN/EAN: 9783955805340

Auflage: 1

Erscheinungsjahr: 2013

Erscheinungsort: Bremen, Deutschland

© *DOGMA in Europäischer Hochschulverlag GmbH & Co KG, Fahrenheitstr. 1, 28359 Bremen (www.dogma.de). Alle Rechte beim Verlag und bei den jeweiligen Lizenzgebern.*

Capitain Jacobsen's Reise

an der

Nordwestküste Amerikas

1881—1883

zum Zwecke

ethnologischer Sammlungen und Erkundigungen
nebst Beschreibung persönlicher Erlebnisse

für

den deutschen Leserkreis bearbeitet

von

A. Woldt.

———

——— ———

Leipzig 1884.

Verlag von Max Spohr.

Vorwort.

Immer lauter und mächtiger ertönt von Jahr zu Jahr der Mahnruf, den die Ethnologie Angesichts der Thatsache erhebt, dass die Wogen unserer modernen Cultur Alles überfluthen und vernichten, was von den primitiven Naturvölkern noch auf Erden vorhanden ist. Die Sitten und Gebräuche, die Sagen und Erinnerungen, die Waffen und Geräthe der uncivilisirten Rassen verschwinden mit schreckenerregender Schnelligkeit und bald wird eine ganz neue Wachsthumsperiode des grossen Baumes der Menschheit eintreten, während die Geschichte seiner früheren Entwickelung wie ein dunkles ungelöstes Räthsel vor uns liegt. Vor dieser einen Thatsache, dass bald alles ethnologische Material verschwinden wird, muss sich jede Wissenschaft, Philosophie, Medizin und Naturwissenschaft beugen.

Die Menschheit müsste gegenwärtig mit aller Kraft dahin bestrebt sein, als werthvollste Urkunden ihres Daseins alle Produkte der Völkerentwickelung zu sammeln, denn die letzteren bilden die einzigen Dokumente, auf Grund deren dermaleinst „das Buch vom Menschen" geschrieben werden wird. Leider aber sehen wir mit offenen Augen zu, wie die sibyllinischen Bücher, eines nach dem andern, verbrannt werden.

Mit Recht sind die Museen für Völkerkunde die berufenen Institute, von denen der Ruf auszugehen hat, dass man retten möge, was noch zu retten ist. Mit Recht hat der Leiter des gleichnamigen Berliner Museums, Prof. Bastian als der ob seiner umfassenden Kenntniss des Erdballs vielleicht am meisten von allen Berechtigte seinen Mahnruf schon längst weithin ertönen lassen. Nach jeder seiner erdumspannenden Reisen erklang dieser Ruf lauter und wehmuthsvoller.

So lange die Menschheit auf Erden weilt, hat sich noch niemals eine grössere und folgenschwerere Revolution· vollzogen, als gegenwärtig. So gewaltig die Culturepochen waren, welche durch die Einführung der Steinzeit und Metallzeit erzeugt wurden, so gering erscheinen sie gegenüber dem nicht mehr allzufernen Zeitalter, wo die ganze Erde von Söhnen der modernen Cultur bewohnt, und jede Spur der Vergangenheit verwischt sein wird.

Jede Hilfe, welche in der gegenwärtigen Zeit der Noth der Wissenschaft von irgend einer Seite kommt, besitzt zehnfachen. hundertfachen Werth, da es sich darum handelt, sonst unrettbar Verlorenes noch im letzten höchsten Moment der Gefahr zu retten. Die modernen Staaten, welchen die Pflege der Wissenschaften obliegt, sind auch durch Gründung von Museen, Instituten, durch Aussendung von Reisenden und Ankäufe von Sammlungen in opferfreudigster Weise an die Erfüllung dieser grossen Aufgaben gegangen, aber das Arbeitsfeld ist zu gross, die Arbeitszeit zu kurz, als dass mit den vorhandenen Mitteln Alles geleistet werden könnte. Hier muss die Menschheit selber eingreifen und der Wissenschaft Arbeitskräfte und Hilfsmittel zur Verfügung stellen.

Dank der Erkenntniss dieser Thatsache sind wir bei uns gegenwärtig in der glücklichen Lage, uns eines, mit Hilfe solcher privater Opferfreudigkeit gelungenen Sieges freuen und gleichzeitig die Erwerbung der grössten ethnologischen Sammlung, die jemals durch eines Menschen Hände zusammengebracht wurde, begrüssen zu können.

Als vor einigen Jahren wieder der ethnologische Mahnruf lauter als sonst erklang, gelang es der feurigen Anregung Prof. Bastian's, eine Anzahl von Männern, deren sonstige Lebensstellung den anthropologisch-ethnologischen Studien fern liegt, zur Begründung eines „Hilfs-Comites zur Beschaffung ethnologischer Sammlungen für das Berliner Königliche Museum" zu veranlassen. Die Herren Banquier J. Richter in Berlin, A. von Lecoq, Emil Hecker, Wilh. Maurer, Gerson von Bleichröder, V. Weisbach, M. L. Goldberger, Carl Francke und J. B. Dotti bildeten unter dem Vorsitz des Erstgenannten dieses Comite und schossen die Mittel vor zu der drittehalbjährigen Reise, welche Capt. J. A. Jacobsen nach British Columbien und Alaska vom Juli 1881 bis Ende 1883 ausführte und als deren grösstes Resultat das Sammeln und Erwerben von 6—7000 ethnographischen Gegenständen zu bezeichnen ist. Die wenigen Monate, welche Capt. Jacobsen zu Anfang dieses Jahres dazu brauchte, um die von ihm gemachte Sammlung im Berliner Museum auszupacken und einzuregistriren, wurden von dem Unterzeichneten dazu verwandt, den Inhalt der von Jacobsen während seiner Reise geführten Tagebücher zu dem nachfolgenden anspruchslosen Werkchen zusammenzustellen, wobei möglichste Anlehnung an das Original das Gebotene erschien. Jacobsen, ein Kind des höchsten Nordens von Europa, ist von Jugend auf an arktische Strapazen gewöhnt, so dass es ihm möglich war, die Strapazen einer 180 tägigen Schlittenreise in Alaska zu ertragen. Er ist von Jugend auf Seemann, so dass er seine kühnen Canoefahrten an der Küste von British Columbien ebenfalls ohne besondere Beschwerden auszuhalten im Stande war. Er reiste nicht als Fachgelehrter, sondern als einfacher Sammler und Trader, welcher, ohne viel den wissenschaftlichen Werth der unterwegs von ihm angetroffenen ethnographischen Gegenstände zu untersuchen, einfach Alles aufkaufte und eintauschte, was zu haben war, und dadurch in den Besitz der kostbarsten Sachen kam. Welchen grossartigen wissenschaftlichen Werth die von ihm gemachte Sammlung hat, darüber werden die Publikationen der Direktion des Museums für Völkerkunde in Berlin der wissenschaftlichen Welt Aufklärung geben. Eine dieser Abhandlungen ist bereits unter dem Titel: Amerika's Nordwestküste. Neueste Ergebnisse ethnologischer Reisen. Aus den Sammlungen der königlichen Museen zu Berlin. Herausgegeben von der Direction der Ethnologischen Abtheilung. Mit 5 Chromolithographien und 8 Lichtdrucken. Gr. Folio in Mappe. Verlag von A. Asher & Co., Berlin. (Preis 50 Mark) erschienen, eine zweite wird ihr in nächster Zeit folgen.

Auch ist in den Sitzungen der Berliner Anthropol. Gesellschaft sowie der Gesellschaft für Erdkunde in Berlin schon bei verschiedener Gelegenheit die hohe wissenschaftliche Bedeutung der Jacobsen'schen Reise hervorgehoben worden.

Der Zweck des nachfolgenden Werkchens soll nicht eine

wissenschaftliche Bearbeitung des durch Jacobsen gesammelten Materials sein, so nahe es auch lag, die zahlreichen Paralellen, die sich beispielsweise zwischen den Eskimos von Grönland, Labrador und Alaska auf Grund der Jacobsen'schen Reise ergeben, zusammenzustellen und zu betonen u. A. m. Nichtsdestoweniger dürfte dieses Buch gerade in der vorliegenden Form der Wissenschaft eine nicht geringe Menge werthvollsten Materiales bieten, das wir der unbefangenen scharfen Beobachtungsgabe Jacobsen's verdanken. Aber auch auf einen weiteren und umfassenderen Leserkreis darf das Werk wegen seines hochinteressanten, oft fesselnden Inhaltes, der bald am Hausfeuer des Indianers, bald im halbunterirdischen Hause des Eskimo, bald im thran- und schweissduftenden Kassigit, bald unter klingendem Frost der arktischen Gebirgsgipfel, bald wieder in schneller Fahrt über See entstanden und von Jacobsen mit stets gleichbleibender Ruhe niedergezeichnet ist, Anspruch machen. Dass der Herr Verleger für diese weitere Verbreitung des Werkes das Seinige durch splendide Ausstattung gethan hat, beweist ein Blick auf das Ganze. Zum Schlusse erübrigt mir noch, den Herren Gebrüdern Dr. Arthur und Dr. Aurel Krause aus Berlin, die sich als beste Kenner der von Jacobsen bereisten Gebiete von British Columbien der Mühe unterzogen haben, die Orthographie der Namen richtig zu stellen, besten Dank zu sagen.

Nach kurzem Aufenthalte in Berlin ist Capt. J. A. Jacobsen abermals auf Kosten des Hilfscomites hinausgegangen in die Welt, diesmal ostwärts, quer durch Europa und Asien, um die Amurländer zu bereisen. Die Instructionen sowie die wissenschaftliche Direction dieser Reise ist, wie das erste Mal, wieder von Prof. Bastian ausgegangen.

Berlin, Juli 1884.

A. Woldt.

Inhaltsverzeichniss.

Karten:

deutungsvolle Brücke bildet, über welche einst, wie es scheint, die verschiedenartigsten Völkerbeziehungen stattgefunden haben. Die ausserordentliche Wichtigkeit gerade dieses Theiles der Erdoberfläche für das vergleichende ethnologische Studium liegt auf der Hand.

Der „Dacota" wendete seinen Kurs nach Osten, die etwa zehn englische Meilen breite Juan de Fuca-Strasse hinauf. Der Schiffsverkehr dieser Meerenge ist sehr bedeutend; wir begegneten mehreren grossen, mit geschnittenen Hölzern oder Kohlen befrachteten Schiffen, deren Ladung aus grossen Sägemühlen-Etablissements in der Nähe, sowie aus Kohlenminen stammte und nach Californien, Chili, ja sogar nach Australien bestimmt war. Am 3. September 1881 landeten wir im Hafen von Victoria.

In den Strassen dieser Stadt wimmelte es von Indianern aller Art, denn Victoria ist der grösste Sammelpunkt und Centralplatz der Westküste für die Rothhäute. Hier hat die Hudsons-Bay-Company ihre westliche Hauptniederlassung; von hier aus entsendet sie ihre Agenten, die Traders, welche sie mit Tauschwaaren versieht, nach Norden bis hinauf nach Alaska, nach Osten bis zu den Rocky Mountains, und versorgt ihre zahlreichen festen Zweigstationen an der Küste und im Lande mit den nöthigen Vorräthen; von hier aus schickt diese Compagnie die von ihr gekauften Felle und Häute etc. via Cap Horn nach London und empfängt auf demselben Wege umgekehrt die europäischen Manufactur- und Colonialwaaren, deren sie bedarf. Nach Victoria wandert darum alljährlich der Indianer, welcher die Felle der See- und Landthiere umtauschen will; hierher wendet sich der arbeitsuchende Eingeborene, hierher der Fischer, um Engagement bei einer der Fischconserven-Fabriken zu suchen.

Der für meine, die Indianer betreffenden Pläne äusserst günstige, grosse Einfluss der Hudsons-Bay-Company war Veranlassung, dass ich bei dem zweiten Chef der Letzteren in Victoria, Mr. Monroe — da der Generalvertreter Mr. Charles gerade auf Reisen in British-Columbien weilte —, ein Empfehlungsschreiben abgab. Die Aufnahme, welche mir zu Theil wurde, war sehr günstig und vielversprechend. Die nächste Fahrgelegenheit, welche sich mir weiter nach Norden bot, war ein Schiff, welches erst eine Woche später die Küste entlang fuhr. So ungeduldig ich war, so musste ich mich doch beruhigen und benutzte demgemäss die Zeit in der Hauptstadt von British-Columbien, um mich vorläufig unter den Indianern zu orientiren und Victoria und Umgegend kennen zu lernen. Wie viele Städte des Westens, verdankte Victoria ursprünglich seinen grossen Aufschwung der Entdeckung von Goldminen, späterhin aber, nach Erschöpfung der reichen Adern, ging die Entwickelung wieder etwas zurück, bis sie neuerdings in Folge der grossartigen Ausdehnung des Handels und der Fischerei wieder einen erheblichen Aufschwung nahm, der um so dauernder sein wird, als Victoria der Endpunkt der jetzt im Bau begriffenen Canadian-Pacific-Bahn ist und auch bereits einen Schienenweg über die Vancouver-Insel bis Nanaimo besitzt. Schon seit langer Zeit berühmt ist der etwa drei englische Meilen von Victoria gelegene Hafen Esquimault, der selbst für die grössten Schiffe ausreichenden Schutz gewährt und deshalb als Station der englischen Kriegsschiffe dient.

Bei einem kleinen Ausfluge, den ich in Gesellschaft eines Landsmannes nach dem in der Nähe von Victoria gelegenen Kirchhof machte, besuchten wir auch den chinesischen Begräbnissplatz, welcher, da Victoria auch ein chinesisches Quartier mit mehreren Tausend Bewohnern besitzt, eine ziemliche Ausdehnung hat. Dieser Platz war bereits am frühen Morgen von den Verwandten der verstorbenen Chinesen besucht worden, bei welcher Gelegenheit für die Todten Speisen und Getränke als Opfer niedergelegt wurden; auch waren überall auf den Gräbern brennende bunte Wachskerzen befestigt. Bei einem der Gräber war ein kleiner Obelisk errichtet, dessen Innenraum eine Art Ofen bildete, in dem viele bunte, mit chinesischer Schrift bedeckte Papiere verbrannt waren. Den ersten Indianerbesuch machte ich in Gesellschaft eines Deutschen aus Victoria nach einem 20 englische Meilen entfernten Indianerlager in Saanich. Wir fuhren durch herrliches Urwaldgebiet bei Mondschein auf einem ziemlich guten Wege. Mächtige Baumriesen, namentlich Fichten, Tannen und Roth-Cedern streckten ihre Stämme bis zu 200 Fuss und höher in die schöne klare Luft, dicht bedeckt mit verschiedenfarbenem Grün;

von Zeit zu Zeit erleuchtete ein brennender Baum fackelartig die Umgegend, hin und wieder traten Landhäuser bei lichten Stellen an den Weg, während das Wild in zahlreichen Rudeln, meist aus Rothwild und Wapiti-Hirschen bestehend, sich im Busche hören liess. Das Lager, welches wir gegen Mitternacht erreichten, gehörte den Cowichan-Indianern, mit denen ich sofort ein Handels-geschäft begann.

Mein Begleiter verstand, wie fast alle diejenigen, welche einige Jahre an der Küste von British-Columbien leben, das Chinook-Jargon, ein internationales Sprachgemisch, welches sich allmählich an der Westküste aus den gegenseitigen Handels-beziehungen entwickelt hat. Man erzählt, dass im vorigen Jahr-hundert ein Kaufmann aus China, Namens Meares, seine Schiffe nach dem Stamme der Chinook-Indianer, nördlich vom Columbia-River entsandte, um Seeotterfelle einzuhandeln. Hierbei bildete sich eine Sprachmischung, deren Grundstock die Chinook-Sprache hergab, wozu eine erhebliche Zahl von chinesischen, hawaiischen und englischen Ausdrücken hinzutrat. Als sich später der Handel weiter ausdehnte, und sich auch die Hudsons-Bai-Company be-theiligte, nahm das Chinook-Jargon auch noch viele französische Bezeichnungen auf. Gegenwärtig ist dieses Pêle-Mêle so allgemein bekannt, dass sich mitunter selbst Weisse an der Küste darin ausschliesslich unterhalten. Es scheint, dass die Chinook-Indianer, welche inzwischen bis auf wenige Familien ausgestorben sind, mit den Einwohnern ·der Westküste von Vancouver-Insel sprachlich verwandt sind. Der Erfolg meines ersten Handelsgeschäftes war trotz der regelrechten Anwendung des Chinook-Jargons kein her-vorragender, da die meisten jungen Leute des Indianer-Lagers nach dem Fraser-River gezogen waren, um für die dortigen Fisch-Conserven-Fabriken Lachse zu fangen. Die Arbeiter verdienen während der Fisch-Saison durchschnittlich 50—60 Dollars pro Monat. Die Entwerthung des Geldes hat in diesen Gegenden einen ziemlich hohen Grad erlangt, denn Alles ist dort so theuer, dass man im Grossen und Ganzen mit einem Dollar daselbst nur so viel ausrichtet, als in Deutschland mit einer Mark. Die kleinste gangbare Münze in Victoria ist das 10 Centstück $=45$ Pfennig, während ausserhalb der Stadt bei vielen Indianern als kleinste Münze der Viertel-Dollar, das 25 Centstück gilt. Als Reisebegleiter erhält in dieser Gegend ein Indianer täglich $1^1/_2$ bis 2 Dollar, ein Weisser dagegen $2^1/_2$ bis 3 Dollar pro Tag und ausserdem noch freie Verpflegung. Wir kehrten von unserem Ausfluge nach einer überaus angenehmen Fahrt durch den vom hellsten Mondschein beleuchteten Urwald gegen Morgen nach Victoria zurück.

Die zweitägige Frist bis zu meiner Abreise verwandte ich dazu, die gerade in der Stadt anwesenden Indianer verschiedener Stämme zu besuchen und von ihnen möglichst viele ethnologische Gegenstände einzukaufen. Da wegen der vorgerückten Jahreszeit die meisten dieser Leute bereits nach ihrer Heimath zurückgekehrt waren, nachdem sie ihre Jagdbeute verkauft hatten, so befanden sich nicht mehr viele Rothhäute in Victoria. Da ich gehört hatte, dass in der Nähe der Stadt ein alter indianischer Begräbnissplatz lag, so fuhr ich dorthin. Die Lokalität befand sich auf einer kleinen Insel, so dass ich Pferd und Wagen am Ufer stehen lassen musste und auf einem Boot, das ich nach langem Suchen fand, hinüberfuhr. Da die Indianer hier ihre Todten über der Erde in hölzernen Kisten beizusetzen pflegen, so war es nicht schwer, die Gräber aufzufinden. Die Leichen befanden sich, meist in Decken eingewickelt, in verschiedenen Stadien der Verwesung; Leichenbeigaben fand ich nur auf einigen Grabkisten in Gestalt von zerbrochenen Thonpfeifen. An einer Stelle war ein kleines hölzernes Haus mit spitzem Dach construirt; das Innere dieses winzigen Gebäudes war gerade gross genug, um drei Grabkisten mit den Leichen eines Häuptlings nebst Frau und Tochter aufnehmen zu können. Die Rückfahrt von der Insel nach dem Ufer wäre für mich und meinen Begleiter beinahe verhängnissvoll geworden, da ein inzwischen heraufgekommener Sturm uns trotz unseres angestrengtesten Ruderns etwa eine englische Meile weit abtrieb.

Da zwei Tage vor meiner Ankunft in Victoria der Dampfer „Otter" der Hudsons-Bai-Company nach den Königin Charlotte-Inseln abgefahren war, so war für die nächsten drei Wochen keine

Aussicht auf directe Verbindung dorthin; ich wählte also die Tour mit dem kleinen alten Küstendampfer „Grapler", einem Schiff, das einst als englisches Kanonenboot bessere Tage gesehen hatte, nunmehr aber im Handelsdienst einer Privatgesellschaft in Victoria seine letzten Tage in Unruhe verlebte, bis es ihm ein Jahr nach meiner Anwesenheit im Herbst 1882 gelang, sich seinen zahllosen Havarieen durch eine glänzende Verbrennung mitten während einer Fahrt auf immer zu entziehen, nicht ohne den grössten Theil der Passagiere, meist Chinesen, auch einige Weisse, bei dieser Gelegenheit mit sich in das Grab zu nehmen. Wir reisten am 10. September, Abends 6 Uhr, von Victoria ab. Der gute Dampfer „Grapler" unterhielt, so sehr ihm dies bei seinem unsicheren Zustande möglich war, vom Frühling bis Herbst die Verbindung mit dem etwa acht Breitengrade nördlicher gelegenen, schon zum Gebiete von Alaska gehörenden Fort Wrangel und fuhr unterwegs alle Küstenstationen an, welche für die Handelsbeziehungen von Wichtigkeit waren, mitunter machte er auch noch auf Untiefen Extrastationen, je nachdem ihm dies gelang. An Bord sah es während unserer Fahrt etwas wirr und kraus aus, denn wir hatten viele Indianer als Passagiere, welche aus Victoria wieder der Heimath zustrebten. Auch mehrere Indianermädchen befanden sich an Bord, welche, einem bei manchen Stämmen für ehrenvoll geltenden Brauche gemäss, auch ihrerseits Victoria als das grosse Eldorado und Hauptquartier des Gelderwerbs während der Sommerzeit benutzt hatten und nun mit vollen Taschen wieder heimkehrten, um sich bei heimathlichen Fisch- und Thran-Schmausereien und winterlichen Festtänzen wieder für die nächstjährige Saison aufzufüttern. Von den weissen Passagieren muss ich vor Allem und mit dem Ausdrucke dankbarer Erinnerung Hrn. Cunningham nennen, einen ehemals irischen Missionär, der durch die Wechselfälle des Lebens es bis zum begüterten Händler an der Küste und zum Mitbesitzer von Fort Essington gebracht hatte und sich, da sein Ehegesponst eine Indianerin war, weit und breit an der Küste eines grossen Einflusses bei den Indianern erfreute. Eine Probe dieses letzteren hatte er versprochen mir zu geben und er that dies auch.

Unsere Fahrt ging zwischen der Vancouver-Insel und dem Festlande von British-Columbien den St. Georgs Kanal hinauf an unzähligen kleinen und grösseren, bis hart ans Wasser mit Wald bestandenen Inseln vorüber. Es herrscht auf diesen Inseln ein grosser Reichthum an Thieren, namentlich an Rothwild, Wapiti-Hirschen, schwarzen Bären, Gebirgsziegen, Wölfen und Pelzthieren, wie Biber, Marder, Waschbären, sowie zahlreichen Land- und Wasservögeln, Enten, Gänsen, Seemöven; das Meer ist belebt von verschiedenen Lachsarten und Katzenhaien, von Heringszügen u. s. w. Die prachtvolle Scenerie wird von Zeit zu Zeit unterbrochen durch ein Indianerdorf, welches malerisch am Ufer der Inseln liegt, während das Festland von Amerika in weiter Ferne kaum noch sichtbar ist. Die auf der langgestreckten Ostküste von Vancouver-Insel wohnenden Indianer gehören auf der südlicheren Hälfte zu den Flatheads, auf der nördlicheren zu den Quakult-Indianern. Die Dörfer dieser Stämme haben mit denjenigen der übrigen, bis hinauf nach Alaska sich erstreckenden Indianerstämmen eine gewisse Aehnlichkeit.

Im Allgemeinen besteht ein Dorf aus 4, 6—12 Häusern, jedes Haus wird durchschnittlich von 4—6 Familien zu je 6—10 Personen bewohnt. Die Häuser sind aus Cederplanken gebaut und stehen in der Nähe des Ufers, meist 30—50 Schritt vom Meere entfernt. Fast jedes Haus besitzt nach dem Wasser zu eine hölzerne Plattform, die 4—8 Fuss über der Hochwassermarke liegt. Diese Plattform dient als Versammlungspunkt der Männer des Hauses, welche hier in hockender Stellung, das Gesicht dem Meere zugewandt, einen Theil des Tages verbringen. Es ist höchst interessant, zu beobachten, auf welche Weise von diesen Plattformen aus die Kjökkenmöddinger eines Dorfes gebildet werden. Die zahlreichen Schalen von Seethieren, welche bei den Mahlzeiten abfallen, werden nämlich von der Plattform aus auf den Strand geworfen und bilden hier, allmählich anwachsend, zusammenhängende Haufen. Bei den Quakults und nördlich von ihnen bei allen Indianerstämmen findet man fast neben jedem Hause einen sogenannten Wappenpfahl, d. h. einen mitunter bis 60 Fuss hohen geschnitzten, aus einem Stück bestehenden Pfahl, der gewissermassen eine skulptirte Urkunde des Hausbesitzers bildet. Ich komme darauf noch zurück.

Nachdem wir am ersten Morgen nach der Abreise in Departure Bai, wo eine der grössten Kohlenminen von British-Columbien sich befindet, Kohlen eingenommen hatten, landeten wir am Mittag des darauffolgenden Tages in Allert Bai an einem grossen Indianerdorf. Hier war es, wo Hr. Cunningham sein Versprechen einlöste. Während des einstündigen Aufenthaltes des „Grapler" ging er mit mir und einigen Passagieren schnell von Haus zu Haus und rief den dortigen, zum Tribus der Nemkis gehörenden Quakultindianern zu, sie möchten schleunigst Alles, was sie zum Verkauf hätten, hervorholen. Er half dann selber beim Aussuchen und belud schliesslich sich, uns und einige Indianer mit einer grossen Menge von gekauften ethnographischen Gegenständen. Nunmehr ging es eiligst zum Schiffe zurück, dessen Glocke bereits zweimal zur Abfahrt geläutet hatte.

II.

Mit dem Verlassen von Allert Bai gelangten wir in den Queen Charlotte-Sund; wir verliessen zugleich die Vancouver-Insel und das ethnologische Gebiet, welches das Inselgewirr jener Gegend einnimmt. Ein ziemlich breiter Streifen offenen Meeres führt nach den nächstgelegenen nördlichen Inseln, welche dem Festlande vorgelagert sind, und mit ihnen zugleich nach einem neuen ethnologischen Gebiet. Wir betraten damit die Region der nördlicheren Indianer, welche gegenüber ihren südlichen Brüdern sich sehr bemerkbar durch höhere Cultur, kräftigere Entwickelung, grössere Kunstfertigkeit, bedeutendere Intelligenz und hervorragendere Arbeitslust auszeichnen. Es handelt sich um vier Hauptstämme: die Bella-Bella, die Tschimsian, die Haida und die Tlinkit, welche die ganze nordwestliche Küste bis hinauf zum Atna- oder Copper-River in Alaska bewohnen. Alle diese Stämme haben eine grosse Vergangenheit hinter sich; sie stehen jetzt, wie leider alle Indianer, auf dem Aussterbeetat.

Am 13. September Mittags landeten wir im Milbank-Sund an dem grossen stattlichen Hauptdorfe Bella-Bella. In diesem Indianerdorf befindet sich schon seit etwa einem halben Jahrhundert ein Posten der Hudsons-Bay-Company, zeitweise auch eine Missionsstation der Methodisten. Hr. Cunningham ging mit mir wieder an Land, bei welcher Gelegenheit das Dorf besichtigt und Einiges eingekauft wurde. Die Häuser der Bella-Bella sind wie diejenigen der übrigen Stämme aus Cederplanken errichtet und werden gleichfalls von je 4—6 Familien bewohnt. Das Innere des Gebäudes bildet im Allgemeinen einen einzigen grossen zusammenhängenden Raum, dessen Boden aus festgestampfter Erde besteht und in der Mitte des Hauses, gerade unter der Dachöffnung, die gemeinsame Feuerstätte besitzt. Rings an den Wänden befinden sich nebeneinander spindenartige Abtheilungen mit Holzwänden und hölzernen Thüren und Fussböden. Jede solche Abtheilung ist etwa 7 Fuss hoch, 6 Fuss breit und 6 Fuss tief. Sie dienen als Schlafstätte für die einzelnen Familien

Indianer aus Queen Charlotte-Sund.

und zum Aufbewahren der das Vermögen der Indianer enthaltenden Kisten. Geld und Werthgegenstände europäischer Art bilden nicht die Schätze eines Indianers; er legt sein ganzes Vermögen in „Blankets", d. h. wollenen Decken an. Die Hudsons-Bay-Company rechnet den Werth von zwei Blankets zu drei Dollars an; ein Preis, der auch sonst überall an der Küste gilt. So werden diese Decken direct als Münze beim Ankauf von Canoes, Pfählen, Fellen, Pelzwerk etc. verwandt. Es giebt Häuptlinge, welche 2000, ja sogar 3000 Blankets besitzen. Bei solchen Leuten sind die Schlafstätten bis zum Dache hinauf mit vollbepackten Kisten bedeckt. Der Indianer braucht zum Schlafen kein langes Bett, da er gewöhnlich auf dem Rücken mit dachförmig emporgezogenen Knieen liegt. Als Schlafunterlagen benutzen sie geflochtene Grasmatten und als Oberbett die Decken, welche sie am Tage tragen. Im Allgemeinen herrscht keine bestimmte Schlaf- oder Speisezeit in den Indianerhäusern; man hört fast die ganze Nacht hindurch die Unterhaltung Einzelner am Feuer; Jeder scheint zu schlafen oder zu speisen, wenn er will.

Ein Gegenstand besonderer Anziehung für mich war in diesem Dorfe ein sogenannter Häuptlingsstuhl, d. h. ein aus vier beinahe quadratmetergrossen Brettern gebildeter Sitzkasten, der mit einem tiefen Kutscherbock einige Aehnlichkeit in der Form hatte und auf den vier Innenseiten, unten, hinten, rechts und links, mit bunten Figuren und allegorischen Darstellungen der Indianermythologie bedeckt war. Ein derartiger Sitzkasten wird platt auf die Erde vor das Feuer gerückt, während der Häuptling, oder ein hervorragender Gast, darin in hockender Stellung Platz nimmt. Da der Häuptlingsstuhl nicht verkäuflich war, so bestellte ich für das Berliner Königliche Museum ein Exemplar bei dem renommirtesten indianischen Holzschnitzer von Bella-Bella, und wurde dasselbe durch freundliche Vermittelung der Hudsons-Bay-Company späterhin über Victoria nach San Francisco gesendet, ebenso wie ein schöngeschnitztes Indianer-Canoe aus Cederholz. Ueber dem Feuer in der Mitte des Indianerhauses befindet sich gewöhnlich ein von vier Baumpfählen getragenes Holzgestell, auf welchem im emporsteigenden Rauch die Essvorräthe der Bewohner: Fische, Beeren, Wurzeln, Baumbast und Seetang trocknen. Die Fische werden vorher ein- bis dreimal gespalten, damit sie schneller durchräuchern und trocknen; die übrigen Gegenstände werden in hölzerne Rahmen gethan, deren aus dünnen Stäbchen gebildeter Boden dem Rauch und der Wärme Zutritt gestattet; hierdurch verwandeln sich diese Speisen in torfähnliche viereckige Kuchen von etwa Fingerstärke. In dieser Gestalt werden sie in Kisten gepackt und dienen während des ganzen Winters als Nahrungsmittel. Sie werden unmittelbar vor dem Gebrauche in grossen Steinmörsern zerstampft, in eiserne Kessel gethan und über Feuer mit Fischfett zubereitet.

Unter den in Bella-Bella von mir gekauften ethnologischen Gegenständen befand sich ein ausgezeichnet schöner, reich geschnitzter Häuptlingsstab, sowie eine mit hübschen Schnitzereien versehene Vorrathskiste. Da bei den Indianern die Zunge mehr das Organ der Beredtsamkeit als des Wohlgeschmackes ist, so unterstützen sie deren Wirkung in geeigneten Fällen, bei Festlichkeiten, Berathungen und Verhandlungen durch Gestikulationen, die mit solchen Häuptlingsstöcken ausgeführt werden. Bald wird der Stock kühn durch die Luft geschwungen, bald bekräftigend lebhaft auf den Boden gestossen, bald wieder als Zeichen der Würde getragen. Ferner befanden sich unter den gekauften Sachen — gleichsam als vorbereitende Einleitung der Schauspiele, welche ich späterhin so oft sehen sollte — zahlreiche, kunstvoll geschnittene hölzerne Tanzklappern und Rasseln, welche bei Festtänzen und bei den Kuren der Medizinmänner kastagnettenartig geschwungen werden. Nach kaum einstündigem Aufenthalt ging der Dampfer weiter und brachte uns gegen Abend nach einem kleinen Indianerdorf, welches von den Weissen, nach der Aehnlichkeit seines Uferberges mit einem chinesischen Hut, die Bezeichnung Chinamans Hat erhalten hat. Hier gab es jedoch wenig zu kaufen, weil die meisten Männer, theils allein, theils mit ihren Familien tief in die Meeresbucht hinein zum Lachsfang gefahren waren. Es ist oft beschrieben worden, wie die Indianer mit Speeren und Haken den Lachs fangen, wenn er im klaren seichten

Tanzmaske aus Bella-Bella.

Wasser der Flüsse, um zu laichen aufsteigt; weniger bekannt ist es jedoch, dass sie dabei oft genug, namentlich oben im Norden, Concurrenz durch die Bären erhalten, welche sich unmittelbar an schmalen Stromschwellen postiren und mit unermüdlicher Geduld aufpassen, bis ein Lachs in kühnem Schwunge sich aus dem Wasser emporschnellt, um die Stelle zu passiren. In diesem Momente giebt ihm der Bär einen heftigen Schlag mit der Tatze und wirft ihn dadurch seitlich ans Ufer, worauf er ihn gemüthlich verspeist und, falls er davon noch nicht gesättigt wird, noch einen zweiten Lachs fängt, bevor er von dannen trollt.

Das oben erwähnte Fischfett, welches in ungeheuren Quantitäten längs der ganzen Nordwestküste zubereitet und in hermetisch dichten Holzkisten während des ganzen Winters aufbewahrt wird, stammt von einem kleinen, überaus fettreichen Fische her, der etwa die Grösse unseres Stints besitzt und eine circumpolare Verbreitung hat. Im Frühjahr steigt dieser Fisch, eine Salmoneenart, die ich für identisch mit unserer nordeuropäischen Lodde — vielleicht *Mallotus articus* — halte, in unermesslichen Zügen aus den Tiefen des Eismeeres, wo er als Nahrung der Dorsche dient, in die Höhe, um an seichten Stellen der Fjorde, meist am Ufer der Flussmündungen, zu laichen. Dort werden die wohlgenährten, wenig widerstandsfähigen Thiere gewöhnlich vom Strom erfasst und fortgerissen. Hierauf bauend, errichten die Indianer quer durch den Strom lange beutelartige Stellnetze, die sich bald mit den kleinen Fischen füllen. Ein Canoe liegt inzwischen unmittelbar über dem Netz vor Anker; die im Fahrzeug befindlichen Indianer ziehen von Zeit zu Zeit die hintere Hälfte des Netzes an Bord, binden das zusammengeschnürte Ende auf und schütten die Fische in den Bootsraum. Unmittelbar am Ufer werden Feuer angezündet und die Fische so lange gekocht, bis das Fett sich in einer Schicht oben ansammelt. Dann füllt man es in die schon erwähnten dichten Kisten, wirft das ausgekochte Fischfleisch weg und beginnt die Prozedur von Neuem.

Ich traf in dem zuletzt genannten Bella-Bella-Dorf die Frau des dortigen Häuptlings, welche den grössten Lippenpflock besass, den ich an der Nordwestküste Amerikas gesehen habe. Dieser Pflock besass etwa drei Zoll Breite bei zwei Zoll Tiefe. Es herrscht bei den Bella-Bella, Tschimsian und theilweise auch bei den Haida-Indianern der Gebrauch, den Körper behufs Ornamentirung künstlich dadurch zu deformiren, indem man den jungen Mädchen die Unterlippen durchbohrt. In dieses Loch wird zunächst ein Knochen oder ein silbernes Stäbchen gesteckt, bei welcher Gelegenheit ein gemeinsames Fest gefeiert wird und an die Anwesenden Geschenke ausgetheilt werden. Späterhin tritt an Stelle des Stäbchens oder Knochens ein etwas stärkerer Pflock, wobei abermals ein Fest gefeiert wird, dann nach einiger Zeit ein noch grösserer und so

fort. Auf diese Weise entspricht die Grösse des Pflockes der
Menge von Festen und Geschenken, die zu Ehren einer Indianerin
gegeben worden sind, ist also ein Zeichen für die gesellschaftliche
Rangstufe der Trägerin. Die äussere Form eines solchen Pflockes
ähnelt etwa der Gestalt einer Brotschnitte von der Dicke eines
kleinen Fingers; die untere flache. Seite wird nach dem Unterkiefer zu getragen, während die stärker gekrümmte Aussenseite
von dem Lippenrand wie von einer dünnen Haut überspannt wird.
Damit diese Standesinsignien nicht herabfallen, ist ihr schmaler
Rand rings herum ein wenig ausgehöhlt, so dass sich das Fleisch
der Lippe fest anschliessen kann. Man muss gestehen, dass die
keineswegs klassische Schönheit der Indianerinnen durch den
senkrecht abstehenden Pflock, der auch die Sprache der Trägerin
beeinflusst, da sie keine Lippenlaute aussprechen kann, durchaus
nicht gewinnt, denn das Monstrum klappt bei jeder Mundbewegung
in hässlicher Weise auf und nieder.

Die Trägerinnen dieser mit Muschelstücken und Kupferein-
lagen decorirten Pflöcke sind nichtsdestoweniger sehr eifersüchtig
auf ihren Schmuck. Hr. Cunningham erzählte mir als Beweis
hiervon folgende Geschichte: Zwei indianische Frauen geriethen
einmal in Zank, der trotz der sprachhindernden Ornamente sehr
heftig wurde. Schliesslich machte die eine von beiden, welche
einen grösseren Lippenflock besass als die andere, dem Streit dadurch ein Ende, dass sie stolz mit dem Finger auf ihren Schmuck
mit den Worten hinwies: „Was bist Du denn; hast Du vielleicht
eine so grosse Lippe, wie ich habe, hast Du so viele Geschenke
gegeben wie ich? Gehe nach Hause und wenn Du mit einem so
grossen Pflock, wie der meinige ist, wiederkommst, werde ich Dich
als ebenbürtig anerkennen." Hierauf senkte die andere, mit dem
gewöhnlichen Zeichen der Schaam bei den Indianern, den Kopf
und ging lautlos von dannen.

Nach kurzem Aufenthalte in Chinamans Hat, während dessen
zur Feuerung des Dampfkessels Holz eingeladen wurde, setzte der
„Grapler" seine Fahrt nordwärts fort. Es ging fast den ganzen
Tag durch enge Kanäle und Sunde zwischen den Inseln hindurch,
wobei sich dasselbe prächtige landschaftliche Bild vor unseren

Augen entfaltete, wie einige Tage vorher im St. Georgs Kanal.
Der dichte Wald, welcher alle Uferhöhen bekleidete, bestand
meistentheils aus Cedern. Es giebt dort rothe und gelbe Cedern;
die letzteren sind wegen ihres harten, schönen, wohlriechenden Holzes
von Jedermann sehr gesucht. Die Ceder ist für den Indianer fast
dasselbe, was die Kokospalme für viele Naturvölker der Südhälfte
der Erde ist. Aus Cedernholz baut der Indianer sein
Haus und seinen Wappenpfahl, sein Canoe und seine
kunstvoll geschnitzten Tanzmasken, seine Kisten, Tanzklappern und Ruderpaddeln, mit der Ceder unterhält er
sein Feuer, aus Cedernbast flechtet er sehr kunstvolle
Matten und Decken, Körbe und Gefässe; in Cedernbast
werden die Säuglinge gewickelt, wenn sie in der Wiege
liegen; Cedernbast wird zu Kopf-, Hals- und Armringen
bei manchen Stämmen geflochten, alles Tauwerk, von
der dünnen Angelschnur an bis zum starken Tau der
Walfischharpune, wird aus diesem Material gedreht, aus Cedernholz endlich wird die Kiste verfertigt, in der die sterblichen Ueberreste der Indianer über der Erde beigesetzt werden.

Geräth z. Bast-
klopfen. Van-
couver-Insel.

Am 14. September Abends landeten wir in Fort Essington,
wo ich den „Grapler" verliess, da ich mich hier gegenüber den
Königin Charlotte-Inseln, aber durch die 40 englische Meilen breite
Vancouverstrasse von ihnen getrennt, befand. Meine nächste Auf-
gabe war, eine Fahrgelegenheit nach jener Inselgruppe zu suchen.
Hr. Cunningham, welcher, wie schon erwähnt, in Fort Essington
wohnt, gab mir wieder einen neuen Beweis seiner stets hilfsbereiten
Liebenswürdigkeit, indem er nicht nur die Vorbereitungen zur
Ueberfahrt einleitete, sondern mich auch während mehrerer Tage
in seinem Hause aufnahm und, was die Hauptsache war, meine
Sammlung in sehr ansehnlicher Weise vergrössern half. Ohne
seine Hülfe hätte es für mich in Fort Essington insofern nicht
gut ausgesehen, als die hier wohnenden Tschimsian-Indianer schon
meist zum Christenthum übergetreten sind und demzufolge ihre
originellen und interessanten ethnologischen Gegenstände nicht mehr
gebrauchen. Hier half mir Hr. Cunningham mit dem in seinem
Laden befindlichen Vorrath aus „guter alter Zeit" auf und ver-

kaufte mir u. A. äusserst kunstvoll geschnitzte Frauen-
tanzmasken, einige Steinäxte, Geräthe, silberne
Armbänder und Ohrringe, sowie theils in Holz, theils
in Stein geschnitzte, 3—4 Fuss lange Miniatur-
modelle von Wappenpfählen. Auch eine prachtvolle
Tanzdecke, wie sie sonst von Häuptlingen bei
grossen Festlichkeiten getragen wurde, erwarb ich
von ihm. Diese Decken werden aus den Haaren
der wilden Gebirgsziege hergestellt und mythologische
Figuren von Thieren und Menschen darin auf kunst-
vollste Weise eingewoben. Eine andere Collection
von Gegenständen erhielt ich auch von den Eingeborenen, namentlich Haus- und Fischereigeräthe, sowie einen Kriegspanzer aus hartem Leder, Schmuckgegenstände etc.

Modell eines Haus-
wappenpfähles der
Tschimsian-Ind.

Die indianische Gemahlin meines Gastfreundes
bereitete mir einen freundlichen Aufenthalt, der mir
um so angenehmer war, als sie gut englisch sprach.
Sie ist sehr fromm und gottesfürchtig und veran-
staltete am Tage nach unserer Ankunft, vielleicht
aus Freude darüber, dass ihr Sohn, der in Victoria
die Schule besuchte, mit uns auf Ferienbesuch gekommen war, ein Bet- und Dankfest in der kleinen,
von Indianern gebauten Kirche des Ortes. An dieser
Feier nahm die ganze Bevölkerung, und natürlich
auch ich, theil. Es war kein Priester vorhanden,
weshalb Frau Cunningham die Function eines
solchen versah, indem sie auf den Knieen laut im
Dialect der Tschimsian-Indianer betete, worauf
Kirchenhymnen von der Versammlung gemeinsam
gesungen wurden. Dieses Kirchenfest wiederholte
sich am Tage darauf noch einmal.

Fort Essington liegt etwa 8—10 engl. Meilen
stromaufwärts am Skeena River. Dieser Fluss wurde
während meines Aufenthaltes der Ort eines Trauer-
spiels, bei dem trotz Christenthums der indianische

Geist der Bevölkerung zum Durchbruch kam. Ein Knabe von 4—5 Jahren fiel nämlich unbemerkt in das Wasser und ertrank. Er wurde sofort vermisst, worauf seine Eltern laut schreiend und wehklagend ans Ufer stürzten und an der aufgefundenen Leiche ganz nach Indianerart die Todtenklage anstimmten. Bis tief in die Nacht hinein hörte man noch das weithin schallende, stossweise erfolgende Jammergeschrei der unglücklichen Eltern, welche ihren Liebling beweinten und sein Lob zwischendurch ertönen liessen. Die Gebräuche, die Todten zu beweinen, sind ganz allgemein bei den Indianern. Nach vielen Bemühungen gelang es endlich, drei Indianer des auf dem Wege nach den Königin Charlotte-Inseln gelegenen, noch heidnischen Dorfes Ketkatle zu engagiren, die mich, nachdem ich meine Sammlung zur Expedition nach Victoria fertig gemacht und Briefe nach Europa geschrieben hatte, zunächst nach ihrem Heimathsdorfe fuhren. Ketkatle ist das erste richtige Indianerdorf, welches ich betrat; es ist wegen seiner, vom gewöhnlichen Durchgangsverkehr etwas entfernten Lage fast noch gar nicht durch die moderne Cultur beeinflusst. Es ist ein stattliches Dorf, in dem vor jedem Hause ein Wappenpfahl von 30—50 Fuss Höhe steht.

Die vier Stammesgottheiten der Tschimsian, Haida u. A. sind der Bär, der Adler, der Wolf und der Rabe. Jeder Mann eines Stammes gehört einem dieser vier Götter an und dokumentirt dies dadurch, dass er auf die Spitze des zu seinem Hause gehörenden Wappenpfahles die geschnitzte Figur eines Bären, Adlers, Wolfs oder Raben anbringt. Hierdurch wird der ganze Stamm in vier grosse Familien getheilt, für welche eine Reihe von althergebrachten Einrichtungen bestehen, die Niemand mehr zu erklären weiss. So darf beispielsweise ein Mann aus der Rabenfamilie kein Mädchen der Rabenfamilie heirathen, sondern muss ein solches aus der Adlerfamilie oder der Wolfs- oder der Bärenfamilie erwählen. Selbst bei denjenigen Indianern, welche bereits Christen geworden sind, wird noch streng auf diesen Gebrauch gehalten. So erzählte mir späterhin ein Missionär eine Affaire, die sich auf einer der Missionsstationen ereignet hatte: „Ein Mann aus der Rabenfamilie hatte sich in ein Mädchen der

Rabenfamilie verliebt und wurde von ihr wieder geliebt. Wohlbekannt mit dem Gesetz des Stammes hielten beide junge Leute
ihr Verhältniss eine Zeit lang geheim. Da sie indessen durchaus
nicht verstehen konnten, warum es ein Verbrechen sein sollte,
wenn sie sich heiratheten, so ging der junge Mann eines Tages
zum Missionär und fragte ihn um seine Meinung in dieser Angelegenheit. Dieser sagte, dass auch er darin kein Verbrechen
erblicken könne, wenn sich die jungen Leute verehelichten und
dass jene indianische Sitte nur ein alter abergläubischer Gebrauch
sei. Hierauf wurden beide junge Leute unter sich darüber einig,
dass sie Christen werden und sich heirathen wollten. Wie zu erwarten stand, wurde Alles bald von den Indianern entdeckt und
man sprach im ganzen Dorfe von nichts anderem, als von der unerhörten Frevelthat, dass die jungen Leute sich heirathen wollten,
während man andererseits nicht im geringsten etwas dagegen
hatte, dass sie Christen wurden. Der junge Mann hatte viel zu
leiden unter dem Hohn und Spott seiner Genossen, so dass er
einstmals bei einem grossen Feste, während einer Versammlung
aller Häuptlinge und Krieger, die Geduld verlor, aufsprang und
eine Rede hielt. Er bemühte sich zu beweisen, dass es keine
Schande wäre, ein Mädchen aus derselben Familie zu heirathen
und endete mit folgenden Worten: ‚Wer von Euch kann mir
zeigen, dass ein Adler einen Bären heirathet oder dass ein
Wolf sich mit einem Raben verbindet; heirathet nicht in der
ganzen Welt ein Adler einen Adler und ein Bär einen Bären?
Mein Mädchen ist ein Rabe und ich bin ein Rabe, darum werde
ich sie zu meiner Frau machen. Derjenige von Euch, welcher
gegen meine Ansicht ist, möge nach dem Walde gehen und die
Thiere dort ansehen; wenn er findet, dass ich nicht richtig gesprochen habe, so mag er es mir beweisen, dann werde ich von
meiner Heirath abstehen!‘ In der Versammlung konnte Niemand
etwas gegen dieses Argument einwenden und die Verbindung der
jungen Leute fand demgemäss ohne Störung bald darauf statt.
Von Stund' an war aber der Mann im ganzen Stamme ein
Gegenstand des Hasses und der Verachtung; und Niemand kümmerte sich um ihn. Wenn alle Anderen zu Festlichkeiten ein-

geladen wurden, wo man Reden hielt und Gesänge vortrug, wo
die grosse hölzerne Trommel geschlagen wurde und Tänze statt-
fanden, dann sass er mit seiner Frau einsam und verlassen zu
Hause, isolirt und ignorirt von Allen, als ein lebender Beweis
der Wahrheit jenes alten Satzes: Die Liebe ist mit Leiden verbunden!"

Einen Beweis, wie sehr Indianer unter einander auch den
Weissen gegenüber zusammenhalten, erhielt ich in Ketkatle. Die
Leute, welche ich zur Ueberfahrt nach den Königin Charlotte-
Inseln engagirt hatte und für die bereits die Bezahlung bei
Hrn. Cunningham deponirt worden war, begannen plötzlich zu
streiken, indem sie vorgaben, dass sie kein Segel zu ihrem Boot
besässen. Natürlich protestirte ich gegen diesen Vertragsbruch
und drohte, dass ich alsdann nach dem in der Nähe gelegenen
Dorfe Metlakatla fahren und von dort aus übersetzen würde. Sie
lachten mich einstimmig aus und fragten, ob ich mit meinem
ganzen Gepäck dorthin schwimmen wollte? In der That hielten
die Bewohner so sehr zusammen, dass es mir nicht gelang, eine
andere Mannschaft zu miethen und mir nichts anderes übrig
blieb, als durch ein Extradouceur von einigen Dollars das alte
Verhältniss aufrecht zu erhalten. Ich machte in Ketkatle einige
sehr interessante Einkäufe, musste jedoch Alles theuer bezahlen,
denn auch im Punkte des Handelns mit Fremden halten diese
stolzen selbstbewussten Indianer zusammen. Hierzu kam noch,
dass ein Indianeragent, Dr. Powell aus Victoria, welcher eifrig
für die Regierung in Canada und für Washington sammelt, hier
gewesen ist und den Leuten hohe Preise gezahlt hat, wobei er
zugleich versprach, wieder zu kommen und noch mehr zu kaufen.

Am Mittwoch den 21. September gegen Mittag reisten wir
ab. Der Weg führte zunächst an verschiedenen Inseln vorüber,
bevor wir auf die offene See kamen. Da es nicht gerathen schien,
die 40 englische Meilen lange Seefahrt noch zu unternehmen, so
blieben wir diesseits und unterhielten uns mit Jagd und Fischfang.
Hierbei hatte ich ein kleines Abenteuer, welches leider den Verlust meines Gewehres herbeiführte. Ein grosser Seelöwe, der mehr
als 11 Fuss lang war, hatte sich auf einen Felsen am Ufer be-

geben und war daselbst fest eingeschlafen. Ich näherte mich ihm
von der Wasserseite und feuerte ihm einen Schuss gerade in's
Auge. Laut brüllend erhob er sich und versuchte den Felsen
hinab ins Meer zu gelangen. Die einzige Stelle, wo dies möglich
war, wurde aber von mir selbst besetzt, so dass die vor Schmerz
und Schreck verzweifelte Bestie mit lautem Gebrüll direct auf
mich losstürzte. In dieser Lage wurde ich aus einem Angreifer
ein Vertheidiger; ich kehrte also mein Gewehr um und schlug damit dem Seelöwen, der höher stand als ich, kräftig auf den Kopf.
Hierbei brach der Kolben ab, glücklicherweise aber näherte sich
ein Indianer, der aus dem Canoe Alles angesehen hatte, mit einer
Axt, mit der ich dem Thiere den Schädel einschlug. Die Haare
des Seelöwen waren gelb. Die Indianer nahmen seine Flossen
und die Zunge als Proviant mit auf die Reise. Alsdann setzten
wir unsere Fahrt bis zu der kleinen Bonilla-Insel am Sund fort
und übernachteten auf ihr.

Was wir befürchtet hatten, traf am anderen Morgen ein; es
herrschte Sturm und Regen, so dass an Ueberfahrt an diesem
und den nächsten beiden Tagen nicht zu denken war. Es blieb
nichts anderes übrig, als hier zu verweilen und durch Fischen
und Jagen die Lebensmittel zu vermehren. Es giebt hier jene
grossen Plattfische, die Heilbutten, welche ein Gewicht bis zu
mehreren Centnern und eine Grösse wie eine Tischplatte erreichen.
Es gelang uns leider nicht, einen solchen Fisch zu fangen, obgleich sich ein stattliches Exemplar an der Angel festgebissen
hatte. Die Wellen gingen so hoch, dass bei dem Versuche, den
heftig arbeitenden Heilbutt an Bord zu ziehen, das Canoe halb
mit Wasser gefüllt wurde und zuletzt noch der Angelhaken brach
und die Beute entkam. Dagegen waren wir im Angeln von anderen Fischen glücklicher. Ich ging auf die Jagd und schoss
neun Enten; Abends suchten die Indianer Muscheln, besonders
jene Art, die bei den Amerikanern „Clam" heisst. Diese Muschel,
wahrscheinlich Venus mercenaria Linn., schmeckte mir frisch beinahe so gut, wie die Auster und ich würde viel mehr davon verzehrt haben, wenn ich im Besitze von Citronen gewesen wäre.
Ein anderes, bei den Küstenstämmen beliebtes Nahrungsmittel,

dem ich jedoch keinen besonderen Geschmack abgewinnen konnte, sind die sogenannten Teufelsfische, eine Art Dintenfische, deren Arme namentlich gern verzehrt werden. Diese Thiere werden ziemlich gross und stark und nicht selten den Fischern gefährlich. Ein Missionär erzählte mir nachträglich folgende Geschichte von einem Dintenfisch, die er selbst erlebt hatte: Er fuhr eines Tages mit einigen Bella-Bella Indianern längs des Strandes, und da sich ein Gegenwind erhob, so wurde beschlossen, zu landen. Während der Landung bemerkte einer der Indianer auf dem seichten Grunde einen Dintenfisch; er warf deshalb seine Decke ab und streckte den Arm ins Wasser, um das Thier emporzuheben. Kaum hatte er den Dintenfisch berührt, als er heftig zu schreien begann und Hilferufe ausstiess, denn das Thier zog ihn mit unwiderstehlicher Gewalt über Bord ins Wasser. Sofort kam ein anderer Indianer zu Hilfe herbei aber auch er wurde über Bord gezogen. Glücklicherweise stand ein dritter Indianer bereits am Land und stiess das Thier mit seinem, mit harter Spitze versehenen Paddelruder mehreremals durch und durch, worauf es verendete und die Leute befreit wurden. Man zog den Teufelsfisch ans Land und es stellte sich heraus, dass er keineswegs eines der grössten Exemplare war. Die Indianer kochen die Saugarme dieser Dintenfische in Erdgruben, die sie mit heissen Steinen ausfüttern und bedecken. Nach einer halben Stunde ist das Fleisch gar, und wird, nachdem die Haut abgezogen ist, gegessen. Bei den veschiedenen kleinen Fusstouren, zu denen unser unfreiwilliger Aufenthalt am Vancouver-Sund mir Zeit und Gelegenheit gab, fand ich jede Bucht des klippenreichen Ufers stark mit Treibholz, oft in Höhe von 2—3 Metern bedeckt, und die grossen Bäume nach allen Richtungen kreuz und quer mit kleineren Stämmen und Stücken zu einer zusammenhängenden Schicht verbunden, so dass es fast unmöglich war, zu passiren. An einer Stelle des Ufers lagen fünf Menschenschädel, in Bezug auf welche mir meine Begleiter erzählten, dass dieselben aus einem vor mehreren Jahren hier stattgefundenen Gemetzel zwischen zwei Gesellschaften von Haida-Indianern stammten. Die Einen waren damals von Victoria zurückgekommen, wo sie die auf der Jagd erbeuteten Felle verkauft hatten, die anderen kamen anders woher. Beide Gesellschaften wollten nach den Königin Charlotte-Inseln überfahren, wurden aber, grade wie wir, durch Sturm daran verhindert. So blieben sie denn hier und begannen, von dem Whisky, den beide Parteien reichlich mitgebracht hatten, zu trinken. Hierbei erhitzten sich natürlich die Gemüther und es entstand ein mörderischer Kampf, in welchem viele Leute ihr Leben liessen. Von allen Indianerstämmen in Nordwest-Amerika sind die Haida am begierigsten nach dem Genusse von Branntwein; es ist deshalb nicht zu verwundern, dass gerade sie am schnellsten dahinsterben.

Endlich war das Wetter ruhiger geworden, so dass wir am Sonntag d. 25. September Morgens 5 Uhr abfahren konnten. Es war ganz windstill, deshalb mussten wir die Hälfte des Weges paddeln und rudern. Die Indianer bedienen sich auf allen ihren Touren kurzer kellenartiger Ruder, sogenannter Paddeln, mit denen sie, an der Seite des Bootes sitzend taktmässig durch das Wasser rudern. Wir arbeiteten tüchtig darauf los; ich selbst sass am Steuer; ausserdem kam uns auch der Wind ein wenig zu Hilfe, so dass wir gegen Abend in der Nähe der Königin Charlotte-Inseln angelangt waren. Durch ein Versehen meiner Leute jedoch gelangten wir, bei schon vollkommener Dunkelheit südlich von Skidegate Inlet, wohin ich zu fahren wünschte, in die Copper Bay und mussten hier noch die ganze Nacht an Bord zubringen, da wir nicht zu landen wagten. Am andern Morgen gingen wir bei schönem klaren Wetter wieder nördlich, mussten der Klippen wegen, die die Einfahrt besetzt halten, einen Umweg von drei engl. Meilen machen, fuhren dann noch eine Meile weiter in Skidegate Inlet hinein und landeten um 12 Uhr Mittags hinter dem Dorfe Skidegate an einem Oel-Etablissement. Die Tschimsian-Indianer legten mein Gepäck am Ufer nieder und fuhren sofort wieder ab. So stand ich denn auf dem Schauplatz meiner nächsten Unternehmungen, auf den Königin Charlotte-Inseln.

III.

Erwartungsvoll hatte ich die Inselgruppe betreten, auf welche, wie auf ein Land der Verheissung, die Augen der Ethnologen gerichtet sind. Unter den Problemen ethnographischer Forschung an der Nordwestküste Nordamerikas ist dasjenige, dessen Lösung man durch das Studium der Königin Charlotte-Inseln und ihrer Bewohner, der Haida-Indianer, erhofft, eines der geheimnissvollsten und umfassendsten.

Nachdem mein Gepäck in das Haus des Dirigenten der Oelfabrik, Hrn. Sterling, gebracht worden war und ich selbst bei ihm eine gute Aufnahme gefunden hatte, machte ich mich unmittelbar nach dem Mittagsessen ans Werk. Gegenüber dem Etablissement befindet sich eine kleine Insel, auf welcher sämmtliche Indianer des südwestlich an der Westküste gelegenen Dorfes New Gold-Harbour sich neuerdings angesiedelt haben, indem sie all ihr Hab' und Gut, und sogar einen Theil der riesigen geschnitzten

Hauswappenpfähle mit sich brachten. Diesen Indianern galt mein erster Besuch. Aber gleich hier merkte ich, was mir auf der Inselgruppe bevorstand. Die Gegenstände, welche ich zu kaufen wünschte, waren enorm theuer und die Leute forderten mit einer Dreistigkeit Preise, die nur ein Liebhaber von Antiquitäten zu zahlen geneigt gewesen wäre. In der That ist Skidegate Inlet

(New) Gold-Harbour bei Skidegate.

auch eine jener Dampferlandungsstationen, auf der die reisenden Touristen gewöhnlich „Kuriositäten“ einzukaufen pflegen, resp. die Anfertigung derartiger Gegenstände bestellen und mit vielem Gelde bezahlen. Diesem Umstande muss ein wissenschaftlicher Sammler leider Rechnung tragen und sich mit der Thatsache trösten, dass die Gegenstände in Zukunft sicherlich noch viel theurer werden werden. In diesem Dorfe lernte ich bereits die ethnographische Hauptspecialität der Haida kennen; es sind dies die überaus schön

gearbeiteten Hauswappenpfähle, welche bei keinem anderen von
mir besuchten Indianerstamme des Festlandes grösser und präch-
tiger angetroffen wurden. Als das herrlichste Material stehen den
Leuten die riesigen Cedern, welche mehr als 200 Fuss hoch wachsen,
zur Verfügung. Ich komme darauf noch zurück. Die Hauswappenpfähle auf den Königin Charlotte-Inseln besitzen oft eine Höhe
von 70—80 Fuss und sind über und über an ihrer convexen
Aussenseite mit geschnitzten Figuren bedeckt. Die Breite dieser
Holzsäulen ist mitunter so gross, dass der geöffnete Mund eines
der Thier-Reliefs als Eingangsthür für Menschen dient. Neben
dieser Oeffnung befindet sich gewöhnlich noch in der Frontwand
des Hauses, dicht neben dem Hauswappenpfahl, eine gröfsere Eingangsthür. Ich fand, dass die Pfähle der Haida-Indianer auch
bunter bemalt waren, als diejenigen der Festland-Indianer. Ein
gewisser Unterschied der Pfähle unter einander besteht auch auf
den Königin Charlotte-Inseln insofern, als die Pfähle, je älter,
auch um so schöner und kunstfertiger hergestellt sind. Es
beweist dies, dass der Kunstsinn allmählich abzunehmen beginnt.
Zu verwundern ist dies keineswegs, denn die Haida-Indianer stehen
aus mehr als einem Grunde auf dem Aussterbeetat. Man kann
kein Schiff und keine Niederlassung an der Küste treffen, ohne
auf Haida-Indianer zu stossen; noch schlimmer verhält es sich
mit den Haida-Mädchen und Frauen, welche zum Zwecke des
Geldverdienens namentlich Victoria überschwemmen und dort gewöhnlich den Grund zu dem Vermögen legen, mit dessen Hilfe
ihr indianischer Gatte späterhin die Herstellung seines kostbaren
Hauswappenpfahles und die Häuptlingswürde, zu der er sich durch
ein splendides Fest selbst erhebt, bezahlt. Mehr als hundert Jahre
hat die rothhäutige Rasse auf den Königin Charlotte-Inseln mit
fast unverwüstlicher Naturkraft den verderblichen Einflüssen des
weissen Mannes widerstanden, von jener Zeit der Handelsfahrten
an, als 1786 der gewinnreiche Seeotterfang und Pelzhandel die
Einwohner mit modernen Sitten und Unsitten in Berührung
brachte, bis zu der Goldgräberperiode in den Fünfziger Jahren,
welche ihre trüben Wogen auch über diese Insel ergoss und bis
zur heutigen Corruption der Eingeborenen. Die Haida machen

im Grossen und Ganzen den Eindruck, als ob sie nicht mehr
ganz reines unvermischtes Blut sind; man findet unter ihnen vielfach Individuen mit hellerer Hautfarbe, ja sogar Kinder mit
blonden Haaren und blauen Augen, bei denen die europäisch-
amerikanische Genesis unverkennbar ist, selbst wenn sie, was
durchaus nicht geschieht, geleugnet würde. Die Haida-Männer
unternehmen sogar direct mit ihren eigenen Frauen allsommerlich
solche oben erwähnte Speculationsreisen nach Victoria, woselbst
jeder von beiden auf eigene Faust
sein Glück macht und sie dann gemeinsam wieder heimkehren. Die
traurigen Folgen äussern sich auch
bei den Weibern in verderblichen

Tanzrassel.
(Königin Charlotte-Inseln.)

Krankheiten, und die hierdurch herbeigeführten Verheerungen würden weit grösser sein, wenn nicht, wie man mir berichtete, die
wunderbaren Schwefelquellen ganz im Süden der Königin Charlotte-
Inseln zur Herstellung der Gesundheit von den Eingeborenen
benutzt würden.

In (New) Gold-Harbour — wie ich das Dorf auf der Insel
vielleicht nennen darf —, fand ich nicht viele Holzmasken und
diejenigen, welche ich sah, waren auch nicht besonders schön. Wie ich hörte und später bestätigt fand,
kaufen die Haida viele ihrer Masken und Holz-
rasseln von den Tschimsian-Indianern. Diese Holz-
rasseln oder Klappern, welche bei den Tanzfesten gebraucht werden, haben eine typische Form. Sie bestehen meist aus dem hohlen, kleine Steinchen enthaltenden Körper eines Vogels, auf dessen Rücken
ein Mann ruht. In die weit ausgestreckte Zunge
des Mannes beisst ein Frosch hinein, dessen Füsse
auf einem Vogelkopf u. dergl. m. ruhen. Die
Bauchseite des Vogels ist gleichfalls durch ge-

Tanzrassel,
bestehend aus Adler-
kopf und Walfisch.

schnitzte bunte Reliefs ornamentirt, der Schwanz des Thieres
bildet den Handgriff der Rassel. Eine besondere Kunstfertigkeit entwickeln die Haida in der Anfertigung silberner
Finger- und Ohrringe, sowie silberner Armbänder. Das ethno-

logische Motiv, welches sie bei diesen Schmucksachen anbringen, entstammt, wie bei Allem, was sie bilden, ihrer indianischen Mythologie, aber die Figuren des Walfisches, des Adlers etc.
sind seit Alters her den Haida-Künstlern schon so geläufig geworden, dass sie diese stylisirt als reine Ornamente verwenden.
Selbst an den Gegenständen neuerer und neuester Technik mit
ihren arabeskenartigen Verzierungen ist dem etwas geübten Auge
das ethnologische Motiv als Leitmuschel erkennbar. Man könnte
die Haida, wie ich weiterhin auszuführen gedenke, ebenso wie die
ihnen religionsverwandten Bella-Bella, Tschimsian und Tlinkits
ein Volk von Künstlern nennen, denn es giebt fast keinen Ge-
brauchsgegenstand bei ihnen, den sie nicht auf sinnige und tech-
nisch vollendete Weise schmücken. Man betrachte z. B. die aus
Holz und aus dem Horn des amerikanischen Bergschafes (Argali)
hergestellten anmuthig decorirten Essschüsseln der Haida. Auch
in der Anfertigung von geschnitzten steinernen Säulen zeichnen
sich jene Leute aus. Die Häuser der Haida sind grösser, als
diejenigen der übrigen Stämme, auch werden sie im Ganzen rein-
licher gehalten. Die Häuser der Häuptlinge, wie ich in Skidegate, Masset und Klu späterhin sah, sind etwa 50—70 Fuss lang
und 30—40 Fuss breit, und haben ein besonderes inneres Arrangement, welches sie von vorn herein zu Amphitheatern bei den
grossen winterlichen Tanzfesten macht. Wie in jedem Hause
bildet der mit Feuerstelle versehene viereckige Innenraum den
Omphalos des Gebäudes und damit die Schaubühne, den Tanz-
platz, den Rednerstand und den Häuptlings-Ehrenplatz. Dieser
Raum ist aber tiefer gelegt, als in anderen Häusern und wird
auf allen vier Seiten durch eine Terrasse von drei grossen Balken
umgeben, welche als Versammlungsplatz der Festgenossen von
Nah und Fern dient, und mehreren hundert Personen Gelegenheit
zum Zuschauen giebt. Im Innern dieser Häuptlingshäuser findet
man wohl auch, dass die Wandpfähle, welche die Hauptbalken
des Daches tragen, in wunderbarster Weise geschnitzt sind und
die Formen von Walfischen, Bären, menschlichen Gestalten etc.
darstellen.

Wenn Jemand bei den Haida stirbt, so wird er, wenn er

nur ein einfaches Familienmitglied ist, in einem kleinen Hause, gewöhnlich hinter dem Wohnhause, beigesetzt und dem Verstorbenen ein Theil seiner ehemaligen Masken, Rasseln und Waffen beigegeben. Diese Gegenstände werden jedoch, wie es scheint, nach einigen Jahren wieder von der Familie zurückgenommen oder gänzlich zerstört, denn ich sah niemals dergleichen bei alten Gräbern, während sich bei neuen oft eine grosse Anzahl befand. Wenn ein Häuptling stirbt, so wird er in seinem Hause beigesetzt und seine Frau und Kinder werden nach ihrem Tode gleichfalls dorthin gebracht. Rings um die Leiche

Zwei Haida-Mörser aus Stein, einer mit, einer ohne Stosser.

des Häuptlings werden alle seine Besitzthümer placirt. So sah ich es in Klu und Kamschua. Mit dem Tode des Häuptlings wird am oberen Ende seines Hauswappenpfahles eine Stange angebracht, zum Zeichen, dass der Errichter des Pfahles nicht mehr unter den Lebenden weilt.

In den Häusern der Haida bemerkte ich viele Exemplare jener eigenthümlich gestalteten grossen Kupferplatten, die schon seit langer Zeit in den Handelsbeziehungen der Nordwest-Indianer eine Rolle spielen. Wie man erzählt, wurden diese etwa 10 Kilogramm schweren, wie ein viereckiges Schild gestalteten Platten, die mit eigenthümlichen primitiven Ornamenten versehen sind, früher am Kupfer-River und am Stakhin-River oben in Alaska verfertigt und für hohe Preise verkauft. Ich sah eine solche Kupferplatte,

Kupferplatte.

für welche 1700 Blankets (wollene Decken) gezahlt worden waren. Bald fingen die Kaufleute (Traders), besonders die Hudsons-Bay-Company, an, diese Platten nachzumachen und an die Indianer an Stelle von Geld in Zahlung zu geben. Dadurch sind die Platten weit verbreitet, namentlich unter den Haida und Tschimsian.

Nachdem mein Kaufgeschäft in New-Gold-Harbour beendet war, kehrte ich gegen Abend wieder nach dem Oel-Etablissement zurück. Dasselbe gehört einer Compagnie von drei ehemaligen

Goldgräbern, Hrn. Sterling, Hrn. Mac Gregor und einem
Maschinisten, dessen Namen ich vergessen habe. Diese Leute
sind strebsam und fleissig und haben weithin Handelsverbindungen
angeknüpft. Sie fangen in den Fjorden der Königin Charlotte-
Inseln den Katzenhai (Dogfisch) in grossen Mengen und gewinnen
daraus Oel. Südlich von Skidegate liegt der tief ins Land hinein-
reichende Meeresarm, Kamschua Inlet, in welchem sie eine Fischerstation errichtet haben. Die Verbindung zwischen letzterer und der

Canoe-Modell von der Küste British-Columbiens.

Oelfabrik in Skidegate wird durch einen kleinen, der Compagnie gehörenden Dampfer vermittelt. Dieses Fahrzeug kam gerade gleichzeitig mit mir an und brachte etwa 5000 frisch gefangene Dogfische
mit sich. Nachdem ich den Abend in Gesellschaft der Herren angenehm verlebt hatte, besichtigte ich am anderen Vormittag das
Etablissement. Das Hauptfabrikgebäude ist auf Pfählen errichtet,
so dass es bei Hochwasser unterfluthet wird. Durch diese Einrichtung ist es möglich, einen grossen flachen Holzprahm, auf den
man die gefangenen Fische vom Dampfer aus geladen hat, dicht
an das Haus heranzuschieben, so dass eine Fallbrücke von letzterem darauf herabgelassen werden kann. Diese Brücke ist mit

Schienen versehen, die nach dem Innern zu weiterführen. Es werden nunmehr kleine, durch ein Seil gehaltene Wagen von Oben her auf das Holzfloss die Schienen entlang geleitet und das Ausweiden der Fische beginnt an Ort und Stelle. Die Lebern der Katzenhaie werden zuerst aufgeladen und nach Oben geschafft, alsdann das Uebrige. Man bereitet in der Fabrik zweierlei Oel, das feine, gelbliche, an medizinischen Thran erinnernde Leberöl und das minderwerthige, nicht so klare Fischöl. Das Auskochen geschieht mit Dampf; es werden auf diese Weise während der Campagne von Juni bis November täglich etwa 2—3000 Dog-fische verarbeitet. Es betheiligen sich nur wenige Indianer an der

Mütze eines Medizinmannes beim Kuriren.

Harpune für See-löwen- und Pelz-robben-Jagd.

Kopfring beim Tanzen gebraucht.

Arbeit, das Fischen, Ausnehmen, Auskochen und Expediren wird fast ausschliesslich durch weisse Leute, meist frühere Goldgräber besorgt. Das Oel wird in grossen Quantitäten nach Victoria gesandt.

Da mir Hr. Sterling freundlichst gestattete, mit dem klei-nen Dampfer der Compagnie die nächste Fahrt nach Kamschua mitzumachen, so engagirte ich noch Vormittags einen Haida, der etwas Englisch verstand, sammt seinem Canoe; wir nahmen Mit-tags Alles an Bord und die Fahrt begann. Bereits am Abend befand sich der Dampfer an seinem Fischerplatz in der Nähe des Dorfes Kamschua. Da es sich herausstellte, dass das ganze Fischerzeug nach einer anderen Stelle transportirt werden musste, so benutzte ich die mehrtägige Frist, um mit dem Haida in seinem Canoe einen Ausflug nach dem Dorfe Klu zu unternehmen, welches das südlichste und bevölkertste des Archipels ist und am Ostende der kleinen Tan-oo Insel liegt. Ein günstiger Wind brachte uns bereits gegen Abend an Ort und Stelle. Hier erfuhr

Gewöhnlicher Frauenhut.

ich jedoch eine für mich betrübende Nachricht, denn die gesammte Einwohnerschaft befand sich etwa 15 Meilen vom Dorfe entfernt auf dem Lachsfang, um Vorräthe für den Winter zu schaffen. Es würde nichts genutzt haben, ihnen nachzufahren, denn sie wären doch nicht mit mir zum Dorfe zurückgekehrt, um mir ihre dort befindlichen ethnologischen Gegenstände zu verkaufen, deren ich bei einem Gange durch die Häuser genug entdeckte. Die wenigen, in Klu zurückgebliebenen Männer und Weiber konnten mir nicht viel verkaufen. Das Dorf besitzt viele, ausgezeichnet

Tanzhut, einen schwarzen Fisch darstellend.

schöne Hauswappenpfähle. Auf einem Häuptlingsgrabe lagen verschiedene Masken, Blankets und der Stock, den der Verstorbene bei Lebzeiten in der Hand zu halten pflegte, wenn er Reden hielt.

Am anderen Morgen gingen wir wieder nördlich zurück und besuchten zunächst kurz vor Kamschua das Dorf Skedans. Auch hier war leider nur eine Familie anwesend, von der ich einige Sachen kaufte. Gegen Abend erreichten wir, nach einem harten Kampf gegen Wind und Wellen, das Dorf Kamschua. Es war die alte Geschichte; ich traf nur vier Familien anwesend.

Trotzdem gelang es mir, einzelne sehr gute Sachen zu kaufen. Es wohnt in Kamschua ein ausgezeichnet geschickter Holzkünstler, von dem ich — allerdings ziemlich theuer, denn die Fremden, besonders die Amerikaner, verderben auch hier die Preise — einen 5 Fuss hohen, prächtig geschnitzten Pfahl kaufte. In Kamschua bot sich mir Gelegenheit, die indianischen Begräbnisshäuser etwas

Hauswappenpfahl mit Flagge und Todtendenkmal der Haida-Indianer.

näher zu besichtigen. Die meisten waren zwar geschlossen, es war jedoch möglich, hineinzublicken. Fast alle Häuser waren voller Grabkisten, in denen sich Leichen befanden. Diese Kisten haben nur eine Höhe und Breite von etwa 2—3 Fuss, so dass es unmöglich erscheint, einen menschlichen Körper in sie hineinzubringen. Aber es herrscht bei sämmtlichen Küstenindianern die Sitte, die Verstorbenen noch vor dem Eintreten der Leichenstarre in eine hockende Stellung mit hoch emporgezogenen Knieen zu bringen, sie in eine Matte zu wickeln und sofort in die enge

Kiste hineinzuzwängen. Kamschua war früher ein bedeutendes Dorf, es hat aber viele Einwohner durch ansteckende Krankheiten und die allen Haida-Indianern jetzt eigenthümliche Auswanderungslust verloren.

Gegen Mittag des 1. October kehrte der Dampfer aus dem Innern des Fjordes zurück und nahm uns an Bord; Abends landeten wir wieder in Skidegate. Den nächsten Tag, einen Sonntag, benutzte ich zu einem Besuche des Dorfes Skidegate, wo ich im Hause des dortigen Häuptlings — gegen Entgelt an den Besitzer — eine Art „Ladengeschäft" eröffnete, indem ich europäische und amerikanische Waaren gegen Indianer-„Kuriositäten" umtauschte. Der Handel ging sehr flott, obgleich ich hohe Preise bezahlen musste. Gegen Abend kehrte ich wieder nach der Oelfabrik zurück.

Tanzmaske, Wolfskopf darstellend. Masset.

Ich war nunmehr etwa einen Monat lang von San Francisco abwesend und meine Reise hatte sich, Dank einer Reihe günstiger Umstände, so schnell vollzogen, dass mich noch keine Nachricht aus der Heimath eingeholt hatte. Letzteres musste indessen unmittelbar geschehen, denn in Skidegate wurde die Ankunft des der Hudsons-Bay-Company gehörenden Dampfers „Otter" von Süden stündlich erwartet. Dieses Schiff war mir doppelt wichtig, da ich auf demselben zugleich meine Fahrt nach dem nördlichsten Haidadorfe der Königin Charlotte-Inseln, nach Masset, fortzusetzen beabsichtigte. Doch bevor dies geschah, mussten die bisher auf dem Archipel gekauften Gegenstände sorgfältig für das Museum in Berlin mit Numerirung und beschreibenden Zetteln versehen und eingepackt werden. Alles dieses wurde erledigt und ich befand mich bereits wieder in New-Gold-Harbour, wo ich indessen wegen der sehr hohen Preise nur wenig kaufte, als plötzlich gegen Mittag die ganze Einwohnerschaft in Aufregung gerieth, denn der Dampfer Otter kam in Sicht. Kaum hatte er im Hafen Anker

Fetisch eines Medizinmannes.

geworfen, so war ich einer der Ersten, die an Bord gingen, da
ich begreiflicher Weise begierig war, Nachrichten aus der Heimath
zu erhalten. Der sehr freundliche Kapitain überreichte mir ein
ganzes Packet Briefe, die meisten aus Berlin, darunter offizielle
Legitimationspapiere und Empfehlungsschreiben.

Viele Bewohner von New-Gold-Harbour stiegen an Bord,
um die Fahrt nach Victoria mitzumachen. Da der Dampfer hierselbst bis zum anderen Morgen liegen blieb, denn es war viel Oel
einzuladen, so konnte ich den Transport meiner Sammlungen aufs
Schiff in aller Ruhe ausführen. Leider aber stiess mir ein un-
vermuthetes Malheur zu. Ich hatte alle meine Sachen auf ein
Boot bringen lassen, darunter eine schwere Kiste. Durch die
Schuld des Indianers, dem das Boot gehörte, und der an der
Kiste vorbeizugehen versuchte, kenterte das kleine Fahrzeug dicht
beim Lande und sofort lagen wir Beide und alles Gepäck im
Wasser. Schnell erreichten wir schwimmend das Trockene, wo
ich zunächst sämmtliche Sachen so flink als möglich ans Land
zog und dann den Uebelthäter in heller Wuth mehrere Mal
kräftig untertauchte. Die Folge war, dass der Bursche aufsprang
und lautlos vor Angst auf Nimmerwiedersehen in den nahen
Busch entfloh. Viel Proviant, welchen ich mit mir geführt hatte,
war verdorben und sämmtliche Gegenstände der Sammlung waren
durchnässt. Ich hatte an Bord des Schiffes, wohin ich zunächst
die Kisten brachte, die ganze Nacht zu thun, um Alles zu trocknen
und abzuwischen.

Die Abfahrt nach Masset fand Nachmittags 5 Uhr statt. Es
waren etwa 8 junge Haida-Mädchen, die in Victoria ihr „Glück"
machen, und ca. 20 junge Männer, die am Fraser-River und
Pudget-Sund Arbeit suchen wollten, an Bord. In Masset, wo wir
am anderen Tage landeten, lernte ich in Mr. A. Mackenzie,
dem Vorsteher des dortigen Handelspostens der Hudsons-Bay-Company, einen sehr liebenswürdigen und hochintelligenten Mann
kennen, der mit den Sitten und Gewohnheiten aller dortigen Indianer in Folge seines langjährigen Aufenthaltes in Alaska und
British-Columbien aufs Innigste vertraut ist. Was ich diesem
höchst vortrefflichen Manne während meines nur eintägigen Auf-

enthaltes und späterhin verdanke, darüber mögen die nachfolgenden Blätter Zeugniss ablegen. In Masset machte ich auch die Bekanntschaft zweier Goldgräber, darunter eines Nihilisten, Graf S......, welche Beide den ganzen Sommer hindurch auf dem Archipel „prospektet" hatten und dabei auch auf der unbekannten, an landschaftlichen Reizen überaus reichen Westküste gewesen waren. Als wir landeten, kam auch der Häuptling Weah, ein alter, ziemlich starker, weissbärtiger Mann, der durchaus nicht den Eindruck machte, als ob er ein Indianer sei, zur Begrüssung an Bord.

Hr. Mackenzie unterstützte mich bei meinen Einkäufen aufs Eifrigste. Obgleich durch frühere Besucher, namentlich auch durch die Offiziere der englischen Kriegsschiffe, welche hier in jedem Sommer landen, fast Alles aufgekauft war, gingen wir doch von Haus zu Haus und fanden noch Einiges auf. Zugleich fragte Hr. Mackenzie, dem ich meine Absicht mitgetheilt hatte, einen der grossen Hauswappenpfähle zu kaufen, die Indianer, wer von ihnen geneigt wäre, mir zu willfahren. Es fanden sich in der That einige Leute, die sich ihres derartigen Besitzes entäussern wollten. Die betreffenden Pfähle befanden sich in einem, etwa eine englische Meile entfernten, verlassenen Indianerdorf. In Gesellschaft des Grafen S...... und eines Indianers brach ich dorthin auf und fand unter den vielen, wegen ihres hohen Alters schon angefaulten Pfählen, die sämmtlich riesige Dimensionen und mehr als 50 Fuss Höhe hatten, einige, welche allenfalls für meine Zwecke brauchbar waren. Als wir, um über den Ankauf zu unterhandeln, wieder nach Masset zurückgingen, führte uns der Weg an einem anderen, sehr gut erhaltenen Pfahl vorbei, den ich schon auf dem Hinmarsche bewundert hatte, der aber nicht verkäuflich gewesen war. Inzwischen hatte sich die Ansicht des Besitzers, eines kleinen Häuptlings Namens Stilta, der dort den Namen Capt. Jimm führt, geändert, und er erklärte sich bereit, mir den Pfahl zu verkaufen. Wir wurden bald handelseins und es wurde abgemacht, dass der Pfahl mit Hrn. Mackenzie's Hilfe an Bord des nächsten fälligen Dampfers geschafft werden sollte. Um es gleich vorweg zu erzählen, so geschah dies, wie beschlossen war,

Das Haidadorf Masset (Königin Charlotte-Inseln).

und der Pfahl gelangte unverletzt ins Berliner Museum, dessen grösstes Schaustück aus Amerika er gegenwärtig ist. Capt. Jimm ist ein sehr intelligenter junger Mann, welcher im Sommer 1881 der Führer der beiden obengenannten Goldminer gewesen war und bei einem seiner früheren Streifzüge im Innern der Insel die interessante naturwissenschaftliche Entdeckung gemacht hatte, dass dort auch Renntbiere vorkommen. Er hatte damals einige dieser Thiere geschossen, deren Felle und Geweih ich selbst später in Victoria sah. Der Umstand, dass Capt. Jimm zum Christenthum übergetreten war und sich bereits sehr an den Umgang mit Weissen gewöhnt hatte, trug wohl wesentlich dazu bei, dass er sich dieses Pfahles entäusserte. Capt. Jimm war auch der erste Haida-Indianer, welcher seit mehreren Menschenaltern die Westküste besucht hatte; der Verkehr nach jener Region war seitens der Eingeborenen der Ostküste längst gänzlich unterbrochen, weil die Sage ging, dass dort ein Volk von Riesen wohne, welches jeden Fremden tödte, der zu ihm hinkommt.

Es ist vielleicht am Platze, Einiges, was ich über die Errichtung der Hauswappenpfähle bei den Haida erkundet, hier anzuführen: Die Haida sowohl, wie sämmtliche Küstenindianer glauben, dass einstmals eine grosse Fluth über die Erde ging, und dass nur wenig Menschen die Katastrophe überlebten. Einer der Erretteten, ein alter Haida, war der Sage nach eines Tages damit beschäftigt, an der Ostküste der Königin Charlotte-Inseln zwischen Skidegate und Masset Seeigel zu sammeln. Es war ein klarer Tag, der indianische „Vater Noah" paddelte gemüthlich in seinem Canoe längs der Küste, indem er unverwandt in das durchsichtige Wasser blickte und dann und wann einen Seeigel aufnahm. Plötzlich aber erblickte er in der Tiefe des Wassers ein ganzes Dorf und ausserhalb jedes Hauses desselben standen die schönsten geschnitzten Pfähle, deren einige so hoch waren, dass sie beinahe die Oberfläche des Meeres berührten. Vergnügt paddelte „Noah" nach Hause, machte sich einen gleichen Pfahl und seitdem hatten die Haida wieder ihre Pfähle.

Wenn bei den Haida Jemand heutzutage den Entschluss fasst, einen Hauswappenpfahl zu errichten, so betheiligt sich an der Ausführung fast die ganze Dorfgenossenschaft, was in technischer Beziehung gar keine Schwierigkeiten macht, da ja beinahe jeder Indianer ein Künstler im Holzbildhauen ist. Der Geschickteste und Erfahrenste von Allen erhält die Oberaufsicht über die ganze Arbeit, welche oft den Zeitraum von mehreren Jahren in Anspruch nimmt. Dieser Meister wählt zunächst unter den Riesen des Waldes denjenigen aus, der ihm für den vorliegenden Zweck geeignet erscheint. Man benutzt nicht eine ganze Ceder, sondern nur das Stammende bis höchstens in Höhe von 90—100 Fuss, wovon das untere Ende von etwa 10 Fuss unbearbeitet bleibt, da es späterhin in die Erde kommt. Hierauf wird in der ganzen Länge des Baumes ein Parallelstreifen von etwa 4—8 Fuss Breite angezeichnet, welcher den dritten oder vierten Theil des ganzen Umfanges einnimmt. Diesen Parallelstreifen arbeitet man etwa fussdick aus dem Baum heraus, so dass er eine cylinderförmige Holz-Mulde bildet. Alles übrige Holz des Baumes wird verworfen. Nunmehr wird die Aussenfläche des Halbcylinders durch Querstriche in einzelne Abtheilungen getheilt, deren jede für eine der Hauptfiguren bestimmt ist. Der Oberkünstler vertheilt diese Abtheilungen an diejenigen Künstler im Dorfe, welche vom Erbauer des Pfahles eingeladen sind, sich an der Arbeit zu betheiligen. Jedem wird nach dem einheitlichen Plane des Meisters sein Rayon übertragen und zugleich angegeben, welche Figur er herzustellen hat, wobei indessen der Oberkünstler die Hauptarbeiten selber ausführt.

Nunmehr wird die Ausarbeitung des Reliefs in Arbeit genommen; viele fleissige Hände rühren sich und unter dem unablässigen Geklopf der einfachen Werkzeuge — die Indianer-Handäxte und ein Paar Stemmeisen ist Alles, was diese Künstler

Modell eines Hauswappenpfahles der Haida.

benutzen — entsteht jene scheinbar so bizarre Composition von menschlichen und thierischen Figuren. Wenn der Pfahl nach längerer Zeit fertig ist, werden die benachbarten und befreundeten Stammesgenossen zu einem grossen Feste eingeladen. Der Pfahl wird auf Rollen gelegt und feste Taue um ihn gespannt. Alsdann gräbt man da, wo er aufgestellt werden soll, ein 4—6 Ellen tiefes Loch in die Erde und mit Hilfe aller Anwesenden, der Männer, Frauen und Kinder wird der Pfahl in die Höhe gezogen, indem man sein oberes Ende durch Böcke und Stangen unterstützt und allmählich höher und höher hebt. Sobald der Pfahl steht, beginnt das Fest. Alle Diejenigen, welche an dem Pfahle mitgearbeitet haben, werden mit Blankets (wollenen Decken) belohnt; auch die eingeladenen befreundeten Stämme werden beschenkt. Auf diese Weise kostet die Errichtung eines Pfahles dem Eigenthümer meist zwischen 600—1600 Blankets, d. h. die Arbeit und Ersparniss vieler Jahre. Natürlich legt sich ein solcher Mann dann auch den Rang eines Häuptlings bei.

Auf meine Bitten sandte mir Hr. Mackenzie aus Masset ein Jahr später eine Beschreibung des von mir gekauften Pfahles: „Solch ein Pfahl, als Sie bekommen haben, heisst in der Haidasprache Kee-ang, d. h. geschnitzter Hauswappenpfahl. Dies ist die Bezeichnung eines Pfahles im Allgemeinen, aber jeder Pfahl hat ausserdem auch noch einen individuellen und unterscheidenden Namen. Der Name des für das Berliner Museum gekauften Pfahles heisst „Qwee-tilk-keh-tzoo", d. h. ein Seher oder Wächter für die Kommenden oder ein Gesichtspunkt und Merkzeichen für Diejenigen, welche sich nähern. Welche Bedeutung die richtige ist, kann ich wirklich nicht sagen, da meine Kenntniss der Haida-Sprache nur eine geringe ist. Der Pfahl wurde vor sechs Jahren auf der Stelle errichtet, wo Sie ihn gesehen haben, und zwar von einem Haida-Häuptling, Namens Stilta, als derselbe den Entschluss fasste, ein neues Haus zu erbauen. Dieses Ereigniss wurde wie gewöhnlich, durch eine grosse Vertheilung von Eigenthum, seitens des Stilta, ausgezeichnet. Hunderte von Blankets und andere werthvolle Dinge wurden an alle geschenkt, welche an dem Feste selbst Theil genommen hatten. Stilta stand unter dem Schutze der Adler-Gott-

Front eines Häuptlingshauses in Masset.

heit und nach ihren dortigen Gebräuchen gehörten alle Diejenigen, welche Geschenke empfingen, anderen Hausgöttern an. Die Mitglieder der Adler-Gemeinde erhielten keine Geschenke. Nicht lange nach Errichtung des Pfahles wurde Stilta krank und starb bevor sein Haus erbaut war. Sein Bruder, von welchem Sie den Pfahl gekauft haben, folgte ihm in seiner Stellung (als Häuptling) und nahm seinen Namen an. Zugleich errichtete er einen anderen Pfahl zum Andenken an den Tod seines Bruders und an seine eigene Besitznahme der Stelle desselben. Bei dieser Gelegenheit wurde ein grosses Fest gefeiert und sowohl an die Festtheilnehmer Lebensmittel, wie an die Verfertiger des Pfahles Blankets vertheilt. Es muss hier bemerkt werden, dass ein Begräbnisspfahl anders aussieht, als ein Hauswappenpfahl. Die Schnitzerei am Fusse des Pfahles repräsentirt den Walfisch, welcher übernatürliche Unterhaltungen mit dem indianischen Medizinmann hat. Der Name des Wal in der Haidasprache ist Qw-oon. Oberhalb des Walfisches ist eine Haida-Medizinfrau dargestellt (in Haidasprache: Sah-gah). Diese Embleme wurden geschnitzt von Edensaw, Oberhäuptling des nördlichsten Theiles der Insel, der noch heute in Masset ansässig ist. Das oberhalb des Wales befindliche Medizinweib pflegte den Indianern dieses Stammes vorherzusagen, wenn ein Wal an der Nordküste stranden würde. Es war dies möglich durch Zulassung ihres Helfershelfers, des obengenannten Walfisches. Hierdurch besass dieselbe eine Macht, andere Walfische in flaches Wasser zu treiben." Mit dieser Darstellung des Hr. Mackenzie ist nur die untere Gruppe der figürlichen Darstellungen des betreffenden Pfahles erklärt; es befinden sich darüber einschliesslich des die Spitze der Säule einnehmenden Adlers noch sieben bis acht Skulpturen, in denen sich die Figur des indianischen Medizinmannes und des Walfisches wiederholt. Es muss späteren wissenschaftlichen Untersuchungen vorbehalten bleiben, eine genügende Erklärung des ganzen Pfahles zu geben.

Nachdem ich meine übrigen Einkäufe in Masset erledigt hatte, ging ich an Bord. Die Ebbe und Fluth strömt hier mit so grosser Heftigkeit, wie ich dies annähernd nur in meiner nord-norwegischen Heimath gesehen habe. Wir hatten daher harte Arbeit, bevor wir

zum Schiffe kamen. Am frühen Morgen des 7. October verliessen
wir Masset und zugleich den Königin Charlotte-Archipel und fuhren
in nordöstlicher Richtung wieder nach dem Festlande von British-
Columbien. Ich war sehr gespannt auf den Anblick von Fort Simpson, welches das grösste Dorf der Tschimsian-Indianer ist; selten
aber bin ich in meinem Leben so sehr enttäuscht worden, als in
dem Augenblicke, in welchem ich diesen Ort zu sehen bekam. An
Stelle der hohen stattlichen Pfähle, die „dem Kommenden ein
Wahrzeichen" emporragten, erblickte das Auge nichts als moderne
nach europäischer Bauart angelegte Häuser mit kleinen Vorgärten,
und den Hauptmittelpunkt des regelmässig angelegten Strassen-
netzes bildete eine schöne grosse gothische Kirche. Solchen segens-
reichen Erfolg hat die zehnjährige Thätigkeit der Methodistenmission
hervorgebracht. So war Fort Simpson das erste Indianerdorf, in
welchem ich Nichts kaufte, weil eben nichts zu haben war. Der
dortige Missionär Hr. Crosbye begrüsste mich sehr freundlich;
er kam zu uns an Bord, um mit seiner Familie nach Victoria zu
reisen; vorher jedoch hatten wir, Graf S..... und ich, Gelegenheit
seine kleine Sammlung von Tschimsian-Ethnologicis anzusehen.
Fort Simpson hat gegen 900 Einwohner, von denen aber selten
mehr als der dritte Theil zu Hause ist, während die Übrigen auf Jagd,
Fischerei oder in den südlichen Staaten Arbeit suchend, unterwegs
sind. Nach mehrstündigem Aufenthalte wandte sich der Dampfer
„Otter" nach Süden, dem Heimathshafen Victoria zu; für mich eine
günstige Gelegenheit, um nach dem nördlichen Theile von Vancouver zu gelangen. Vorher jedoch machten wir noch zweimal Halt;
einmal an einer Cannerie, Namens Invernes am Skeena-Fluss, das
andere Mal bei den Bella-Bella. Um 12 Uhr Mitternachts landeten wir an Fort Rupert auf Vancouver.

IV.

Der Schauplatz meiner nächsten Thätigkeit war die langgestreckte Insel Vancouver und das, der nördlichen Hälfte gegenüber gelegene Insel- und Fjordgebiet des Festlandes, ein in ethnologischer Beziehung ausgezeichnetes Terrain. Hätte mir Jemand vorher gesagt, was ich alles in dieser Region erleben und wie lange ich mich hier noch aufhalten würde, ich hätte es nimmermehr geglaubt. Fort Rupert bot sich mir wegen des daselbst befindlichen Handelspostens der Hudsons-Bay-Company als eine Art Centralstation dar, von welcher aus diverse Excursionen mit Vortheil für meine Pläne unternommen werden konnten. Der dortige Verwalter, Hr. Hundt, wurde schnell mein Freund und Vertrauter; an ihm und seiner Familie hatte ich dauernd eine nachhaltige Stütze. Er vermiethete mir für ein Billiges seine Schaluppe

und gab mir seinen Sohn George, einen etwa 26 jährigen Halbblutindianer mit, da derselbe so vollkommen mit den Sitten und
Gebräuchen der umwohnenden Indianer vertraut ist, als wäre er
selber ein Indianer, und ausserdem nicht nur Englisch, sondern
auch das „Fort Rupert-Indianisch", oder wie es hier genannt
wird, das „Quakult" geläufig spricht. Der Abend des Ankunfts-
tages wurde mit Vorbereitungen hingebracht, zugleich liess Fräul.
H u n d t, die Schwester meines neu engagirten Reisegefährten, als
ich den Wunsch äusserte, Indianertänze zu sehen, eine Anzahl
Indianermädchen ihre Tänze im Costüm aufführen, was einen amü-
santen Anblick gewährte.

Am 10. October begann meine erste Excursion, welche den
Zweck hatte, möglichst viel von denjenigen Indianerorten zu besuchen, in denen der Quakult-Dialekt gesprochen wird. Es gehören hierzu alle Dörfer der Nordost- und Nordküste von Vancouver zwischen Comox und Quatsino-Sund, ferner alle zwischen
diesem Küstentheil und dem Festlande von British Columbien
gelegenen Inseln und die hinter diesen Inseln liegenden Fjord-
landschaften und Küstenstriche des Festlandes. Dieses Gebiet
repräsentirt einen jener Punkte der Erdoberfläche, wo geographische
Trennung mit ethnographischer Vereinigung zusammentrifft. Die
Hauptbeschäftigung der Bewohner, die Fischerei und Jagd auf
Seethiere, scheint hier das vermittelnde und verbindende Princip
gewesen zu sein. Die Einwohnerschaft gehört hier, und noch mehr
auf der fast total unbekannten Westküste von Vancouver zu den
wildesten und rohesten Menschen, die unsere Erde zur Zeit noch
trägt. Hier hat sich aus alter Vergangenheit noch eine Anzahl
von Formen erhalten, deren als Mord, Kannibalismus und andere
Grausamkeiten auftretende Kundgebungen nur durch das energische Auftreten der englischen Kanonenboote darniedergehalten
werden. Die Quakult-Indianer haben unter sich eine Reihe socialer
Rangstufen, deren bedeutendste die der sogenannten „Hametze",
d. h. Menschenfresser ist. Diejenigen, welche zu dieser Kaste gehören, bezeichnen sich mit Stolz als Hametze und geniessen als
solche hohe Ehren bei den übrigen Stammesgenossen. Freilich
ist für sie auch die gute alte Zeit vorüber, in der sie die Sclaven

oder Kriegsgefangenen schlachten und verzehren durften, ohne dass Jemand sie daran hinderte; aber sie haben Mittel und Wege gefunden, sich auf andere, fast möchte man sagen, grässlichere Weise zu entschädigen. Heutzutage verspeisen sie nämlich bei ihren grossen Festlichkeiten menschliche Leichen, und zwar — so unglaublich es klingt — nicht etwa die Leichen jüngst Verstorbener, sondern solcher Leute, welche bereits 1—2 Jahre todt sind.

Man darf jedoch den Kannibalismus in diesem Falle — wie auch in den meisten anderen auf Erden vorkommenden — nicht etwa als einen Akt der Befriedigung des Geschmacksbedürfnisses oder als eine Stillung der Begierde nach der dem menschlichen Körper so zuträglichen Fleischnahrung auffassen, denn die Quakult-Indianer sind bereits aus Nothwendigkeit Carnivoren, da ihnen das Meer die wohlschmeckenden Seehunde, Fische, Muscheln und Tintenfische, sowie Seevögel aller Art als wohlbesetzten Speisetisch darbietet, dessen Bestandtheile nahrhafter als die irgend einem anderen Volke auf Erden zur Verfügung stehenden sind. Menschenfleisch zu essen gilt bei den Quakult-Indianern vielmehr als ein besonderes und ausgezeichnetes Vorrecht, das nur solchen hervorragenden Personen eingeräumt wird, welche eine Reihe der schwierigsten Vorbereitungen und Kasteiungen durchgemacht haben. Ein aus gewöhnlichem Geschlecht stammender Indianer wird von vornherein gar nicht zugelassen, man muss schon der Abkömmling eines Häuptlings oder eines anderen berühmten Mannes sein, um als „Hametze" eingeweiht zu werden. Die Vorbereitungszeit dauert vier Jahre und erhält der Novize als besonderes und ehrendes Abzeichen ein aus Cederbast gefertigtes Band, welches er über der linken Schulter und unter dem rechten Arm während jener Periode trägt. Während der letzten vier Monate dieser Lehrzeit verlassen die künftigen Hametze ihr Haus und ihre Familie, um in stiller Waldeinsamkeit und unter körperlichen Entbehrungen sich zur letzten grossen Ceremonie vorzubereiten. Sie sind dann schon in den Augen der übrigen Ortsinsassen Wesen höherer Art und mit leisem Schauern geht ihnen jeder aus dem Weg, der im Gebüsch den Ton ihrer Flöten und Pfeifen hört, mit dem sie namentlich Morgens ihre Anwesenheit in unmittelbarer Nähe des Dorfes kundgeben. Endlich ist der Moment gekommen, wo sie Hametze in des Wortes ganzer Bedeutung werden sollen. Zu diesem Zwecke ist es nöthig, dass sie, zwar nicht Menschenfleisch, sondern nur Menschenblut vorher genossen haben. Der Act, wie dies geschieht, ist ganz charakteristisch: Der künftige Hametze springt eines Tages plötzlich aus dem Walde hervor, mitten in das Dorf hinein, stürzt sich auf einen der Anwesenden und beisst ihn in den Arm oder ins Bein, indem er zugleich etwas Blut aussaugt. Damit ist die Sache beendet.

Natürlicher Weise würde sich Niemand ohne Weiteres gefallen lassen, dass er gebissen wird; in Folge dessen wird der Schlussact stets unter dem Einverständniss beider Theile aufgeführt, d. h. der Hametze hat dem Gebissenen vorher so und so viele wollene Decken, oft bis zu 40 Stück dafür bezahlt, dass letzterer sich die Prozedur gefallen lässt. Ich habe verschiedene Personen gesehen, welche auf diese Weise gebissen worden sind, sie versicherten mir, und die sehr kleinen Narben bestätigten dies, dass die Bisse durchaus nicht besonders schmerzhaft seien; die Hametze nähmen wenig mehr als ein Stückchen Haut mit den Zähnen weg und verständen es, an der betreffenden Stelle so schnell und geschickt zu saugen, dass sie schon nach wenigen Augenblicken den Mund voll Blut hätten. Wie man also sieht, ist von jenem culturellen Weiheact nur noch die Andeutung der Ceremonie übrig geblieben.

Die Hametze geniessen nach jeder Richtung hin besondere Vorrechte. Ihre Tanzmasken, ihre Rasseln, ihre Kopf-, Hals-, Fuss- und Armringe sind besonders schön construirt und ornamentirt. Wenn ein Hametze an einem grossen allgemeinen Tanzfeste theilnehmen soll, so sind vier Häuptlinge nöthig, welche ihn viermal hinter einander einladen müssen, ehe er sein Erscheinen zusagt. Durch Hunger und Abgeschlossenheit in der dunkelsten Ecke des Hauses bereitet sich der Menschenfresser alsdann für das Fest vor, denn der Cultus schreibt es vor, dass ein Hametze blass und hager aussehe. Wenn er zu der Festlichkeit geht, so legt er erst vorher seinen gesammten Staat an. Hierauf verlässt er, unter Vorantritt der vier Häuptlinge sein Haus, und, mit

äusserster Langsamkeit einen Fuss vor den anderen setzend, gebraucht er einige Stunden, um auf der Dorfstrasse zu dem vielleicht höchstens hundert Schritt entfernten Hause, wohin er eingeladen ist, zu gelangen. Diese groteske Schneckenprozession
macht auf die übrigen Indianer einen tiefernsten Eindruck; die
jungen Leute, welche dem Hametzen unterwegs begegnen, bleiben
ehrfurchtsvoll mit gesenktem Haupte regungslos stehen, bis er mit
der Langsamkeit eines Stundenzeigers an ihnen vorüber gelangt
ist. Auch auf dem Feste bilden die Hametze den Gegenstand
allgemeiner Aufmerksamkeit und Hochachtung; sie selbst fühlen
sich auch im Bewusstsein der überstandenen, selbst auferlegten
Qualen gewissermassen als Wesen höherer Gattung und lassen
sich ruhig feiern.

Mit dem Trinken einer kleinen Quantität Menschenblut hat ein
Hametze indessen noch nicht den höchsten Grad seiner Würde erreicht,
denn er hat ja noch kein „Menschenfleisch gegessen". Die Ceremonie, bei welcher dies geschieht, wird unter den Hametzen allein
in tiefster Einsamkeit gefeiert und es erhält jeder Hametze für
die Betheiligung an einem solchen Kannibalenmahl das Recht, an
seiner Maske einen aus Holz geschnitzten Menschenschädel zu befestigen. Ich sah Hametze, welche nicht weniger als acht solcher
Schädel an ihrer Maske trugen. Wenn die Leiche, von der diese Leute
einige Bissen zu sich nehmen, genügend alt und mumifizirt ist, so
soll der Genuss unschädlich sein, dagegen ist es wiederholt vorgekommen, dass beim Genusse vom Fleische noch verhältnissmässig
frischer Cadaver einige Hametze durch Blutvergiftung ihr Ende
gefunden haben.

Vor kaum mehr als zwanzig Jahren waren die Verhältnisse
noch anders. Fort Rupert, welches 1830 von einem gewissen
Blankenshop, der jetzt Indianer-Agent ist, für die Hundsons-
Bay-Company angelegt worden war, hatte im ersten Menschen-
alter seines Bestehens einen schweren Stand gegen die umwohnenden Indianer, welche damals noch sehr zahlreich und kriegerisch
waren. Es war Sitte bei diesen Eingebornen, deren allein bei Fort
Rupert etwa Tausend wohnten, grosse Kriegszüge zu unternehmen,
viele Sclaven einzufangen und letzteren die Köpfe abzuschneiden.

Noch jetzt kann man in jener Gegend viele Skalpe von Menschen finden. Die Macht der Indianer war damals noch so gross, dass dieselben den weissen Leuten viel zu schaffen machten und sogar einstmals das Fort belagerten. Indessen die Hudsons-Bay-Company, welche überall das Bestreben zeigt, mit der Bevölkerung in gutem Einvernehmen zu stehen, schloss mit ihnen bald Frieden. Aber die Kämpfe der Indianer unter einander hörten darum nicht auf und hierbei spielten die Hametze eine grosse Rolle. Noch im Jahre 1859 oder 1860 sah der obengenannte Hr. Hunt es mit eigenen Augen an, dass ein von den Fort-Rupert-Indianern gefangener Sclave bei Gelegenheit eines grossen Festes an einen Pfahl gebunden und ihm der Leib aufgeschnitten wurde, worauf die Hametze ihre Hände mit dem hervorströmenden Blut füllten und letzteres tranken. Wahrscheinlich wurde der Sclave nachher gänzlich verzehrt. Zu jener Zeit aber war die am Südende von Vancouver gelegene Stadt Victoria bereits so mächtig, dass der Gouverneur derselben, als er die schreckliche Affaire erfuhr, ein Kanonenboot nach Fort Rupert schickte, um die Indianer zu bestrafen. Diese jedoch, im Gefühl ihrer Stärke, leisteten Widerstand, was zur Folge hatte, dass ihre sämmtlichen Häuser vernichtet und alle ihre Canoes verbrannt wurden. Die Indianer selbst flüchteten in den nahen Urwald, wie sie es stets bei solchen Gelegenheiten thun. Nachdem das Kanonenboot sich entfernt hatte, kamen die Eingeborenen allmählich wieder zum Vorschein, aber das Gefühl ihrer Ueberlegenheit war verloren und so wanderte der grössere Teil von ihnen nach einigen Fjorden des gegenüberliegenden Festlandes von British Columbien aus, während der Rest, etwa 250—300 Köpfe stark, das zerstörte Dorf wieder aufbaute. Seitdem fristen sie, faul und träge, frech und unverschämt gegen Fremde, ein bescheideneres Dasein als früher zur Zeit der blutigen Hametzenherrlichkeit.

Unser erster Ausflug mit der Schaluppe war nach dem Indianerdorf Nooette auf Hope Island, einer kleinen Insel nördlich von Vancouver, gerichtet. Hier blüht noch das alte Indianerthum in fast völliger Unberührtheit, weshalb die Leute auch nicht geneigt waren, mir ihre Tanzmasken, Rasseln etc. zu verkaufen.

Nur der grossen Ueberredungskunst meines Dolmetschers Georg Hundt, welcher bei allen Indianern weit herum sehr angesehen ist, gelang es, den Häuptling zu veranlassen, mir gegen gute Bezahlung eine Anzahl vortrefflicher ethnologischer Gegenstände zu verkaufen. Nach mehrstündigem Aufenthalte fuhren wir wieder ab, um uns nach dem tief in das Festland von British Columbien sich erstreckenden Knights Inlet zu begeben. Auf dem Wege dorthin mussten wir wieder an Fort Rupert vorüberfahren und gelangten am nächsten Tage nach Allert Bay, wo ich, wie am Schlusse des ersten Capitels erzählt ist, bereits auf der Hinreise mit Unterstützung des Hrn. Cunningham Einkäufe gemacht hatte. Es war jetzt nur noch eine kurze Nachlese zu halten, auch musste ich für Alles theure Preise bezahlen. In unmittelbarer Nähe dieses Indianerdorfes befindet sich ein alter Begräbnissplatz der Eingeborenen, zu dem ich mir unter Schwierigkeiten den Weg durch das dichte Buschwerk und Gestrüpp bahnte. Die kleinen Begräbnisskisten oder Begräbnisshäuser, welche auf Pfählen über der Erde stehen, waren sämmtlich fest vernagelt. Dies war nicht der einzige Grund, dass ich keine für das anatomische Rassenstudium werthvollen menschlichen Ueberreste daselbst mitnehmen konnte. Fast die ganze Einwohnerschaft hatte mir, vielleicht ahnend, dass ich auf Leichenraub ausgehen möchte, das Geleit bis mitten ins Dickicht gegeben.

Bald darauf segelten wir weiter unserem Ziele zu, konnten indessen Knights Inlet noch nicht erreichen, sondern blieben die Nacht über in Beaver Cove auf Vancouver vor Anker liegen. Am anderen Morgen wurde alsdann die Ueberfahrt über die Meerenge nach dem Eingange des eben erwähnten Fjordes ausgeführt und dort Nachmittags das Indianerdorf Mamelellika erreicht. Es lebt hier eine bösartige Einwohnerschaft, welche erst vor Kurzem den Versuch gemacht hatte, einen Handelsschooner auszuplündern, aber mit blutigen Köpfen von der gut bewaffneten Mannschaft heimgeschickt worden war. So oft bis jetzt weisse Leute den Versuch gemacht hatten, in Mamelellika Aufenthalt zu nehmen, war dies durch das Vorgehen der Einwohner vereitelt worden. Es hatte früher Jemand einen Verkaufsladen daselbst errichtet, aber letzterer wurde bald ausgeplündert und der Eigenthümer in die Flucht gejagt. Zur Strafe wurde dann das Dorf durch ein Kanonenboot bombardirt und abgebrannt, war aber wieder aufgebaut worden. Auch ein katholischer Missionär hatte versucht, die Leute zu bekehren, aber auch er musste sein Vorhaben aufgeben. Der einzige Fremde, den sie gegenwärtig in der Nähe ihrer Ortschaft dulden, ist ein ehemaliger Bewohner der Sandwichsinseln, der als Matrose von einem Schiffe desertirt und hierher verschlagen ist.

Mein Dolmetscher schilderte mir die Bewohner von Mamelellika als die grössten Diebe, was ich später vollauf bestätigt fand. Wir ankerten am Dorfe und gingen ans Land, um Einkäufe zu machen. Wider Erwarten war der erste Empfang ganz gut und ich erwarb einige Gegenstände, deren Werth jedoch in Bezug auf Originalität nicht besonders gross zu sein schien, da diese Indianer, wie mir Georg Hundt erzählte, ihre derartigen Gebrauchsgegenstände bei den Fort-Rupert- und Nooette-Indianern erst einkaufen müssen. Ich ersuchte den Häuptling von Mamelellika, dass er ein Tanzfest geben möchte, da ich sehr von dem Wunsche beseelt war, die Leute einen ihrer wilden malerischen Tänze aufführen zu sehen. Aber jener machte mir begreiflich, dass gegenwärtig, Mitte October, die alljährliche winterliche Tanzsaison, an der alle Indianer festhalten, noch nicht gekommen sei. Wenn er vor der gesetzmässigen Zeit tanzen liesse, so würden die Bewohner der Nachbardörfer, sobald sie davon hörten, böse werden und möglicherweise einen Krieg beginnen. Der nächst dem Häuptling angesehenste Mann von Mamelellika war jedoch anderer Meinung und sagte mir, dass er vor einem Kriege gar keine Angst habe. Er wäre gern bereit, durch seine jungen Leute einen Tanz aufführen zu lassen, wenn ich denselben dafür nur etwas Tabak schenken wollte.

Dieses Geschäft kam zu Stande. Zunächst wurde das Haus so gut wie möglich klar gemacht und in der Mitte ein grosses Feuer angezündet. Ich liess einige von den Masken, welche ich in Nooette gekauft hatte, herbeiholen und der Tanz begann. Man führte jedoch keine Wintertänze auf, bei denen sich ein grösserer

Kreis von Mitwirkenden vereinigt, sondern Sommertänze, bei denen
fast nur einzelne Personen auftreten. An der Hinterfrontwand des
Hauses wurde die grosse hölzerne Trommel aufgestellt, und der
Gesangleiter — deren jedes Dorf einen. besitzt — placirte sich
mit seinem bemalten Holzstabe daneben. Dann schlug er auf die
Trommel, die einer gewöhnlichen bemalten viereckigen Kiste, an
der der Deckel fehlt, glich, und stimmte gleichzeitig den Gesang
an. Alle jungen Leute, die rings herum placirt waren, stimmten
ein und schlugen gleichzeitig den Takt auf einem Holzbrett. Es
machte den Eindruck, als ob Jeder bemüht war, so viel Lärm
als möglich zu machen. Die an den Wänden befindlichen spinden-
artigen Abtheilungen — für gewöhnlich die Schlafstätte einer

1. Alte Kriegskeule der Tschimsian-Indianer. 2. Geräth eines Selbstpeinigers.
3. Halsring eines Hametzen.

Familie — wurden, wie stets bei Tänzen, als Garderobenzimmer
benutzt. Da trat denn solch ein Tanzkünstler, nachdem er geraume Zeit zur Vorbereitung gebraucht, aus der geöffneten Thür
eines solchen Familienspindes heraus, und Aller Augen richteten
sich auf ihn. Seine Schulter war bedeckt mit einer sogenannten
Nord-Blanket, einer sehr theuren, aus dem Haar der Bergziege
gearbeiteten Decke, deren Muster zahlreiche Figuren, namentlich
Gesichter und Augen, kunstvoll eingewebt trug. Auf dem stolz
und kühn erhobenen Haupte trug der Tänzer eine Holzmaske,
die von den Tschimsian-Indianern stammte und mit Muscheln
eingelegt war. Als besonders werthvoller und vielgesuchter Schmuck
dieser Maske diente ein auf ihr befindliches Arrangement von
Barthaaren des Seelöwen. Rasch hüpfte der Tänzer nach dem
Takte der Musik — wenn man diesen Höllenlärm noch so bezeichnen darf — bis mitten in den freien Raum und tanzte rings
um das Feuer herum, in der rechten Hand eine geschnitzte

hölzerne Rassel schüttelnd, deren Hohlraum, mit kleinen Steinchen erfüllt, laute, castagnettenartige Töne erschallen liess. Auf
dem Kopf der Maske sah man auch einen Federaufputz und so
oft der Tänzer den Kopf schüttelte, flogen Adlerdaunen davon herab wie Schneeflocken. Es war ein wilder Tanz, den er
rings um das hell leuchtende Feuer aufführte, während das sehr
grosse Haus, an den Wänden halb in Dunkel gehüllt, mit Hunderten von Rothhäuten angefüllt war, deren roth und schwarz bemalte Gesichter, deren blitzende Augen und lebhafte Bewegungen,
deren ohrenzerreissendes Heulen und Lärmen so genau zu diesem
imponirenden Schauspiel passten, dass ich den eigenthümlich grossartigen Anblick nie vergessen werde. Es wurden verschiedene Tänze
aufgeführt, mitunter mehrere zugleich, auch wurde mit den von
mir geliehenen Masken getanzt, aber es war mir nicht möglich,

Geräth eines Selbstpeinigers. Knights Inlet, British Columbien.

die Aufführung von Wintertänzen zu veranlassen. Die Saison
dieser indianischen Originalfeierlichkeiten begann erst im Januar
und da ein solches Fest stets die Veranlassung für den Festgeber
ist, sich besonders hervorzuthun, durch Geschenke sein Ansehen
und die Zahl seiner Freunde und Anhänger zu vermehren, so
achten alle Indianer eifersüchtig darauf, dass Niemand vor der
bestimmten Zeit mit den Wintertänzen den Anfang macht. Es
war also die oben mitgetheilte Weigerung des Häuptlings eigentlich vollberechtigt gewesen. So verging der Abend und ein Theil
der Nacht in jauchzendem Festjubel, und die Tanzgenossen erwiesen uns, nachdem sie den ausbedungenen Tabak erhalten hatten,
die Ehre, uns bei Beleuchtung von Pechholz-Fackeln zur Schaluppe zu begleiten und in vollem Frieden für die Nacht von uns
zu scheiden.

Am anderen Morgen verwandelte sich unser Schiff in einen
Verkaufsladen. Von allen Seiten strömten die Einwohner von
Mamelellika herbei und brachten mir, was sie zu verkaufen hatten.

Aber dieses gute Einvernehmen dauerte nicht lange, denn die Indianer begannen, zuerst einige Kleinigkeiten und hernach werthvolle Gegenstände zu stehlen und wurden zuletzt so dreist, dass sie mir Alles vor meinen Augen wegnahmen. Leider befanden sich unter den geraubten Gegenständen auch zwei jener wundervoll geschnitzten hölzernen Todtenköpfe, die zum Schmuck einer Hametzen-

Maske gedient hatten. Es wurde mir nur zu bald klar, dass die Wilden, welche sich ihrer grossen Übermacht wohl bewusst waren, die Absicht hatten, unser Schiff und uns selbst auszuplündern. Natürlich wurde ich darüber sehr böse, und da wir alle gut bewaffnet waren, so forderte ich mit dem Revolver in der Hand die gestohlenen Sachen zurück. Die Weiber und Kinder der Indianer fingen an zu schreien, sprangen in ihre Canoes und entflohen. Die Männer sprangen gleichfalls in die Fahrzeuge und ruderten unter Schreien und Toben dem nahegelegenen Ufer zu, indem sie laut drohten, dass sie mit allen Streitkräften wiederkehren würden. Nunmehr wurde aber mein Dolmetscher Georg Hundt ängstlich und lichtete den Anker, worauf er unter Segel ging. Das kleine Rencontre hatte weiter keine Folgen. Die Indianer tobten zwar gewaltig, aber sie waren jetzt machtlos und liessen uns ungehindert passiren.

Zwei Hametzen-Tanzmasken. (1. Rabe und 2. See-Ungeheuer.)

Am nächsten Morgen landeten wir bei den Queka-Indianern. Dieser Name bedeutet: „Kopfabschneider", eine Bezeichnung, die sich jene Leute ehrlich verdient haben, weil sie früher die Gewohnheit hatten, alle nördlicher wohnenden Indianer, welche in ihren Canoes nach Victoria fuhren, in dem schmalen Meeresarm bei der Beaver Bay zu überfallen, und ihnen Leben und Eigenthum zu rauben. Diese Indianer, welche die grössten Piraten von British-Columbien sind, bewohnen das Dorf Klawitsches. Bei unserer Ankunft wurde daselbst ein grosses Fest gefeiert, an dem wir uns betheiligten. Eine Frau war im Begriff, ihres Vaters und ihrer Mutter Eigenthum als Erbtheil zu übernehmen. Es herrscht bei den meisten Küstenstämmen der Indianer die Sitte, dass nach dem Tode der Eltern die Söhne in absteigender Linie zuerst erben; sind solche nicht vorhanden, alsdann die Töchter, falls aber überhaupt keine Kinder der Verstorbenen existiren, so wird von dem ganzen Stamm einer der nächsten Verwandten als gesetzmässiger Erbe gewählt. Der Betreffende ist dann jedoch verpflichtet, ein öffentliches Fest zu geben und einen Theil der ererbten Gegenstände zu verschenken. Von diesem Augenblicke an darf Niemand mehr den Namen des Verstorbenen nennen, weil, wie sie sagen, der überlebende Erbe dadurch nur eine traurige Erinnerung haben würde. Wir erhielten gerade in diesem Dorfe einen Beweis der Heuchelei, die in der letztgenannten Bemerkung liegt. Die Indianer lassen ihre erkrankten oder sterbenden Verwandten durchaus Noth leiden und kümmern sich nicht im Geringsten um dieselben. Ich sah in Klawitsches während des Festes abseits in einer Ecke einen alten sterbenden Greis liegen, dessen wimmernde Klagen von Niemand gehört wurden und der buchstäblich verhungern und verdursten musste. So geht es dort allen Kranken, die von den Medizinmännern aufgegeben worden sind. Diese unwissenden Menschen, welche sich für grosse Zauberer halten, sind für die Gesundheit der Indianer überhaupt von verderblicherem Einfluss als alle Krankheiten. Man muss ihre rohen Manipulationen mit angesehen haben, wenn sie die Körper der Kranken schinden und peinigen oder auf dem Magen von Weibern und Mädchen knien, um keimendes Leben zu ersticken!

Das Fest in Klawitsches wurde ausschliesslich unter der Betheiligung von Männern gefeiert; die wenigen Frauen, welche

anwesend waren, bedienten die Gäste. Die Männer sassen in einem
grossen Kreise rings um das Feuer und hielten viele und lange
Reden. Die oft gerühmte Fertigkeit der Indianer, in Versammlungen
zu sprechen, trat hier voll und ganz zu Tage. Stolz aufgerichtet,
in kühner Haltung, die wollene Decke so über die Schulter gelegt
und mit einer Metallnadel festgesteckt, dass der rechte Arm frei bleibt,
die Stimme bald laut und weithin vernehmbar erhebend, bald leiser
herab dämpfend, klug und geschickt die Worte auswählend und
mit lebhafter Gestikulation unterstützend, so steht der Indianer bei
solchen Versammlungen da und redet den Kreis der Stammesgenossen an. Bei Betheuerungen, besonders feierlicher Natur wird
auch der rechte Arm benutzt, um eine eideskräftige Versicherung

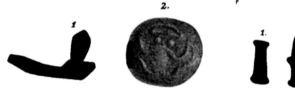

1. Kriegskeule aus Stein mit Holzgriff. 2. Steinhammer zum Einrammen v. Pfählen beim Fischfang.

1. Ein Steinhammer zum Holzspalten. 2. Ein Schädelbrecher
aus Stein.

abzugeben, aber der Indianer hebt nicht den Finger wie zum Schwur
in die Höhe, sondern er ergreift ein Stückchen Holz und wirft
es zur Bekräftigung seiner Worte auf die Erde.

Nach Beendigung der Reden wurde ein Festessen bereitet, indem
zwei fette Seehunde in der grossen hölzernen Trommel gekocht wurden. Es herrscht dort der eigenthümliche Gebrauch, die grosse Tanz-
trommel, möge sie nun aus einer gewöhnlichen viereckigen Kiste, oder
aus einem geschnitzten hohlen Thierkörper bestehen, bei feierlichen
Gelegenheiten als Kochtopf zu benutzen. Die Trommel wurde also
zuerst mit Wasser gefüllt und alsdann glühendheisse Steine hinein-
geworfen bis das Wasser kochte. Hierauf legte man das Seehunds-
fleisch hinein und es dauerte gar nicht lange bis dasselbe gar gekocht war. Vor jedem Festtheilnehmer lag als Untersatz oder Teller
eine kleine Matte, auf welche die Portionen hingelegt wurden. Der
Antheil eines Jeden war so gross, dass sich daran eine ganze

Familie hätte sättigen können. Letzteres schien auch der Zweck der
Gabe zu sein, denn später, nach Beendigung des Festmahles nahm
Jeder den Rest seiner Mahlzeit sorglich in die Hände und ging damit
nach Hause. Als Servietten wurden vor jeden Gast lange Stränge
von Cederbast hingelegt, woran er sich nach dem Essen Mund und
Hände sorgfältig abwischte. Alsdann wurde als Tafelgetränk ein
mit klarem Wasser gefüllter Eimer hereingebracht, aus welchem Jeder
trank. Gewöhnlich besteht die Hauptnahrung bei den Indianern
aus getrocknetem Fisch, meistens Lachs, der in Oel getaucht wird;
auch wird getrockneter Heilbutt und Codfisch in Menge verzehrt.

Es war noch früh am Tage, als ich mit dem Erbschafts-Essen
und mit den wenigen Einkäufen, welche hier gemacht werden konnten,
fertig war, weshalb ich unter Führung eines Indianers, den mir der
Häuptling empfohlen hatte, noch ein wenig auf die Jagd ging.
Wir paddelten einen schmalen Fjord hinauf und fuhren am Ende
desselben einen kleinen Fluss eine Strecke stromaufwärts. Unterwegs wurden mehrere Enten erbeutet, während wir im Flussdelta
eine Familie von fünf Waschbären überraschten, die über unser
plötzliches Erscheinen so erschrocken waren, dass sie nicht zu entfliehen vermochten. Ich ergriff eines der Thiere lebendig, worauf
es der Indianer ins Canoe trug und dort festband; die unglücklichen
anderen Familienmitglieder aber fielen dem grausamen Jagdeifer als
Beute. Im frischen Schnee fanden sich auch Spuren vom schwarzen Bär
und Wapiti-Hirsch; es war jedoch schon zu spät, dieselben zu verfolgen.

Unsere Erkundigungen betreffs der in Knights Inlet wohnenden Indianer hatten leider ein schlechtes Resultat gehabt. Wir
erfuhren, dass sämmtliche Fjordbewohner in dieser Jahreszeit weit
landeinwärts auf Jagd und Fischerei gezogen waren, dass also die
Möglichkeit, ihnen jetzt etwas abzukaufen, abgeschnitten war. Somit mussten wir uns entschliessen, wieder nach Fort Rupert auf
Vancouver zurückzukehren, welchen Ort wir glücklich nach nur
siebentägiger Abwesenheit wieder erreichten. Wir hatten einen vollen
Tag damit zu thun, die gekauften Gegenstände zu ordnen und die
von Georg Hundt, der der gründlichste Kenner aller dieser Sachen
ist, gegebenen Erklärungen aufzuschreiben. In Fort Rupert selbst
machte ich diesmal nur wenig Einkäufe.

Am 18. October beschloss ich, eine etwas anstrengende Fuss-tour quer durch den Urwald der nördlichen Halbinsel von Vancou-ver zu unternehmen und bei dieser Gelegenheit die nächstgelegenen Orte der Westküste, Koskimo und Quatsino zu besuchen. Ich en-gagirte wieder einen Halbblutindianer als Führer und Dolmetscher und brach mit ihm am nächsten Morgen auf. Die Strecke, welche wir zurückzulegen hatten, war etwa 20 englische Meilen lang. Es führt durch den Urwald eine Art „Fussweg", wenigstens wird er von den Indianern so genannt. Mir war, trotz mancher Erfahrung in verschiedenen Welttheilen ein solcher Weg noch gänzlich unbekannt; jedenfalls war es der schlechteste, den mein Fuss jemals betreten hat. Es ging theils quer über grosse Bäume hinweg, wahre Urwald-riesen, welche so dick waren, dass ein erwachsener Mann nicht darüber wegsehen konnte, und in welche die Indianer, um sie zu überschreiten, von beiden Seiten Stufen eingehauen hatten; theils musste man solche Bäume auf der ganzen Länge ihres Stammes entlangschreiten, wobei man jeden Augenblick in Gefahr gerieth, von der glatten, durch langdauernden Regen äusserst schlüpfrig ge-wordenen Rinde seitwärts hinab zu stürzen, theils wieder musste man an einigen Stellen unter einem Baume hindurchschlüpfen, wo er in gigantischer Krümmung sich hoch über den Erdboden erhob. Die Bäume des Urwaldes dienten auch als Brücken über kleine Bäche und Klüfte, sie spannten sich mitunter durch die Luft von Hügel zu Hügel als einziges Verbindungsglied dieser Punkte. Die Passage war für mich, der ich Schuhe trug, schwieriger, als für den Indianer, der sich mit seinen unbekleideten Füssen und den beweglichen Zehen viel besser anklammern und festhalten konnte. Ich stürmte indessen, da die Richtung des Weges gegeben war, in gewohnter Eile vorwärts, um möglichst schnell das Ziel zu er-reichen. Je tiefer wir in den Wald hineinkamen, um so dichter wurde das Unterholz und um so mächtiger wurden die Cederbäume; mitunter schien es, als ob es gänzlich unmöglich sei, durch dieses Meer von rings aufsteigenden grünen Wogen, in denen man zu er-sticken drohte, oder über die man hinwegschritt, hindurchzukämpfen. Die Zweige und das Dornengestrüpp schlugen mir ununterbrochen ins Gesicht und der stark durchweichte Boden war an vielen Stellen

so sumpfig, dass ich oft bis über die Mitte des Leibes durch
Schlamm watete. Ungefähr auf der Hälfte des Weges schien die
Wasserscheide der Halbinsel erreicht zu sein. Sie wurde durch
ein ausgedehntes Sumpfterrain gebildet. Die Bäume standen hier
weniger dicht und waren bedeutend kleiner. Beim Ueberschreiten
des Sumpfes war es nöthig, wie ein Seiltänzer über eine endlose
Reihe langer dünner Bäume zu gehen, wobei ich mein Gewehr als
Balancirstange gebrauchte. Mitten im Sumpfe brach plötzlich, wie
ich längst befürchtet hatte, der dünne verfaulte Baumstamm, auf
dem ich mich gerade befand und ich fuhr in den schlammigen
Grund bis über den Kopf hinein. Es war kein kleiner Kampf, sich
dieser Umhüllung zu entziehen, denn die Flüssigkeit, in der ich
steckte, war zum Schwimmen viel zu dick, dagegen, um darauf
zu stehen oder auch nur hindurchzuwaten, viel zu dünn. Hierzu
kam noch, dass ich beim Hinabstürzen in den Sumpf mein Gewehr
hatte fallen lassen. Da mein indianischer Führer sich etwa eine
englische Meile hinter mir befand, so war von ihm vorläufig wenig
Hilfe zu erwarten. Ich arbeitete mich vorwärts und erreichte bald
den nächsten Baumstumpf, auf den es, wenn auch mit nicht geringer
Mühe, mir gelang hinaufzukommen. Nachdem ich ihn zunächst als
terra firma unter meinen Füssen hatte, fischte ich mit einem gabelförmigen Zweige mein Gewehr wieder heraus und setzte die Fuss-
tour über die dünnen Bäume fort bis an das Ende des Sumpfes,
wo ich wartete, bis mein Indianer ankam. Es war ein Glück für
mich, dass ich auf dieser Tour kein Papiergeld bei mir hatte, da
es sicherlich verdorben wäre. Erst gegen Abend gelangten wir nach
dem tief ins Land einschneidenden Fjord, an welchem unser nächster
Bestimmungsort liegt.

Da ein nicht unbedeutender Frost eintrat und ich noch vollständig durchnässt und fast steif vor Kälte war, so war es mir
nicht unlieb, unterwegs an einem kleinen, in den Fjord sich ergiessenden Flusse eine beim Lachsfang beschäftigte Indianerfamilie
anzutreffen, welche uns sehr freundlich aufnahm und uns in ihrer
provisorischen, aus wenigen Brettern bestehenden Zelthütte ein
warmes Feuer zum Trocknen meiner Sachen, ein gutes Abendbrod
und ein nothdürftiges Nachtlager anbot. Ich fror die ganze Nacht

hindurch jämmerlich, da ich nur eine einzige wollene Decke besass, um mich zuzudecken und alle meine Sachen, selbst das Hemd, am Feuer trockneten. Am anderen Morgen miethete ich ein kleines Canoe und fuhr nach Koskimo. Bevor wir aber dorthin kamen, trafen wir unterwegs eine alte Indianer-Grabstätte. Da mein Führer ein Halbblut war und schon mehrere Jahre unter den Weissen gelebt hatte, so machte ich ihm den Vorschlag, dass wir die Grabstätte besuchen sollten, um, wenn möglich, einen Schädel für die Wissenschaft zu retten. Mein Gefährte war damit einverstanden, weniger aus Gründen des anatomischen Rassenstudiums, als weil ich ihm für sein Schweigen und seine Hilfe eine klingende Belohnung versprach. Die Schädel hatten für mich aus dem Grunde einen besonderen Werth, weil sie künstlich deformirt sind. Die Indianer von Nooette, Koskimo und Quatsino pressen die Köpfe ihrer kleinen Kinder, besonders der Mädchen, durch eine eigenthümliche Art von Binde so fest zusammen, dass die Schädel allmählich die Form von Zuckerhüten annehmen. Der Druck der Kopfpresse wird oft so sehr verstärkt, dass den armen Säuglingen das Blut aus der Nase tritt. Es gelang uns, der Grabstätte zwei solcher Langköpfe, einen männlichen und einen weiblichen zu entnehmen. Ich verwahrte diese Funde in einem Sack und hatte späterhin in Koskimo grosse Mühe, die höchst neugierigen und zudringlichen Indianer, die mich selbst und jedes Stück unseres Gepäckes aufs Genaueste untersuchten, davon zurückzuhalten.

Wir kamen im genannten Orte Mittags an und wurden von der gesammten Einwohnerschaft gut aufgenommen. Ich nahm meine Wohnung bei dem alten Häuptling Negetze, der seinen Namen nach einen grossen, gerade über dem Dorf befindlichen Felsen erhalten hat. Negetze ist eine Art indianischer Weiser, welcher über der Thür seines Hauses folgende merkwürdige Inschrift in einer Art Englisch angebracht hatte: „Negetze Chief vont to be Frend of Wheit-Mand, thek in his Haus, he leik to see you."

Nun, ich zog also in dieses Haus des Freundes vom weissen Mann, der uns so liebt, und ich muss gestehen, dass Negetze, und noch vielmehr sein Sohn und dessen Frau, die selber eine hohe Indianerwürde bekleidet, denn sie ist Oberhäuptling über Koskimo und Quatsino, uns ausserordentlich freundlich aufnahmen. Nachdem die nöthigen Einkäufe an ethnographischen Gegenständen gemacht worden waren, hörten wir Abends am Feuer im Häupt-

Der alte Oberhäuptling Negetze nebst Tochter, Oberhäuptlingin in Quatsino
an der Westküste von Vancouver.

lingshause die Erzählung alter Kriegsgeschichten an, welche von meinem Führer wieder übersetzt wurden. Es ging aus diesen Mittheilungen hervor, dass die Koskimo-Indianer ein friedliches Volk sind, welche, wenn sie in Streitigkeiten geriethen, fast immer der angegriffene Theil waren. Ich sah jedoch aus einem Briefe, welchen Negetze mir zeigte, dass die Koskimo i. J. 1864 zwei Matrosen ermordet hatten; ich konnte aber nicht ausfindig machen, ob Negetze selbst daran betheiligt war. Es ist neuerdings bei den Indianern Mode geworden, dass sie sich von jedem weissen Mann, für den sie eine Arbeit ausführen oder mit dem sie eine Reise machen, eine schriftliche Bescheinigung geben lassen. Sobald nun ein Reisender durch ein Dorf kommt, eilen die Besitzer solcher Papiere mit diesen ihren sorgfältig gehüteten Schätzen herbei und präsentiren dieselben zur Durchsicht. In diesen Briefen werden die armen Kerls aber oft genug als Spitzbuben, Diebe, Idioten, als dumme Narren etc. geschildert, so dass man Mühe hat, beim Lesen sein Lachen zu unterdrücken. Mitunter enthält ein solches Schreiben, wie in diesem Falle auch historische Angaben. So wurde beispielsweise hier von dem Schreiber, einem damaligen Indianeragenten angegeben, dass Negetze in jener Zeit die Rolle eines Vermittlers in der fraglichen Angelegenheit gespielt habe, und dass die Mörder eine gewisse Zahl von wollenen Decken als Strafe gezahlt haben.

Negetze's Schwiegertochter, die „Oberhäuptlingin" und mächtigste Person an der ganzen Nordwestspitze von Vancouver, nahm mich unter ihren speciellen Schutz. Diese würdige Dame, welche von den Spuren ihrer ehemaligen landesüblichen Jugendschönheit nur noch einen zuckerhutartigen Schädel als einziges, die Stürme der Zeit überdauerndes Merkmal aufzuweisen im Stande war, bethätigte diesen Schutz zunächst dadurch, dass sie mir ein vortreffliches Bett für die Nacht zubereitete. Dies that sie einfach dadurch, dass sie mir ihre eigene Lagerstatt anwies, die sie noch mit vielen Extradecken sorglich ausstattete. Ich muss gestehen, dass der Contrast gegen das kalte Bad am Tage vorher kaum stärker sein konnte. Der junge Negetze, der Mann dieser berühmten Frau, gab mir den Rath, am anderen Tage nach Quatsino, welches einige Meilen mehr nach Westen an einem anderen Fjord liegt, zu fahren, da ich daselbst möglicherweise einige der sehr werthvollen und originellen, aus Cedernbast hergestellten Decken würde kaufen können.

Natürlich befolgte ich diesen Rath, miethete ein grösseres Canoe und nachdem meine hohe Gönnerin nebst ihrem Gatten, dem jungen Negetze, sowie mein Dolmetscher und ich eingestiegen waren, segelten wir lustig los. Der Fjord ist bis zu seiner Mündung in den Stillen Ocean an keiner Stelle breiter als 2 bis 3 Seemeilen und wird von ziemlich hohen Felsen eingeschlossen, aus deren Spalten eine überaus üppige Vegetation emporspriesst. Als wir nach der Mündung des Fjordes gelangt waren, trafen wir, wie nicht anders zu erwarten war, einen starken Seegang an. Ich paddelte so lange, bis mir meine Arme wehe thaten, um meine zur Seekrankheit neigende Gesellschaft möglichst schnell aus der wogenden See in den geschützten Fjord zu bringen. Bald ge-

Regenmantel aus Cedernbast mit Pelzsaum. West-Vancouver.

langten wir an den Eingang des kleineren Fjords, wo die Sommer-niederlassung der Bewohner von Quatsino liegt. Zu meinem nicht geringen Verdrusse war Niemand anwesend, da die Indianer sämmtlich 5—6 Seemeilen weiter nach dem Ende der Bucht in das „Winterdorf" gezogen waren. Wohl oder übel musste ich die Arbeit mit den Paddeln wieder aufnehmen und so kamen wir end-lich in sehr später Nachtstunde an, nachdem wir an demselben Tage die respectable Anzahl von etwa 35 englische Meilen zurückgelegt hatten. Jung-Negetzes Frau, die sich hier in ihrer Hauptresi-denz befand, machte mit vollem Verständniss für die Situation die Honneurs ihres Herrscherhauses dadurch, dass sie sich sofort an den Kochtopf stellte und uns ein äusserst wohlschmeckendes Gericht von Fischen und Kartoffeln bereitete.

Die Situation war eigenthümlich genug. Trotz der späten
Nachtstunde fand sich die kupferfarbige Bevölkerung in dem
Hause ihres weiblichen Oberhäuptlings ein und brachten, da sie
von meinem Vorhaben Kenntniss erhalten hatten, alles Verkauf-
bare mit. Die wahrhaft paradiesischen Zustände der Bewohner der
Westküste traten mir schon hier in Quatsino entgegen. Die guten
Leute, namentlich die älteren Weiber und Männer schienen trotz
der rauhen und stürmischen Herbstwitterung das Tragen von Klei-
dungsstücken als einen vollständigen Luxus anzusehen, welcher
höchstens etwa bei Tanzfesten gestattet war; sie hockten deshalb gänzlich ungeniert ringsum das Feuer; etwas weniger natürlich zeigte sich die jüngere Welt, besonders die junge Weiblichkeit.

Die Gruppen der Anwesenden boten einen geradezu frappi-
renden Anblick dar, in Folge der wunderlichen Deformation ihrer
Schädel.

Die dort herrschende, bereits erwähnte Sitte, den neugeborenen
Kindern schon in der Wiege den Schädel mit Hilfe einer steifen
Binde so stark zusammenzupressen, dass mitunter sogar das Blut
aus Auge und Nase kommt, bringt, namentlich beim weiblichen
Geschlecht so lange hohe und zugespitzte Köpfe hervor, dass man
letztere nicht unpassend mit Zuckerhüten verglichen hat. Die guten
Leute betrachteten mich auch ihrerseits als eine Art Wunderthier
und erwiesen mir, besonders da ich unter dem Schutze ihrer mächtigen Herrscherin erschienen war, viel Freundlichkeit.

Das Handelsgeschäft ging glatt von Statten; ich kaufte eine
Anzahl guter, seltener und origineller Gegenstände, darunter einige
der so sehr geschätzten Decken aus Cedernbast, sowie eine der
für noch werthvoller gehaltenen, aus der Wolle der Bergziege hergestellten Decken. Die ganze Einwohnerschaft von Quatsino betrug nicht mehr als 50 Köpfe; das Dorf besitzt nur sieben Häuser.
Es machte auf mich einen auffallend angenehmen Eindruck, dass
ich hier von der wahrhaft zudringlichen Bettelei, der man sonst
in allen Indianerdörfern der Nordwestküste Amerikas ausgesetzt
zu sein pflegt, befreit war.

Nach wenigen Stunden der Nachtruhe brachen wir am anderen
Morgen auf und fuhren zurück nach Koskimo. Hatte mir schon

die Fahrt des vorhergegangenen Tages die Gefahren gezeigt, denen
ein kleines offenes Canoe hier an der Küste des stillen Oceans
selbst bei verhältnissmässig ruhigem Wetter in Folge des hohen
Seeganges ausgesetzt ist, so lernte ich heute die ungleich schlim-
meren Verhältnisse kennen, welche bei stürmischer Witterung daselbst herrschen. Nachdem wir uns gegen den Wind aus dem
Fjord von Quatsino hinausgepaddelt hatten, stellte sich uns ein
mächtig hoher, aus kolossalen Brechern bestehender Seegang entgegen. Die Indianer arbeiteten mit aller Macht, damit wir um
den Felsen herum und in den etwas mehr geschützten Koskimo
Fjord gelangen konnten. Aber da es eine Eigenthümlichkeit der
Indianer ist, beim Paddeln im Boote zu knieen und dabei vorwärts zu schauen, so wurden meine Leute beim Anblick der uns
entgegenstürmenden Wogen furchtsam und wollten wieder umkehren. Da ich jedoch am Steuer sass, so zwang ich das Canoe,
den richtigen Cours zu halten, und so fuhren wir denn auch
bald glücklich an dem Vorgebirge vorüber. Am Abend langten
wir wieder in Koskimo an. Hier engagirte ich den jungen Negetze,
mit mir nach Fort Rupert zu gehen, da ich allein mit meinem
Führer nicht im Stande war, die vielen in beiden Dörfern gekauften Gegenstände durch den Urwald zu transportiren.

Wir gingen noch an demselben Abend nach jener Flussmündung, an der ich die erste Nacht nach der Abreise von Fort
Rupert zugebracht hatte. Die Hütte, welche schon damals fast
zu klein war um die dort fischenden Indianer und uns aufzu-
nehmen, musste jetzt als Nachtlager für zwei Personen mehr,
nämlich für den jungen Negetze und seine Frau, die uns bis
hierher das Geleit gab, ausreichen. Wir lagen buchstäblich
dicht aneinander gepresst, schliefen darum aber nach den vielen
Anstrengungen bald ein, bis uns das Heulen der Wölfe weckte,
die die ganze Nacht draussen herumstrichen. Diese Gegend ist
sehr fisch- und wildreich; der Besitzer der Hütte hatte am Tage
unserer Ankunft zwei schwarze Bären geschossen und ausserdem
hundert Silberlachse mit der Harpune erbeutet.

Am andern Morgen traten wir den Rückweg an. Ich hatte
etwa hundert Pfund Gepäck, mein Gewehr und den Proviantkessel

zu tragen, meine beiden Begleiter trugen jeder hundertfünfzig Pfund. Man kann sich denken, wie beschwerlich der Marsch durch den Urwald unter diesen Verhältnissen war. Unterwegs, bei dem sumpfartigen kleinen See trafen wir drei Indianer aus Fort Rupert an, welche uns erzählten, dass sie im Auftrage des bereits genannten Indianer-Agenten Blankenshop nach Koskimo gehen sollten, und daselbst Berichte über die Lage der dortigen Indianer zu sammeln. Nach Ueberwindung aller Schwierigkeiten und nachdem wir unzählige Male auf dem schlüpfrigen Terrain hingefallen waren, kamen wir gegen Abend in Fort Rupert an, wo mir der alte Blankenshop, der einer der genauesten Kenner indianischer Sitten und Gebräuche ist, viele werthvolle Auskünfte gab. Die nächsten Tage verbrachte ich damit, die gekauften Gegenstände mit den nöthigen Notizen zu versehen und sie für den weiten Transport nach Berlin sicher einzupacken, auch kaufte ich noch einige Gegenstände, die aber sehr theuer waren, weil die Indianer glauben, dass der Werth nur mit Gold aufgewogen werden könne. Um diese Zeit kehrte der erste Häuptling der Indianer von Fort Rupert von einer Seefahrt zurück und brachte die letzten Materialien zum Bau eines neuen Hauses mit, welches in den nächsten beiden Wochen fertig gestellt werden sollte. Es war für die Einweihung ein grosses Fest geplant worden, zu dem schon jetzt Einladungen an alle Indianerstämme bis hoch hinauf zum Königin Charlotte Archipel, und hinab in die Nähe von Victoria ergangen waren. Bei dieser Gelegenheit beabsichtigte der Oberhäuptling einen Beweis seines Ansehens und seines Reichthums dadurch zu geben, dass er 1600 Blankets zu Geschenken an die Gäste bestimmte. So leid es mir that, dass ich dieser gewiss orginellen Feierlichkeit nicht mehr beiwohnen konnte, so erfreut war ich, als am 31. October der Dampfer Prinzess Louise ankam und mich mit meinem vielen Gepäck nach Victoria brachte, wo wir am andern Tage anlangten.

V.

In Victoria war gerade während meiner Anwesenheit eine
kleine Ausstellung eröffnet worden, welche u. A. auch Indianer-
sachen von den Haida, Tschimsian etc. enthielt. Der Aussteller
der letzteren war Dr. Powell, welcher diese Gegenstände gesammelt und gekauft hatte. Es befand sich darunter vortreffliches
Material, besonders einige sehr schöne, geschnitzte und bemalte
Hauspfähle von jener Art, welche im Innern der Häuser die
Dachbalken tragen, ferner einige geschnitzte Köpfe von Holz,
einen Mann und ein Weib mit einem Lippenpflock darstellend;
auch waren einige ethnographische Gegenstände aus Alaska vor-

geführt. Mein Aufenthalt dauerte diesmal zehn Tage, während welcher Zeit ich die bereits stattlich angewachsene Sammlung der von mir für das Berliner Königliche Museum gekauften Sachen nach Europa expedirte. Nunmehr handelte es sich für mich darum, eine günstige Fahrgelegenheit nach der noch fast ganz unbekannten und von Reisenden in neuerer Zeit wenig besuchten Westküste von Vancouver zu finden. Es war dies in Anbetracht der jetzigen winterlichen Jahreszeit gar nicht leicht, denn die Zeit der Winterstürme war hereingebrochen, wovon die zahlreich einlaufenden Berichte über Unglücksfälle zur See den besten Beweis gaben. Da jedoch zwei Handelsfirmen in Victoria an verschiedenen Punkten der Westküste kleine Kaufmannsläden besassen und den Verkehr mit diesen, so gut es ging, aufrecht zu erhalten suchten, so fand sich auch bald eine Fahrgelegenheit für mich. Am 11. November reiste ich mit dem Schooner „Thorenton", Kapitain Billie, von der Firma Warren, ab, nachdem ich für 20 Dollar Proviant mit an Bord genommen hatte. Die Fahrt ging um die Südspitze von Vancouver herum, aber kaum hatten wir diesen Punkt passirt und waren im Begriff, in die Juan de Fuka-Strasse einzubiegen, als ein schwerer Weststurm uns zwang in Beecher Bai vor Anker zu gehen. Da ich keine Gelegenheit unbenutzt liess, um Einkäufe zu machen, so ging ich an Land. Die Bevölkerung besteht hier in diesem südlichsten Theile von Vancouver aus sogenannten Flatheads- (d. h. Flachkopf-) Indianern. Die Leute stehen hier schon zu sehr unter dem Einfluss der civilisatorischen Verhältnisse der nahegelegenen Hauptstadt Victoria, als dass sie ihre ursprünglichen Geräthschaften, Sitten und Gebräuche noch beibehalten hätten.

Am anderen Tage setzten wir die Fahrt durch die genannte Strasse fort und passirten im Laufe des Tages am Kap Flattery vorüber die Südwestküste von Vancouver, bis wir Abends acht Uhr den Feuerthurm vom Kap Beale am Eingang des grossen Barclay-Sundes erreichten. Es war inzwischen wieder so stürmisch geworden, dass wir uns nur mit äusserster Mühe mit dem Schooner halten konnten. Ausserdem brach die Nacht herein und es wurde bald so dunkel, dass fast nichts zu sehen war. Hierzu kam noch,

dass wir uns zwischen zahlreichen kleinen Inseln befanden, welche
den Eingang von Barclay-Sund beherrschen. Wir kreuzten zwischen
den Inseln herum, ohne indessen das Festland in Sicht zu bekommen. Der Orkan nahm dabei so sehr an Stärke zu, dass
plötzlich eine der heftigen Böen das Grosssegel zerriss. Die
ganze Besatzung des Schiffes bestand aus dem Kapitain, der am
Steuer stand, einem Matrosen und einem Maschinisten, ausserdem
waren ein Halbblut-Indianer und ich die einzigen Passagiere. Als
das Segel zerrissen war, trieben wir gerade auf eine Insel zu,
welche von verborgenen Klippen umgeben war, an denen sich die
See mit überaus grosser Gewalt brach. Es sah aus, als ob wir
in der nächsten Secunde umkommen müssten; der Sturm brüllte
so heftig, dass wir uns nicht einmal durch lautes Schreien unter
einander verständigen konnten. Das Fall zum Focksegel war ge-
platzt und der Matrose bemühte sich, eiligst ein neues Fall durch
die Blöcke zu scheeren. Während dem hatte ich beide Hintersegel
heruntergeholt und die zersplitterte Klaue wieder ausgebessert.
Gerade im letzten Moment, als wir ohne Segel und Steuerkraft
wehrlos gegen die Klippen geführt wurden, war der Matrose mit
seiner Arbeit fertig, das Segel wurde gesetzt, wir bekamen Gang
und der Kapitain steuerte auf gut Glück zwischen zwei von
hohen Brechern gekrönte Klippen. Dies war unsere Rettung, denn
wir gelangten hier auf die Leeseite einer Insel, wo wir Schutz
vor dem Winde hatten und Anker werfen konnten. Den ganzen
nächsten Tag über und auch die zweite Nacht hindurch tobte der
Orkan mit noch grösserer Heftigkeit; ich hätte es niemals für
möglich gehalten, dass eine solche Wuth der Elemente sich geltend machen könnte. Unser Schooner, welcher mit 20 Faden Kette
vor drei Ankern lag, wurde widerstandslos eine Strecke weit geschleppt. Der Sturm erlaubte sich eigenthümliche Scherze; Alles,
was nicht sehr fest angebunden war, riss er einfach in die Luft
empor; u. A. wirbelte er zum nicht geringen Erstaunen der Besatzung eine in einer Tonne befindliche Indianer-Waschschüssel
in die Höhe, so dass sie wie eine Feder davonflog.

Die Insel, in deren Schutz wir lagen, wird im Sommer von
den Bewohnern des Indianerdorfes Eckult bewohnt, während das

Winterdorf am östlichen Ende des Barclay-Sundes liegt. Da sich in Eckult eine Handelsstation der Firma Warren befindet, so war die Erreichung dieses Punktes unser nächstes Ziel, welches wir, sobald der Sturm ein wenig nachgelassen hatte, in vierstündiger Fahrt erreichten. Während der Kapitain hier die Angelegenheiten seiner Rhederei besorgte, engagirte ich zwei Indianer mit einem Canoe und fuhr nach dem etwas südlicher am Sund gelegenen Indianerdorfe Oheiaht. Es befindet sich dort eine katholische Missionsstation, der ein belgischer Priester, Pater Justus, vorstand. Ich muss gleich hier an dieser Stelle die ausserordentliche Unterstützung rühmend hervorheben, die mir von ihm und während des weiteren Verlaufes meiner Reise von allen seinen Glaubensgenossen, wo ich sie auch immer antraf, zu Theil wurde.

Nach einer freundlichen, persönlichen Aufnahme, die mir Pater Justus bereitete, ging er selbst mit mir in das Indianerdorf und half mir die geeignetsten Sachen aussuchen, wobei er die richtigen Erklärungen über Gebrauch und Verwendung der Gegenstände hinzufügte. Ich erwarb eine Menge Sachen und fuhr noch denselben Tag wieder zurück nach Eckult, weil ich eine günstige Fahrgelegenheit benutzen wollte, um mit dem Schooner nach dem sehr weit ins Land hinein sich erstreckenden Alberni-Kanal zu fahren. Da das Wetter am anderen Morgen sich zu ungünstig erwies, so blieb ich noch einen vollen Tag in Eckult, woselbst ich die Bekanntschaft des Stationsvorstehers Loggen und des zufällig dort anwesenden Indianer-Agenten Mr. Gilbert machte. Beide fassten den für mich hocherfreulichen Entschluss, diese Excursion, welche uns bis weit über die Mitte von Vancouver führen sollte, mitzumachen. Das Interessanteste war, dass sich gerade hier, am äussersten erreichbaren Ende der Wasserstrasse, die einzige Ansiedelung von Weissen, nämlich von vier Farmern, befand. Die Nähe dieses Punktes zur Ostküste von Vancouver ist so gross, dass es nur eines zweitägigen, wenn auch angestrengten Marsches durch den Urwald bedarf, um die letztere zu erreichen. In früherer Zeit hatte sich an der Stelle dieser Niederlassung eine grosse Sägemühle befunden, in welcher gegen 200 weisse Arbeiter mit dem Fällen des Holzes und anderen

Arbeiten beschäftigt waren. Nachdem diese Sägemühle abgebrannt war, gerieth das Etablissement gänzlich in Verfall und wurde nicht wieder aufgebaut. Hier war es, wo Mr. Sproat, der Leiter dieser Mühle, vier Jahre seines Lebens zubrachte und eine Fülle von Nachrichten und Erkundigungen über die dortigen Indianer sammelte und dieses Material in seinem bekannten Werke: „Scenes and Studies of Savage Live" niederlegte. Sproat fasste die sämmtlichen Indianerstämme der Westküste von Vancouver, welche zwischen der Gegend geradeüber Kap Flatery, also vom Ende der Juan de Fuca-Strasse bis nördlich am Kap Cook wohnen, unter der Bezeichnung die Athstribus zusammen. Die Ursache dieser Benennung ist, wie es scheint, eine rein äusserliche, insofern, als die Buchstabenendung „ath" in der Regel die Schlusssilbe der Dörfernamen bildet, welche zu diesen Indianern gehören. Die Bewohner der Westküste von Vancouver bilden ein in sich abgeschlossenes, ethnologisches Gebiet.

In der Nacht des 17. November gingen wir unter Dampf den Alberni-Kanal hinauf, da der Wind sich etwas gelegt hatte. Der Kanal ist an seinen breitesten Stellen kaum einige tausend Schritt breit, an vielen Punkten hat er nur die Breite eines Stromes, in Folge dessen er eine so reissende Strömung besitzt, dass man mit Hilfe von Segeln allein nicht vorwärts zu kommen vermag. Die Gewalt dieser Strömung wird noch dadurch vermehrt, dass sich eine Anzahl schnell strömender Flüsse in ihn ergiessen. Nachdem wir 20 englische Meilen weit in den Kanal eingedrungen waren, bot sich uns ein interessanter Anblick dar, indem wir etwa 20 beladenen und bemannten Canoes begegneten, welche, je zwei und zwei zusammengebunden, mit Brettern, Balken und allen übrigen Gegenständen des beweglichen Eigenthums dahinfuhren. Es war wohl die Hälfte der Seeschaht-Indianer, welche in landesüblicher Manier ihre Wohnungen wechselten, um sich ungefähr 16 englische Meilen weiter stromabwärts während der Saison des Fanges der Katzenhaie niederzulassen. Die Leber dieses Fisches wird auch hier, wie weiter nördlich im Königin Charlotten-Archipel und an der ganzen Küste des Festlandes, zur Bereitung von Fischthran benutzt. Wegen der reichen

Gegenstände aus West-Van-couver: 1. Alte Kriegskeule aus Knochen. 2. Pfeil mit Knochenspitze. 8 u. 4. Kno-chenlanzen mit Holzgriff (früher in Canoe-Gefechten gebraucht). 5. Bogen für Jagd und Krieg.

Fischgründe der vielfach von Fjorden zer-rissenen und tief eingeschnittenen Westküste von Vancouver produciren die Ahts-Indianer viel mehr von diesem Dogfischthran, als sie consumiren können, sie treiben deshalb mit den Nachbarstämmen und Händlern einen lebhaften Handel. Es war mir nicht sehr angenehm, dass wir die Seeschaht antrafen, da ich dadurch um die willkommene Gelegen-heit kam, ihr Dorf zu besuchen und dort Einkäufe zu machen.

Wir näherten uns unserem Ziele wegen der starken Strömung nur langsam, so dass der Abend bereits hereingebrochen war, als wir in der Nähe der Brandstelle der ehemaligen Sägemühle vor Anker zu gehen, durch das seichte Wasser gezwungen wurden. Erst am anderen Morgen, als wieder Hochwasser herrschte, konnten wir die paar Meilen, die uns von unserem Endziel, der Niederlassung der Farmer, trennten, zurücklegen. Die Lage der vier Ansiedlungen befindet sich nahe der Mündung des Somaflusses; in unmittelbarster Nähe liegen die Indianerdörfer Seeschaht und Opettisaht. Unmittelbar nach unserer Lan-dung machte ich diesen beiden Ortschaften einen Besuch, der aber leider aus dem oben angeführten Grunde keinen besonderen Erfolg hatte. Immerhin aber gelang es mir, u. A. einige werthvolle Blankets aus Cedernbast und eine sehr werthvolle, aus dem Knochen eines Wales gearbeitete, sehr alte Kriegskeule von schwertförmiger Gestalt zu erwerben. Diese Waffen sind heutzutage nicht im allgemeinen Gebrauch; sie ähneln sehr den Kriegskeulen der Maoris in Neuseeland. Ich fand auf der ganzen Westküste von Vancouver nur überhaupt drei Exemplare vor, welche ich sämmtlich kaufte.

Ein tragikomisches Abenteuer erlebte ich am zweiten Tage, als ich mit Herrn Loggen auf die Jagd ging. Das Delta ist belebt durch zahlreiche Schwärme von Gänsen und Enten, denen wir eifrig nachstellten. Im Eifer der Jagd wurde ich von meinem Gefährten getrennt und wanderte allein weiter. Wir hatten die Tour bei niedrigem Wasserstande begonnen und ich hatte keine Ahnung, bis wie weit das Hochwasser gewöhnlich hierselbst steigt. Der Weg, oder vielmehr das ganze Terrain war bald kniehoch mit Wasser überschwemmt, worauf ich nicht achtete, zumal ich hohe Gummistiefel zum Schutze gegen die Nässe trug. Doch das Wasser stieg höher und höher, bald reichte es mir bis an die Brust, wodurch ich verhindert wurde, die vielen kleinen Unebenheiten und Löcher, sowie die Wurzeln auf dem Erdboden zu sehen und zu vermeiden. Ich strauchelte deshalb mehr als ich ging und musste zuletzt fast schwimmen, was bei der unter dem Nullpunkt stehenden Frosttemperatur keineswegs zu den höheren Annehmlichkeiten zu rechnen war. Mit Mühe arbeitete ich mich, das Gewehr möglichst hoch in der Luft haltend, durch das überschwemmte Dickicht bis zum Flussufer durch, wo ich gegenüber dem einen Indianerdorf auf einen Baum kletterte und Signale machte, dass man mich abholen sollte. Während ein Canoe hinüber kam, schoss ich im Baum sitzend noch zwei Enten, die ich auch nachher auffischte.

Drüben im Dorfe, wohin das Wasser nicht dringen konnte, lag fusshoher Schnee, der während der Nacht gefallen war. Ich erhielt hier einen Beweis von der Abhärtung der Indianer: Alt und Jung lief mit blossen Füssen im Schnee herum; einer der Leute, welcher Holz geschleppt und sich dabei beschmutzt hatte, ging sogar gänzlich unbekleidet bis zur Brust ins Wasser, wusch sich dort ganz gemächlich, schritt dann heraus und hängte seine Decke um, aus welcher bald darauf durch die Verdunstung der Flüssigkeit sich eine Dampfwolke erhob. Wahrlich, wenn ein Volk auf Erden Kälte ertragen kann, so scheinen es diese Leute zu sein. Während ich meine Sachen trocknete, wurde ich von einem Indianer

aufgefordert, in ein anderes Haus zu kommen, um daselbst einige
ethnographische Gegenstände anzusehen. Ich dachte, das hier eine
Gelegenheit wäre, auch meine Abhärtung zu zeigen, und dass, wenn
die Indianer den ganzen Tag hindurch mit blossen Füssen im
Schnee herumliefen, ich es ihnen für diese kurze Strecke wohl nach-
machen könnte. Ich ging deshalb ohne Stiefel und Strümpfe durch
das Dorf, wobei ich indessen, um die Wahrheit zu gestehen, jämmerlich fror, mir aber nichts merken liess. Am Nachmittag dieses
Tages kam Mr. Loggen mit einem Indianer in das Dorf um mich
zu suchen, da er glaubte, dass mir ein Unglück passirt sei. Ich
ging mit ihm an Bord, zog trockene Kleider an, und ging wieder
auf Entenjagd, da das Delta inzwischen trocken geworden war.
Es waren sehr viele Enten da, an deren Jagd sich fast alle Indianer betheiligten.

Während der Nacht fiel wieder etwas Schnee. Dies hinderte
die Bewohner eines am Flussufer stehenden nahen Indianerhauses
nicht, am frühen Morgen gänzlich unbekleidet im Gänsemarsch
nach dem Flusse zu gehen, und Alt und Jung sich im Wasser
zu waschen. Dann hängten sie ihre Decken um, aus denen bald
dichte Dampfwolken aufstiegen, als die Procession wieder ins Haus
zurückkehrte.

Eine sonderbare Erscheinung bot das Flussbett dar. Das
Wasser war überall mit todten und verwesenden Fischen, den sogenannten Dog-Salmen angefüllt. Es wäre wünschenswerth, dass
Sachverständige dieses Vorkommniss erklärten; man sagte mir, dass
die Fische, welche um zu laichen den Alberni-Kanal hinauf-
gestiegen sind, und während ihres Aufenthaltes im süssen Wasser
wie alle Lachsarten nicht Nahrung zu sich nehmen, nach Beendigung des Laichgeschäfts nicht mehr in die See zurückkehren
und deshalb elend verhungern. Nach meiner Beobachtung waren es
nicht blos alte ausgewachsene Fische, die hier zu tausenden herum
lagen, sondern auch kleine und junge Exemplare.

Der Kapitain und ich waren von einem der Farmer, welcher
etwa eine englische Meile landeinwärts im Urwalde wohnte, eingeladen, den Abend bei ihm zuzubringen. Um den Weg etwas
abzukürzen, schlugen wir, trotzdem es schon dunkel war, eine

andere Richtung ein, wobei wir uns alsbald verirrten. Das Dickicht, welches wir auf ungetretenem Pfade durchkreuzten, wurde bald so stark, dass wir nicht die Hand vor Augen sehen konnten und unsere Vorwärtsbewegung sich schliesslich in eine Art Kriechen auf Händen und Füssen verwandelte. Die abgestorbenen Baumriesen, welche in allen möglichen Lagen das Terrain durchzogen, nöthigten uns, die schwierigsten Kletterparthieen auszuführen, wobei wir oft genug von dem schlüpfrigen Stamme hinabfielen und uns alsdann in einem Wasserpfuhle befanden; bald rannten wir gegen einen Stamm, bald schlug uns ein zurückschnellender Zweig ins Gesicht, kurz es war eine ganz verwickelte Geschichte. Dieses hinderte uns jedoch nicht im Geringsten, dem Humor der komischen Situation Rechnung zu tragen und oft genug laut aufzulachen. Um uns gruselig zu machen, erzählte Mr. Loggen, dass ein Jahr vorher ein Farmer gerade um dieselbe Zeit hier im Walde auf die Jagd gegangen sei und dass er trotz seiner Kenntniss der Gegend sich verirrt habe und niemals wieder zum Vorschein gekommen sei. Das Umhertappen in der rabenschwarzen Finsterniss brachte uns etwas auseinander; plötzlich schrie der Kapitain auf, dass er auf ein Thier, wahrscheinlich einen Wolf, gefallen sei. Es war indessen nicht so schlimm, denn bei näherer Untersuchung zeigte es sich, dass der angebliche Wolf nur ein verfaulter Baumstamm war. Endlich fanden wir durch Zufall einen Weg, der von Kühen getreten war; wir versuchten, ihm zu folgen, verloren ihn bei diesen Bestrebungen mehrere Male, fanden ihn jedoch eben so oft wieder. Endlich schimmerte von ferne durch den Wald als Hoffnungsstern ein Lichtschein, dem wir nachgehend zu unserem schon ungeduldig wartenden Gastgeber gelangten, der uns durch ein vortreffliches Abendessen für diese Irrfahrt reichlich entschädigte. Als wir Nachts nach Hause kehrten, hatten wir eine Strecke lang die Begleitung unseres Wirthes und da wir ausserdem sehr scharf auf den Weg achteten, so kamen wir gesund und wohlerhalten an Bord.

Unsere Rückkehr nach Barclay-Sund nahm einen vollen Tag in Anspruch, da wir wegen des herrschenden Gegenwindes dampfen mussten. Wir verbrachten die Nacht in Eckult und setzten am

Tage darauf die Fahrt fort. Wir erreichten an diesem Tage die in der Nähe von Barclay-Sund an der Westküste von Vancouver gelegene Handelsstation Jucklulaht, woselbst sich ein Verkaufsladen der Firma Spring & Frank in Victoria befindet. Der Schooner ankerte hier während der Nacht und fuhr am andern Morgen in nordwestlicher Richtung längs der Küste weiter. Etwa in der Mitte der Längsrichtung der Westküste befindet sich der Klayoquaht-Sund, vor dessen Einfahrt wir wegen starken Nebels bei einer kleinen Insel Halt machen mussten, gerade über dem Winteraufenthalt der Klayoquaht-Indianer. Hier befindet sich eine Handelsniederlassung der Firma Warren, welche von einem halben Landsmanne von mir, einem Dänen Namens Fredrik Thorenbeck, verwaltet wird. Hier war der Endpunkt der Fahrt des Schooners, so dass ich also genöthigt war, für die Fortsetzung der Reise Canoes und Indianer zu miethen. Wegen des sehr starken Nebels konnten wir bei unserer Ankunft nicht an Land gehen, dafür erhielten wir aber den Besuch einer Anzahl von Indianern, unter denen sich auch ein Sohn von Setta Canim, dem mächtigsten Indianerhäuptling und berühmtesten Kriegsführer der ganzen Westküste von Vancouver befand. Setta Canim hat, wie mir erzählt wurde, schon zahlreiche Menschen umgebracht, unter anderen auch einen weissen Händler; er ist der grösste Galgenvogel, den es auf der Insel geben kann. Dies erhöht natürlich seinen Rang und sein Ansehen ungemein, so dass jeder, der nach Klayoquaht kommt, mit ihm in Verbindung zu treten genöthigt ist. Auch ich musste mich dieser Einrichtung fügen und engagirte den jungen Setta Canim nebst drei anderen Indianern, mich in einem grossen Canoe nach Kayokaht zu fahren und auch mich wieder zurück zu bringen. Einstweilen brachte ich mein Gepäck von Bord in das Haus des Herrn Thorenbeck, woselbst ich Quartier nahm. Am anderen Tage wartete ich vergebens darauf, dass die von mir engagirten Indianer kommen sollten, diese Biedermänner hatten nur auf die Abfahrt des Schooners gewartet, um dann ganz nach ihrem Belieben mit mir zu verfahren. Nachdem der Schooner die Station verlassen hatte, nahm ich ein Canoe und uhr hinüber zu den Indianern, worauf sie mir mittheilten, dass sie am anderen Tage die Fahrt antreten würden. Indessen auch am anderen Tage erschien Niemand, dafür aber erhielt ich die Nachricht, dass die Fahrt nur angetreten werden würde, wenn ich mich dazu verstände, das Doppelte des ausbedungenen Lohnes zu zahlen. Mein dänischer Wirth, der den Charakter dieser Indianer nur zu genau kannte, wusste, dass es nach dieser Botschaft gänzlich überflüssig sein würde, den Indianern gegenüber auf Erfüllung der ersten Abmachung zu beharren, da diese Leute sicherlich überzeugt waren, dass ich lediglich auf ihre Gnade angewiesen sei.

Mein nächster Gedanke war nunmehr auf die Verbindung mit den zuerst engagirten Leuten zu verzichten und wenn auch nicht in ihrem Dorf, so doch in einem der Nachbarorte eine andere Mannschaft zu heuern. Herr Thorenbeck war so freundlich, zu diesem Zwecke sich und sein ganzes Haus zu meiner Verfügung zu stellen und so bestiegen wir denn, er nebst Frau, Tochter, Schwägerin und ich sein Canoe und fuhren nach dem vier Meilen nördlicher gelegenen Indianerdorfe Tschilsomaht. Aber andere Leute waren eben so klug gewesen wie wir; die Klayoquahts hatten bereits vor uns ein Canoe nach Tschilsomaht geschickt mit der Ordre, dass man uns weder Mannschaft noch ein Fahrzeug stellen solle. Somit war die schöne Spazierfahrt, die wir uns geleistet hatten, resultatlos geblieben. Natürlich beruhigten wir uns hierbei durchaus nicht, sondern setzten unsere Fahrt weiter fort nach dem nächsten Indianerdorfe Ahauset. Diesmal aber fuhren wir nicht allein, sondern zugleich mit uns stiess ein Indianer-Canoe von Tschilsomaht ab, dessen höhnisch grinsende Insassen kräftig neben uns einher paddelten, indem sie mir zuriefen, dass sie mir auch in Ahauset meine Pläne verderben würden.

In Ahauset traf ich den Schooner wieder, dessen Kapitain, sowie der dortige Handelsverwalter, ein Däne, Herr Niels das weisse Element erheblich gegenüber den Rothhäuten verstärkte. Der Einfluss des letztgenannten Herrn brachte es denn auch zu Wege, dass ich wenigstens für den Augenblick eine Mannschaft miethen konnte, die am andern Tage mit mir aufzubrechen versprach. Aber am andern Tage fuhr der Dampfer und auf ihm Herr Niels nach Victoria, ebenso kehrte Herr Thorenbeck mit

Familie nach seinem Laden zurück, so dass ich ganz allein auf mich und die etwaige Hilfe des mit den Verhältnissen unbekannten Ersatzmannes des Herrn N i e l s angewiesen war. Natürlich dachte keine einzige Rothhaut mehr daran, mit mir zu fahren, trotzdem alle Bedingungen am Tage vorher auf das Genaueste abgemacht worden waren. Erst nach sehr langem Parlamentiren gelang es mir, zwei Mann zu miethen, welche mich nach dem nahe gelegenen Indianerdorfe Hesquiaht bringen sollten, weil ich mit Hilfe des dort stationirten katholischen Missionärs einen grösseren Einfluss auf die Indianer ausüben zu können hoffte. Vorher machte ich noch in Ahauset einige Einkäufe, es waren jedoch wenig alte und werthvolle Sachen zu haben, da das Dorf erst seit kurzem wieder aufgebaut ist. Die verrätherischen Einwohner hatten im Jahre 1864 einen Fischereischooner in ihren Hafen hineingelockt, daselbst dessen Mannschaft überfallen und ermordet, worauf ein englisches Kriegsschiff abgesandt wurde, welches im Jahre 1864 das Dorf verbrannte.

Unsere Abfahrt nach Hesquiaht erfolgte Vormittags; um die Mittagszeit gelangten wir an eine Stelle, wo ein paar Indianerhäuser standen; hier vertauschte ich mein Canoe mit einem grösseren, da die inzwischen stattlich angeschwollene Menge der für das Museum gekauften Sachen dieses nothwendig machte. Die Wogen des Oceans gingen wieder wie gewöhnlich mächtig hoch, und mit günstigem Winde gelangten wir Abends nach Hesquiaht, wo ich von dem dortigen belgischen Missionär Pater B r a b a n t auf das Freundlichste aufgenommen wurde und bei ihm Wohnung nahm. Es befindet sich an dieser Station gleichzeitig auch eine Geschäftsniederlassung der bereits schon mehrfach benannten Herren S p r i n g & F r a n k, deren Verwalter ein geborener Hamburger war.

Die Reise nach Hesquiaht erwies sich als sehr erfolgreich für meine Zwecke, denn ich machte in dem Indianerdorfe viele und ausgezeichnete Einkäufe von Gegenständen der seltensten Art, darunter befanden sich zwei jener bereits früher genannten knöchernen Kriegskeulen von schwertförmiger Gestalt, von welchen ich schon ein Exemplar im Alberni-Kanal gekauft hatte. Zahlreiche Gegenstände gehörten zu den Utensilien der Jagd und Fischerei, sowie zu den Hausgeräthen. Pater Brabant lebte hier in sehr angenehmen Verhältnissen, soweit es seine äusserliche Stellung betraf. Die Umgegend des Dorfes ist fruchtbar, so dass man in der Lage ist, 20 Kühe zu halten; diese Thiere kommen niemals in den Stall, ausser wenn sie Kälber haben, weil alsdann die jungen Thiere zu leicht den zahlreich herumstreichenden Wölfen zum Opfer fallen würden. Diese letztgenannten Raubthiere dringen sogar häufig Nachts in die Häuser ein und tödten die Hühner. Das Dorf Hesquiaht hat wie andere Dörfer jener Gegend sich in früherer Zeit gleichfalls an den Verbrechen gegen die Weissen betheiligt. Man erzählte mir, dass vor etwa 12—14 Jahren hierselbst ein Schiff Havarie erlitten habe, und dass die verrätherischen Wilden zuerst an der an die Küste getriebenen Frau des Kapitains scheussliche Frevelthaten verübten und hernach aus Furcht vor Bestrafung sie selbst, sowie den Kapitain und die gesammte Mannschaft tödteten. Man fand nachher die Leichen der Ermordeten ihrer Köpfe beraubt im Gebüsch nahe der Küste. Diesen Bericht erhielt ich von den Klayoquaht-Indianern, welche mir zugleich zwei noch heut lebende Individuen in Hesquiaht als die Hauptattentäter bezeichneten. Ich muss gestehen, dass der Anblick dieser Leute den Verdacht durchaus nicht Lügen strafte. Pater Brabant fasste die Sache in milderem Sinne auf, indem er mir als seine Ansicht mittheilte, dass die Schiffbrüchigen damals wohl durch den hohen Seegang beim Scheitern des Schiffes umgekommen sind. Die ganze Angelegenheit scheint überhaupt bis jetzt nicht recht aufgeklärt zu sein und ist wohl wenig Aussicht vorhanden, dass dieses noch geschehe. In Folge dieser Frevelthat war damals ein Kanonenboot nach Hesquiaht gesandt worden, welches fünf Indianer als Geisseln gefangen nahm und nach Victoria brachte, dort mit dem Tode bedroht, gaben sie als den Hauptfrevler einen in Hesquiaht lebenden Sclaven an; dieser wiederum bezeichnete, nachdem er gefangen genommen worden war, den Häuptling des Dorfes als den eigentlichen Anstifter der Frevelthat. Hierauf wurden beide, sowohl der Häuptling, wie der Sclave, hingerichtet. Die Indianer behaupten jetzt mit Bezug auf die beiden noch jetzt lebenden Attentäter, dass sowohl der Häuptling, wie sein Sclave wirklich unschuldig hingerichtet seien und dass sie sich, um ihr Dorf vor der Zerstörung zu retten, geopfert hätten, indem sie sich zur That bekannten.

Ich glaube, dass Pater Brabants überaus milder und menschenfreundlicher Charakter Veranlassung ist, dass er die Bewohner von Hesquiaht von der Schuld an dieser Frevelthat freisprechen will, sonst müsste er selber der erste sein, der von ihrer Schändlichkeit überzeugt ist, denn er selber trägt an seinem Körper die Spuren der unbändigen Mordgier der Hesquiaht-Indianer mit sich herum. Es sind erst drei Jahre verflossen, dass der damalige Häuptling von Hesquiaht einen meuchlerischen Ueberfall auf Pater Brabant ausführte und Letzterem zwei Ladungen Schrot in die Schulter und Arme schoss. Er that dies nicht etwa aus Feindschaft gegen den Priester, sondern weil er mit seinen Stammesgenossen in Uneinigkeit gerathen war und die ganze Einwohnerschaft ins Unglück stürzen wollte. Er kalkulirte nämlich so, dass, falls der Missionär stürbe, ein Kanonenboot erscheinen und ohne Gnade das Dorf zerstören würde. Aber der Priester starb nicht, sondern er wurde von den Einwohnern des Dorfes sorgsam gepflegt, bis ein Kanonenboot erschien und ihn nach Victoria brachte, woselbst er im Hospital soweit kurirt wurde, dass nur zwei Finger seiner rechten Hand steif blieben. Da das Motiv der That bekannt war und der verbrecherische Häuptling die Rache seiner Stammesgenossen mehr als alles Andere zu fürchten hatte, so war er gleich nach seiner Unthat ins Gebüsch entflohen, woselbst er wahrscheinlich verhungert ist, denn man fand später seine Leiche. Pater Brabant aber kehrte in sein Dorf zurück und widmete sich mit Eifer den Aufgaben seiner Mission, wobei er auch von Erfolg gekrönt wurde, indem sich mehrere Indianer taufen liessen. Das Dorf selbst blieb von jeder Strafe befreit.

Der herzgewinnende menschenfreundliche Charakter und der grosse Einfluss des Paters Brabant war auch mir für meine Pläne behilflich. Was aller Einfluss der weissen Händler und alle Bitten und Versprechungen nicht vermocht hatten, das gelang dem guten Pater, der für mich eine Mannschaft nach dem ersehnten Kayokaht miethete, wobei ich mich allerdings dazu verstehen musste, einen ziemlich hohen Preis zu zahlen. Hier muss ich freilich als Milderungsgrund für die Forderung der Leute hinzufügen, dass die Zeit, in welcher wir reisten, durchaus nicht die Reisesaison der Indianer ist und dass die durch die Eile meiner· Fahrt gebotene Rücksichtslosigkeit auf meine und anderer Leute persönliche Bequemlichkeit es nothwendig machte, dass ich mitunter auch etwas waghalsige Touren ausführte, vor denen ich mich ohne die Flamme des Sammeleifers in meinem Busen unter anderen Umständen auch wohl gehütet haben würde.

Am Vormittag des 30. November reisten wir ab bei nördlichem Wind und hohem Seegang. Kaum aber hatten wir das wie einen mächtigen Haken nach Süden vorgeschobene Kap Estavan umfahren, als uns der Wind mit ausserordentlicher Heftigkeit entgegen wehte. Wir mussten deshalb ·die erste Tagereise schon hier beendigen und an einer Stelle ans Land gehen, wo einige verfallene Häuser, die im Sommer von Seehundsjägern bewohnt werden, standen. Um unsern Vorrath an Lebensmitteln zu vermehren, ging ich auf die Jagd und schoss einige Seevögel. Am Abend machte ich mir ein Bett aus einer Unterlage von dünnen Zweigen und gab einen Beweis höchst soliden Lebenswandels dadurch, dass ich schon um 8 Uhr schlafen ging.

Mit Kälte und hohem Seegang trat der Monat December am anderen Tage sein Regiment an. Meine Indianer begannen zu striken, indem sie vorgaben, dass es zum Reisen zu kalt sei und wir ausserdem Gegenwind hätten. Es kostete erst wieder eine Stunde Parlamentirens, bis sie sich dazu bereit erklärten, wenigstens einen Versuch zu machen. So erreichten wir, nachdem wir während der Fahrt uns tapfer hielten, gegen Abend ein Vorgebirge an der Nootka-Insel, Namens Bajo. Dort leben einige Familien aus Nootkasund, an welchem wir während des Tages vorbeigefahren waren. Ich besuchte die Häuser und machte einige Einkäufe, auch übernachteten wir bei den Leuten. Am anderen Tage wurde die Reise längs der Küste immer in der Richtung nach Nordwest fortgesetzt. Wir passirten Mittags Esperanza-Inlet ohne anzuhalten, fuhren bei günstigem Winde schnell weiter, erreichten Abends Kap Raget und bei Dunkelwerden das Ziel unserer Fahrt, das Indianerdorf Kayokaht.

Unter allen Küstenbewohnern herrscht die Sitte, dass die Mannschaft eines ankommenden Bootes mit lautem Geschrei von den Dorfinsassen empfangen wird und dass die Letzteren sämmtlich nach dem Ufer gelaufen kommen. Eine solche Aufnahme wurde auch uns zu Theil. Ich landete und nahm meine Wohnung bei dem dortigen Vorstand der Handelsniederlassung der Herren Spring & Frank in Victoria, einem Mr. Brawn, der mit einer weissen Frau verheirathet ist.

Kayokahtsund ist wie Barclaysund, Klayoquahtsund und Nootkasund einer jener Fjorddistrikte, die durch ihre langestreckten, schmalen Wasserstrassen, ihre schönen Ufer und ihren Reichthum an Fischen und Wild sich so recht als Populationscentren für eine in sich abgeschlossene Bevölkerung eignen. Die Einwohnerschaft solcher Distrikte pflegt häufig in Fragen wichtiger Art, wie Krieg und Frieden, Jagd und Fischerei, Feste und Feierlichkeiten, sowie Lebenserwerb gemeinschaftliche Sache zu machen. Die Bewohner von Kayokahtsund waren jetzt während des Winters nicht an der Seeküste zu finden, sondern wohnten weiter landeinwärts an den verschiedenen Fjordarmen.

Am anderen Morgen miethete ich ein Canoe und besuchte nach einander die Indianerdörfer Chawispa und Markaht, wo Einkäufe gemacht wurden. Im erstgenannten Dorfe wurde gerade ein grosses Fest gegeben und man tanzte eben in einem grossen Kreise rings um das Feuer, wobei die betheiligten Personen, etwa 30 Männer und Frauen mit schwarz bemalten Gesichtern und Federn auf dem Kopfe, herumsprangen. Mein Erscheinen brachte sichtbar eine grosse Verwirrung in das Fest, indem die wie ein Lauffeuer sich verbreitende Nachricht, dass ich ein Händler sei, die Leute veranlasste, nach Hause zu laufen und ihre zum Verkauf geeigneten Gegenstände herbeizuholen. Die Sucht nach Geld war so stark, dass schliesslich das ganze Fest für die Dauer meines Aufenthaltes aufgehoben wurde. Im zweiten Dorfe, Markaht, wiederholte sich beinahe dieselbe Scene. Auch hier wurde, und zwar in dem Hause des Häuptlings, während dessen Abwesenheit ein grosses Fest gefeiert, bei dem namentlich die Kinderwelt sehr stark in Action trat. Auch hier waren die Gesichter der tanzenden Kinder bemalt und auf den Köpfen Verzierungen von Federn angebracht. Es sah höchst possirlich aus, wie kleine Kinder von drei, vier bis sechs und acht Jahren in diesem Aufputz mit lustigem Springen herumtanzten, während grössere die hölzerne Trommel schlugen; ich hatte den Eindruck,. als ob es sich hier geradezu um ein Kinderfest handle. Die Nacht brachten wir in Markaht zu. Am anderen Morgen wurde die Fahrt nach einem anderen Punkte des Sundes fortgesetzt und Deep Inlet mit den beiden Dörfern Queka und Oales besucht, Abends waren wir wieder in Kayokaht zurück, wo sich auf einer kleinen Insel, unter der Verwaltung des Paters Nicolai, eine Kirche und Schule, sowie die oben genannte Handelsniederlassung befinden. Der nächste Tag war einer kleinen, aber erfolgreichen Reise nach vier Wohnplätzen des nahegelegenen Festlandes gewidmet. Obgleich an jedem Punkte sich nur vier Häuser befanden, dauerte es doch bis Abends neun Uhr, ehe ich meine Einkäufe beendet hatte.

Es war nunmehr die Zeit herangekommen, wo ich wieder an die Rückkehr nach Victoria denken musste. Die Ortschaften waren besucht und alles für meine Zwecke Geeignete gekauft worden. Die Sammlung ethnographischer Gegenstände hatte bereits einen stattlichen Umfang angenommen und es war nothwendig, dass ich einen Tag dazu verwandte, um Alles einzupacken und zu bezeichnen. Alsdann machte ich mit Pater Nicolai's Hilfe mit vier Indianern einen Vertrag derart, dass sie mir ein grosses Canoe stellen und mich nebst meinem vielen Gepäck nach Victoria fahren sollten.

Die Rückreise begann am andern Morgen früh bei sehr hohem Seegang und strammer Brise. Meine Mannschaft fing bald an sich vor den Wellen zu fürchten, und als uns nun noch dazu unterwegs dicht vor Esperanza Inlet ein Hagelsturm mit heftigen Böen überfiel, wurden meine Rothhäute so bleich wie der Kalk und flehten mich auf das Inständigste an, dass ich einen Hafen aufsuchen möge. Da die Leute von ihrem Standpunkte aus Recht hatten, so willigte ich ein und es wurde nunmehr auf das Land zugesteuert, woselbst sich zwischen zwei Felsen, an denen das Wasser mit ungeheurer Kraft brandete, eine freie Stelle darbot,

nach deren Passiren wir in die Mündung eines kleinen, vom
Felsen herabkommenden Flusses einfuhren, die einen vortrefflichen
Hafen für das Canoe bildete. Während wir hier warteten, bis der
Hagelsturm vorüber war, harpunirten wir drei Lachse. Dann for-
derte ich meine Leute auf, wieder in See zu gehen, da der Wind
still geworden war, aber die See noch höher als vorher brandete.
Die guten Menschen wollten zuerst nicht recht gern in das nasse
Element hinein, aber nach einigem Zureden bequemten sie sich
dazu. Es gelang uns kaum, wieder zwischen den umbrandeten
Felsen hindurchzukommen, aber als wir das hohe Wasser erreicht
hatten, wollten meine Indianer durchaus umkehren, da sie sagten,
dass es ganz unmöglich sei, Esperanza Inlet zu erreichen. Ich
bewies ihnen mit grosser Beredsamkeit, dass wir uns unmittelbar
vor Esperanza Inlet befanden und dass der Weg zurück nach
Kayokaht wohl zwanzigmal so weit entfernt sei. Einen grösseren
Effect als mit meinem Organ der Beredsamkeit erreichte ich mit
meinem Bootssteuer, welches ich ununterbrochen in der Richtung auf
Esperanza Inlet hielt und dabei mit aller Kraft mich am Paddeln
betheiligte. Nach fast unmenschlichen Anstrengungen gelangten
wir Abends sieben Uhr nach dem Indianerdorf Nutschatlitz, welches
am südlichen Eingang von Esperanza Inlet liegt. Hier befindet
sich eine Handelsniederlassung der Firma Spring & Frank, deren
Vertreter Herr Schmidt, ein Kanadier, mich freundlich aufnahm.
Schon während der Nacht bereiteten mich die heftigen Stösse
eines mit Regengüssen heraufkommenden Südsturmes darauf vor,
dass meine Indianer sich schwerlich zur Fortsetzung der Reise
geneigt zeigen würden. So kam es auch am anderen Morgen,
indem sie mir mittheilten, dass sie nach Hause zurückkehren
wollten. So berechtigt dieser Wunsch sein mochte, so wenig passte
er in meinen Plan, um so weniger, als ich die Ueberzeugung gewann, dass an der Weigerung meiner Leute auch die Bewohner
von Nutschatlitz Schuld hatten. Der immer heftiger werdende
Sturm aus Südost und die unaufhörlichen Regengüsse verhinderten
uns ausserdem an der Fortsetzung der Reise und stärkte die mir
feindlichen Elemente der Indianer. Umsonst versuchte ich meine
Ueberredungskunst in glänzendster Weise spielen zu lassen; diesmal

wurde ich nicht unterstützt dadurch, dass ich gleichzeitig am Steuer sass und die Leute in der Gewalt hatte. Gegen die einfache Logik der Thatsache, dass sie jetzt nur durch eine einzige Tagereise von ihrer Heimath getrennt seien, während die Stadt Victoria selbst unter günstigen Umständen kaum in acht Tagen zu erreichen gewesen wäre, war nicht anzukämpfen.

Um meine Sammlung vor den Unbilden der Witterung zu schützen, nahm ich sie aus dem Canoe heraus und verschloss sie im Hause des Herrn Schmidt. Die Indianer wurden immer dringender und verlangten von mir Zahlung für den zurückgelegten Theil der Fahrt. Hiergegen erhob ich natürlich energische Einsprache, indem ich darauf hinwies, dass sie ihren Vertrag nicht erfüllt hätten. Doch was ist bei einem Indianer dieses Schlages ein Vertrag? Sie schliessen einen solchen nur, um ihn zu brechen. Um allen weiteren Debatten aus dem Wege zu gehen, machte ich das Canoe, für welches ich den Miethsbetrag bis Victoria bereits bezahlt hatte, fest. So verging der Tag und es folgte ihm eine eben so stürmische Nacht. Während derselben aber hatten meine Leute ihr Canoe losgemacht und waren, was ich diesen Hasenfüssen niemals zugetraut hätte, mit demselben entflohen. Wie ich später erfuhr, hatten sie bei dem für sie günstigen Wind ihre Heimath bald glücklich erreicht.

So sass ich nun mitten im Winter, verlassen von Allen, auf einem der ödesten Punkte der sturmgepeitschten Küste des Stillen Oceans. Das unvermindert heftige Unwetter wüthete wiederum den ganzen Tag und hätte jede Fortsetzung meiner Reise verhindert, da ich gegen den Wind hätte fahren müssen. Doch ich hatte anderes zu thun, als meine Zeit mit unnützen Betrachtungen hinzuziehen; ich benutzte diesen Tag um in Nutschatlitz alles aufzukaufen was für meine Zwecke zu haben war.

Ich muss gestehen, dass ich an der Westküste nirgends so zudringliche und freche Bewohner angetroffen habe, als an diesem Orte. Die natürliche und erklärliche Aufregung, die sich bei jedem Besuch eines weissen Händlers in allen Indianerdörfern kundgiebt, veranlasste diese guten Leutchen hier zu Ovationen der seltsamsten Art, die sich bis zu Massenangriffen auf das Haus des Herrn

Schmidt, in welchem ich mich befand, steigerten. Den ganzen nächsten Tag verbrachte ich in fruchtlosen Versuchen, eine neue Mannschaft zu engagieren; die Unverschämtheit dieser Leute überstieg alle Grenzen. Ein wenig bescheidener wurden sie schliesslich, als ich ihnen sagte, dass, wenn sie sich nicht beeilten, mich der in einigen Tagen erscheinende Schooner an Bord nehmen würde, aber nach Ansicht des Herrn Schmidt konnte dieser Schooner nicht vor dem Monat Februar eintreffen.

Nach Regen folgt indessen auch auf Vancouver, wie überall in der Welt, gewöhnlich Sonnenschein. So hatten wir auch am fünften Tage, nach Beginn des Sturmes schönes Wetter und es gelang mir, unter dem Eindrucke, den dasselbe machte, eine aus vier Personen bestehende Mannschaft für die Tour nach Hesquiaht zu engagieren, da die Leute sich nicht darauf verstehen wollten, die ganze Tour nach Victoria auszuführen. Wir begannen unsere Tour Vormittags und gingen nicht ausserhalb der Küste, sondern landeinwärts durch die zusammenhängenden Fjorde von Esperanza Inlet und Nootkasund um die Nootkainsel herum. Das erste Dorf, welches wir unterwegs antrafen, war Ehattesaht am Espinoza-Arm. Sehr gern wäre ich hier in diesem stillen verborgenen Winkel noch rein erhaltenen Indianerthums an Land gegangen, aber ich fürchtete, dass meine Indianer dann wieder den Versuch machen würden, den Contract zu brechen. Deshalb setzte ich die Fahrt fort und kam in später Abendstunde nach dem Dorfe Moaht am hinteren Eingange des Nootkasunds. Ich war sehr müde, denn ich hatte, um einen Mann zu sparen, den ganzen Tag angestrengt gepaddelt.

Bei unserer Ankunft erhob sich wie gewöhnlich das laute Bewillkommnungsschreien der Eingeborenen. Sie stürmten haufenweis ans Ufer, wobei einer dem andern das Wort: „Mammertla! Mammertla!" d. h. „Ein Weisser! Ein Weisser!" zurief. Ich stieg an Land, und verzehrte im Hause des Häuptlings mein Abendbrod, das ich mir selbst kochte, während sich gleichzeitig ein lebhafter Handel mit den Eingeborenen entwickelte. Die gesammte Ausbeute war indessen nicht bedeutend, namentlich fehlten die so werthvollen Gegenstände aus Stein und Knochen, woraus ich schliesse, dass die Nootka-Indianer schon früher von Händlern besucht worden sind.

So lange wir uns im Nootkasunde befanden, war das Verhalten meiner Mannschaft ein gutes. Kaum aber hatten wir am andern Vormittag Moaht verlassen und am Ausgang des Nootkasunds die sogenannte „Freundliche Bucht" passirt und uns der gefährlichsten Stelle an der ganzen Küste, Kap Estavan genähert, als ein Sturm mit voller Heftigkeit hereinbrach, und das alte Leiden mit den Indianern wieder begann. Diesmal war es der Abwechselung wegen ein Schneesturm, der uns mit so dichten Schauern entgegen prasselte, dass an eine Segelführung überhaupt nicht zu denken war und wir kaum die Spitze unseres Canoes erblicken konnten. Wir mussten wieder einmal um unser Leben kämpfen, diesmal aber mit aller Anstrengung, deren wir fähig waren. Der Sturm machte die schönsten Anstalten, um uns gerade Wegs in die offene See hinaus zu treiben, wo wir natürlich verloren gewesen wären, ausserdem waren wir nicht einmal im Stande, selbst wenn wir gewollt hätten, nach der „Freundlichen Bucht" zurück zu kehren.

Andererseits aber konnten wir auch nicht um das gefährliche Kap herum gelangen, und so blieb denn nichts anderes übrig, als den Tag über sich den Schnee ins Gesicht peitschen zu lassen und mit einer der Sache würdigen Anstrengung gegen die hohen Wasserberge anzukämpfen. Es sah in der That schlimm genug aus; wir versuchten uns der Küste zu nähern, um vielleicht einen Landungsplatz zu erspähen, aber sowie wir dem Strande bis auf eine halbe englische Meile nahe gekommen waren, erhielten wir rings um unser Canoe so viele Brecher, dass meine Indianer ganz verzweifelt wurden und mir die heftigsten Vorwürfe machten, dass ich sie in diese Situation gebracht hatte. Die guten Leute hatten wieder einmal recht, denn sie besassen für das Berliner Museum wirklich nicht das mindeste Interesse, welches sie veranlasst haben könnte, in dieser Jahreszeit die so lebensgefährliche Fahrt zu unternehmen.

So lange der Mensch noch Vorwürfe machen kann, ist er noch nicht von der absoluten Hoffnungslosigkeit seiner Lage überzeugt, und da die Indianer sahen, dass ich selbst so angestrengt paddelte, dass ich kaum noch die Arme zu rühren vermochte, so folgten sie meinem Beispiel, und arbeiteten tüchtig darauf los.

Unsere ganzen Anstrengungen hatten den einzigen Effect, dass wir wenigstens nicht zurück getrieben wurden und uns im Grossen und Ganzen auf derselben Stelle zu halten vermochten. Gegen Abend, als es bereits dunkel geworden war, entdeckten wir seitwärts am Strande eine kleine Bucht, woselbst die See mit etwas geringerer Wuth brandete, und wo die Felsen und Klippen soweit vom Lande entfernt lagen, dass dadurch eine Art kleiner natürlicher Hafen gebildet wurde. Hierhin arbeiteten wir uns mit aller Gewalt durch und gelangten glücklich ans Land. Das Landungsmanöver ist in fast allen derartigen Fällen dasselbe. Wenn das Canoe sich dem Lande soweit genähert hat, dass es auf dem Kamm der nächsten Woge direkt auf den Strand geworfen würde, müssen alle Ruderer das Fahrzeug aufstoppen, und die nächsten Wellen, welche es sonst an dem Felsen zerschmettern würden, an sich vorüber stürmen lassen. Nach einer gewissen Anzahl hoher, dicht auf einander folgenden Brecher kommt gewöhnlich eine grosse Welle, hinter der eine kurze Strecke ruhiges Wasser herrscht. Diese Welle muss benutzt werden. Auf ihrem Kamm schiesst das Fahrzeug, durch die heftige Anstrengung aller Ruder getrieben, hoch hinauf aufs Land, aber noch ehe es den Grund berührt, springen schon alle Mann in die Brandung, ergreifen das Canoe und ziehen es noch weiter hinauf. Dieses Manöver muss ausgeführt werden während der wenigen Sekunden, die bis zum Branden der nächsten Woge verfliessen, so dass die Letztere das Boot nicht mehr in die See zurückreissen kann. Die Wellen, welche wir an diesem Tage mit unserem kleinen offenen Canoe zu überwinden hatten, schätze ich ungefähr 4—6 Faden hoch. Es gelang uns glücklich zu landen und alle unsere Sachen unversehrt auf den Strand zu tragen. Die Stelle, wo wir uns befanden, trug eine verfallene Hütte, welche zur Sommerzeit einigen Muschlaht-Indianern, die hier in der Nähe Kartoffeln bauen, zum Aufenthalte dient.

Mit grosser Freude nahmen wir von diesem Obdach Besitz, reparirten das Häuschen so gut es ging, machten ein Feuer an und waren dadurch wieder in den Besitz des Comforts gelangt, Nur eins fehlte uns, das Wasser, und die Indianer, welche barfuss im Schnee nach Wasser suchten, konnten keine Spur dieser edlen Flüssigkeit entdecken; ich war jedoch glücklicher und fand eine Quelle auf. Da wir keinen Kochkessel bei uns hatten, füllten wir einen hölzernen Eimer mit Wasser, warfen kleine heiss gemachte Steine hinein bis das Wasser brodelte und kochten uns Reis, der uns nach des Tages Last und Mühen gut schmeckte. Nachdem wir darnach unsere Sachen getrocknet hatten, schliefen wir die ganze Nacht sehr gut.

Am andern Morgen herrschte ein klein wenig besseres Wetter und ich beschloss den Versuch zu machen an diesem Tage diejenige Stelle wieder zu erreichen, an der ich schon einmal 14 Tage früher einen unfreiwilligen Nachtaufenthalt durchgemacht hatte, als ich mit der von Pater Brabant in Hesquiaht gemietheten Mannschaft nach Kayoquaht fuhr. Diese Stelle, in der Nähe von Kap Estavan gelegen, war in so fern günstiger, als man dort bei jeder Windrichtung gut vom Lande abkommen konnte, während wir an unserem gegenwärtigen Aufenthalte bei Westwind unmöglich hätten in See stechen können. Wir trugen deshalb unsere Sachen wieder in das Canoe und nach einigen Anstrengungen gelang es uns wieder durch die Brandung in die offene See zu kommen. Es herrschte immer noch ein heftiger Sturm, aber da die Strecke, welche zurückzulegen war, nur 2 englische Meilen betrug, so gelang es uns noch vor Abend den bezeichneten Nothhafen zu erreichen und glücklich zu landen. Unsere Freude war gross, als wir am Lande ein Canoe bemerkten, und eine zweite Gesellschaft Schiffsbrüchiger antrafen, bestehend aus 2 Männern, 2 Frauen und 2 Kindern, die schon seit 3 Tagen hierselbst des Sturmes wegen verweilten. Diese Leute hatten denselben Weg gemacht, den wir zuletzt zurücklegten, sie waren einige Tage vor mir in Moaht zum Besuch gewesen und wollten nun nach ihrem mir wohlbekannten Heimathsdorfe Hesquiaht zurückfahren.

Dieses war auch unser Ziel und so machten wir es uns als Leidensgenossen gegenseitig in dem verfallenen Hause so bequem wie möglich, und richteten uns auf einen mehrtägigen Aufenthalt ein. Den ganzen nächsten Tag verbrachten wir Männer auf der Jagd, schossen Enten und Möven, um den Proviant zu verstärken, während die Weiber die Mahlzeiten bereiteten. So ging es auch den nächsten und den darauf folgenden Tag, da wir wirklich ausser Stande waren, das nur 5 englische Meilen entfernte Hesquiaht zu erreichen. Die Indianer hatten es während dieser Zeit besser als ich insofern, als sie sich in ihrer Muttersprache unterhalten konnten, während ich zu gänzlichem Schweigen verurtheilt war und mich nur durch Zeichen und Geberden zu verständigen vermochte. Meine Isolirtheit nach dieser Richtung hin mochte wohl einen der Indianer, der wie viele seinesgleichen als Arbeiter sich schon an der Küste von British Columbien bewegt, und dabei wohl einige englische Worte aufgeschnappt hatte, rühren, denn er näherte sich mir eines Tages, als er mich wieder einsam am Strande sitzen und in die brüllende See hinausstarren sah, mit feierlicher Miene und rief mir in wahrem Grabeston drei Mal hintereinander im reinsten Pigeon-Englisch die Worte zu: „What is the Matter with you?" Diese durch die Indianeraussprache noch unverständlicher gewordenen Worte blieben mir vollkommen räthselhaft; ich glaubte deshalb aus der ernsten Miene des Indianers und seinem wunderlichen Benehmen schliessen zu dürfen, dass er vielleicht in einem Falle geistiger Aufregung etwas Feindseliges gegen mich beabsichtigte. Später jedoch hörte ich in Hesquiaht durch Pater Brabant, dass jener Indianer diese Worte in einer der Arbeitscolonien von Brittish Columbien als Redefloskel zwischen weissen Personen: „Was fehlt Ihnen?" öfter gehört und behalten hatte, sowie, dass er mir eine Extrafreude zu bereiten dachte, als er sich auf diese Weise im Nothhafen mit mir in meiner Muttersprache zu unterhalten bemühte. Unser Aufenthalt nahm am vierten Tage ein Ende, denn als der Sturm ein klein wenig nachliess, wagten wir uns wieder in die See und erreichten nach einer harten Paddeltour das fünf englische Meilen entfernte Hesquiaht, wo ich für die nächste Woche bei Pater Brabant Wohnung nahm.

Es dauerte volle sechs Tage, während welcher Zeit ich mich vergebens bemühte, eine Mannschaft zu bekommen. Die Leute waren sämmtlich in viel zu grosser Angst vor der stürmischen Witterung, und verlangten deshalb ganz exorbitante Preise, weshalb ich tiefer in den Fjord hineinzugehen beschloss, weil daselbst 10—12 Familien wohnten, von denen ich hoffte, eine Mannschaft erhalten zu können. Da das Wetter ein klein wenig besser geworden war, so nahm ich auf dieser Tour nur einen einzigen Indianer mit mir. Aber auch diesmal war alles vergebens, so dass ich schon am Nachmittag, als einziges Ergebniss meiner Reise zwei gekaufte Silberlachse mitbringend, wieder heimwärts fuhr.

Es wird im menschlichen Leben Jedem einmal ein Glück geboten, und so war denn auch für mich die Stunde gekommen, dass nach so vielen Unglückstagen ein freundlicherer Stern für mich aufging. Als wir uns mit aller Macht Hesquiaht zu nähern bestrebten, glaubte ich meinen Augen kaum trauen zu können, als ich weit in See die Umrisse eines sich nähernden grossen Fahrzeuges erkannte. Laut auf jubelte ich vor Freuden, denn es war kein Zweifel, dass ein Schooner aus Victoria sich Hesquiaht näherte. Hierdurch war für mich die sonst kaum zu erhoffende Möglichkeit gekommen, dass ich nunmehr nach Victoria zurückkehren würde. Doch, als ob mir das Schicksal einen Streich spielen wollte, fast in demselben Augenblick, als ich den Schooner bemerkte, erhob sich ein Sturm, der plötzlich mit solcher Heftigkeit einlegte, dass unser Segel zerriss und das Boot sich halb mit Wasser füllte. Mein Indianer, der durchaus nicht solche Freude beim Anblick des Schooners hatte wie ich, gab sich mehr dem Ernst der Situation hin, und da ihm dieser höchst kritisch vorkam, so glaubte er, wie mir schien, seinen Göttern irgend eine Art Beschwörung oder etwas dem Aehnliches schuldig zu sein und er that dies auf folgende Weise. Jedesmal, wenn eine hohe Welle auf das Boot zurollte und ihn auf seinem Platz am Steuer zu verschlingen drohte, schüttelte er heftig das Haupt und spie auf Indianermanier — annähernd so, als wenn unsere Hausfrauen oder Tapezierer Gardinen einsprengen — in das Wasser, wobei er den lauten Ton „brr"! ausstiess. Da ich an dem Erfolg dieser Beschwörung zweifelte, so zog ich es vor, möglichst schnell das eingedrungene Wasser auszuschöpfen, sowie das zerrissene Segel zu repariren und wieder aufzuhissen. Eine Strecke lang ging nun alles gut und schon glaubten wir, dass alle Gefahr vorüber sei, als ein plötzlicher Windstoss aufs Neue das Segel ergriff, es nochmals zerriss und die Fetzen in alle Winde führte. Der Wind wehte mit heftigen Regenböen so stark, dass, obgleich wir Beide hochbord sassen, das Canoe dennoch vielfach Wasser übernahm und wir der Gefahr nahe waren, zu ertrinken. Wir versuchten die Spitze gegen den Wind zu richten, aber dieses gelang nicht und wir verloren jede Gewalt über unser Fahrzeug. Ich muss gestehen, dass diese Erfahrung nicht dazu angethan war, meinen Glauben an die Macht der Nationalgötter meines Gefährten zu erhöhen, als ich es erleben musste, dass wir mit halbgefülltem Canoe als armselige Schiffbrüchige unter dem Seitendruck des Windes macht-los etwa drei Meilen unterhalb Hesquiaht ans Ufer trieben und mit donnerndem Gepolter von einem mächtigen Brecher seitlings auf den dort glücklicherweise weichen sandigen Strand geworfen wurden, wo das bis an den Rand mit der Salzfluth gefüllte Canoe hilflos liegen blieb, und es erst einiger Taucherarbeit für mich bedurfte, um mein Gewehr und die beiden Silberlachse wieder zu erlangen. Die geretteten Gegenstände an den Busen drückend, marschirte ich mit meinem trübselig blickenden Indianer, der sich in diesem Augenblick vielleicht wieder erinnerte, dass er eigentlich gar kein Heide, sondern sogar einer der glaubensfestesten aus der Gemeinde des Paters Brabant war und allen seinen früheren Götzen längst abgeschworen hatte, nach Hesquiaht zu, wo man nicht wenig erstaunt war, uns ankommen zu sehen, weil man glaubte, dass wir längst untergegangen seien, denn man hatte das Verschwinden unseres Segels bemerkt. Mein Leidensgefährte hatte die Güte, seinen Landsleuten eine grosse Rede zu halten, in der er meinen, wie er es nannte, „Indianermuth" höchlichst pries. Wichtiger war mir eine Unterhaltung mit Pater Brabant, in der wir Beide lebhaft hin- und herriethen, was das wohl für ein Schooner sein könne, der inzwischen an Hesquiaht vorbei nach dem inneren Hafen gefahren war und dort ankerte. Am anderen Morgen ging ich mit drei Mann wieder nach unserem gescheiterten Canoe; wir schöpften das Wasser aus und strengten uns mit aller Macht an, durch die hohe Brandung in das Fahrwasser zu

kommen und fuhren nach dem Schooner. Es stellte sich heraus, dass das Schiff der Schooner Favorite war, der der Firma
Spring & Frank gehörte und von dem letztgenannten Kapitain
Frank befehligt wurde. Es war dies dasselbe Fahrzeug, auf welches ich schon vor sechs Wochen in Victoria gewartet hatte, um
mit ihm die Reise nach Vancouver zu machen. Kapitain Frank
lebt gewöhnlich während des Winters in Jucklulaht am Barclay-
Sund, wo er ein Haus besitzt, dem seine Frau, eine Halbblut-In-
dianerin, vorsteht. Er war zwei Tage nachdem ich Victoria verlassen hatte, in dieser Stadt angekommen und hatte inzwischen
mit seinem Compagnon den Beschluss gefasst, eine neue Handelsstation auf der Nootkainsel zu errichten und zugleich nach den
beiden anderen Stationen der Firma in Esperanza Inlet und
Kayokaht Waaren zu befördern, die er von Victoria mitgebracht
hatte. Hätte ich dieses vorher gewusst, so würde ich mir unend-
liche Mühe und Trübsal erspart und sehr viel weniger Geld ausgegeben haben. Es stand für mich keinen Augenblick in Frage,
dass ich mir sofort einen Platz für die Reise des Schooners
sicherte, denn wenn ich auch dadurch gezwungen wurde, noch
einmal hinauf nach dem nördlichen Theil der Westküste zu gehen,
so erreichte ich damit doch das Ziel meiner sehnsüchtigen Wünsche,
die Hauptstadt Victoria.

VI.

Da der Wind noch immer heftig wehte, so sandte ich die drei Indianer mit dem Canoe allein zurück nach Hesquiaht und ging mit meiner wollenen Decke an Bord des Schooners „Favorit“. Der gestrige Sturmtag war auch für dieses Fahrzeug ein wenig verhängnissvoll gewesen, indem dasselbe einen Anker mit 20 Faden Kette in Hesquiaht Inlet verloren hatte. Am andern Tage, als wir bei schönem Wetter nach der in der Nähe von Pater Brabants Wohnung belegenen Handelsniederlassung fuhren, hatten wir bei stillem Wetter das Glück den Anker nebst Kette wieder aufzufinden. Da der Verwalter der Station in Hesquiaht, der schon einmal erwähnte Hamburger Namens Charlie dazu designirt war, dem neuen Geschäft auf der Nootkainsel vorzustehen, so wurde er mit seiner beweglichen Habe an Bord geschafft, und sein Ersatzmann dafür ans Land gebracht. Zugleich musste auch mein sehr bedeutendes Gepäck, das bei Pater Brabant lagerte, aufs Schiff gebracht werden. Bevor letzteres geschah, machte ich noch einen letzten Versuch, um, wenn es ging, eine eigene Mannschaft zu erhalten, aber die Leute stellten ungeheuer grosse Forderungen, auf die ich unmöglich eingehen konnte. Der Grund hiervon ist der, dass die Indianer wegen der Witterung, überhaupt nicht in dieser Jahreszeit reisen, sowie dass sie zu dem im Frühjahr beginnenden Pelzrobbenfang sich in sehr ceremonieller Weise vorzubereiten pflegen.

Es ist vielleicht angebracht an dieser Stelle einige allgemeine Bemerkungen über den Pelzrobbenfang an der Westküste von Vancouver einzuschalten.

Schon seit sehr langer Zeit betreiben die Bewohner der Westküste von Vancouver den Fang der pelztragenden Seethiere, namentlich der Pelzrobben und Seeottern. Die Jagd auf diese Thiere bildet einen so bedeutenden Theil der Gesammtthätigkeit dieser Leute, dass sich seit vielen Generationen gewisse kulturelle Gebräuche damit entwickelt haben. Fast ausschliesslich angewiesen auf das Meer und dessen Erzeugnisse, haben die Bewohner von West-Vancouver und auch weiter nördlich hinauf an der Küste des Festlandes diesen Haupterwerbszweig auf das Peinlichste geregelt und behandeln ihn sowohl wie die Fischerei bis ins kleinste Detail wie eine Art heiliger Ceremonie. Schon Kapitain Cook fand im vorigen Jahrhundert dieses Faktum bestätigt, und der grosse Kaufmann Meares nutzte es für seine Handelsbeziehungen aus. Heut zu Tage wird der Fang der marinen Pelzthiere von den Indianern der Westküste von Vancouver commerciell in ähnlicher Weise erledigt wie dieses an vielen Stellen unserer Erde geschieht; man lässt nämlich die Eingebornen in althergebrachter Weise jagen und fischen, während eine Anzahl Handelsleute mit ihren grösseren Fahrzeugen den Fang überwachen und die Beute an Ort und Stelle aufkaufen. Die beiden oben genannten Firmen Spring & Frank, sowie Warren in Victoria sind derartige Unternehmer, welche fast in jedem Indianerdorfe der Westküste einen kleinen Laden unterhalten, in dem die Eingeborenen für die Ergebnisse ihrer Fischerei und Jagd Gegenstände moderner Cultur, Lebensmittel, Decken, Gebrauchssachen für die Wirthschaft sowie baares Geld erhalten können. Mit ihren Schoonern, die mit einer kleinen Dampfmaschine versehen sind, unterhalten die genannten Firmen nicht nur einen fast ununterbrochenen Verkehr mit den Bewohnern der Westküste, sondern, was die Hauptsache ist, sie unterstützen diese Leute wesentlich bei der Seethierjagd.

Die Saison beginnt im Monat Februar und dauert bis zur Mitte des Sommers. Während dieser Zeit zieht fast die gesammte Bevölkerung aus ihren Winterdörfern, die sich meist tief landeinwärts am hinteren Ende der Fjorde und Meeresarme befinden, nach den Sommerdörfern, die auf den kleinen Inseln oder an der Küste liegen. Die Einrichtung der Sommerdörfer ist viel primitiver als die der Winterdörfer, weil in ihnen weder Festlichkeiten stattfinden noch auch sonst grössere Angelegenheiten berathen werden, sie vielmehr einzig dem Erwerbe dienen.

Monate lang vor Beginn der Saison unterziehen sich die Pelzrobbenjäger einer anstrengenden Vorbereitung. Täglich des Morgens reiben sie ihren Körper mit Sand und Steinen ab und sprechen dazu gewisse Gebete, welche die Bitte um günstigen Fang enthalten. Zu gleicher Zeit spielen ihre Medizinmänner und Medizinfrauen sowohl vor als bei der Eröffnung des Fanges eine nicht unbedeutende Rolle. Wie bedeutend diese zuweilen sein kann, geht beispielsweise daraus hervor, dass die Einwohner von Hesquiaht, welche früher sehr lebhaft den Walfischfang betrieben, letzteren gänzlich nur aus dem Grunde aufgegeben haben, weil sie glauben, dass die Medizin, welche ihnen von ihren Vorvätern überliefert worden ist, um günstige Erfolge im Walfange zu erzielen, nunmehr kraftlos und ausgenutzt ist. Die guten Leute sind auch nicht einmal in der Lage, dass sie sich eine neue Medizin verschaffen, denn eine solche besitzt nach ihrer Meinung nur der Donnervogel (Hotloksom) oder der Donner (Tootosch), und es hat sich bis jetzt noch Niemand gefunden, der die Medizin aus dieser Quelle holt.

Der Pelzrobbenfang geschieht gegenwärtig auf folgende Weise: Im Februar und März segeln verschiedene Dampfschooner aus Victoria sowie vom Kap Flattery nach den verschiedenen Dörfern und Häfen der Westküste, woselbst sich jeder mit etwa 30 bis 50 Indianern, die im Besitz von 15 bis 25 Canoes sind, liirt. Die Besatzung jedes Schooners beträgt nur drei bis vier Mann; hierzu nimmt jeder Schooner die oben genannte Anzahl von

Indianern sammt ihren Canoes an Bord. Bei günstigem Wetter wird ins offene Meer gesegelt, nicht selten bis auf Entfernungen von 200 engl. Meilen hinaus. Die Pelzrobben, welche gewöhnlich zu grossen Heerden vereint sind, pflegen bei stillem Wetter auf dem Meere schwimmend zu schlafen, es soll einen originellen Anblick gewähren, wenn sie dabei auf dem Rücken liegen und mit den Vorderflossen Gesicht und Augen zudecken. Leise, fast unhörbar nähert sich der Schooner, während die Wache vom Mastkorbe aus umherspäht und das Zeichen giebt, sobald die schlafende Heerde in Sicht kommt. Möglichst geräuschlos werden sodann die Canoes ins Wasser gelassen und mit je zwei bis drei Indianern bemannt. Die Ausrüstung zur Jagd besteht aus gabelförmigen, zehn bis zwölf Fuss langen, hölzernen Stangen, deren beide Gabelarme je eine Harpune, die theils aus Knochen, theils aus Eisen, theils aus einer geschliffenen Muschel besteht, tragen. An jeder dieser Harpunen ist eine lange starke, aus Cedernbast gedrehte Leine befestigt, deren anderes Ende mit dem Canoe verbunden ist. Sobald die Indianer im tiefsten Schweigen bis an die Heerde herangefahren sind und sich einem schlafenden Thiere bis auf 20 Schritte genähert haben, erhebt sich der am Vorderende des Canoes sitzende Indianer, ergreift die Doppelharpune und schleudert sie mit wohlgezieltem Wurf und grosser Sicherheit dem schlafenden Thiere in den Leib. Hierbei dringen beide Harpunen, oder auch nur eine von ihnen, durch das Fell in das Fleisch und stellen sich daselbst durch Widerhaken fest, während die hölzerne Gabel sich loslöst. Die getroffene Pelzrobbe ergreift in der Regel, auf das Heftigste erschrocken, die Flucht, wobei sie das Boot mit sich zieht. Abwechselnd untertauchend und wieder in die Höhe kommend, um Luft zu schöpfen, schwimmt sie mit Anstrengung aller Kräfte vorwärts, während der Indianer am Steuer sorgsam mit dem Paddel dieselbe Richtung des Canoes beibehält, und der Harpunierer den Augenblick erwartet, wo es ihm gelingt, das immer matter werdende Thier mit der Leine so nahe ans Boot heranzuziehen, dass er mit einem grossen und schweren Knittel der Robbe den Schädel einschlagen kann. Oft setzt sich das Thier, im äussersten Stadium der Verzweiflung, wenn es an das Boot herangezogen wird, oder auch schon vorher, sobald es getroffen ist, heftig zur Wehre und reisst mitunter mit seinem scharfen Gebiss grosse Stücke Holz aus der Bordkante des Canoes. Sobald die Pelzrobbe unter den heftigen Schlägen des Harpunierers ihr Leben ausgehaucht hat, wird sie mit grösster Anstrengung in das Canoe gezogen. Später an Bord des Schooners gebracht, wird dem Thiere das Fell abgezogen und letzteres gesalzen, um nach England transportirt zu werden. Das Fleisch der Pelzrobben wird sehr oft von den Indianern gegessen. Die als Pelzwerk sehr gesuchten Felle werden den Indianern mit fünf bis zwölf Dollar pro Stück bezahlt. Während alle Canoes eines Schooners die schlafende Heerde der Pelzthiere von verschiedenen Seiten angreifen und sich namentlich in der Verfolgung der Jagd oft weithin zerstreuen, hat der Schooner die Aufgabe, dem Gange der Ereignisse mit Aufmerksamkeit zu folgen, den einzelnen Canoes ihre Beute abzunehmen und bei heraufkommendem Sturm oder Nebel so schnell wie möglich alle kleinen Fahrzeuge mit ihrer Mannschaft wieder an Bord zu nehmen.

An der Nordwestküste von Vancouver werden in den Monaten November, December und Januar ohne Unterstützung durch Dampfschooner auch Seeottern gefangen. Diese Thiere kommen zu jeder Zeit nach den Klippen und kleinen Inseln, um dort Nahrung zu suchen, bei welcher Gelegenheit sie von den Indianern auf dem Lande durch Harpunen getödtet werden. Die Seeotterfelle sind bekanntlich sehr theuer und erhält der Jäger 30 bis 100 Dollar pro Stück. Im Vergleich zu früherer Zeit werden jedoch nicht mehr so viel Seeottern auf Vancouver gefangen.

Am Sonntag den 25. December lagen wir mit dem Schooner der Firma Spring & Frank im inneren Hafen von Hesquiaht, vor der Mündung des Flusses, der hier aus dem Innern der Insel hervorströmt. Das Weihnachtsfest war in meiner damaligen Lage für mich keineswegs ein grosses Freudenfest, da meine ursprüngliche Hoffnung um diese Zeit wieder bei einem meiner Landsleute, der in Victoria lebte, zurück zu sein und bei ihm die Feiertage zu verleben, vereitelt worden war. Statt dessen stand mir noch eine lange und beschwerliche Fahrt mit ziemlich langem Aufenthalt bevor. Doch was half alles Klagen; es hiess hier aus der Noth eine Tugend machen und sich den Verhältnissen anbequemen. Mit dem Schlusse des Festes hatte Kapitain Frank die für Hesquiaht bestimmten Güter gelandet und sowohl meine sämmtlichen Gepäckstücke, als auch eine von den Eingeborenen fabricirte grössere Quantität Fischthran an Bord genommen. Der Indianer, welcher mich zuerst nach Kayokaht gebracht hatte, kam mit seiner Frau und seinem Vater an Bord, um einen Theil unserer Fahrt mitzumachen und Verwandte in Muschlaht zu besuchen.

Am andern Morgen gingen wir mit starkem südöstlichen Wind in See und segelten in schneller Fahrt nordwärts, die Westküste hinauf. Bald genug erreichten wir die Nähe der „Freundlichen Bucht" (Friendly Cove) und die Stelle, wo die Firma ihre neue Handelsniederlassung zu begründen gedachte. Als wir uns dem Ankerplatze näherten, flaute der Wind ab, und Kapitain Frank beorderte ein Canoe mit vier Indianern, um uns zu bugsiren. Kaum hatten diese Leute hiermit begonnen, als sich eine stramme Brise plötzlich mit solcher Schnelligkeit erhob, dass der Schooner direct auf das Canoe getrieben wurde und dasselbe unter seinen Bug gerieth, während zugleich einer der Indianer im Canoe durch den Anprall über Bord geschleudert wurde. Glücklicher Weise kam das kleine Fahrzeug wieder frei vom Schooner, der Mann wurde auch gerettet, und so erreichten wir um die Mittagszeit die „Freundliche Bucht". Unmittelbar nach unserer Landung wurde ein Canoe zu den beiden in Moaht wohnenden Häuptlingen, bei deren einem ich während meiner neulichen Durchreise eine Nacht zugebracht hatte, gesandt. Gegen Abend kamen die Leute wieder zurück und zu gleicher Zeit auch die beiden Häuptlinge von Moaht, mit denen sofort die Verhandlungen wegen des Verkaufspreises des für die Handelsniederlassung benöthigten Terrains begannen. Zu allseitiger Zufriedenheit wurde das Geschäft erledigt und die Häuptlinge, sehr erfreut darüber, dass nun Moaht oder Nootka auch eine Handelsniederlassung besässe, steckten den Kaufpreis, der, wie ich glaube, 60 Dollars betrug, vergnügt ein. Es ist ein sonderbarer Zufall, dass gerade dieser Punkt der Küste, an welchem vor 100 Jahren zuerst ein weisser Mann, Kapitain Cook, geankert hatte, jetzt erst eine Niederlassung erhielt. Allerdings hatten nach Entdeckung von Vancouver die Spanier hier in dieser Gegend ein Fort gebaut und einen Handelsposten errichtet, nach einigen Jahren aber war letzterer aufgegeben und die Leute wieder abgeholt worden. In der Sprache der Indianer dieses Punktes der Küste haben sich seit jener Zeit einige spanische Worte erhalten; auch der Platz, auf dem damals die Spanier gewohnt hatten, trägt noch heute die Spuren einiger Cultur, indem dort wilde Mohrrüben und Kohlrabi wachsen. Erst kurz vor unserer Ankunft war hier ein Indianer gestorben, der in spanischer Sprache bis zehn zählen konnte; auch besitzen mehrere Einwohner, darunter besonders der zweite Häuptling, in ihren Gesichtszügen unverkennbare Spuren spanischer Abkunft. Der Ort, wo wir uns befanden, ist der Sommeraufenthalt der Bewohner von Moaht. Diese Leute wollen jetzt, wie die übrigen Küstenbewohner, sich auch am Pelzrobbenfang betheiligen, was sie bis dahin nur in geringem Maasse gethan hatten.

Da die Anlage der Station einige Zeit in Anspruch nahm, so hatte ich vortreffliche Gelegenheit, einige Ausflüge nach dem Innern des sehr weit verzweigten Nootkasundes anzustellen. Ich schloss mich deshalb dem bereits genannten Indianer an, der hier mit Frau und Vater unseren Schooner verliess, um nach dem etwa 20 englische Meilen entfernten Dorfe Muschlaht zu fahren. Es wehte von der offenen See her ein schwerer Wind in den Fjord hinein, als wir ein Canoe bestiegen und in fliegender Fahrt unsere Reise antraten. Die Wellen gingen sehr hoch und gefährdeten das Canoe in nicht geringem Maasse. Etwa auf der Mitte der Fahrt kam es zu einer kleinen Katastrophe, indem eine hohe Sturzsee sich in das Canoe ergoss und dasselbe mit Wasser anfüllte, so dass wir sämmtlich bis über die Brust im eiskalten Wasser sassen. Der alte Mann, welcher am Steuer sass, verlor die Courage und fing bitterlich zu weinen an. Ich selbst schöpfte mit meinem Hut so schnell wie möglich das Wasser aus und rief dem alten Indianer zu, er solle das Boot gerade vor dem Wind halten, weil uns alsdann die von hinten kommenden Wellen

keinen bedeutenden Schaden zufügen konnten. Aber der alte
Herr hatte alle Contenance verloren und steuerte gerade so, dass
uns der Wind und die Wellen von der Seite fassen konnten.
Natürlicherweise dauerte es nur wenige Secunden, und beim ersten
Windstoss neigte sich das Canoe seitwärts über und fing an, gerade
als ob wir noch nicht genug des Wassers gehabt hätten, zu sinken.
Bis dahin hatte ich die Segelschoot gehalten; nunmehr musste
ich sie springen lassen, worauf der sehr entschlossene junge Indianer
mit kräftigen Armen Mast und Segel hob und beide über Bord warf.
Hierdurch richtete sich das Canoe wieder bedeutend auf und ich
setzte die Arbeit des Wasserschöpfens mit ungeschwächten Kräften
so lange fort, bis das Canoe wieder flott war. Während dieser
ganzen Zeit sass das Indianerweib, obgleich ihr zuerst das Wasser
bis an den Hals ging, in musterhafter Ruhe und Ergebenheit still
da, ohne einen Laut der Furcht oder Klage hören zu lassen. Es
war ein Glück, dass sich während des Wasserschöpfens keine Welle
mehr über unser Canoe ergoss; wäre dies geschehen, so wären
wir sicherlich untergegangen. Wir kamen bald in schmaleres
Fahrwasser, woselbst alle Gefahr vorüber war. Es regnete den
ganzen Tag und aus Mitleid gab ich dem armen Weibe meinen
Regenmantel, bereute indessen nachher diese That aufrichtig, denn
der Weg war unendlich lang und der Regen strömte hernieder,
wie eine zweite Sintfluth. Ich kann nicht behaupten, dass der
Umstand den Regen weniger fühlbar für mich machte, dass ich
bereits von den Wellen total durchnässt worden war.

Endlich Abends, lange nach Dunkelwerden, kamen wir nach
Muschlaht, woselbst unsere kleine nasse Gesellschaft im Hause der
Verwandten des Indianers einkehrte und in landesüblicher Sitte
sich vor dem Feuer bald aller Kleidungsstücke entledigte, um dieselben zu trocknen. Natürlicher Weise blieb mir nichts anderes
übrig, als dieses gleichfalls zu thun und da auch meine einzige
mitgebrachte Schlafdecke total durchnässt war, so hätte ich gar
nichts zu meiner Bedeckung gehabt, wenn nicht meine Reise-
gefährtin in Anerkennung der ihr von mir geleisteten Dienste sich
revanchirt, und mir eine Decke geliehen hätte. So wenig dieses
auch war, es war immerhin etwas und verhinderte die übermüthige

junge Welt von Muschlaht, welche in paradiesischer Unbefangen-
heit meine weisse Haut befühlte und besichtigte, vor allzu gründ-
lichen Untersuchungen.

Am andern Morgen machte ich die Runde im Dorfe, um
in gewohnter Weise ethnographische Gegenstände für das Berliner
Museum einzukaufen; es war aber hier, wie damals in Moaht, sehr
wenig zu erhalten. Dieses Dorf ist von den Einwohnern der Nachbardörfer Klayoquaht und Moaht wiederholt erobert und ausgeplündert worden, obwohl die Einwohner von Muschlaht mehrere Jahre
hindurch in einer Art Gefangenschaft gehalten wurden, insofern,
als sie den Fjord, an dem sie wohnten, nicht verlassen durften und
alle Handelsartikel der weissen Händler für theure Preise von den
Indianern in Moaht kaufen mussten. Diejenigen von ihnen, welche
den Versuch machten, den Fjord zu verlassen, wurden überfallen
und gefangen genommen, worauf man sie als Sclaven nach Kap
Flattery verkaufte.

Während der ersten Nacht, welche ich in Muschlaht zubrachte,
befand sich das ganze Dorf in Unruhe wegen einer Affaire, die
sich in dem Hause, in dem ich schlief, zutrug. Der Mann, bei
welchem ich wohnte, hatte ein krankes Kind, welches er in die
Behandlung einer indianischen Medizinfrau gegeben hatte.

Diese alte Hexe hatte das arme Wurm einer unmenschlichen Behandlung unterzogen. Während des ganzen Abends ertönte der schauerliche Medizingesang, wobei sie das Kind wie eine
wilde Katze anblies und ihm gerade über der Herzgrube Blut aus-
sog, indem sie wohl vermeinte, dass sie mit dem Blute zugleich
die Krankheit aus dem Körper entfernte. Da ihre Kur wenig
geholfen hatte und das kleine Wesen wie leblos dalag, so zahlte
ihr der Hausherr das ärztliche Honorar aus, indem er zugleich auf
die Fortsetzung der Kur verzichtete. Hierüber aufs äusserste ergrimmt und vielleicht noch mehr darüber in Wuth gesetzt, weil
sie vernahm, dass bereits nach einem ihrer Hauptconcurrenten,
einem Medizinmann in Moaht geschickt worden war, welcher die
Kur fortsetzen sollte, fing die Alte an, grossen Lärm zu machen,
indem sie von ihrem Schlafplatze hervorschrie, worauf ihr der Hausherr die Antwort nicht schuldig blieb. Dieser Lärm, an dem sich

auch die übrigen Insassen des Hauses bald betheiligten, dauerte etwa bis 2 Uhr Morgens, bis ihm endlich einer der Indianer dadurch ein Ende zu machen suchte, dass er aufsprang und die Alte tüchtig durchprügelte. Nunmehr trat auch der würdige Ehegatte dieser Medizinfrau in Action, indem er, um das Gleichgewicht wiederherzustellen, das Weib desjenigen, der seine Frau geschlagen hatte, gleichfalls prügelte. Auf das Wehegeheul beider Weiber kamen noch mehrere Indianer von ihren Schlafplätzen hervor und bald wogte ein heftiger Wort- und Faustkampf rings um die Feuerstelle des Hauses. Der Lärm nahm bald solche Dimensionen an, dass die Sache für mich gefährlich schien und ich meinen geladenen Revolver und das Dolchmesser in die Hand nahm. Gerade als der Lärm am tollsten war, sprang ein junger Indianer auf, und goss mit einem Kübel Wasser das Feuer aus, so dass es stockfinster war. Das beendete den Streit, denn jeder zog sich jetzt wieder auf sein Lager zurück.

Am andern Morgen erschien der „berühmte" Medizinmann von Moaht. Er nahm die Krankheit in seiner Art energisch in Angriff und drückte, knetete und kniff das arme Kind während einer ganzen Stunde fast ununterbrochen, er saugte ihm verschiedene Male Blut aus dem Körper und schnitt dabei Fratzen aller Art. Während dieser Zeit hielt die Mutter, der man den Glauben an die wundersamen Künste des Medizinmannes ansah, das Kind auf den Knien und sang dabei ununterbrochen mit dumpf heulender Stimme eine Weise, in der man die Worte „Kjukwah" und „Claddai" unterschied. Es war dies, wie ich hörte, eine Bitte oder Aufforderung an den bösen Geist der Krankheit, sich aus dem Körper des Kindes zu entfernen. Während dieser ganzen Zeit wurde, um den Höllenlärm zu vermehren, auf eine grosse, mit einem Bärenfell bespannte Trommel geschlagen. Nachdem der Doktor seine Manipulationen beendet hatte, erhielt er vom Vater des Kindes drei Decken. Hierauf nahm die Mutter den kleinen Patienten wieder vor und setzte die Kur in der angefangenen Weise fort.

. Es dürfte vielleicht angebracht sein, an dieser Stelle einige allgemeine Bemerkungen über die Medizinmänner auf Vancouver und an der Nordwestküste von Amerika anzureihen. Diese Leute behaupten, im Besitz übernatürlicher Kräfte zu sein. Im Allgemeinen glauben die Indianer daran, dass die Medizinmänner die Macht haben, Krankheiten zu heilen. Man unterscheidet, wie Sproat berichtet, zweierlei Arten von Medizinmänner, diejenigen zweiten Ranges, darunter auch Medizinfrauen, wie die oben angeführte, welche nur bei geringen Krankheiten berufen werden, und die Medizinmänner ersten Ranges, deren Hilfe man bei schwierigen Krankheitsfällen und schweren Gemüthserregungen beansprucht. Diese Medizinmänner unternehmen es oft, die Seele, welche einen Körper bereits verlassen hat, zu demselben wieder zurück zu bringen, die Seele umzutauschen, Träume zu deuten, Prophezeihungen auszulegen und besonders die Dämonen der Krankheiten aus den Körpern zu treiben. Selten bekleiden die Medizinmänner einen hohen Rang, sie besitzen aber eine bedeutende Macht und oft sehr weitgehenden Einfluss, der sich mit dem Vermögen, welches sie durch ihre Kuren erworben, vergrössert. Ich habe in Vancouver nicht bemerkt, dass die Medizinmänner daselbst eine eigene Sprache führen, wie man es bei anderen Wilden findet, die mitunter in Gegenwart aller eine Besprechung unter sich abhalten, ohne dass sie von Jemand verstanden werden. Eine gewisse Ausbildung zum Medizinmann findet jedenfalls statt, denn im Allgemeinen besteht jede Kur aus denselben Ceremonien, Bewegungen und Manipulationen. Jeder Doktor aber bildet seine Methode innerhalb dieses Rahmens subjectiv weiter aus und macht oft, um seinen Ruf als Zauberer und Beherrscher der Geister beizubehalten oder zu vermehren die absonderlichsten Anstrengungen. Je extravaganter die Medizinmänner bei ihren Kuren singen, heulen und gestikuliren, je mehr sie sich durch überraschende Taschenspiel-Kunststücke, die, wie wir später sehen werden, oft sehr plumper Art sind, ein Ansehen zu verschaffen wissen, um so blinder ist das Vertrauen auf ihre Macht. Es giebt übrigens nicht wenige Medizinmänner, welche den festen Glauben an ihre Macht besitzen und sich durch langes Fasten und Kasteien in einen überreizten Zustand zu versetzen pflegen, in welchem sie selber die treuesten Anhänger ihrer Methode sind. Die Medizinmänner sollen und wollen nicht blos leibliche, sondern auch Seelen-Aerzte sein. Die Sorgen und Bekümmernisse, welche der Indianer hat, wenn er einem Unternehmen gegenüber steht, dessen Ausgang vom Glück oder Zufall abhängig ist, vertraut er seinem Medizinmann an und Letzterer wird damit gebeten, Beschwörungen aufzusagen. So geht es beim Beginn der Fischerei, des Walfanges und der Jagd auf Pelzrobben, so geht es vor Antritt eines Krieges oder anderer grossen Unternehmen. Der Glaube an eine gute Gottheit, welche das günstige Geschick herbeiführen kann und die Furcht vor dem verderblichen Einfluss einer bösen dämonischen Macht sind beiderseits die Ursachen, dass die Indianer mit oder ohne Hilfe ihrer Medizinmänner viele abergläubische Gebräuche ausführen. Oft habe ich sie früh Morgens im Gebüsch angetroffen, wo sie laute Gebete zu dem guten oder bösen Geist emporsandten.

Am nächsten Morgen verliess ich Muschlath nach dieser eigenthümlichsten Sylvesternacht meines Lebens, und verbrachte den ersten Tag des Jahres 1882 damit, wieder an Bord des Schooners Favorit zu meinem Freunde Kapitain Frank zurückzukehren.

Die ersten Tage des neuen Jahres vergingen damit, dass die neue Handelsniederlassung errichtet wurde, während ich selbst meine Sammlung markirte und einpackte. Erst am 6. Januar waren wir so weit, dass wir den Nootkasund verlassen konnten und weiter nordwärts fuhren. Unser nächstes Ziel war wieder Esperanza Inlet, wo ich einen Monat früher gleichfalls verweilt hatte. Wir landeten an der Handelsniederlassung der Firma in Nutschatlitz. Ich miethete ein Canoe mit zwei Indianern, es waren zufällig dieselben, welche mich im December von hier nach Hesquiaht begleitet hatten, und fuhr mit ihnen tief in Esperanza Inlet hinein bis nach Ehattesaht.

Als wir dort in der Dunkelheit ankamen, fanden wir die Bewohner von Moaht zum Besuche anwesend, die sich an einem grossen Tanzfeste als geladene Gäste betheiligten, wodurch mir das seltene Vergnügen zu Theil wurde, wieder einmal einem Indianerfest ureigenster Art beizuwohnen. Die Tänze bei den Indianern der Westküste von Vancouver sind verschieden von den Tänzen der Indianer der Nord- und Ostküste; auch muss man einen

Unterschied zwischen Sommer- und Wintertänzen machen. Während ich im Herbst bei meinem ersten Besuch der Nord- und Ostküste von Vancouver und des Festlandes nur zwei bis vier Personen sich an den Tänzen betheiligen sah, tanzten hier an der Westküste in Ehattesaht stets zwanzig bis dreissig Personen auf einmal. Die Westküsten-Indianer sollen auch eine weit grössere Anzahl von Tänzen haben, als die Indianer der Nordküste; man erzählt, dass bei ihnen 53 verschiedene Tänze vorkämen. In Ehattesaht fungirte ein förmlicher Tanzmeister als Arrangeur der Aufführungen; es wurden sowohl Rundtänze als auch einzelne scenische Vorführungen gemacht.

Der Tanz- und Ceremonienmeister wies jedem einzelnen Tänzer seinen Platz an und gab für die einzelnen Tänze mit seiner Rassel das Zeichen für den Takt. Sämmtliche Tänzer waren aufs Festlichste geschmückt, die Männer im Gesicht schwarz und roth, die Weiber fast alle roth bemalt. Es wurden am Abend meiner diesmaligen Anwesenheit nur wenige Tänze mit Masken ausgeführt, unter den letzten aber wurde uns das sehenswerthe Schauspiel zu Theil, dass man den grossen Adler oder Feuervogel „Hotloxom", der den Donner „Tootosch" repräsentirt, vorführte. Der Kopf, der Schwanz und die beiden Flügel dieses Vogels bestanden aus Holz, der Körper, in welchem ein Indianer steckte, war mit Zeug bedeckt und das Ganze gewährte bei der matten Beleuchtung, die im Hause herrschte, einen täuschenden Anblick. Mit Vorführungen dieser Art wird immer das Gebiet der kulturellen Ceremonien berührt. Bemerkenswerth war ein anderer Tanz, welcher zugleich zeigte, wie wenig Vorbereitungen unter Umständen nöthig sind, um jene Indianer in Illusionen zu wiegen. Drei unbekleidete Indianer führten eine Gruppe vor, welche einen Wolf darstellte. Zu diesem Behufe hielt der Vorderste einen aus Holz geschnitzten, sehr gut angefertigten Wolfskopf in der Hand, während die beiden anderen sich mit einem Canoesegel bedeckt hatten, indem sie dabei ganz krumm gingen. Durch dieses Segel wurde der Leib des Wolfes dargestellt. Der dritte Mann, welcher mit unbedecktem halben Leibe sich am Ende des Segels befand, hielt in der Hand eine eiserne Handsäge, einen sogenannten Fuchsschwanz, die er hinten wie einen Schwanz an seinen Körper hielt und mit der er Bewegungen ausführte. Dieses Dreigespann von Indianern machte alle Bewegungen gleichzeitig, so dass ihre dunklen Beine wie diejenigen eines sechsbeinigen Thieres marschirten. Dieser Riesenwolf klappte seinen Rachen auf und zu und drang brüllend und heulend auf die Anwesenden ein, welche in erheuchelter Angst vor ihm fliehend durch das ganze Haus liefen.

Nach dieser Scene wurde ein anderer Tanz aufgeführt, welcher an die Greuel der kannibalischen Hametze im Norden und Osten von Vancouver erinnerte. Es wurde ein gänzlich unbekleideter Indianer, welcher einen Sclaven oder Kriegsgefangenen darstellte, rings um das Feuer geführt. Derjenige, welcher ihn leitete, hatte einen grossen Dolch in seiner Hand, mit dem er die Bewegungen ausführte, als wolle er jenem den Leib aufschlitzen. Der Sclave that sehr ängstlich und flehte um sein Leben, aber sein unerbittlicher Feind führte pantomimisch den verhängnissvollen Stoss aus und machte dann mit beiden zusammengehaltenen Händen die Bewegung als schöpfe er das aus dem Leibe seines unglücklichen Opfers hervorströmende Blut auf und tränke es in vollen Zügen. In dieser Aufführung heulten und tanzten

Frauen-Tanzmaske, einen Wolfskopf darstellend. West-Vancouver.

alle, die sich in dem Hause befanden. Nach Beendigung der Tänze machte ich den Ankauf verschiedener werthvoller Masken und Gegenstände, leider nicht zu billigen Preisen, da die Sachen hier für sehr werthvoll gehalten werden. Zu meinem Bedauern gelang es mir nicht die Utensilien des oben genannten Feuervogels zu erwerben.

Bei den Festen der West-Vancouverianer wird noch mehr auf Ceremonie gesehen, wie an der Nord- und Ostküste der Insel. Es werden zwar während des ganzen Jahres bei besonderen Gelegenheiten, z. B. beim Häuserbau, besondere Feste gefeiert; die eigentliche Festzeit dagegen dauert, wie schon erwähnt, vom November bis Ende Januar. Allgemeine Feste gewöhnlicher Art führen die Bezeichnung „Klooh-quahn-nah". Dieses Wort bedeutet nach einer mir von Herrn Georg Hundt in Fort Rupert gegebenen Erklärung soviel wie „plötzlich entstandener Reichthum", oder „Einer der plötzlich reich geworden ist". Die Eingeladenen werden beim Betreten des Hauses laut bei Namen genannt und einem jeden von ihnen sein bestimmter Platz angewiesen. Beim Eintritt in das Haus erhält jeder Gast ein Bündel weichen Cedernbast, um daran die Füsse zu reinigen. Der Häuptling, sowie überhaupt die vornehmsten Gäste erscheinen zuletzt beim Feste. Nachdem alle Eingeladenen rings um das Feuer Platz genommen haben, wird das Essen gekocht. Dieses geschieht dadurch, dass man in eine grosse, mit Wasser gefüllte hölzerne Kiste heisse Steine hineinlegt, bis das Wasser ins Kochen geräth und alsdann die nöthigen Ingredienzen, namentlich das Fleisch hineinthut, worauf dasselbe sehr schnell gar kocht. Es ist ganz dieselbe Manipulation wie ich sie schon früher bei den Quakultindianern beschrieben habe. Vor Beginn der Mahlzeit wird vor jedem Gast eine kleine aus Baumrinde gefertigte Matte ausgebreitet. Der Gastgeber geht während des Essens herum und sieht zu, dass jeder Gast gut bedient wird, währenddem ist die Frau des Hauses mit einigen anderen Personen damit beschäftigt, den Gästen das Essen zuzutragen. Bei Tische wird nur wenig geredet, denn man hält das Sprechen während der Mahlzeit nicht für anständig. Ein jeder bekommt seine Portion auf die Matte hingelegt. Das Essen besteht gewöhnlich aus getrockneten Fischen oder Fleisch, oder frisch gekochten Fischen und Thran und wird in hübsch geschnitzten, mit vielerlei Figuren versehenen hölzernen Schaalen vorgesetzt. Frisch gekochte Fische isst man mit Hilfe eines hölzernen Löffels, die anderen Speisen werden vermittelst der Hand zum Munde geführt. Die Zähne dieser Indianer sind fast bis auf die Gaumen herab abgeschliffen; es rührt dies vielleicht von den stark mit Sand verunreinigten getrockneten Fischen her, welche das Hauptnahrungsmittel der Bevölkerung bilden. Eine beliebte Speise bei Festlichkeiten ist der Speck der Walfische. Die Portionen, welche jeder Gast bekommt, sind gewöhnlich so gross, dass man nicht mehr als die Hälfte davon auf einmal verzehren kann, woher es kommt, dass Jeder die Ueberreste seiner Mahlzeit mit nach Hause nimmt. Nach der Mahlzeit erhält jeder Gast einen Streifen Cedernbast, um die Finger und den Mund daran abzuwischen. Es erfolgen dann die üblichen Reden und Berathungen. Frauen werden selten zu den Festlichkeiten eingeladen; sie feiern aber unter sich ein besonderes Fest, zu welchem sie auch die Frauen der befreundeten Nachbarstämme einladen. Ausser den allgemeinen Festlichkeiten, bei denen es nicht so hoch hergeht, werden noch bei besonderen Gelegenheiten, wie schon erwähnt, Specialfeste gefeiert, bei denen sehr viel Geschenke vertheilt werden. Es geschieht dieses auf dieselbe Weise wie ich schon früher in Bezug auf das Festland berichtet habe.

Am andern Morgen kehrte ich von Ehattesaht nach Nutschatlitz zurück. Wir konnten indessen unsere Absicht, sofort unsere Reise mit dem Schooner nach Kayokaht fortzusetzen, nicht ausführen, sondern mussten des schlechten Wetters wegen an Ort und Stelle bleiben. An demselben Tage fand in Nutschatlitz abermals ein grosses Tanzfest statt, an dem wir theilnahmen, da wir Nachmittags von Bord gegangen und nach Nutschatlitz gekommen waren. Dieses Fest fand zu Ehren der Klayoquaht-Indianer statt, welche nebst den Bewohnern von Moaht, die ich am Abend vorher in Ehattesaht getroffen hatte, hierzu besonders eingeladen waren. An diesem Abend konnte ich besonders genau Acht geben auf das Fest, weil ich schon vor Beginn desselben erschienen war und nebst dem Kapitain gleichfalls eine Einladung erhalten hatte. Zur linken Seite des Eingangs war die ganze Längsseite des inneren Hausraums mit den festlich geschmückten Klayoquaht-Indianern besetzt; ihnen gegenüber hatten auf der rechten Seite die ebenfalls festlich geschmückten Moaht-Indianer und diejenigen Bewohner von Nutschatlitz Platz genommen, welche sich nicht an dem Tanze betheiligten. Diese Korona der Zuschauer bestand aus etwa achtzig bis hundert Personen, einschliesslich der Weiber und Kinder. Da das Fest am Nachmittag begann, so brannte kein Feuer in der Mitte des Hauses, sondern der ganze innere Raum war schön sauber gefegt. Während die Versammlung im Hause vollzählig wurde, ordnete sich draussen unter dem Commando des Tanz- und Ceremonienmeisters der Zug der Tanzenden auf dem freien Platze vor der Thür. Die Tanzenden bestanden aus Männern und Weibern; die Männer fast sämmtlich schwarz bemalt, mit langen Federn in den Haaren, aber ohne Masken, die Weiber mit roth angestrichenen

Gesichtern, schwarze Decken über die Schultern tragend, das Haar über den Rücken aufgelöst herunterhängend, gleichfalls ohne Masken.

An der hinteren Querseite des inneren Raumes hatten sich die Sänger und Trommler postirt und führten ihren Gesang mit Trommelbegleitung in lebhaftem Tempo auf. Der Tanzmeister liess immer nur vier bis sechs Personen in das Haus eintreten. Diese kleine Schaar bewegte sich tanzend und sich drehend, sowie mit den Händen gestikulirend durch den Tanzraum und schloss einen Kreis, der einen kleinen Tanz aufführte. Als sie damit geendet, trat eine neue Schaar von vier bis sechs Personen ein und so fort, bis alle Tänzer im Hause versammelt waren. Hierauf wurden Reden gehalten und Decken, Gewehre, Canoes und Segel verschenkt, und alsdann wieder getanzt. Einer der sonderbarsten und überraschendsten Tänze, welche ich je gesehen habe, bestand darin, dass die ganze tanzende Gesellschaft, bestehend aus Männern, Frauen, Mädchen und jungen Männern sich mitten in einem grossen Rundtanz wiederholt auf ein gegebenes Zeichen in wildem Durcheinander auf die Erde warf, und dort eine chaotische wirre Masse bildete, in der man die einzelnen Personen unmöglich zu erkennen vermochte, da man nur hier und da einen Arm oder Fuss sich herausstrecken sah, der sich sofort zurückzog, um in der bewegten Masse zu verschwinden. Ich bemerkte hierbei zufällig, dass die Häuptlingstochter sich den Luxus erlaubte, eine kleine Decke in demselben Moment auf den Erdboden zu werfen, wo sie sich nach dem Kommando zu Boden stürzen musste. Eben so schnell sprangen dann alle wieder auf und tanzten weiter. Ich machte im Allgemeinen die Bemerkung, dass bei solchen Gelegenheiten, wie auch im gewöhnlichen Leben die Indianer die Gewohnheit haben, Fichtenharz zu kauen. Diese Sitte scheint über ganz Nordamerika verbreitet zu sein, da ich dieselbe auch bei den Eskimos von Labrador constatirte. Die Indianer beziehen dieses Harz auf dem Handelswege und bezahlen dasselbe oft sehr theuer.

Wir konnten wegen der nothwendigen Reisevorbereitungen das Ende des Festes nicht abwarten, da dasselbe erst gegen Mitternacht eintrat. Gegen Abend gingen wir an Bord und setzten am andern Morgen um 5 Uhr die Segel.

Ein günstiger Wind führte uns nach Kayokaht, welches wir schon am Nachmittag erreichten.

Wer begreift das Erstaunen der Einwohner von Kayokaht, als sie mich, den sie längst in Victoria oder auf dem Grunde des Meeres glaubten, plötzlich zurück kommen sahen. Kapitain F r a n k begann sofort, nachdem wir Anker geworfen hatten, die für die dortige Handelsstation bestimmten Güter auszuladen, während ein schwerer Sturm mit Schnee aus Süd und West heraufkam.

Am nächsten Tage erhielten wir einen Beweis, wie gefährlich die Bewohner dieser Gegend für den weissen Mann sind. Der Missionär P a t e r N i c o l a i, welcher in dem benachbarten Indianerdorfe Tschuklesaht einen Besuch gemacht hatte, kam von dort zurück und erzählte, dass die dortigen Indianer, welche zu den wildesten Bewohnern von West-Vancouver gehören, ihn mit Aexten und Messern bedroht hätten. Er war der schreienden und tobenden Menge, die sich mit Wuthgeheul auf ihn stürzte, um ihn zu ermorden, gefasst entgegen getreten, und hatte den Leuten, deren Sprache er kannte, mit ruhiger Stimme erklärt, dass sie ihn wohl tödten könnten, dass aber alsdann binnen kurzer Zeit ein Kanonenboot erscheinen würde, dessen Befehlshaber sicherlich die Hälfte der Einwohnerschaft von Tschuklesaht aufhängen lassen würde. Dieses half; die wilde Bande wurde stutzig und, da sie aus Erfahrung wohl wussten, dass sich, so oft von Seiten der Indianer eine Unthat verübt worden war, jedesmal ein englisches Kanonenboot prompt eingestellt und die Schuldigen bestraft hatte, so standen sie von der Ermordung des P a t e r s N i c o l a i ab. Aber sie erklärten ihm, dass er ihr Gebiet sofort verlassen und sie mit seinen Bekehrungsversuchen verschonen solle, denn sie wären mit ihrer Religion vollkommen zufrieden.

Die Indianer dieser Gegend sind nicht nur gegen Fremde, sondern auch unter sich ausserordentlich grausam, wovon die Berichte über frühere Kriege der einzelnen Dörfer unter einander Zeugniss ablegen. Ich will hier die mir von vielen Seiten mitgetheilte Erzählung eines solchen Kriegszuges nach Sproat's Schilderung einschalten, in welcher der bereits genannte Kriegshäuptling S e t t a C a n i m von Klayoquaht eine grosse Rolle spielt.

Vor längerer Zeit, als dieser eroberungslustige und grausame Mann seinem unbesiegbaren Drang, den Ruhm seines Heimathsdorfes auf dem Kriegspfade zu vermehren, Ausdruck geben wollte, bot sich ihm in der zwischen seinen Klayoquahts und den nördlicher wohnenden Kayokahts gerade herrschenden feindseligen Stimmung hierzu eine geeignete Veranlassung dar. Monate lang schürte der schlaue und boshafte Häuptling bei jeder Gelegenheit das Feuer der Zwietracht und hielt Reden gegen die Kayokahts. Aber sein Stamm gab zu bedenken, dass die Gegner sehr zahlreich und muthig seien, und dass eine Besiegung derselben ausserordentlich schwierig sein würde. Nach sehr langen Debatten kam man zu dem Beschluss, dass man den Krieg unternehmen würde, wenn es gelänge, die Bewohner von Muschlaht und Moaht, deren

Zwei Indianer der Westküste von Vancouver, derjenige zur Rechten ist der Häuptling Setta Canim.

Gebiet zwischen beiden feindlichen Partheien liegt, zu Bundesgenossen zu gewinnen. Man schickte also zunächst ein Canoe mit den tüchtigsten Rednern des Stammes in diese Dörfer, um die dortigen Indianer für sich zu gewinnen. Dies gelang in überraschend günstiger Weise, und die drei verbündeten Dörfer beschlossen die Kayokahts durch einen Kriegszug zu vernichten.

Nachdem dieser Beschluss gefasst war, entstand eine grosse Aufregung im Dorfe Klayoquaht, denn jedermann rüstete sich zum Kampfe. Die Vorbereitungen zum Kriege wurden sehr eifrig betrieben, die Kriegscanoes in Stand gesetzt, Kriegspaddeln mit

langen spitzen Stacheln angefertigt und alles in besten Zustand gebracht, die Mannschaft der einzelnen Canoes bestimmt und die
Befehlshaberstellen vertheilt. Als alles fertig war brachen eines
Morgens 22 grosse Canoes, jedes mit 10 bis 15 Klayoquaht-
Kriegern bemannt, auf. Alle diese Leute waren nach Indianerart
im Gesicht schwarz bemalt, und verliessen ihre Heimath unter dem
lauten Gesange ihrer am Ufer stehenden Weiber, welche die Davon-
ziehenden beschworen, die Ehre des Stammes aufrecht zu erhalten
und als Sieger nach Vernichtung der Feinde heimzukehren.

Unter lautem Jubel ging die Fahrt unter Anführung Setta
Canim's nordwärts längs der Küste, bis man gegen Abend Hesquiaht erreichte, woselbst geankert und gelandet wurde. Setta
Canim benutzte natürlich diese Gelegenheit, um, unterstützt durch
seine grosse Kriegsmacht, seine Beredtsamkeit auf die Hesquiahts
einwirken zu lassen und sie zu Bundesgenossen zu gewinnen.
Während dieser Nacht schliefen die Klayoquahts in ihren Canoes
und am anderen Tage ging der Kriegszug weiter, bis man gegen
Abend Friendly Cove erreichte, woselbst die Bewohner von Moaht
bereits warteten.

Es wird berichtet, dass der Kriegszug unter dem lauten Gesang aller Krieger, welche ihre Schlachtgesänge vortrugen, sowie
unter dem weithin schallenden Ton der Kriegstrommel bis dicht
ans Land fuhr, und dass Setta Canim hierselbst, hochaufge-
richtet in seinem Canoe, nur mit einer rothen Decke bekleidet,
das Haar nach Kriegsweise in einem grossen Knoten oben auf
dem Kopfe zusammengebunden tragend, eine jener feurigen Reden
hielt, mit denen er, ein geborener Redner, seine Stammesgenossen
hinzureissen wusste. In der rechten Hand, mit welcher er gestikulirte, hielt er bei dieser Gelegenheit ein altes Dolchmesser.
Er verstand es, wie kein Anderer, seine Zuhörer davon zu
überzeugen, dass der Krieg, welchen sie vorhatten, wirklich nothwendig sei.

Nachdem er eine halbe Stunde lang geredet, wurde von den
am Ufer stehenden Moahts eine kurze Gegenrede und Begrüssung
des grossen Häuptlings und seiner Krieger geleistet, worauf alle
an Land stiegen. Es begann ein grosses Festmahl, bei welchem

die Moahts die Wirthe machten, und alles in äusserst feierlicher
Weise herging. Nach dem Essen nahmen die Reden und Berathungen ihren Anfang. Jeder Häuptling gab seine Ansicht
kund, wie man am besten den Feind angreifen könnte, und zuletzt versammelten sich alle auf dem flachen, sandigen Strand, auf
dem in rohen Zügen eine Karte des Hauptdorfes der Kayokahts
gezeichnet ward. Der Verfertiger dieser Karte war ein unter den
Anwesenden befindlicher Kayokaht-Indianer, welcher die Häuser
durch kleine Sandhäufchen bezeichnete. Besonders genau wurde
die Lage der Häuser des Oberhäuptlings Nancis und des Kriegs-
häuptlings Moschenik bezeichnet, damit jeder Krieger genau
wüsste, wo diese gefährlichsten beiden Feinde zu erreichen wären.
Bei Fortsetzung der Berathung gab jeder der Anwesenden seine
Ansicht darüber ab, wieviel Bewohner in jedem einzelnen Hause
von Kayokaht vorhanden seien.

Zuletzt wurde von Setta Canim folgender Kriegsplan ent-
worfen: Die 15 Canoes der Klayoquahts sollten das Centrum
bilden, die 14 Canoes der Muschlahts und Moahts sollten den
rechten Flügel übernehmen und noch einige Canoes der Klayoquahts sollten im Verein mit den Hesquiahts den linken Flügel
herstellen. Diese ganze stattliche Macht sollte nach Indianerweise
während der Nacht, wenn alles schlief, das Dorf Kayokaht überfallen und alle Einwohner niedermetzeln. Ausserdem war bestimmt, dass sämmtliche Häuser verbrannt werden sollten, zu
welchem Zwecke man harziges Holz mitgenommen hatte.

Nachdem der Feldzugsplan auf diese Weise festgesetzt worden war, machten sich die Bewohner von Moaht und Muschlaht
daran, ihre letzten Vorbereitungen eifrigst zu beendigen. Noch
während desselben Tages kam es zwischen zwei Häuptlingen der
Klayoquahts zu einem heftigen Streit darüber, wer von beiden den
gefürchteten Kayokaht-Häuptling Moschenik angreifen sollte.
Dieser Streit wäre fast zu Thätlichkeiten ausgeartet, wenn nicht
die alten und erfahrenen Krieger des Stammes sich vermittelnd
eingelegt hätten. Am Abend wurde wieder ein Festmahl eingenommen, und alsdann Boten an die Mannschaften der noch aus-
gebliebenen Canoes gesandt, mit der Nachricht, dass am nächsten

Morgen bei erstem Tagesanbruch die Weiterreise stattfinden würde. Noch vor Sonnenaufgang fuhr der grosse Kriegszug bei herrlichstem Wetter weiter. Man paddelte unter dem Vortrag der Kriegsgesänge nach dem Takt der vom Trommelschläger gerührten Trommel längs der Küste nach Nordwesten. Die Muschlaht-Indianer, welche unter der Anführung ihres riesengrossen und starken Häuptlings Nissend standen, betheiligten sich am Zuge mit zwei Kolonnen, deren jede aus sieben Canoes bestand.

Als man sich Esperanza Inlet näherte, wurde Befehl gegeben, dass die Fahrzeuge sich möglichst nahe am Ufer halten sollten, damit sie nicht entdeckt würden. Man landete beim Dorfe Ehattesaht und sämmtliche Krieger schwärzten ihre Gesichter aufs Neue. Die nächste Nacht war zur Ausführung des Ueberfalles bestimmt, und es gelang den vereinigten Stämmen, in einer Bucht an der Insel zu landen, wo sich das Hauptdorf der Kayokaht befindet. Bis Mitternacht hielt sich Jedermann im Canoe, ohne den geringsten Laut von sich zu geben. Der Angriff wurde dadurch erleichtert, dass während der Nacht kein Mondschein herrschte. Als der Moment des Angriffes erschienen war, fuhren die Canoes mit grosser Schnelligkeit auf das Dorf Kayokaht zu und die in den Fahrzeugen befindlichen 400 Indianer sprangen ans Land und stürmten unter Anführung ihrer Häuptlinge gegen das Dorf. Es wäre um das letztere mit allen seinen Einwohnern geschehen gewesen, wenn nicht ein Zufall die Entdeckung der Feinde herbeigeführt hätte.

Zwei fischende Kayokaht-Indianer kamen nämlich um diese Zeit früher als gewöhnlich mit ihrem Canoe zurück und wurden gewahr, wie die Kriegsfahrzeuge sich in schneller Fahrt ihrem Heimathsdorfe näherten. Augenblicklich sprangen diese beiden Fischer in ihrem Fahrzeuge auf und schrieen mit gellender Stimme den Warnungsruf ihres Stammes aus: „Weennah! weennah!" d. h. „Fremde" oder „Gefahr". Mit Zauberschnelle wirkte dieser Ruf und nach wenigen Sekunden, noch bevor die Canoes das Ufer berührt hatten, ertönte das „Weennah!" von Haus zu Haus und rief alle Kayokaht-Indianer zu den Waffen. Der Kampf begann sofort, aber er traf die dort Wohnenden nicht ganz unvorbereitet

und sie vertheidigten sich mit aller ihnen zu Gebote stehenden
Energie und Tapferkeit. Bald mischte sich das knatternde Ge-
wehrfeuer mit dem Geschrei der Sterbenden und Verwundeten,
während einige Häuser angezündet wurden und das schreckliche
Schauspiel weithin beleuchteten. Die Kayokahts gaben einen Theil
ihres Dorfes preis und concentrirten sich beim Hause ihres Oberhäuptlings. Der Letztgenannte, wohl wissend, dass es sich um
seinen Kopf zuerst handelte, hatte sofort, nachdem der Lärm entstanden war, in der Eile sein Haus mit Allem verbarrikadiren
lassen, was geschwind aufzutreiben war, und Kisten und Kasten
an den Eingängen aufgehäuft. Von hier aus unterhielt er ein
starkes, wenn auch wenig schädliches Feuer auf die ins Dorf
eingedrungenen Feinde. Setta Canim, der die Situation sofort
übersah, stürmte in verzweifelter Wuth, unterstützt von seinen
beiden Gewehrträgern, auf das verbarrikadirte Haus seines ver-
hassten Feindes los, aber er war machtlos, da er hier die gesammte concentrirte Streitkraft seiner Gegner vereinigt fand. Der
linke Flügel drang zwar in einzelne Häuser ein und tödtete die
dort Zurückgebliebenen, aber der Gesammterfolg des ersten An-
griffs war doch ein verfehlter, weil die Ueberfallenen nicht im
Schlafe überrascht und getödtet worden waren.

Die Folgen hiervon zeigten sich denn auch bald, die Bewohner von Muschlaht zogen sich zuerst aus dem brennenden
Dorfe nach dem Strande zu ihren Canoes zurück und bezeigten
keine Lust, sich weiter am Kampfe zu betheiligen. Hierdurch
wurde das Ende des ganzen Ueberfalles herbeigeführt, denn bald
schlossen sich andere Gruppen an und das Dorf leerte sich allmählich von Feinden. Zwar versuchte Setta Canim noch einmal das Haus des Häuptlings zu erstürmen, aber er wurde zuletzt von seinen eigenen Leuten verlassen und musste sich gleichfalls zurückziehen.

Der stolzen Ausfahrt folgte eine traurige Heimkehr; die
Krieger jedes Dorfes fuhren in sehr gedrückter Stimmung schwei-
gend nach Hause, am niedergeschlagensten von Allen die Anstifter des ganzen Krieges, die Klayoquahts. Zwei Tage später
erreichten die Letzteren ihr Heimathsdorf wieder, sehnsüchtig er-

wartet von den auf dem felsigen Gestade ihrer harrenden Weibern. Aber als die Krieger in dumpfem Schweigen sich dem Ufer nahten und keinen Siegesgesang anstimmten, so wurde auch den Frauen klar, dass der Kampf für die Ihrigen unglücklich ausgefallen war und sie stimmten laut heulend den Todtengesang an. Sie hatten hierzu wohl einige Ursache, denn der Verlust der Ihrigen belief sich auf elf Todte und 17 Verwundete, ein fast zu grosses Opfer für die 34 Köpfe erschlagener Kayokahts, die die Männer nebst 13 Sclaven als Siegesbeute heimbrachten.

Nachdem sie heimgekehrt waren, wurden zwar einige Siegesfeste gefeiert, die Feindesköpfe am Dorfgehege aufgestellt und späterhin die Skalpe der Erschlagenen an die Sieger vertheilt, es erfolgten auch Rangerhöhungen und Namensänderungen einzelner, besonders tapfer gewesener Krieger, aber das Siegesbewusstsein war doch verschwunden und an dessen Stelle Angst und Besorgniss in das Dorf Klayoquaht eingezogen, denn man fürchtete, dass der sehr mächtige Stamm der Kayokahts den Ueberfall blutig rächen würde. Hierzu kam noch, dass sie sich mit den Muschlaht-Indianern, denen sie die Schuld an dem Ausfall des Krieges zuschrieben, entzweiten. Täglich wurden Gerüchte ausgesprengt, dass die Kayokahts mit einer stattlichen Menge Canoes heranrückten, um das Dorf zu überfallen, und vor Allen war es Setta Canim, der aus Furcht, plötzlich ermordet zu werden, da ihn Jedermann als den einzigen Urheber des Krieges bezeichnete, sein Haus nicht zu verlassen wagte. Schliesslich ging man in der Furcht so weit, dass man rings um das Dorf eine Schutzwehr errichtete und einen Proviantvorrath herbeischaffte, um eine etwaige Belagerung aushalten zu können. Es dauerte mehrere Jahre, bevor sich dieses allgemeine Gefühl der Furcht allmählich in Klayoquaht verlor.

Am 12. Januar traten wir unseren Rückweg an und erreichten einige Tage darauf mit dem Schooner „Favorite" Barclay-Sund, woselbst ich noch einen letzten Abstecher nach dem Indianerdorfe Juklulaht machte und dort viele Einkäufe besorgte. Drei Tage später landeten wir wieder in der Hauptstadt Victoria. Von dort aus kehrte ich nach San Francisco zurück und hatte somit den ersten Theil meiner Reise erledigt.

VII.

Schneller als ich erwartet hatte, müsste ich mich wieder nach
dem Schauplatz meiner herbstlichen und winterlichen Reisen zurück-
begeben, indem ich schon am 20. Februar von San Francisco wieder
abfuhr und drei Tage darauf in Victoria landete. Es war mir
der Auftrag ertheilt worden, den Norden von Vancouver noch einmal zu besuchen, und namentlich die in Koskimo und Quatsino

lebenden langköpfigen Indianer näher kennen zu lernen. Wenn
es gelang, eine Anzahl dieser Leute zu bewegen, mit nach Europa
zu kommen, um daselbst dem Studium der anthropologischen und
ethnologischen Kreise zugänglich zu sein, so sollte ich, wie mein
Auftrag lautete, eine solche Gesellschaft auf Kosten des um die
Wissenschaft hochverdienten Herrn Carl Hagenbeck in Hamburg
engagiren. Dies hinderte natürlich nicht, dass ich meine bisherige
Thätigkeit im Einkaufen ethnologischer Gegenstände aller Art in
derselben Weise wie bisher fortsetzte. Der Dampfer Otter brachte
mich nach Fort Rupert, woselbst mich meine indianischen Freunde

Doppelgesichtige Tanzmaske im geschlossenen Zustande, ein Seeungeheuer
darstellend. Fort Rupert (Vancouver).

Doppelgesichtige Tanzmaske im geöffneten Zustande, die innere Ansicht ein Menschengesicht
darstellend. Fort Rupert (Vancouver).

in herzlicher Weise begrüssten. Der Ort bot diesmal einen ganz
andern Anblick dar als zur Herbstzeit, denn es hatte sich hierselbst fast der ganze Stamm der Quakult-Indianer versammelt,
bei welcher Gelegenheit grossartige Tänze und Festlichkeiten
gefeiert wurden. Bei dieser Stammesversammlung suchte es
natürlich ein Häuptling dem andern zuvor zu thun und er befestigte sein Ansehen bei den Stammesgenossen dadurch, dass er
sein gesammtes Hab und Gut vertheilte und verschenkte. So
wanderten täglich hunderte, ja tausende von Decken aus einer
Hand in die andere; gleichzeitig wurden Streitigkeiten geschlichtet,
Klagen erledigt, Berathungen abgehalten u. s. w. Die Seele des

Ganzen war der Häuptling der Quakult-Indianer, welcher in Fort Rupert residirte.

Ich nahm natürlich bei meinem alten Freund und Wirth Herrn Hundt, dem Vorsteher des Handelspostens der Hudsons-Bay-Company wieder Wohnung, und miethete zu gleicher Zeit seine Schaluppe und engagirte seine beiden Söhne als Begleiter zur Fahrt nach Quatsino. Am Abend nach meiner Ankunft wohnte ich einem der grössten indianischen Tanzfeste bei, die ich je kennen gelernt habe. Es fand wie alle diese Feste unter vielen Ceremonien statt. Das gewöhnliche Volk erschien zuerst, später kamen die angesehenen Indianer und Häuptlinge und zuletzt der Oberhäuptling. An den Wänden befanden sich Bänke, die von der zuschauenden Menge besetzt wurden, in der Mitte des Raumes brannte ein grosses Feuer, welches alle Gegenstände und Personen lebhaft und grell beleuchtete. Gegenüber der Eingangsthür hatte sich wie gewöhnlich das Corps der Musiker und Sänger aufgestellt; es stand unter Leitung eines aufs festlichste geputzten und mit Federn im Haupthaar geschmückten Vorsängers, der die Worte vorsprach, welche der Chor sang. Die drei grossen Trommeln standen ausnahmsweise an der Eingangsthür. Nachdem der oberste Häuptling eingetreten war, wurde die grösste Trommel von zwei festlich geschmückten Indianer behutsam aufgehoben und langsam mit gravitätischen Schritten viermal rings um das Feuer getragen. Alsdann wurde sie vor die Front des Musikcorps gebracht und hier dreimal bis nah auf die Erde herunter gesenkt, das vierte Mal jedoch erst hingestellt.

An einer Stelle des Hauses war durch Aufhängen von Canoesegeln eine Art Vorhang hergestellt worden, welcher einen kleinen, bühnenartigen Raum abtrennte. Hinter dem Vorhang traten plötzlich zehn festlich geschmückte Indianerweiber hervor, welche einmal rings um das Feuer tanzten und alsdann wieder verschwanden. Nachdem dieses zweimal hinter einander geschehen war, wurde der Vorhang plötzlich heruntergelassen und nun bot sich unseren Augen ein wunderbares Schauspiel dar.

Eine grosse Gruppe mit Masken bekleideter Indianer stellte allerhand Thiere, Götter und Dämonen dar, welche mit einander

Tänze aufführten. Hier sah man einen Bären mit einem Ungeheuer tanzen, welches das mächtige Mundstück seines kolossalen Kopfes fortwährend auf- und zuklappte, dort hielten sich ein Wolf und ein Adler umfasst und drehten sich im Kreise. Es dauerte indessen nur einige Minuten, während deren uns dieser Anblick zu Theil wurde. Sodann wurde der Vorhang wieder in die Höhe gezogen, und ein für uns Alle unsichtbares Musikcorps, das inzwischen einen wahren Höllenspectakel mit hölzernen Pfeifen und Flöten gemacht hatte, stellte für den Augenblick seine Thätigkeit ein.

Tanzmaske mit beweglichem Unterkiefer. Nemkis-Indianer. (Nordostküste von Vancouver.)

Alsdann fiel der Vorhang wieder für einige Minuten und die ganze Tanzgesellschaft, welche, wie ich vernahm, dem Stamme der Nemkis-Indianer angehörte, tanzte wieder wie vorher nach den Tönen der unsichtbaren Flötisten.

Der zweite Theil des Festes war den gewöhnlichen Indianertänzen gewidmet, bei denen keine Masken verwendet wurden. Hier verliess der Oberhäuptling die Gesellschaft, um sich nach seinem eigenen Hause zu begeben, woselbst an diesem Tage gleichfalls ein grosses Tanzfest stattfand. Der Oberhäuptling hatte mich eingeladen, diesem Feste beizuwohnen, deshalb begab ich mich zu ihm. Als seine Gäste waren in seinem sehr geräumigen Hause die auf dem Festlande nördlich von Fort Rupert wohnenden Nakortok-Indianer anwesend, welche der Aufforderung ihres Wirthes gemäss mehrere Tänze aufführten.

Bevor sie damit begannen, fand eine andere Ceremonie eigenthümlicher Art statt. Ein junges Mädchen aus Comox, einem Indianerdorf etwa in der Mitte der Ostküste von Vancouver, wurde vom Oberhäuptling veranlasst, einen Solotanz aufzuführen. Sie that dies in jener eigenthümlichen Weise, welche die meisten Tänze der Indianer auszeichnet. Der Tanz besteht nämlich nicht in einem Drehen des Körpers, sondern einem hüpfenden

Schweben, abwechselnd auf einer der beiden Fussspitzen. Hierbei
werden die Arme geradlinig ausgestreckt, gewöhnlich so, dass die
rechte Hand schräg nach oben mit ausgestreckten Fingerspitzen
bis über Kopfhöhe erhoben ist, während der linke Arm, geradlinig
schräg nach hinten und unten in derselben Weise ausgestreckt
wird. Die Kunst des Tanzens concentrirt sich, wenn man so sagen
darf, in der Thätigkeit der Fingerspitzen, indem diese fortwährend
in leise vibrirender Bewegung gehalten werden, gleichsam als wären
sie von krampfhaftem Zittern befallen. Während das junge Mädchen diesen Tanz mit viel Geschick und Ausdauer aufführte,
wurde sie von zehn tanzenden Quakult-Indianerinnen begleitet;
welche indessen einen anderen Tanz aufführten. Nachdem diese
Solo-Piece beendet war, erhielt das junge Mädchen von dem Oberhäuptling einen neuen Namen, den sie, wie man mir sagte, so
lange zu tragen hätte, bis sie, vielleicht im nächsten Jahre schon,
einen anderen Tanz aufführen würde, der von einer neuen Namen-
gebung begleitet wird.

Erst jetzt begannen die Tänze der Nakortok-Indianer.

Zuerst führte wieder ein junges Mädchen einen Tanz auf,
bei dem sie von verschiedenen Indianerfrauen begleitet wurde;
späterhin folgten verschiedene allgemeine Tänze und zwischendurch
Einzeltänze eines Hametzen und eines Medizinmannes aus Na-
kortok. Der letztgenannte, der, obgleich noch jung an Jahren,
doch bei seinen Stammesgenossen in grossem Ansehen stand, besass in ungewöhnlicher Weise die Eigenschaft, durch Manipulationen aller Art sein Publikum zu fesseln; auch stand er in dem
Rufe, bereits eine grosse Zahl vortrefflicher Kuren ausgeführt zu
haben. Eine Probe seiner Fähigkeit gab er uns noch während
des Festes.

Als die Tänze beendet waren, wurde ein kranker Indianer,
der elend und hülflos auf einer Matte lag, hereingetragen und
auf den Erdboden niedergelegt; diesen Patienten zu kuriren, übernahm nun der Medizinmann. Zu diesem Zwecke war es nothwendig, dass er nach Indianersitte seinen Zuhörern zuerst einen
Beweis seiner Macht und seines Einflusses über die belebte und
unbelebte Natur gebe, indem er einige Taschenspieler-Kunststücke

à la Bosco ausführte. Er nahm einen kleinen Stein von der Erde auf und fragte, in welchen Gegenstand er denselben verwandeln solle. Der Eine wünschte dies, der Andere wünschte jenes, und der Medizinmann, ohne sich auf einen dieser Wünsche einzulassen, ging, das Steinchen zwischen beiden flachen Händen haltend und geheimnissvoll reibend, während er gleichzeitig eine Art Beschwörungsformel sang, immer rings um das Feuer. Es gelang ihm, einen Moment zu finden, wo er den Stein, ohne dass es Jemand merkte, heimlich auf die Erde fallen liess und gleichzeitig triumphirend seine leeren Hände im Kreise herumzeigte.

Tanzrassel eines Hametzen. Fort Rupert.

In demselben Augenblick hörte man, dass, jedenfalls durch einen verborgenen Gehülfen, von aussen ein Stein auf das hölzerne Dach des Hauses geworfen wurde, der mit lautem Gepolter herabrollte. Die Indianer stiessen erstaunte Rufe der Bewunderung aus und man merkte an ihren Gesichtern, dass sie sämmtlich die feste Ueberzeugung gewonnen hatten, dass der Medizinmann den Stein vermittelst Zauberkraft durch die Bretter des Daches hindurchgeworfen hatte.

So geringfügig dieses Kunststück an und für sich war, so bedeutete es doch in der Auffassung der Indianer ungeheuer viel, denn diese Leute glauben, dass ein Medizinmann die Gewalt besitzt, Jedermann, wer es auch sei, einen Stein bis mitten hinein ins Herz zu werfen und dass der also Getroffene unfehlbar sterben müsse. Dieser Glaube an die unfehlbare Macht der Medizinmänner ist bei den Indianern so gross, dass sie, wenn ein solcher Zauberer ihnen sagt: „Du wirst in so und so vielen Tagen sterben!" sich für unrettbar verloren halten und am gedachten Tage wirklich vor Angst sterben.

Der Missionär Mr. Crosby erzählte mir hiervon ein sehr eklatantes Beispiel. Ein junger, achtzehnjähriger Indianer aus dem Dorfe Nanaimo an der Ostküste von Vancouver, nördlich von Victoria, ein junger fleissiger Mensch, der in der Missionsschule tüchtig lernte und schon zum Christenthum übergetreten war, hatte eines Tages in scherzhafter Weise einen Medizinmann geneckt. Letzterer, hierüber ergrimmt, sagte zu dem jungen Indianer: „Du wirst in sechs Wochen sterben!" Der junge Mensch wurde hierüber so verzweifelt, dass er, ohne sich Jemand anzuvertrauen, immer· stiller wurde und sich endlich hinlegte und ·erkrankte. Nach einigen Wochen erst gelang es dem Missionär, hinter den wahren

Sachverhalt zu kommen, aber alle Versuche, welche er anstellte, um den jungen Indianer zu überzeugen, dass der Medizinmann. keine Macht über Leben und Tod habe, scheiterten an der abergläubischen ·Furcht des Burschen, welcher vermeinte, dass der Zauberer ihm einen Stein ins Herz geworfen habe. Vielleicht hätte der Indianer von dieser Ansicht abgebracht werden können, wenn irgend ein angesehener Mann oder ein anderer Indianerdoctor ihm das Manöver vorgemacht hätten,

Halsring eines Medizinmannes.
Fort Rupert.

als ob er ihm den Stein aus dem Herzen zöge und ihm dann wirklich einen Stein gezeigt hätte. Aber dieses geschah nicht, und der arme Mensch starb wirklich, noch bevor die sechs Wochen vergangen waren, aus Angst.

Wir kehren nunmehr zu unserem Nakortok-Medizinmann zurück. Nachdem er die erste Probe seiner Macht abgelegt hatte, nahm er ein Stück Cedernbast in seinen Mund und zerkaute es, indem er es gleichzeitig Allen sichtbar zwischen den Lippen hin- und herbewegte. Alsdann benutzte er wieder einen Moment, um Allen unbemerkbar das Stück Cedernbast aus dem Mund zu nehmen und an seine Stelle eine kleine, durchsichtige Glaskugel zu bringen. Ich bin überzeugt, dass kein einziger von den Indianern eine Ahnung davon hatte, dass hier eine Vertauschung der beiden Gegenstände vorgenommen worden war. Deshalb ging wieder ein bewunderndes Gemurmel durch die Versammlung, als der Medizinmann statt des·Stückes Cedernbast die Glaskugel aus dem Munde nahm. Es dauerte nicht lange, als der Zauberer die beiden genannten Gegenstände abermals umtauschte und wiederum das Stück Cedernbast producirte. Dieses letzte wurde nunmehr als Medizin

gebraucht und dem Kranken als Heilmittel übergeben. Wie es
schien, war dem Medizinmann sehr viel daran gelegen, mich persönlich von seiner grossen Zauberkunst zu überzeugen, denn jedes
Mal, wenn er die Escamotage ausführte, blieb er direct vor mir
stehen. Mittlerweile war es ziemlich spät geworden, und da der
Kranke mit seiner Medizin hinausgeschafft worden war und ich
beabsichtigte, mich am nächsten Morgen, wenn das Wetter gut
war, auf die Reise zu begeben, so verliess auch ich die Gesellschaft. Ich habe späterhin nicht erfahren, ob der kranke Indïaner
wieder gesund geworden ist.

Am andern Morgen verhinderten Wind und Wetter die Ausfahrt. Der dadurch für mich frei gewordene Tag wurde in ganz
eigenthümlicher Weise benutzt. Ich lebte schon so lange unter
den Indianern, dass die letzteren nachgerade anfingen, mich halb
und halb als einen der ihrigen zu betrachten. Längst schon hatten
sie deshalb die Aufforderung an mich gerichtet, ich möchte doch
auch einmal ein Indianerfest geben. Es versteht sich von selbst,
dass dies nur eine Form der Bettelei war, um von mir auf irgend eine
Weise Werthgegenstände zu erhalten. Für mich hatte dies indessen einen anderen Werth insofern, als mir wegen meines bevor-
stehenden ethnologischen Zuges sehr viel daran gelegen sein musste,
unter den Indianern mich eines guten Namens zu erfreuen. Ich
ergriff deshalb mit Freuden die sich mir darbietende Gelegenheit
und kaufte zwei Kisten mit Schiffszwieback und einen Theil Melasse-
zucker, da ich als weisser Mann natürlich verpflichtet war, ein
meiner Würde entsprechendes Festmahl zu geben und die genannten Sachen die Lieblingsspeisen der Indianer beim Verkehr
mit Weissen sind. Das Fest nahm seinen Verlauf wie jedes andere Fest, es wurde in üblicher Weise geschmaust und viel gesungen und getanzt. Ich selbst erlaubte mir den Scherz, mich
als Indianer zu verkleiden, und es gelang mir mit Hülfe einer
vor Jahren einmal auf einem Maskenball in Paris getragenen
Perrücke, sowie unter dem Schutze einer echten Indianermaske,
mich so sehr zur Vollblut-Rothhaut herauszustaffiren, dass mich
selbst meine besten Freunde für einen Indianer aus irgend einem
weit entfernten Küstendorfe hielten. Nach dem Feste wurde mit

mir eine feierliche Ceremonie vorgenommen, indem mir der Oberhäuptling von Fort Rupert einen indianischen Namen gab. Ich
hiess von nun an „Sull-qutl-ant“, was so viel bedeutet, als: „Einer,
der von einem Stern zum andern läuft“.

Der neu gebackene Indianer Sull-qutl-ant musste seine
Würde am andern Tage ziemlich empfindlich büssen, denn als ich
im Dorfe abermals Einkäufe machte, erhielt ich bei jedem guten
Stück, das ich erwerben wollte, eine Menge werthloser Sachen mit
in den Kauf und musste alles zusammen sehr theuer bezahlen.
Meine Abreise war erst am nächstfolgenden Tag möglich, da das
Wetter bis dahin schlecht war.

Doppelgesichtige Tanzmaske im geschlossenen
Zustande. Fort Rupert (Vancouver).

Doppelgesichtige Tanzmaske im geöffneten
Zustande. Fort Rupert (Vancouver).

Es giebt nur drei Dörfer, in denen die sogenannten Langköpfe, oder Longheads wohnen, d. h. solche Indianer, deren Köpfe,
wie schon früher gesagt, bei der Geburt oder nach der Geburt
künstlich gepresst und dadurch deformirt werden. Es sind dies
die Dörfer Nooette, nordöstlich von Fort Rupert, und Koskimo und
Quatsino an der Westküste. Wir segelten demgemäss zunächst
nach der kleinen Insel, auf welcher das Dorf Nooette liegt. In
einigen Stunden war der Ort erreicht, aber es war kein einziger
Mann im Dorfe, da sämmtliche Indianer des schönen Wetters
wegen auf den Pelzrobbenfang ausgefahren waren. Gegen Abend
kamen sie zurück und hatten ziemlich viel Glück beim Fang gehabt; einige Canoes brachten bis zu vier Stück Pelzrobben nach
Hause. Meine Absicht in Nooette, viele ethnographische Gegenstände
zu kaufen, wurde nicht von Erfolg gekrönt, denn die Leute dieses

Ortes halten an ihren alten Sitten, Tänzen und Gebräuchen noch so fest, dass sie ihre Masken gar nicht zu verkaufen geneigt sind. Das Wenige was ich bei ihnen erwerben konnte, musste ich sehr theuer bezahlen.

Noch erfolgloser war meine Bemühung, einige der Leute zu bewegen, mit mir nach Europa zu kommen. Hier sowohl, wie in den andern beiden genannten Dörfern, sind namentlich die Frauen Langköpfe. Am andern Morgen setzten wir unsere Reise fort, passirten gegen Mittag die nordwestlichste Spitze von Vancouver „Cap Scott" und konnten am Abend bereits in der Nähe des Ein-

Doppelgesichtige Tanzmaske im geschlossenen Zustande, einen Rehkopf
darstellend. Nooette (Nord-Vancouver.)

Doppelgesichtige Tanzmaske im geöffneten Zustande, die innere Ansicht ein Menschengesicht
darstellend. Nooette (Nord-Vancouver).

gangs von Quatsino Inlet Anker werfen, da die gerade herrschende Ebbe das Einlaufen verhinderte.

Um ein Uhr Morgens gingen wir mit der Fluth, aber bei Gegenwind in das Inlet, und kreuzten fünf Meilen aufwärts, an-kerten dann wieder und kreuzten abermals, bis wir gegen Abend dicht beim Dorfe Koskimo landeten, wo mich mein alter Freund, der Sohn des alten Negetze, der den Namen „Wachaa" führt und seine liebliche Frau, die Oberhäuptlingin von Koskimo und Quat-sino, freundlichst begrüssten und aufnahmen. Am andern Morgen war mein kleines Schiff überfüllt von Indianern, welche sämmt-lich den Wunsch hatten, mir so schnell wie möglich alle nur irgend verkaufbaren Gegenstände gegen ganze, halbe und viertel Dollarstücke zu verkaufen. Im Grossen und Ganzen jedoch war die Ausbeutung nach dieser Richtung hin keine grosse, weil die Gegenstände an sich wenig werthvoll waren; die Masken namentlich sind ohne grosse Kunst geschnitzt. Es rührt dies daher, dass in Koskimo sich wenig hervorragende Tänzer befinden.

Dagegen gelang es mir eine andere hervorragende Acquisition zu machen, indem Wachas und sein Weib mir versprachen, dass sie bestimmt mit mir nach Europa gehen würden, und durch dieses Beispiel auch noch mehrere Andere veranlasst wurden, mir halb und halb zuzusagen, dass sie mitkommen würden. Da ich nur zu sehr daran gewöhnt war, dass die Indianer einen einmal gefassten Entschluss mindestens zehn Mal wieder aufgeben, so lag mir natürlich sehr viel daran, mit den Leuten baldigst das Dorf zu verlassen. Wachas erklärte mir, dass er einen Aufschub von vier Tagen gebrauche, da er inzwischen erst seine sämmtliche Habe verschenken müsse, bevor er seine Heimath verlassen könne. Dieser Gebrauch war natürlich auch für das Engagement der andern Leute vorgeschrieben und gereichte mir durchaus nicht zum Vortheil. Um auf gutem Fusse mit den Bewohnern stehen zu bleiben, musste ich viele Gegenstände kaufen, welche ich sonst meiner Sammlung nicht einverleibt haben würde. Am meisten lag mir daran, Frauen zu engagiren, da sich hauptsächlich unter ihnen die ausgeprägtesten Langköpfe befinden. Es waren nun mehrere junge Mädchen vorhanden, welche im heirathsfähigen Alter standen und sich gern mit jungen Rothhäuten ihrer Wahl aus demselben Dorfe verbunden hätten. Auch die jungen Männer hätten gerne geheirathet, aber es fehlte ihnen am Nöthigsten, an den paar Dollars, welche für die Mitgift an die Eltern der Braut bezahlt werden müssen. Es war genügende Aussicht vorhanden, dass ein junges verehelichtes Paar sich entschliessen würde seine Hochzeitsreise mit mir zusammen nach Europa zu unternehmen, und so fuschte ich denn Gott Hymen ins Handwerk und gab die nothwendige Summe für eine derartige legitime Verbindung her.

Das Häuflein der von mir Engagirten wuchs dadurch auf drei Männer und zwei Frauen an. Neben meiner Thätigkeit betrieb Georg Hundt Geschäfte für sich, indem er als ein Händler mit Manufacturwaaren agirte. In Folge meines Handels mit den Leuten in Koskimo waren einige hundert Dollars ins Dorf gelangt, und die Leute beeilten sich dieses Geld gegen Waaren umzutauschen. So

war der Vorrath bald verkauft und Georg Hundt sandte einen
Boten über Land, auf jenem schauerlichen Urwaldswege, den ich
wenige Monate vorher auch zweimal hatte passiren müssen, nach
Fort Rupert, um neue Waaren zu holen. Es war ein Wagestück,
einen solchen Auftrag zu ertheilen, denn bei diesem schlechten

Eine langköpfige Indianerin (Longhead) aus Koskimo (West-Vancouver).

Wetter, bei welchem ein Schneesturm dem andern folgte,
war der Urwald selbst für Indianer unpassirbar. Die Einwohner
von Koskimo hegten desshalb eine nicht geringe Besorgniss wegen
des Boten und drohten uns mit ihrer Rache, wenn der Mann unterwegs sein Leben verlieren würde. Glücklicher Weise kam es nicht
so weit, denn der Mann kehrte nach einer allerdings sehr beschwer-

lichen Tour, die ihm zahlreiche Risse und Schrammen eingebracht hatte, zu unser aller Freude nach Koskimo zurück.

Inzwischen hatte Wachas alle seine Habe verschenkt, und meine fünf engagirten Langköpfe waren bereit, die Reise mit mir anzutreten. Bevor dieses geschah, machte ich noch mit William Hundt eine „Fisch- und Jagd-Parthie," deren Zweck und Ergebniss nicht Wildpret und Fische waren, sondern drei exquisite Langschädel, die ich einem alten indianischen Begräbnissplatz in der Nähe von Koskimo entnahm, um sie für die Wissenschaft zu retten. Bei der Eile, mit der wir agiren mussten, verletzte ich mir meine Hand am Skelet einer Mumie, so dass sie anfing heftig zu bluten. Kaum hatten wir die Schädel wohl verwahrt in unserem kleinen Canoe untergebracht, als sich uns im Dickicht zwei Indianer näherten, welche, wie dies häufig bei meinen Ausflügen geschah, mir aus Neugierde gefolgt waren, um zu sehen, was ich thäte. Ich aber, sie erblickend, knallte lustig darauf los und schoss nach Möven und anderen Seevögeln, wodurch ich die guten Indianer vollständig täuschte. Ebenso unentdeckt kamen wir mit unserer Beute an Bord.

Trotz der grossen Geldsummen, welche ich dem Dorfe zugeführt hatte und ungerechnet der vielen Geschenke, welche ich an meine fünf Engagirten gegeben hatte, war die Stimmung in Koskimo gegen uns durchaus nicht die freundlichste. Der ganze Stamm erklärte, dass eine so weite Reise, wie diejenige nach Europa für alle verhängnissvoll werden müsste. Sie glaubten nämlich, gestützt auf das Zeugniss eines Indianers, der schon einmal kurze Zeit an Bord eines grösseren Schiffes gewesen war, dass ich mit den Leuten um Cap Horn herumfahren müsste, wozu nach seiner Rechnung, da er doch nur die langsame Segelfahrt in Anschlag brachte, jahrelange Zeit erforderlich wäre. Die nächste Folge hiervon war, dass uns schon vor Antritt der Reise einer der engagirten Indianer weglief.

Am Freitag den 24. März trat ich mit meinem Doppelpaar von Langköpfen die Reise an, obgleich Gegenwind herrschte. Der Gesellschaft wegen und um so lange wie möglich bei ihren Kindern zu sein, befand sich der alte Negetze und seine Frau bei mir an Bord. Kaum hatten wir die Anker aufgehoben, als ein Canoe, welches ganz mit Indianern angefüllt war, sich uns näherte. Die Männer stiegen zu mir an Bord und verlangten durchaus, dass ich ihnen die zweite Frau überlassen sollte. Diese jedoch weinte und hielt sich an ihrem jungen Gatten fest, den sie nicht verlassen wollte. Da die Indianer drohender wurden und uns bedrängten, so riss mir endlich die Geduld und ich befahl ihnen, mein Schiff zu verlassen, widrigenfalls ich sie ins Wasser werfen würde. Dieses wirkte, so dass wir bald von den Quälgeistern befreit waren und ungehindert unsere Kreuzfahrt fortsetzen konnten.

Abends ankerten wir, um besseres Wetter abzuwarten, in einer kleinen Bucht im Quatsinosund.

Georg Hundt suchte die immer noch ängstlichen Indianer durch Singen und Tanzen aufzuheitern, was ihm jedoch, um der Wahrheit die Ehre zu geben, nur wenig gelang. Am andern Tage segelten wir in eine kleine, ziemlich tief ins Land sich erstreckende Bucht, wo wir vor dem

Künstlicher Frauenkopf (Longhead), bei Tanzfestlichkeiten gebraucht. Koskimo (West-Vancouver).

Südweststurm einigermaassen geschützt waren und beschlossen, bis zum Aufhören des schlechten Wetters daselbst zu bleiben. Unser Proviant war in Folge der Gastfreundschaft, die wir in Koskimo wiederholt der gesammten Einwohnerschaft erwiesen hatten, bedeutend geringer geworden; das Einzige, was wir noch davon besassen, war ein Vorrath von getrockneten Fischen, Thee und Melassesyrup. Es war deshalb nöthig, den Proviant durch Jagd und Fischerei zu vermehren, in Folge dessen wir am anderen Tage abermals den Ankerplatz wechselten und uns vor die Mündung eines grossen Flusses legten, woselbst wir Enten jagten und Schaalthiere sammelten.

An diesem Punkte wurden wir am achten Tage, nachdem wir Koskimo verlassen, von den Eltern der jüngeren unserer beiden engagirten Indianerweiber besucht, wobei die junge Person abermals requirirt wurde. Aber sie war durch rechtmässige Indianer-

ehe an den von mir gleichfalls — und zwar als Dolmetscher —
engagirten Halbblutindianer William Hundt verheirathet und
durchaus nicht gesonnen, ihr junges Eheglück jetzt schon zu opfern,
vielmehr entschlossen, mit ihrem geliebten Gatten, wenn es sein
müsste, bis ans Ende der Welt zu reisen. Sie machte also den
Eltern gegenüber geltend, dass diese sieben schöne wollene Decken
von William Hundt — allerdings auf meine Kosten — erhalten
und als Hochzeitsgabe angenommen hätten und dass sie selber
ihrem rechtmässigen Manne mindestens noch bis Fort Rupert folgen
werde. Dann könnte ja, wenn durchaus eine Trennung nöthig sei,
der kurze Weg durch den Urwald sie wieder ihrem nahen Heimathsdorfe Koskimo zuführen.

Am andern Tage segelten wir weiter, aber nicht, wie ich
gewünscht hatte, um die nördliche Halbinsel herum nach Fort
Rupert, sondern nach dem äussersten Dorf des Sundes, nach dem
nahegelegenen Quatsino. Es geschah dies auf Wunsch und Veranlassung derjenigen, die ich bisher als die stete Unterstützerin
und Beförderin meiner Pläne kennen gelernt hatte, meiner würdigen Gönnerin und ehemaligen Zeltgenossin, der Frau von Wachas,
dem Sohn des alten Negetze. Auch sie, die ich bisher als die
Unerschütterlichste von allen hielt, war etwas schwankend geworden, wozu wohl der achttägige Orkan, dessen tobende Wellen
sich bis zu unserem Zufluchtsorte bemerkbar machten, das seinige
beigetragen haben mag. Dame Wachas verlangte also nach Quatsino geschafft zu werden, weil sie von ihren dortigen Verwandten
feierlichst Abschied nehmen müsste.

Der Empfang, der ihr nach unserer Landung in Quatsino
zu Theil wurde, war keineswegs geeignet, sie für unsere grosse
Fahrt nach Europa noch mehr zu begeistern. Kaum hatte sie
ihrem Onkel die Mittheilung gemacht, dass sie als die berühmteste
Repräsentantin der Longheads das ferne Land der weissen Leute
besuchen wolle, als derselbe aufsprang und ihr drohte, dass er sie
todtschiessen werde, wenn sie dieses thäte. Nachdem Onkel Rothhaut einige Geschenke erhalten hatte, wurde seine Stimmung ele-
gisch und er erklärte, sie möge immerhin reisen, er für seinen
Theil würde sie ja doch nie wieder zu sehen bekommen.

Nach allen diesen Vorkommnissen wäre es sonderbar gewesen, wenn ich mit meinem Reiseführer Georg Hundt nicht auch noch einen kleinen Krawall hätte haben sollen. In der That verschaffte mir schon der nächste Tag dieses Vergnügen. Ich habe bereits wiederholt bemerkt, dass ich, von meinem individuellen Standpunkte aus, die Indianer für keine grossen Seehelden halte. Hiervon machte mein guter Georg, obgleich genug weisses Blut in seinen Adern rollte, keine Ausnahme. Dies zeigte sich, als wir am andern Morgen bei verhältnissmässig nur schwachem Wind von Quatsino aufbrachen und den Sund hinab nach der offenen See zu kreuzten. Hier trafen wir so hohen Seegang an, dass meine gesammte Reisegesellschaft seekrank wurde. Leute, welche hierin Erfahrungen durchgemacht haben, werden bestätigen, dass die Seekrankheit ein Uebel ist, bei dem sich alle Wünsche der dabei Betroffenen nur auf das Eine concentriren, möglichst schnell auszusteigen und an Land zu gehen. So hatte denn auch Georg Hundt und selbstverständlich auch die übrige Reisegesellschaft keineswegs das Verlangen, die mächtige Dünung des Oceans vor uns vielleicht noch Tage lang mit unserer kleinen Schaluppe wie auf dem Rücken eines riesigen Wiegepferdes immerfort auf und ab zu reiten, und er fing demzufolge an mit mir zu parlamentiren, da wir ja doch keine fahrplanmässige Tour hätten, dass wir uns vor dem ohne Zweifel drohenden Sturm, in dem wir Alle ganz sicher jämmerlich ertrinken müssten, in einen geschützten Hafen zurückziehen sollten.

Die ganze Gesellschaft vereinigte, so weit ihr dies bei der Seekrankheit möglich war, ihre Wünsche mit den seinigen. Das wurde mir aber denn doch zu arg, denn wir hatten doch wahrlich schon lange genug in schützenden Häfen gelegen, so dass eine Fortsetzung der Reise unter allen Umständen geboten schien. So setzte ich denn meinen Willen mit Gewalt durch, wobei ich freilich bei der Bedienung des Fahrzeuges auf mich allein angewiesen war.

Wir fuhren den ganzen Tag und die ganze nächste Nacht und passirten glücklich um drei Uhr Morgens Cap Scott, die drohende Nordwestspitze von Vancouver. Während wir mit dicht gerefftem Segel durch die öde Wasserwüste dahin fuhren, schlug uns die See während der dunkeln Nacht ein kleines Canoe, das wir an Bord führten, hinweg, sehr zur späteren Genugthuung Georg Hundt's und seiner für jetzt willenlosen Leidensgefährten, die sich nunmehr doch rühmen konnten, eine, wie sie meinten, wirklich gefährliche Fahrt ausgeführt zu haben. Der von meinem Führer angekündigte Sturm trat am andern Morgen ausserdem wirklich ein und zwang uns, als wir die schmale Nordküste von Vancouver entlang fuhren, um neun Uhr Vormittags einen kleinen Hafen aufzusuchen. Nachmittags, als der Sturm ein wenig nachliess, und auch meine Gesellschaft wieder ein wenig Courage bekommen hatte, gingen wir abermals unter Segel und gelangten bis zum Abend nach einem kleinen Hafen in der Nähe von Nooette. Von hier nach Fort Rupert war nur noch ein kurzer Weg, der am andern Tage trotz eines aufgekommenen Südweststurmes fast spielend zurückgelegt wurde.

In Fort Rupert aber war ich aus der Scylla in die Charybdis gerathen. Meine Reisegesellschaft, obgleich durch eine fast vierzehntägige Fahrt von ihrem Heimathsdorfe entfernt, war demselben näher als je, da der bekannte vielgenannte Urwaldsweg dorthin führte. Diesen Umstand benutzten die Indianer von Fort Rupert, um meine Engagirten auf die Leichtigkeit aufmerksam zu machen, mit der sie desertiren könnten. Der Beweggrund zu dieser Handlungsweise war der Neid, denn die glänzenden Anerbietungen die ich meinen Langköpfen gemacht hatte, lockten die Einwohner von Fort Rupert selber zu der Theilnahme an der Expedition nach Europa. Ich für meinen Theil wäre mit einem Tausche vielleicht zufrieden gewesen, wenn die guten Rothhäute auch die künstliche Deformation der Schädel besessen hätten, wie meine Longheads, was keineswegs der Fall war.

Die Fort Rupert-Indianer liessen es sich sehr angelegen sein, mein Doppelpärchen, welches die Fahrt mit der Schaluppe leider noch zu sehr in Erinnerung hatte, systematisch vor der grossen Fahrt nach Europa graulich zu machen, indem sie ausmalten, wie gefährlich es sei, beinahe ein ganzes Jahr lang ununterbrochen von der hohen See geschaukelt zu werden, und eben so lange die Eruptionen der Seekrankheiten zu erdulden. Was half es mir,

dass ich den Leuten erzählte, ich würde mit ihnen auf der Eisen-
bahn quer über das Festland von Nordamerika dampfen und alsdann noch nicht einmal zwei Wochen lang auf einem riesengrossen
Schiffe, welches sich nur wenig von den Wellen bewegen lasse,
mit ihnen fahren, um unsern Bestimmungsort zu erreichen; was
half es, dass der alte Herr Hundt meine Worte nicht nur bestätigte, sondern auch seine eigene Beredsamkeit verschwendete.

Wie ein Deus ex machina erschien mir in dieser Lage am
dritten Tage nach unserer Ankunft in Fort Rupert eine, mit
dem Dampfer Otter mir zugehende telegraphische Anweisung aus
Europa, welche auf das Engagement der Langköpfe verzichten hiess.

Mit ungleich grösserer Ruhe konnte ich jetzt dem Sturm
entgegen sehen, der sich von Koskimo aus gegen mich erhoben
hatte. Es trat nämlich eine Deputation von fünf Indianern dieses
Dorfes plötzlich in Fort Rupert auf und erklärte, dass sie ihren
Häuptling Wachas und sein Weib unter allen Umständen zurück-
führen müssten, da ganz Koskimo wegen der Abwesenheit dieser
Beiden in Aufruhr gerathen sei. Schon die nächste Nacht über-
hob mich jeder Antwort, denn Freund Wachas und sein Ehegesponst empfahlen sich, ohne mir persönlich Adieu zu sagen.
Auch ein anderer von den Engagirten hatte schon vorher sein
Ziel in der Flucht gesucht, so dass mir nur noch das gute liebe
langköpfige Weibchen blieb. Da sich die Expedition auf diese
Weise selbst aufgelöst hatte, so konnte ich auch meinen Dolmetscher William Hundt nicht gebrauchen.

Meine nächste Sorge war nun darauf gerichtet, die sehr grosse
Menge von ethnographischen Gegenständen, welche ich gekauft
hatte, für das Berliner Museum einzupacken und mich mit ihnen
an Bord des Dampfers Otter, der am 16. April Morgens 3 Uhr
in Fort Rupert ankam, nach Victoria einzuschiffen. Am Tage
darauf landeten wir wieder in Victoria.

Wenige Tage nach meiner Ankunft daselbst erhielt ich, während ich noch mit der Expedition der Sammlung nach Europa
beschäftigt war, von Berlin aus die Ordre, mich an Bord eines
Walfischfängers nach der Beringsee zu begeben und auf der
Diomedesinsel zu sammeln. Ich telegraphirte sofort nach San Fran-

cisco und erhielt von dort die Auskunft, dass vor dem Monat
Juni kein Waler nach der Beringsee ausfahren werde, dass dagegen Händler noch vor dieser Zeit dorthin aufbrechen würden. Es
blieb mir somit noch eine kurze Frist, welche ich dazu benutzte,
um denjenigen Theil der Ostküste von Vancouver zu bereisen,
der die St. Georgstrasse begrenzt.

Am 2. Mai reiste ich von Victoria ab und gelangte gegen
Mittag desselben Tages nach der Cowichanbay und dem Dorfe
gleichen Namens, wo ich ausstieg. Unter den hier wohnenden
Indianern sind die bedeutendsten die Quamichan-Indianer. Ich
besuchte ihr Dorf, fand aber nur wenig ethnologische Gegenstände
vor, da von früheren Sammlern alles aufgekauft ist. Mein Führer
war der katholische Missionär. Beim Durchwandern des Dorfes
entdeckte ich im Besitz eines dortigen Händlers, eines Italieners,
eine schöne alte Steinwaffe, konnte dieselbe aber erst später in meinen
Besitz bringen, da für diesesmal ein zu hoher Preis dafür gefordert wurde. Nördlich von Quamichan liegt die kleine Kupferinsel, nach welcher ich noch an demselben Tage hinüberfuhr, und
bei dem dortigen Missionär Herrn Robertson sehr freundliche
Aufnahme fand. Am anderen Morgen besuchte ich das auf der
Insel liegende Dorf Pinalekaht, welches sehr bevölkert ist. Ich fand
indessen leider fast die gesammte Einwohnerschaft abwesend, da
sie sämmtlich ostwärts quer über die St. Georgstrasse nach der,
auf dem Festlande von British-Columbien am Fraser River gelegenen Stadt New-Westminster zu einem Indianerfest gefahren
waren. Die ethnologische Ausbeute wäre hierselbst ohnedem nicht
besonders gross gewesen, weil die Einwohner von Pinalekaht bereits
zum Christenthum übergegangen sind, und alles was sie an Masken bei früheren Tanzfesten gebraucht haben, nicht mehr benutzen.

Hier sowohl, wie in dem am Tage vorher besuchten Dorfe
Cowichan, sowie in Saanich, treiben die Indianer ein wenig
Landwirthschaft. Der Boden eignet sich hierzu auch sehr gut,
wenn der Urwald ausgerodet ist. Am Abend war ich wieder
in der Wohnung des Missionärs Herrn Robertson in Village
Bay, und brachte in der liebenswürdigen Gesellschaft dieses Herrn
einen sehr angenehmen Abend zu. Ein Versuch, den ich am

Nachmittag dieses Tages gemacht hatte, mit Hilfe einiger Indianer eine alte indianische Grabstätte auf Schädel und Beigaben zu erforschen, hatte zu keinem bedeutenden Resultate geführt.

Nordwestlich von der Kupferinsel liegt an der Ostküste von Vancouver das Indianerdorf Chimenes, wo ich am andern Mittag anlangte. Es erging mir hierselbst gerade wie in Pinalekaht, da auch hier fast sämmtliche Einwohner zu dem Feste nach New-Westminster gefahren waren. Ich kaufte hier eine Decke, welche aus Hundehaaren gearbeitet war; es war die erste dieser Art, die ich je gesehen habe. Nach mehrstündigem Aufenthalt setzte ich meinen Weg längs der Küste nördlich weiter fort und gelangte noch an demselben Tage nach dem Orte Nanaimo, woselbst ich ebenfalls wenig für meine Zwecke Geeignetes fand. Am andern Morgen gelang es mir in einigen Indianerhäusern am Nanaimo-River vier Stück jener alten Hornkeile oder Aexte, mit denen früher die Bäume gespalten wurden, zu erwerben. Eine kleine Strecke nördlich von Nanaimo liegt das Sommer-Indianerdorf Juklutok, doch auch hier war die Ausbeute sehr gering.

In der Nähe befand sich ein alter Begräbnissplatz der Indianer, den ich im Vorüberfahren bemerkt hatte. Ich engagirte einen hier wohnenden alten Franzosen, um mir beim Untersuchen der Gräber behilflich zu sein. Der gute Mann liess sich dafür sehr theuer bezahlen, that aber aus Furcht vor den Indianern fast garnichts. Die ganze Ausbeute bestand aus einigen geschnitzten Holzmasken, die auf einige Grabkisten aufgenagelt waren.

Ein kleiner in Nanaimo anfahrender Dampfer nahm mich am andern Tage mit nach Comox, welches etwa fünfzig englische Meilen nordwestlich an der Ostküste gelegen ist. Auch hier waren alle Indianer auf Reisen, und meine Hoffnung, hierselbst einige der früher von den Indianern dieser Küste gebrauchten steinernen Pfeilspitzen zu erhalten, wurde wieder einmal getäuscht. Man erzählte mir, dass die Farmer dieser Gegend sehr oft derartige Spitzen beim Pflügen in der Erde gefunden, dass sie dieselben aber als werthlos weggeworfen hätten. Da die ganze Ostküste von Vancouver schon sehr stark von der Kultur der weissen Leute beeinflusst ist, so findet man fast in jedem Dorfe einige weisse Ansiedler. In Comox bestand sogar ein Hôtel, dessen Wirth, Herr Patrik mich nicht nur freundlich aufnahm, sondern mich auch mit gar nicht hoch genug zu schätzender Liebenswürdigkeit in meinen Plänen aufs Beste unterstützte.

Comox ist der südlichste Vorposten, der von mir im Vorhergehenden oft genannten Quakult-Indianer, deren Hauptrepräsentation etwa einen Breitengrad nördlicher in Fort Rupert concentrirt ist. Es war mir desshalb von Interesse, zwei alte Indianer-Begräbnissplätze zu untersuchen, die sich hier bei Comox befinden. Mit Unterstützung des Herrn Patrik erlangte ich mehrere Schädel, fand aber sonst wenig in den Gräbern. Auf dem zweiten Kirchhofe waren die Grabkisten, der bei den Quakult-Indianern herrschenden Sitte gemäss, 20—60 Fuss hoch auf Bäumen angebracht. Die alten Indianer hatten hierbei die Vorsicht gebraucht, dass sie fast überall die Aeste und Zweige unterhalb der Grabkisten glatt abgehauen hatten, so dass der Stamm nicht zu erreichen war. Wir mussten uns in mehreren Fällen dadurch helfen, dass wir mittelst eines Bogens einen Pfeil mit daran befestigter Leine über den oberen Ast, welcher eine solche Grabkiste trug, hinüberschossen und alsdann an der Leine ein stärkeres Tau nachzogen, an welchem es möglich war hinaufzuklettern.

Einen eigenthümlichen Anblick gewährte zufälliger Weise eine Leiche dadurch, dass ihr der Kopf fehlte, sie aber dennoch alle Zeichen einer feierlichen Beisetzung besass. Es ist dieser Umstand wohl nur dadurch zu erklären, dass es sich hier um die Leiche eines Comox-Kriegers handelte, der in einem der blutigen Kämpfe, wie sie unter Anderen auch mit den Indianern von Alberni ausgeführt wurden, gefallen und seines Kopfes von dem triumphirenden Feinde beraubt worden war. Etwa 50 englische Meilen nördlich von Comox, auf der gegenüber liegenden Seite des St. Georg-Canals, liegt das tief in das Festland von British-Columbien einschneidende Bute-Inlet. Dasselbe liegt östlich von dem früher beschriebenen Knights-Inlet. Dorthin, nach Bute-Inlet, richtete ich meinen nächsten Ausflug.

Der Indianer, mit dem ich in einem grösseren Canoe die Fahrt über die hier ziemlich breite Wasserfläche unternahm, hatte seine ganze Familie bei sich, bestehend aus seinem Weib und vier Kindern, welche in einem kleineren Canoe neben uns her fuhren. Es herrschte eine frische nördliche Brise, welche zwar nicht gefahrdrohend war, aber für das kleinere Canoe immerhin bedenkliche Folgen haben konnte. Das Indianerweib zeigte sich als eine muthige und in jeder Weise der Situation gewachsene Person. Sie sass unbeweglich still am Steuer, das sie mit fester Hand hielt, während die Wogen und kleinen Sturzseeen sich über das winzige Fahrzeug ergossen. Ihr langes schwarzes Haar flatterte aufgelöst im Winde und von ihrem Gesicht und Körper rann unaufhörlich die salzige Fluth hinab. In stetiger Fahrt durchschnitt ihr Canoe die Wellen, und so oft die Letzteren die Gruppe der Kinder bedrohten, erhoben die Kleinen ein lautes Jammergeschrei, während das jüngste Kind, ein sechs Monate alter Säugling, der auf dem Rücken der Mutter getragen wurde, lautlos, mit aufgesperrtem Munde und weit aufgerissenen Augen in die Wellenberge starrte, die scheinbar das Canoe zu überfluthen drohten. Es war ein tapferes Weib, diese Indianermutter, welche während der ganzen Fahrt sich neben uns hielt, nachdem wir unsere Segel in Rücksicht auf sie etwas gekürzt hatten. Es wurde Abend bevor wir nach Clayamen, einem Indianerdorfe an der Küste des Festlandes von British-Columbien, gegenüber Comox, weit südlich von Bute-Inlet gelangten. Auch hier ging es mir wie überall, denn die hier wohnenden Indianer waren auf Jagd und Fischerei nach allen Himmelsrichtungen ausgeflogen.

Am andern Morgen wurde die Fahrt nordwärts längs der Küste des Festlandes fortgesetzt und am Abend das Indianerdorf Malaspina erreicht. Die ganze Ausbeute beschränkte sich hier auf eine Lanze und eine steinerne Pfeilspitze. Dagegen gab mir mein Canoeführer, der einige Worte englisch verstand, Auskunft über einige grossartige Steinsculpturen, sowie über ein Steinmonument in der Umgegend. Die Zeit drängte indessen sehr, da ich mit dem nächsten Dampfer nach „Frisco" — so lautet ganz allgemein die Abkürzung für San Francisco — abreisen musste. Ich gab deshalb sowohl den Besuch dieser Lokalitäten, welcher mehrere Tage gekostet haben würde, als auch die Reise nach

Bute-Inlet auf, und kehrte nach Clayamen zurück. Das Wetter war sehr schön aber es herrschte totale Windstille, so dass ich, in dem Wunsche vorwärts zu kommen, den ganzen Tag über angestrengt paddelte bis ich Abends, die Hände mit Blasen bedeckt, mein Ziel erreichte. In Clayamen befindet sich eine kleine katholische Kirche, welche für die Bewohner dieses Ortes und des benachbarten Indianerdorfes Clahus erbaut ist.

So schnell wie möglich setzte ich nunmehr die Rückreise durch die Sanct Georgstrasse fort und gelangte am nächsten Tage nach der Insel Collap, welche der Halbinsel Sechelt vorgelagert ist, und woselbst sich das Dorf der Sechelt-Indianer befindet. Die ganze Bewohnerschaft, welche ich antraf, bestand aus einigen alten Weibern; die übrigen waren ausgeflogen. Es war mir sehr interessant hierselbst den Laden und die Dschunke eines chinesischen Kaufmannes anzutreffen. Bei dem Letzteren hatte ich mich einer sehr freundlichen Aufnahme zu erfreuen. Zwei Tage darauf hatte ich über Nanaimo und Cowichan Victoria erreicht und befand mich am 23. Mai wieder in San Francisco.

VIII.

Im Hafen von San Francisco lag der Schooner „Tiurnen", welcher von einer Gesellschaft von Goldgräbern gechartert worden war, um eine Fahrt nach Alaska auszuführen. Auf diesem Schooner sicherte ich mir die Ueberfahrt bis zum Fort St. Michael, südlich von der Beringstrasse. Die Reise, welche ich vorhatte, konnte, wie ich wusste, im Jahre 1882 nicht mehr beendet werden; ich musste desshalb die Vorbereitungen für eine etwa eineinhalbjährige Abwesenheit treffen. Nachdem mir hierzu auf telegraphischem Wege die nöthigen Gelder von Berlin aus angewiesen worden waren, deponirte ich die grössere Hälfte dieser Summen bei der Alaska - Commercial - Company, wofür ich mir einen Creditbrief geben liess, das übrige nahm ich für die Ausrüstung und als Reisegeld mit mir.

Es war leider schon etwas spät im Jahre geworden, und der grösste Theil der Fahrzeuge, die nach Alaska gingen, hatte bereits San Francisco verlassen. Die Ausrüstung des Schooners „Tiurnen"

zog sich noch bis gegen die Mitte des Monats Juni hin. Die
Goldgräbergesellschaft mit der ich nach dem Norden zu reisen
beabsichtigte, hatte ursprünglich aus zwei besonderen Parthien bestanden, deren eine von ihrem ursprünglichen Plane wieder abge-
kommen war und den Entschluss gefasst hatte, mit einem amerikanischen Schiff zu fahren, das im Monat Juli nach Point Barrow
an der Nordküste von Nordamerika abgehen sollte, um daselbst
eine derjenigen meterologischen Stationen anzulegen, durch deren
Begründung und Unterhaltung sich die Vereinigten Staaten an
dem grossen Plan der internationalen Polarforschung betheiligte.
Die andere Parthie bestand aus fünf Goldgräbern, die einen Herrn
Edward Scheffelien zum Führer hatten, der mit seinem Bruder,
welcher sich gleichfalls bei der Expedition betheiligte, ein Vermögen
von einer halben Million Dollars besass. Diese Goldgräber hatten
sich eine Reihe von Jahren in dem südlicher gelegenen Staate
Arizona aufgehalten und dort ihr grosses Vermögen erworben. Sie
waren so sehr abgehärtet, dass ihnen der plötzliche Wechsel der
Witterung und des Klimas gering erschien gegenüber dem Eindrucke den das ihnen unbekannte Land Alaska durch seinen
etwaigen Goldreichthum auf sie machte. Die Expedition der Goldgräber sollte ebenso, wie die meinige, vom Fort St. Michael aus
beginnen und den mächtigen Yukonstrom hinaufgehen. Zu diesem
Zwecke hatten sie einen eigenen kleinen, sehr flach gehenden
Dampfer erbauen lassen, welcher bei 50 Fuss Länge einen Inhalt
von zehn Tons und einen Tiefgang von zwei Fuss hatte. Dieses
Fahrzeug besass eine einzige Welle, die hinter dem Schiff angebracht war. Der Zweck des Dampfers war, die Mitglieder der
Expedition nebst allen ihren Ausrüstungsgegenständen und Vorräthen, die in einem besonderen Fahrzeug transportirt werden
mussten, den Yukonstrom aufwärts zu schleppen. Hier war eine
Gelegenheit für mich, das Boot, welches ich mir selber in Alaska
für meine Expedition auszurüsten hatte, auf mühelose Weise gleichfalls den ziemlich reissenden Strom hinauf befördern zu lassen,
indem ich es als letztes Fahrzeug schleppen liess. Der kleine
Dampfer wurde an Bord des Schooners „Tiurnen" genommen und
auf Deck gesetzt.

Unter den interessanten Bekanntschaften, welche ich in San Francisco während meines diesmaligen Aufenthaltes machte, war auch diejenige eines der beiden Gebrüder Dr. A. Krause aus Berlin. Beide Herren hatten im Auftrage der um die Polarforschung hochverdienten Geographischen Gesellschaft in Bremen während des Jahres 1881 eine durch grosse wissenschaftliche Erfolge ausgezeichnete Reise nach der Tschuktschen-Halbinsel gemacht und hierbei auf ihren kühnen Fahrten im offenen Walboot um das Ostcap von Asien und längs der übrigen Theile der sibirischen Küste der Beringstrasse ein umfassendes wissenschaftliches Material gesammelt; sie hatten alsdann den Winter über an der Nordwestküste von Amerika gelebt und sich nun getrennt, weil der Urlaub des einen Bruders abgelaufen war. Der andere Dr. A. Krause hatte sich nordwärts gewendet, um, soweit es seine Zeit noch erlaubte, seine wissenschaftlichen Untersuchungen fortzusetzen. Damals durfte ich hoffen, was sich indessen später nicht bewahrheitete, dass ich den letztgenannten Herrn möglichen Falls noch in Alaska antreffen würde.

Unsere Abreise von San Francisco fand am Dienstag, den 13. Juni 1882 in der Mittagstunde statt. Es hatte sich hierzu eine zahlreiche Menschenmenge am Hafenquai eingefunden, welche uns ihre Sympathieen im Moment der Abfahrt durch donnernde Hochrufe und Tücherschwenken kund gaben, ein Abschiedsgruss, den wir nach Kräften zurückgaben. Man hatte unser Schiff und den kleinen Dampfer auf Deck mit Blumen und anderen Beweisen der Aufmerksamkeit geschmückt, und freudige Hoffnung schwellte unsere Brust, als wir im Schlepptau eines Dampfers langsam und majestätisch durch den Hafen fuhren und Guldengate passirten: „Auf nach dem Yukon!" war unsere Losung.

Wenn uns jemand in der Stunde unserer Abfahrt gesagt haben würde, dass noch nicht einmal die nächsten drei Tage vergehen würden, ohne dass unsere lustige Goldgräbergesellschaft den Wunsch äussern würde, wieder zurück zu kehren, den würden wir ausgelacht haben; wenn uns aber von ihm prophezeit worden wäre, dass fast fünf volle Wochen verfliessen würden, bevor wir den

Fuss wieder auf festes Land setzen könnten, so würden wir ihn einfach für unsinnig gehalten haben.

Die weite Fläche des stillen Oceans war fast fortwährend im Laufe unserer Reise von einer mächtig rollenden See bedeckt, während die Winde uns entweder stürmisch entgegen wehten, so dass wir Wochen lang keinen Kurs steuern konnten, oder total still wurden, so dass wir absolut auf demselben Flecke hin und her schaukelten. Vielleicht kein Meer der Welt verdient so sehr das Prädikat, dass es die Seekrankheit erzeugt, als der Theil des Stillen Oceans, den wir zu passiren hatten. Bereits am Tage nach unserer Abfahrt waren sämmtliche Passagiere an Bord mehr oder weniger seekrank und es war nur ein sehr geringer Trost für sie, dass gleichzeitig mit uns noch vier andere Schiffe in der Nähe auf den langsam sich hebenden und senkenden rollenden Wasserbergen mit schlaff herunterhängenden Segeln hin- und herschaukelten und einen eben so hohen Prozentsatz Seekranker an Bord führten.

Nicht wenig trug auf unserm Schiff, welches keine Passagierkabinen besass, der Umstand zur Vermehrung der Seekrankheit bei, dass vier von uns im Schiffsraum schlafen mussten, der von dem Geruch des verfaulten Pumpenwassers angefüllt war. Es ist das Missgeschick, dass auf solchen fast unermesslichen Wasserflächen, wie diejenige des Stillen Oceans, irgend ein Sturm noch tagelang nach seinem gänzlichen Aufhören die Wasserwellen auf Tausende von Seemeilen Entfernung hin in rollende Bewegung bringt, ja dass dieselben Wellen von den Gestaden der Inseln und des Festlandes abprallend, ihren Weg in umgekehrter Richtung wieder zurück nehmen. · Die noch so deutliche Erkenntniss dieses Umstandes vermochte unseren Goldgräbern nicht das Geringste von den Qualen ihrer Seekrankheit zu nehmen. So war es denn kein Wunder, dass sie trotz der ungeheuren Summen, die sie für die Expedition schon verausgabt hatten, das heftigste Verlangen zeigten, auszusteigen, oder nach San Francisco umzukehren. Beide Wünsche wurden natürlich nicht erfüllt und die guten Leute mussten sich geduldigen, bis wir am nächsten Tage, anstatt die Sturmwirkungen aus entlegener Ferne als Urquell der Leiden an Bord zu geniessen, selber einen frischen, fröhlichen Sturm bekamen, der uns zwang, mit dicht gerefften Segeln gegenan zu kämpfen, während noch dazu unsere beiden Vordersegel ihren Dienst versagten. Die Fortschritte, die wir machten, waren noch so gering, dass wir schon fast eine Woche unterwegs waren und erst eine Strecke von sieben bis acht deutsche Meilen zurückgelegt hatten.

Indessen jede Windstille und jede Seekrankheit muss einmal ein Ende nehmen. So geschah es auch bei unserem Schooner und bei unseren Goldsuchern. Der Sturm wendete sich einigermaassen günstig für uns, indem er aus Nordwest zu wehen begann und unsere Goldsucher wurden endlich seefest und der Muth übte in ihrer Brust wieder seine Spannkraft. Es war dies namentlich daran ersichtlich, dass sie bei der Annäherung eines kleinen Schooners, der etwas eigenthümliche Manöver machte, in den Glauben versetzt wurden, ein Seeräuberschiff nähere sich uns und zu ihren Revolvern und Gewehren griffen, um sich zu vertheidigen. Jedenfalls dachte die Besatzung des kleinen Schiffes mit keiner Silbe daran, welch schrecklichen Verdacht sie bei unsern allezeit sehr zur Vertheidigung bereiten tapfern Leuten hervorgerufen hatte.

An diesem Tage, wo wir die ersten eigentlichen Fortschritte während der Fahrt machten, hatte unser Schiff, das mit einer Geschwindigkeit von sechs englischen Meilen in der Stunde dahinsegelte, mehrere Stunden lang einen eigenthümlichen Reisebegleiter. Es war dies eine Pelzrobbe, welche mit fabelhafter Ausdauer in unserem Kielwasser schwamm und mit einem Seelöwen an Kraft, Gewandtheit und Schnelligkeit wetteifernd, sich förmlich wie eine Schraube durch das Wasser drehte und sogar mitunter über die Oberfläche der See emporsprang. Natürlich thaten wir, gefesselt durch das Wesen des Thieres, demselben nichts zu Leide, so schiesslustig auch sonst die Gesellschaft an Bord war. Schlimmer erging es einige Tage darauf einem Haifisch, der nach der gewöhnlichen Manier dieser Hyänen des Meeres sich zu uns gesellte und längsseit des Schiffes schwamm, vielleicht in stiller Erwartung, dass Jemand über Bord fallen und ihm zum Frühstück dienen würde. Darin hatte er sich nun erheblich getäuscht, denn kaum schwamm er neben dem Schiffe, als ihn auch schon ein wohlgezielter Schuss aus dem Riflegewehr eines unserer Goldmenschen unterhalb der Kinnlade traf und so schwer verwundete, dass er sich sofort auf die Seite legte. Aber nun hätte man sehen müssen, wie aus zehn, zwanzig Revolvern und Gewehrläufen minutenlang Schuss auf Schuss auf den Hai hinabdonnerte und die Kugeln in seine Seite einschlugen. Es war, als ob sämmtliche an Bord Anwesende plötzlich ein wahres Jagdfieber bekommen hätten. Langsam begann der Hai mit dem Schwanze zuerst zu sinken, als ich den Vorschlag und Versuch machte, ihn an Bord zu nehmen. Hiergegen legte aber unser sonst so gemüthlicher Kapitain Lund, mein Landsmann, entschieden Verwahrung ein, was mir leid genug that, da ich schon früher Haifischfleisch gegessen und wohlschmeckend gefunden hatte. Den Grund seiner Weigerung gab der Kapitain nicht an; möglich ist es, dass es sich um irgend einen Aberglauben in Bezug auf ihn selbst, das Schiff oder unsere Fahrt handelte. Wir trafen übrigens fast täglich Haie oder Delphine, Pelzrobben und verschiedene grosse Fische an, es gelang uns jedoch nicht, einige davon zu fangen. Die Gegenwart der Haifische in diesem Theil des Oceans hielt uns indessen nicht ab, bei Windstille, wenn der Schooner ruhig auf dem Wasser lag, so oft und so lange wir wollten, zu baden.

Der Fortschritt unserer Reise war so langsam, dass wir am elften Tage nach unserer Abfahrt aus San Francisco erst hundert deutsche Meilen zurückgelegt hatten. Der erste Juli war zugleich auch der erste Tag, an welchem wir, vom Winde begünstigt, unsern directen Cours steuern konnten, doch etwas Feindliches trat uns jetzt noch entgegen, da wir eine himmelhohe See, die uns gerade entgegenstand, zu überwinden hatten. Allmählich wurde es jedoch Jedermann an Bord fühlbar, dass wir uns den nördlichen Gegenden näherten. Das Wetter wurde kalt und ungemüthlich und die Nebel, welche uns ohnehin schon während der Reise mit einer Hartnäckigkeit belästigt hatten, die einer sehr viel besseren Sache würdig gewesen wäre, wurden immer häufiger. Im Ganzen war die Situation als ungemüthlich zu bezeichnen. Ich gebe hier zwei Schiffspositionen während unserer Reise: Montag, den 3. Juli, bei südöstlicher Brise mit bedecktem Himmel, befanden wir uns Mittags auf 42° 27′ n. Br. und 147° 15′ w. L.

von Greenwich. Sonntag, den 9.: Südwestlicher Wind, der Sturm hatte nachgelassen, und befanden wir uns Mittags auf 52° 23' n. Br. und 157° 44' w. L. von Greenwich.

Endlich am 10. Juli befanden wir uns in der Nähe des Landes und zwar südlich von der Halbinsel Alaska bei den Shumagin-Inseln. Der dichte Nebel verhinderte es, das Land zu sehen. Erst am nächsten Tage klärte sich das Wetter ein wenig auf, jedoch nur so viel, dass wir mit äusserster Anstrengung eine Spur von Land auf einen kurzen Moment erblicken konnten. Wir befanden uns damals etwa dreihundert englische Meilen von der Insel Unalaska entfernt. Bei frischer Brise von Nordost während eines dichten Nebels unseren Cours fortsetzend, gelangten wir am anderen Abend ausserhalb Halibut-Insel, einem kleinen Eiland, bekamen 24 Stunden später bei Sturm aus Nordwest und starkem Nebel die Insel Tigalda in Sicht und mussten die ganze Nacht zwischen dieser Insel und der Insel Unimak kreuzen, während ein starker Regen ununterbrochen seine Gewässer über unseren Schooner ergoss. Wieder verging ein Tag und Sturm und Regen suchten uns heim, aber wir sichteten gegen Mittag die Südostspitze von Akun und passirten glücklich, trotz des vielen Nebels und Regens, noch an demselben Abend den Akutan-Pass zwischen den Inseln Akutan und Unalaska. Es ist dieses die gewöhnliche Passage für Schiffe, die aus dem Süden kommen und nach der Beringsee fahren.

Da wir unser Schiff auf der amerikanischen Zollstation im Hafen von Unalaska klariren lassen mussten, so war es nöthig, am letztgenannten Punkte zu landen. Wer war froher, als unsere Goldgräber, die nach dreiunddreissig Tagen ununterbrochener Seefahrt, während welcher Zeit sie dreimal den Weg zwischen Europa und Amerika hätten zurücklegen können, nunmehr endlich am Sonntag, den 16. Juli, Morgens 7 Uhr, das Gestade der Bay von Unalaska als sicheres Zeichen, dass es auf der Erde doch auch noch Land gebe, vor sich sahen. Unser Schooner Tiurnen war noch vier Seemeilen vom Land entfernt, als drei von unseren ungeduldigen Passagieren ihre Sehnsucht nach dem Lande nicht mehr beherrschen konnten und das Boot hinabliessen, in welchem sie voraus eilten, um wieder einmal festen Boden unter sich zu haben. Wir ankerten im Unalaska-Hafen um ein Uhr Nachmittags und gingen gleichfalls an Land, während die Zollangelegenheiten erledigt wurden. Unser erster Besuch galt der Handelsniederlassung der Western-Fur-Tradings-Company, deren Hauptagent, Mr. Stauff, uns freundlichst aufnahm. Späterhin machten wir dem Zollbeamten Herrn Schmidt unsere Aufwartung. Dieser Herr ist der einzige hier wohnende Beamte, der mit einer Amerikanerin verheirathet ist; die übrigen Beamten sind nicht verheirathet. Zuletzt machten wir der Handelsniederlassung der Alaska-Commercial-Company, deren Hauptagent, Herr Rudolf Neumann, uns in der liebenswürdigsten und entgegenkommendsten Weise aufnahm, eine Visite.

Wer beschreibt unsere Ueberraschung, als wir sämmtlich eine Einladung zu einem an demselben Abend stattfindenden Ball erhielten! Es war kein aussergewöhnlicher Ball, sondern ein Ball wie deren hierselbst an jedem Sonntag einer abgehalten wurde. Und die Damen? wird man fragen. Ja nun; die Damen waren in grosser Zahl und in festlichem modernen Staat, vollständig in europäischer Tracht, einige sogar mit Eleganz gekleidet, vorhanden. Sie trugen Blumen im Haar und auf den seidenen Kleidern und tanzten mit grosser Sicherheit und Ausdauer. Die Damen gehörten der aleutischen Bevölkerung an, welche besonders auf Unalaska sich mit den Russen vermischt hat. Als eine körperliche Eigenthümlichkeit der aleutischen Schönen fielen mir deren schmale abwärts gerichtete Schultern auf. Die beiden russischen Pastoren mit ihren Familien nahmen gleichfalls am Tanze Theil, was die Aleutinnen nicht im Mindesten hinderte in den tanzfreien Momenten ganz forsch ihre Cigarretten zu rauchen. Im Ganzen genommen kamen wir mit dem Tanzen gut aus, trotzdem unser Ballorchester, das aus einer Art Drehorgel mit Notenblättern aus Pappe bestand, widerholt auf zehn, fünfzehn Takte streikte, während sich die lustigen Paare ruhig im Kreise weiter drehten. Die Unterhaltung mit unseren Balldamen wurde in russischer Sprache geführt. Das Vergnügen, zu welchem wir so zufällig gekommen waren, dauerte bis Morgens ein Uhr.

Nördlicher Wind mit Regen verhinderte am andern Tage unser Auslaufen, und die meisten von uns blieben nur zu gern an diesem Grenzposten der Civilisation, weil sie wussten, dass sie schon nach wenigen Tagen allen Zufälligkeiten eines ungeregelten und unbestimmten Reiselebens in den weiten Regionen von Alaska ausgesetzt sein würden. Wir hatten an diesem Tage gezwungenen Verweilens Gelegenheit den Waarenhäusern der genannten Gesellschaften ausführliche Visiten abzustatten, und mussten erstaunen über die grosse Mannigfaltigkeit der Artikel, welche hier zu haben waren. Man darf wohl behaupten, dass es wenig Produkte moderner Civilisation giebt, welche hier nicht vertreten wa-

Mr. H. D. Woolfe, Correspondent des New-York Herald im Eskimo-Anzuge.

ren. Man sagte mir, dass die Eingeborenen hierselbst viel Geld durch den Fang der Seeottern und Pelzrobben verdienen, und dasselbe sofort wieder, wovon uns auch der Ball einen Beweis gab, in europäischen Waaren anlegen. Ich machte in Unalaska die Bekanntschaft eines Correspondenten des New-York Herald, Mr. H. D. Woolfe, eines unterrichteten und weitgereisten Mannes, welcher schon in China gewesen war und auch bereits Alaska gesehen hatte. Eine Reise, wie ich, der „Ethnologist of the Royal Berlin Museum" auszuführen im Begriff stand, reizte seine Wanderlust in hohem Grade, und er machte mir den Vorschlag, dass wir die Expedition zusammen machen sollten. Ich willigte gern ein und hatte es in der Folge nicht zu bereuen, da Mr. Woolfe mir auf einem grossen Theil meiner mehrere tausend Meilen betragenden Reiseroute stets ein liebenswürdiger, unermüdlicher und nach Kräften hilfsbereiter Freund gewesen ist.

Am Dienstag, den 18. Juli, Morgens 5 Uhr verliessen wir bei südlichem Wind und schönem Wetter Unalaska, befanden uns jedoch gegen Abend immer noch in Sicht des Landes. Der Wind verwandelte sich am nächsten Tage in einen Sturm aus West und Nordwest, welcher uns durch die kalte und rauhe Witterung, die er mit sich brachte, einen Vorgeschmack der arktischen Hundstage brachte. Am nächsten Tage herrschte wieder Windstille, welche wir dazu benutzten, um zu fischen. Wahrscheinlich aber hatten wir die hierzu feierlichen Ceremonien nicht beobachtet, denn es biss auch kein einziger Fisch auf den Köder. Ich für meinen Theil nahm an dieser Stelle auf meine Weise vom Süden Abschied und leistete mir das Vergnügen eines Seebades, welches natürlich hier mitten in der Beringsee und in nächster Nähe der Beringstrasse etwas frostig ausfiel, und mich lebhaft an meine leichtsinnige Tour erinnerte, die ich im Winter vorher mit blossen Füssen durch die schneebedeckte Strasse eines Indianerdorfes auf West-Vancouver ausgeführt hatte. Kurz darauf passirten wir die St. Matthews- und am andern Tage die St. Lorenz-Inseln und befanden uns am 24. am Eingange des Nortonsunds in Sicht von Cap Nome, gegenüber dem Fort St. Michael und der südwestlich davon gelegenen Mündung des mehrere tausend Seemeilen langen Riesenstromes Yukon. Man erhält einen Begriff von der kolossalen Wassermenge, welche dieser merkwürdige und hochinteressante Fluss mit sich führt, wenn man sieht, wie die Gewässer des grossen breiten Nortonsundes mit der Schnelligkeit von ein bis drei Seemeilen per Stunde hinaus in die offene See strömen, wenn man beobachtet, welche

ungeheure Menge von Treibholz der Strom hinabschwemmt. Diese
Meeresströmung und die uns aus Südost entgegenstehende Brise war
die Ursache, dass wir wenige Meilen vom Ziele entfernt nur ausserordentlich langsam vorwärts kamen. Es war dieses eine um so
schlimmere Geduldsprobe für unsere Goldsucher, als das Wetter
ausnahmsweise, wahrscheinlich wegen der grossen Nähe des Landes
klar blieb, während die dunkle Nebelbank draussen über See lagerte.
So kreuzten wir denn am Eingange des Nortonsundes zwischen der
Galownin-Bay und Fort St. Michael auf und ab, bis uns endlich am
Nachmittag des 25. Juli der östliche Wind gestattete uns St. Michael mehr zu nähern und daselbst um sieben Uhr Abends im
Hafen vor Anker zu gehen. Somit war ich wieder einmal am Aus-
gangspunkte einer grossen Reise angelangt, die mich durch viele
öde und unbekannte Gegenden führen sollte.

IX.

Als wir uns dem Hafen von St. Michael näherten, bemerkten
wir einen andern Schooner, welcher denselben Kurs steuerte wie
wir. Es war der Schooner „Leo", der zehn Tage später als wir
San Francisco verlassen hatte, aber in Folge günstigerer Winde
schneller als unser Schooner gefahren war. Er ging nach Galownin-
Bay westlich vom Nortonsund, um daselbst eine Anzahl Goldgräber
abzusetzen und späterhin nach Point Barrow, welches die Nordspitze von Alaska bildet, um dort Mitglieder der von der Regierung
der Vereinigten Staaten zu errichtenden Internationalen Polarfor-
schungs-Station, wie ich bereits erwähnt habe, zu landen.

Es würde sich hier für mich eine günstige Gelegenheit gefunden haben, hoch hinauf nach Norden zu gelangen und die dortigen Küstenstämme zu besuchen, aber da Lieutenant Paul
schon am andern Tage abfahren wollte, so wäre es unmöglich
gewesen, mich in dieser kurzen Zeit reisefertig zu machen. Wir
ankerten in St. Michael Abends 7 Uhr und gingen an Land, woselbst wir bereits alle Passagiere des Schooners „Leo" anwesend
fanden. Wir machten zunächst die Bekanntschaft des zweiten

Agenten der Alaska-Commercial-Company, Herrn Neumann, da
der Hauptagent Herr Lorenz mit dem Dampfer der Company,
welcher während des Sommers den Yukon-River befährt, auf einer
Tour nach dem oberen Theil des Stromes abwesend war.

Die Ankunft zweier Schiffe, wie die unsrigen, bringt in einem
so entlegenen Punkte der Welt, wie St. Michael ist, naturgemäss
eine grosse Aufregung hervor, denn die dort Wohnenden erhalten,
wie auch in unserm Falle, erst auf diesem Wege Nachrichten
über dasjenige, was seit Monaten in der Welt passirt ist. So
war es denn nicht zu verwundern, dass die Mitternachtsstunde
herangekommen war, bevor die nothwendigsten gegenseitigen Mittheilungen ausgetauscht waren. Ich kann nicht umhin ganz besonders zu betonen, wie angenehm mir persönlich die Aufnahme
war, die mir selbst und meinen Plänen seitens des Vertreters der
Alaska-Commercial-Company zu Theil wurde. Als wir uns um
Mitternacht verabschiedeten, lud uns Herr Lieutenant Paul, der
Führer der Expedition, ein, noch auf einige Stunden an Bord seines
Expeditionsschiffes zu kommen, und den Abschied, den er damit
für kurze Zeit von der civilisirten Welt nahm, mit ihm zu feiern.
Die Sonne war bereits aufgegangen, als wir uns um zwei Uhr
Morgens am 26. Juli nach zahlreichen Reden und Toasten von
Lieutenant Paul und den Herren der Polarstation verabschiedeten
und zu uns an Bord gingen. Nach kurzer Ruhe liess ich meine
Sachen an Land bringen und traf einige schleunige Vorbereitungen
für die Reise.

Inzwischen hatte die Goldgräbergesellschaft auch ihrerseits alle
Einrichtungen getroffen, um ihre Reise in das Innere von Alaska
baldmöglichst antreten zu können. Es war gelungen mit Hilfe von
hydraulischen Maschinen den kleinen Dampfer vom Deck des
Schooners wohlbehalten auf das Wasser hinabzulassen und alle Aus-
rüstungsgegenstände der Gesellschaft an Bord des Dampfers und
eines grossen mit Fellen überzogenen Ruderbootes, das zu diesem
Zwecke gekauft wurde, zu schaffen. Ich erhielt durch Herrn Neumann ein grosses Fellboot der Alaska-Commercial-Company geliehen, und engagirte als Dolmetscher und Arbeitskraft ein russisch-
indianisches Halbblut Namens Petka, dem ich einen für dortige

Verhältnisse ziemlich hohen Lohn zahlen musste. Aber der Mann war brauchbar und mit der Gegend vertraut, da er bereits früher mit Herr Nielsen von Smithsonian Institution eine Reise ausgeführt hatte.

Um einen kleinen Vorgeschmack davon zu bekommen, wie sich das ethnologische Handelsgeschäft für mich entwickeln würde, kaufte ich von den hier wohnenden Eingebornen verschiedene Gegenstände und gewann den Eindruck, dass ich eine ziemlich günstige Ernte haben würde. Einige Tage nach unserer Ankunft in St. Michael wurden sämmtliche Gegenstände der Expedition geordnet und der Zug so arrangirt, dass Hr. Scheffelien und einige seiner Gefährten an Bord des kleinen Dampfers, die übrigen Goldgräber und der Lootse an Bord des ersten Fellbootes und Mr. Woolfe sowie ich mit meinem Dolmetscher Petka an Bord meines Fellbootes Platz nahmen und dass der ganze Zug durch den kleinen Dampfer geschleppt werden sollte. In dieser Reihenfolge hielten wir uns in der That später während der ganzen neunhundert englische Meilen langen Fahrt, die wir während des Monats August 1882 den Yukon-River hinauf ausführten.

Das Netz von Stationen und Handelsposten, mit denen die Alaska-Commercial-Company das Land Alaska und die dazu gehörende Inselwelt überzogen hat, gleicht im Ganzen und Grossen demjenigen, welches etwas südlicher die Hudsons-Bay-Company über British-Columbien etc. gelegt hat. Wie bereits erwähnt, befindet sich der Hauptsitz der Alaska-Commercial-Company in San Francisco und sind mehrere der Hauptmitglieder Deutsche. Diese Gesellschaft erhielt im Jahre 1868 das Monopol auf die Pelzrobbenjagd in Alaska gegen eine Vergütung, die sie für jedes gefallene Thier an die Regierung zu zahlen hat. Es ist ihr die Verpflichtung aufgelegt worden, dafür zu sorgen, dass die Pelzrobben nicht ausgerottet werden, es wird desshalb alljährlich nur eine bestimmte Zahl von Thieren getödtet. Die Inseln St. Paul und St. George im Beringmeer sind die einzigen, wohin die Pelzrobben in jedem Sommer kommen, um sich zu begatten. Dort findet alsdann durch besonders beauftragte Bewohner der Aleuten-Inseln der Fang statt. Neben dieser Jagd betreibt man dort oben im Norden

den Seeotterfang an sämmtlichen Aleutischen Inseln mit Vortheil.
Die Alaska-Commercial-Company hat ihre Handelsstationen, ausser
an der Westküste von Alaska, woselbst Fort St. Michael die Haupt-
station ist, auch auf der Südseite von Alaska in Cooks-Inlet etc.
errichtet. Auf dem ganzen Festlande wird auch ein bedeutender
Handel mit Fellen betrieben, und es befinden sich am Yukon-River
bis 1800 englische Meilen aufwärts acht Stationen der Alaska-
Commercial-Company, zwischen denen zwei kleine Dampfer den
Verkehr unterhalten; ferner liegen südlich davon am Kuskoquim-
River zwei Stationen, am Nuschagak-River auf der Südküste zwei
Stationen, in Cooks-Inlet auf der Südküste fünf Stationen, in Prinz
Williamssund ebendaselbst eine Station. Für diese letztgenannten
ist St. Paul auf der Insel Kadiak an der Südküste die Hauptstation; ausserdem befinden sich noch viele Stationen auf den Aleu-
tischen Inseln mit der Hauptstation auf der von uns bei der Hinreise besuchten Insel Unalaska. An jeder dieser Stationen sind
weisse Händler angestellt, um die Felle von den eingebornen Jägern
einzutauschen und die übrigen Handelsgeschäfte zu vermitteln.
Unter der Botmässigkeit dieser weissen Händler, die wie überall
in Amerika den Namen Trader führen, stehen noch zahlreiche
Mischlinge, die während der Wintermonate umherreisen und die
Felle aus entferntliegenden Distrikten eintauschen, resp. auch sonst
als Arbeiter verwendet werden. Die Alaska-Commercial-Company
besitzt mehrere Segelschiffe und drei grössere Dampfer, welche alljährlich die Handelsartikel hinaufbringen und dafür Felle und sonstige Produkte nach San Francisco mit zurücknehmen. Neuerdings ist zu diesem grossen Einfluss der Gesellschaft noch derjenige
einer auf der Insel Kadiak gegründeten Lachs-Conserven-Fabrik
hinzugekommen. Unter den im Handel vorkommenden Fellen befinden sich solche von Renthieren, Elchen, einigen Marderarten,
von Polar-, Roth-, Kreuz- und Schwarz-Füchsen, von Roth-, Schwarz-
und Grisly-Bären, vom Luchs, Vielfrass, Biber, von Hasen, Ratten,
Hermelin und anderen Nagethieren, Fischotter u. s. w. Die Mehrzahl dieser Felle geht auf den grossen Pelzmarkt von Europa,
nach London. In neuerer Zeit werden auch noch andere Artikel
aus Alaska exportirt, darunter Walrosszähne, gesalzene Lachse und

Heringe. Die Alaska-Commercial-Company besitzt ein sehens-
werthes kleines ethnographisches und zoologisches Museum in ihrem
Hauptcentralpunkt in San Francisco. Die Aufstellung dieser Sammlungen ist dem grossen und regen Interesse für die Wissenschaft
zu verdanken, welches die Alaska-Commercial-Gesellschaft stets beseelt hat, ein Interesse, das sie auch durch thatkräftige Unterstützung der wissenschaftlichen Zwecke eines jeden Reisenden und
Sammlers jederzeit, und besonders auch mir erwiesen hat, wofür
ich ihr nochmals an dieser Stelle meinen Dank zu sagen mich
verpflichtet fühle. Schliesslich erwähne ich noch, dass eine grosse
Zahl von Händlern und Agenten dieser Gesellschaft aus Deutschen
oder aus Skandinaviern besteht.

Nachdem ich meine Abschiedsbriefe nach Europa geschrieben
hatte, nahm ich noch vor dem Antritt meiner Reise in St. Michael
ein russisches Bad in landesüblicher Weise. Die Einrichtung dieser
Bäder ist auf allen Stationen der Gesellschaft, wie ich späterhin
fand, dieselbe; daher möge eine Beschreibung derselben gleich hier
Platz finden. Diese Häuser sind gewöhnlich nach Art der russischen
Badehäuser eingerichtet; die Gebäude sind vor Allem luftdicht gebaut, so dass kein Dampf daraus entweichen kann. In einer Ecke
des Baderaumes befindet sich ein grosser aus Steinen erbauter
Ofen, der beim Beginn des Badens mit einer Quantität Holz ge-
heizt wird. Auf das brennende Holz wird eine grössere Anzahl
faustgrosser Steine hingelegt, die durch die Flammen allmählich
glühend heiss werden. Nachdem das Holz gänzlich herunter ge-
brannt ist, und sich keine Gase mehr daraus entwickeln, wird die
Ofenklappe geschlossen und es kann nun nichts mehr nach aussen
hin von der Wärme entweichen. Nunmehr wird die Dampfent-
wickelung dadurch hervorgerufen, dass man auf die im Ofen liegenden Steine lauwarmes Wasser giesst, worauf der entwickelte
Dampf in mächtigen Wolken aus dem Ofenloch hervordringt und
den Baderaum vollständig erfüllt. Die im Raum anwesenden
entkleideten Personen nehmen in gewöhnlicher Weise auf Holz-
pritschen Platz und baden etwa eine halbe Stunde lang. Alsdann
begeben sie sich in das Nebenzimmer, wo sie ihre Kleider wieder
anlegen. Man befindet sich nach einem solchen Bade stets

frisch, so dass ich jede Gelegenheit benutzte, die sich mir auf meiner Reise darbot, ein Dampfbad zu nehmen. Ich glaube, dass diese Bäder viel dazu beitragen, dass die Bewohner von Alaska im Allgemeinen stark, kräftig und gesund sind, und dass man dort nicht viel von Krankheiten hört. Ein Patient würde auch eine traurige Rolle spielen in einem so weit ausgedehnten Lande, in dem man keine ärztliche Hilfe erhalten kann.

Um es gleich hier zu erwähnen, so besitzen die Einwohner von Nordwest-Alaska, welche aus verschiedenen Eskimostämmen bestehen, gleichfalls eine Art origineller Badeeinrichtung, bei der es aber mehr auf Entwicklung heisser Luft, als auf Dampferzeugung ankommt. Diese Bäder, welche eine gewisse Aehnlichkeit mit unseren bekannten Römischen Bädern haben, mögen in folgendem kurz beschrieben werden: Die Eskimos errichten derartige Bäder in der Regel in solchen Dörfern, in deren Nähe sich grössere Holzvorräthe, sei es Treibholz oder Baumwuchs, befindet. In den Eskimo-Ansiedlungen giebt es Tanz- oder Festhäuser, welche den Namen Kassigim oder Kassigit führen. Diese Gebäude sind ganz anders gebaut als die gewöhnlichen Wohnhäuser und dienen oft auch als Badehäuser. Die Kassigim oder Kassigit sind viel grösser als die gewöhnlichen Eskimohäuser und sind zur Hälfte unter dem Erdboden erbaut. Man betritt sie nicht durch eine oberhalb der Erde angebrachte Thüre, sondern durch einen grabenähnlichen tiefen Gang, der in den Erdboden einschneidend in einen grossen runden kellerartigen Raum unterhalb des mit Planken bedeckten Fussbodens des Hauses führt. Durch ein mitten im Fussboden angebrachtes rundes Loch steigt der Angekommene hinauf in den Fest- und Tanzraum. An den Wänden befindet sich eine, und, wenn die Gegend sehr holzreich ist, zwei Reihen Bänke, auf denen die Eskimos bei grösseren Festen Platz nehmen. Im Falle ein solches Fest gefeiert wird, so erleuchtet man den inneren Raum durch etwa zehn bis dreissig steinerne oder aus Thon gefertigte Lampen, deren jede einzelne, wie eine Laterne auf einem besonders für sie im Festraum errichteten Pfahl aufgestellt wird. Ganz anders dagegen ist die Verwendung des Hauses als Baderaum.

Wenn man ein Bad bereiten will, so wird zunächst der bewegliche

und leicht aufzunehmende aus Planken bestehende Fussboden aus dem
Hause gänzlich entfernt, so dass der dadurch freiwerdende Kellerraum
mit dem Innern des Gebäudes einen grossen zusammenhängenden
Raum bildet. Nachdem dies geschehen ist, wird auf dem Erdboden
des Kellers, welcher etwa vier Fuss tiefer liegt als der gewöhnliche
Erdboden, ein ziemlich grosses Feuer angezündet. Nunmehr entkleiden sich diejenigen, welche das Bad nehmen wollen und placiren sich. Als Badediener fungiren Eskimo-Weiber, welche jedem
Badenden eine Schüssel mit Schnee überreichen. Für zarte Naturen,
und für Solche, die an unsere europäischen Begriffe von Reinlich-
keit gewöhnt sind, ist der Anblick oder gar das Nehmen eines
solchen Bades durchaus nicht zu empfehlen. Aber für den Eskimo,
der durch seine Lebensweise auf und an seinem Körper so viele
Unreinigkeiten ansammelt, dass letztere mitunter wie eine Art Kruste
auf seiner Haut liegen, dürften die Manipulationen des Bades immerhin von sehr gesundheitsförderndem Einfluss sein, so wenig appetit-
lich sie auch nach unseren Begriffen sind. Der Eskimo gebraucht,
um die aus Schweiss, Fett und Schmutz bestehende obere Schicht
seines Körpers zu entfernen, Seife und Wasser. Da ihm Beides, und
namentlich die Seife nicht zur Verfügung steht, so benutzt er die
natürliche Flüssigkeit seines Körpers, den Harn, um den in der
Holzschüssel befindlichen Schnee damit theilweise zu schmelzen,
und wäscht sich alsdann mit dieser Mischung den ganzen Körper.
Beim Reiben der Glieder entsteht Schaum auf der Oberfläche
des Körpers, gerade als wenn zum Waschen Seife benutzt worden
wäre. Diese Manipulation, gegen die sich in hygienischer Beziehung nichts einwenden lässt, hat vor Allem den Effect, dass
die Haut einigermassen gereinigt und die verstopften Schweiss-
poren wieder eröffnet werden. Es tritt nunmehr die natürliche
schweisstreibende Wirkung der durch das Feuer stark erhitzten
Luft des Badehauses in Funktion; eine reichliche Transpiration
entwickelt sich und wirkt abspülend und reinigend. Die Badefrauen
gehen während dieser Zeit ungenirt ab und zu, ohne im Geringsten
daran Anstoss zu nehmen, dass die Badenden unbekleidet sind.
Bei den Letzteren gilt es freilich für ein Zeichen der Wohlan-
ständigkeit, sich einer Art „Badehosen" zu bedienen, die indessen

als das Minimum eines solchen Bekleidungsstückes zu bezeichnen ist, da sie nur aus einem fingerlangen Fädchen besteht, aber in ihrer Art ihren Zweck vollständig erfüllt. Sehr originell, und für uns in Europa vielleicht nachahmungswerth ist der Gebrauch der Eskimos, bei solchen heissen Bädern, zum Schutze gegen die Hitze, eine aus Vogelfell bestehende Mütze aufzusetzen. Noch interessanter ist eine andere prophylaktische Einrichtung, deren sich die Eskimos bei diesen Bädern bedienen. Dieselbe besteht — so sonderbar es auch klingt — aus einer Art Respirator, den die Leute in den Mund nehmen, damit der Rauch des Feuers nicht in ihre Lungen eindringe. Dieser Respirator wird aus einem Geflecht von feinem Gras hergestellt, welches durch einen kleinen hölzernen Pflock, der in den Mund gesteckt wird, festen Halt gewinnt. Rechnen wir hierzu noch die Verwendung von Büscheln feinen Grases als Handtücher, so hat man allen Comfort eines solchen Heissluftbades eines Eskimos an der Nordwestküste Amerikas aufgezählt.

Am letzten Tage des Monats Juli kam ein grosses Fellboot, eine Baidera mit zwanzig Personen beiderlei Geschlechts von Kings-Island in Fort St. Michael an und brachte viele für mich interessante ethnographische Gegenstände mit, welche ich sämmtlich kaufte. Die jungen Eskimoweiber trugen Ringe in der Nase, und hatten das Kinn nach Art der nordwestlichen Einwohner Alaskas tätowirt. Diesmal konnte ich meine Einkäufe noch mit baarem Gelde machen, während ich im Innern von Alaska mich der Tauschartikel bedienen musste. Zu diesem Zwecke hatte ich die gesammte für Einkäufe bestimmte Summe in Waaren umgesetzt, welche ich aus den reichen Vorräthen der Alaska-Commercial-Company ankaufte und bei deren Wahl mich der mit den Handelsverhältnissen vollkommen vertraute Herr Neumann aufs Beste unterstützte.

Unsere Abfahrt vom Fort St. Michael fand am 3. August Morgens 5 Uhr nach einem herzlichen Abschiede von allen, während unseres kurzen Aufenthaltes liebgewordenen Freunden statt. Der Weg bis zur Mündung des Yukon-River musste längs der Küste des Meeres zurückgelegt werden. Wir wandten uns zunächst westwärts durch einen langen Kanal zwischen der Küste und einer

Insel und machten am Ende des Kanals nach sechsstündiger Fahrt Halt. Es war nämlich nothwendig, frische Brennmaterialien einzunehmen. Da unser kleiner Dampfer, der ausser sich selbst die schwere Last von zwei vollbepackten Fellbooten oder Baideras zu schleppen hatte, die zur Heizung seiner Maschine nothwendigen Materialien natürlich nicht, wie ein grosser Oceandampfer für die ganze Dauer seiner Fahrt mit sich zu schleppen vermochte, ja auch nicht einmal im Stande war, dasjenige, was im Laufe nur eines einzigen Tages von ihm verbraucht wurde, mit sich zu führen, denn sein Tiefgang betrug nur 24 Zoll, so war es nothwendig, dass mehrmals täglich Station gemacht wurde, um Brennholz einzunehmen. Steinkohlen wären freilich besser gewesen, da sie bekanntlich im Stande sind, bei demselben Gewicht eine viel grössere Heizkraft zu entwickeln als Holz. Aber auf Kohlen darf man fast überall nicht rechnen und so ist man von vornherein für die Heizung des Dampfkessels auf Holz angewiesen. In den öden und wenig bewachsenen baumlosen Regionen der Küsten von Alaska würde man vergebens nach einem so grossen Vorrath von Bäumen suchen, welcher für die Bedürfnisse einer solchen Dampferfahrt ausreichend wäre; dagegen findet sich in den oft mächtigen Lagern von Treibholz an der Küste ein ausreichender Vorrath für diesen Zweck. Fast sämmtliche nordischen Flüsse, welche aus dem Innern des Landes kommen, führen Treibholz mit sich, welches durch Luft und Meereswirkung fortgeführt, sich an der Küste aufspeichert und von der Bevölkerung je nach Bedürfniss verwendet wird.

Das Holzschlagen wurde schon von den ersten Stunden unserer Fahrt an unsere tägliche Beschäftigung. Bis zur Mündung des Yukon-River und am unteren Theil dieses mächtigen Stromes, wo das Treibholz noch in grossen Massen vorhanden war, wurde fast regelmässig zweimal von uns gelandet, indem der kleine Dampfer bis hart ans Ufer fuhr und dort festgelegt wurde. Wie auf gemeinsames Kommando ergriff dann jedermann von uns seine Axt und bald erdröhnte die Luft von den Schlägen, mit denen das am Ufer liegende Treibholz für die Maschine zerkleinert wurde. Niemand von uns schloss sich von dieser Arbeit aus; das gemeinsame Interesse Aller verlangte gemeinsame Arbeitsleistung. Diejenigen, welche mit der Axt nicht besonders umzugehen wussten, halfen in anderer Weise, so gut sie es vermochten; sie trugen Holz herbei oder schafften das zerkleinerte Holz an Bord des Dampfers, wo sich im Verlaufe von zwei, höchstens drei Stunden das Deck und der Schiffsraum bald mit dem Vorrath füllten.

Späterhin als der Vorrath des Treibholzes am Ufer geringer wurde, gelangten wir in Gegenden, in denen der oft recht kräftige Baumwuchs bis an den Strom herantrat. Hier suchten wir meist abgestorbene Bäume aus, die wir fällten, da sie zerkleinert besser brannten wie grünes Holz. Ich möchte hier eine Beobachtung einschalten, die sich mir beim Holzschlagen wiederholt aufdrängte: es fanden sich auffallend viele Bäume in einer Art von verkrüppeltem Zustande vor, der darin bestand, dass der Stamm an mehreren Stellen in einen grossen unförmigen Knoten verwandelt war. Ich bin über die Ursache dieser Erscheinung nicht unterrichtet und brachte einen kleinen Baum mit zwei dieser Knoten mit nach Berlin, damit diese Sache wissenschaftlich untersucht werden könnte. Das Holzschlagen führte übrigens für mich einen grossen und in meiner damaligen Lage unersetzlichen Verlust herbei. Eines Tages nämlich stürzte ein gefällter Baum in der Weise hinab, dass ein Theil davon auf meine Brust fiel, bei welcher Gelegenheit meine gute alte Taschenuhr, die mir lange Zeit treu gedient hatte, total zerdrückt wurde und ihre mechanische Thätigkeit für immer einstellte. Dieser Streik meines sonst so treuen Zeitmessers nöthigte mich, zu meiner sonstigen Lebensweise à la Eskimo während der ganzen Dauer meines Aufenthaltes in Alaska, also volle vierzehn Monate lang, mir auch noch die Eigenschaft anzugewöhnen, die Tages- oder Nachtstunden nach dem Stande der Sonne und der Gestirne, abzuschätzen, eine Eigenschaft, die während des langen arktischen Winters, dort oben in der Nähe des Polarkreises hinreichend Gelegenheit erhielt, sich zu entwickeln. Erst bei meiner Rückkunft nach San Francisco im Herbst 1883 konnte ich mich wieder in den Besitz einer Uhr setzen, da vorher keine Gelegenheit war, eine solche zu kaufen.

Nachdem wir am Ende des oben bezeichneten Kanals unsere erste Probe im Holzschlagen glücklich abgelegt hatten, gedachten

11*

wir die verhältnissmässig kurze Strecke, welche uns von der südwestlich gelegenen Mündung des Yukon-River trennte, in aller
Ruhe ohne jeden Unfall zu befahren. Aber der östliche Wind
wehte uns die Wogen des Meeres gerade von hinten auf den Leib
und unser kleiner Dampfer, der für solche frische Brisen auf
offener See nicht eingerichtet war, und der ohnedem schon, wie
sich späterhin herausstellte, wegen seiner hinten angebrachten Rad-
welle nicht zu den besten Steuerern gehörte, wurde dadurch zu so
eigenthümlichen Zick-Zack-Fahrten veranlasst, dass unser schwe-
discher Lootse, Herr Pettersen, es für richtig erachtete, die Gold-
gräber-Expedition dadurch vor dem Ertrinken zu retten, dass er
mit den drei Fahrzeugen in die Mündung des kleinen Pikmiktalik River einlief, woselbst wir uns für mehrere Stunden wieder
dem verdauungsbefördernden Vergnügen des Holzschlagens ergaben.
Späterhin flaute der Wind etwas ab, wir liefen wieder aus und
gelangten mit heiler Haut Abends neun Uhr nach Cap Romanzoff,
und Nachts ein Uhr an die Barre des kleinen Flusses Pastoliak,
wo uns die Ebbe den bösen Streich spielte, den kleinen Dampfer
auf den Grund zu setzen.

Dieser unfreiwillige Aufenthalt, welcher sich trotz aller unserer
Bemühungen, ihn abzukürzen, bis Morgens acht Uhr hinzog, wurde
übrigens sowohl von uns, wie von den Bewohnern des nahe gelegenen Eskimodorfes Pastoliak nach Kräften zur Anknüpfung und
möglichsten Ausnutzung eines nicht unbedeutenden Handelsver-
kehrs verwendet. Schon während der Nacht kamen einige Eskimos
in ihren Kajaks herangerudert und offerirten uns frische Lachse,
Weissfische, Enten und Gänse, die wir natürlich kauften. Andererseits aber war die Gelegenheit, als wir nunmehr endlich wieder
flott wurden, viel zu günstig, als dass wir nicht hätten die Barre
des Flusses überschreiten und an der Mündung des Pastoliak-River
Holz schlagen sollen. Wir thaten dieses von 9—11 Uhr Vormittags und setzten dann unsere Fahrt fort, worauf wir eine Stunde
später in die nordöstlichste der vielen Mündungen des Yukon-
River einfuhren.

X.

Der grösste Fluss Amerikas, welcher sich in den stillen Ocean,
respective in dessen nördlichsten Theil, das Beringmeer ergiesst,
ist der Yukon-River, dessen Länge nach Lieutenant Schwatka
2043 Statute miles (1 Statute mile = 1,62 Kilom.) beträgt. Er
hat sechs Hauptmündungen, von denen der Kusilwak die grösste
ist. Durch die ungeheuren Sandmassen, welche der Strom ununterbrochen mit sich führt, ist der Meeresgrund von Nortonsund
so sehr erhöht worden, dass es für Schiffe schwer ist, dort zu
passiren. Der nächstgrösste Fluss im Nordwesten von Alaska liegt
südlich vom Yukon und heisst Kuskoquim-River. Zwischen dem
unteren Laufe dieser beiden Ströme erstreckt sich die Tundra,
ein weites ebenes mit Wasserflächen und Wasseradern bedecktes
Gebiet, das am Ausfluss des Yukon in ein vollständiges Delta
übergeht.

Der Name Yukon-River wird weder von den Eingeborenen,
noch von den weissen Bewohnern Alaskas im Munde geführt; sie
nennen ihn einfach: „Grosser Strom" d. h. in ihrer Sprache: „Kwik
Pak." Die Namen der Einwohner eines jedes Gebietes enden

gewöhnlich mit den beiden Silben — muten. So heissen die Ufer-
bewohner des Unterlaufes des Kwik Pak oder Yukon die Kwikpagemuten. Nördlich von diesen zwischen Nortonbay und Kotzebuesund wohnen die Mallemuten; westlich von diesen wohnen auf
der Halbinsel Prince of Wales an der Beringstrasse die Kawiaremuten. Südlich vom Yukon-Delta und dem Unterlauf des Stromes,
also auch südlich von den Kwikpagemuten hausen die durch keinen
besonderen Namen ausgezeichneten Tundra-Bewohner. An sie
schliessen sich wieder zu beiden Seiten des Unterlaufes des Kuskoquim-River die Kuskoquimemuten an. Dies sind die Eskimostämme an der Westküste von Alaska, von der Beringstrasse hinab
bis zum Kap Newenham. Auf dieselbe Weise wird auch die Südküste von Alaska durch eine Anzahl von Eskimostämmen eingenommen. So folgen von Kap Newenham an gerechnet als die
östlichen Nachbarn der Kuskoquimemuten die südlich von dem
Binnensee Nuschagak wohnenden Nuschagagemuten, auf der Insel
Kodiak wohnen die Kikertagemuten, nördlich von Letzteren an
Cooks Inlet die Kenaiski. Von den Einwohnern der Halbinsel
von Alaska ist mir keine besondere Bezeichnung bekannt. Alle
diese Völkerschaften der Küsten von Alaska, und ohne Zweifel
auch die von mir nicht besuchten Bewohner der Nordküste legen
sich wie ein grosser Kranz um die indianischen Bewohner der
Mitte von Alaska, welche den Gesammtnamen Ingalik führen. Die
Grenzgebiete beider Rassen gehen an vielen Stellen in einander
über und werden von einer aus beiden Theilen gemischten Bevölkerung bewohnt.

Da ich den Entschluss gefasst hatte, die sich mir darbietende
Gelegenheit, mit Herrn Scheffelien neunhundert englische Meilen
weit ins Land hinein zu gelangen, zu benutzen, so war es nothwendig, dass diese stromaufwärtsgehende Fahrt ganz ohne jede
Rücksicht auf mein eigentliches Vorhaben ausgeführt wurde, dass
ich also, ohne anzuhalten, und ohne Einkäufe zu machen, in einer
Tour, wie es der Reiseplan der Goldgräbergesellschaft erheischte,
zunächst mit der gesammten Expedition dem entfernten Ziele, der
Station Nuklukayet am oberen Lauf des Yukon zustrebte. Von
dort aus wollte ich dann, wie ich es auch späterhin ausführte, den

Strom hinabfahren, und bei jedem Indianer- und Eskimodorf anlegen und ethnographische Gegenstände erhandeln und einkaufen.

Unsere Einfahrt in den nordöstlichen Mündungsarm des Yukon oder Kwik Pak, welcher Arm den Namen Upun führt, fand, wie schon erwähnt, in der Mittagstunde des 4. August 1882 statt. Um 3 Uhr Nachmittags desselben Tages passirten wir Kutlik, einen an demselben Arm liegenden Handelsposten der Alaska-Commercial-Company. Unter starkem Regen setzten wir unsern Weg bis Nachts 12 Uhr fort, wobei wir an drei Kwikpagemuten-Dörfern, deren jedes indess nicht mehr als zwei bis vier Häuser besass, vorüber fuhren.

Der erste Abend und die erste Nacht am Yukon-River brachte uns den Vorgeschmack einer Plage, die uns während des ganzen Sommers verfolgen sollte, die Plage der Mosquitos. Es ist kein Wunder, dass alle Reisenden gleich beredt sind in der Beschreibung der Qualen, welche ihnen, sei es in den Tropen, sei es hoch oben im Norden, durch diese blutgierigen Stechmücken zugefügt worden sind. Gefahren kann man als Mann mit kaltem Blute gegenüber treten, gegen Ueberfälle kann man sich durch vergrösserte Wachsamkeit schützen, Unglücksfälle vermag man oft durch Energie und rasches Handeln zu vermeiden oder zu mildern, in widrigen Fällen aller Art kann man sich zum Herrn der Situation machen, aber gegen die ununterbrochene, unablässige Verfolgung, die im Wachen wie im Schlafen einem Manne durch die Mosquitos zugefügt wird, gegen die millionenfache Ersetzung der getödteten Feinde durch immer neue, hält Niemand Stand. Was hilft es, wenn man Abends vor dem Schlafengehen das mit diesen kleinen Quälgeistern gefüllte Zelt fast hermetisch verschliesst, wenn man das untere Stück der Zeltleinewand in den inneren Raum hineinzieht und den Saum ringsherum mit Steinen und anderen schweren Gegenständen belastet, so dass man die absolute Gewissheit gewinnt, dass von aussen her keines dieser gefürchteten Insekten mehr hineindringen kann; was hilft es, frage ich, wenn man vor dem Schlafengehen zwei bis drei Stunden damit zubringt, mit einer durch das Gefühl der Rache gesteigerten Mordlust alle im Zelte befindlichen Mosquitos bis auf das letzte Exemplar zu tödten, und wenn man dann in den Schlaf sinkend nach kurzer Zeit von neuen Stichen wieder aufgeweckt wird und das Zelt wieder in derselben Weise mit Mosquitos angefüllt sieht wie gewöhnlich und die Oberfläche seines eigenen Körpers mit kleinen schmerzhaften Beulen bedeckt findet, die einem das Aussehen geben, als wäre man ein in Heilung befindlicher Pockenkranker. Ein Mosquito hört nicht eher zu saugen auf, als bis sein Körper mit Blut angefüllt ist. Die Quantität, welche er zu sich zu nehmen vermag ist so gross, dass das Zerdrücken des Thieres einen 1 Quadratcentimeter grossen rothen Fleck erzeugt. Gegen Mosquitos schützt keine Philosophie.

Wir setzten am andern Morgen früh um 6 Uhr unsere Fahrt stromaufwärts fort und machten unsere gewöhnliche Motion, indem wir von 9 bis 11 Uhr Holz schlugen. Da der Strom sehr breit ist, so wurde ein heraufkommender Sturm aus Südost für unseren Schleppzug gefahrdrohend und zwang uns, an einem wenig günstigen Platze beizulegen. Der Regen goss, um mich eines beliebten Ausdruckes zu bedienen, in Strömen und zwang uns, möglichst dicht unter unserm überdachten Bootszelt zusammen zu rücken. In dieser Lage konnten wir uns ungestört dem Hochgenusse hingeben, welchen uns der Wohlgeschmack der am Tage vorher bei dem Eskimodorfe Pastoliak gekauften Gänse, Enten und Lachse verschaffte. Die unbewohnte Küstenstrecke zwischen St. Michael und der Mündung des Yukon-River dient durch ihren sommerlichen Graswuchs Millionen von Vögeln, darunter besonders den seltenen und ausgezeichnet schmeckenden Kaisergänsen als Brutplatz, und lieferte uns an unserem gegenwärtigen Ankerplatze das willkommene Material der Unterhaltung. Am andern Morgen hatte sich die Situation nach keiner Richtung hin geändert. Es herrschte derselbe Sturm, derselbe hohe Wellengang und derselbe, wenn nicht sogar ein noch heftigerer Regen. Wir sahen ein, dass an ein Vorwärtskommen in bisheriger Weise nicht zu denken war. Da das Delta, sowie überhaupt der Yukon-River noch nicht den Vorzug einer genauen topographischen Aufnahme besitzt, eine solche auch von wenig Nutzen sein würde, da die starke Strömung die Breite, Tiefe und Richtung der zahlreichen kleinen Wasserarme in jedem Jahre verändert, so mussten wir, gestützt auf die allgemeine Kenntniss unseres Lootsen, den geeignetsten Weg in jedem Falle besonders aufsuchen.

Wir beschlossen demgemäss, da an ein Vorwärtsgehen auf dem breiten Wasserarm nicht zu denken war, denn die Wellen würden unsere drei Fahrzeuge vollgeschlagen haben, wieder umzukehren, eine Strecke weit den Strom hinabzufahren und alsdann einen schmalen Kanal, welcher in derselben Richtung wie der Fluss strömte, hinaufzudampfen. Wir hatten das Glück, in dieser nicht von Wellen bewegten Wasserstrasse einen Seitenarm des Yukon-River, und nicht, was leicht der Fall hätte sein können, einen kleinen Nebenfluss anzutreffen, der uns seitlich abgelenkt und schliesslich zum Umkehren gezwungen haben würde.

Doch Beschliessen und Ausführen war in diesem Falle zweierlei, wir hatten die Rechnung ohne unsern kleinen Dampfer gemacht. Als wir stromabwärts fuhren, versagten die beiden kleinen Steuerruder, welche hinten seitwärts von der Schaufelwelle angebracht waren, den Dienst und der Dampfer rannte wild gerade aus. Um ihn nicht aufs Land laufen zu lassen, musste gestoppt werden. So trieb denn unser Schleppzug in malerischer Unordnung stromabwärts, bis er die Mündung des oben genannten Seitenkanales erreicht hatte. Hier nun waren wieder einige besondere Manöver nöthig, bis die drei Fahrzeuge in richtiger Reihenfolge wie gewöhnlich im Strome lagen, worauf die Fahrt ungehindert durch den Kanal vor sich ging. Das ganze Vergnügen dauerte indessen nur drei Stunden, und war beendet, als wir um 7 Uhr Vormittags wieder die sturmgepeitschte Fläche des breiten Stromarmes erreichten, woselbst wir bis zum andern Morgen bei unvermindert heftig herabströmendem Regen Zeit genug erhielten, über die Situation nachzudenken und durch einen erfolglosen Vernichtungskrieg gegen hunderttausende von Mosquitos uns in Bewegung zu halten. Endlich um 3 Uhr Morgens des anderen Tages konnten wir unsere Fahrt fortsetzen. Wir dampften ununterbrochen am linken südlichen Ufer des Stromes entlang. Nach dem ersten Holzschlagen kamen wir an mehreren Punkten vorüber, an denen die steile sandige Uferböschung vor nicht langer Zeit wahrscheinlich

in Folge von Hochwasser abgerissen und eingestürzt war. Hierdurch waren die Schichten, aus denen die Uferwand bestand, fast
senkrecht durchschnitten, und man konnte an dem frischen Bruch
ihre Stärke und Aufeinanderfolge erkennen. Es war wunderbar
anzuschauen, dass an verschiedenen Stellen, vier bis acht Fuss
unter der oberen Erdschicht, sich eine etwa eben so starke horizontale Eisschicht hinzog, unterhalb deren wiederum andere Erdschichten folgten. Man ersieht hieraus, dass im hohen Norden das
Eis in geologischer Beziehung mitunter sogar eine schichtenbildende
Rolle spielt. Ich lasse dahingestellt sein, inwieweit noch höher
hinauf nach dem Pole zu diese geologische Bedeutung des Eises
von Einfluss ist. Die Uferbank, welche diese Eisstreifen am Yukon-
River trug, war übrigens durchaus nicht vegetationslos, sie trug
vielmehr dem Charakter der Tundra und des Deltas entsprechend,
kleine Weiden und andere Gebüsche. Es erhellt hieraus, dass die
Eisschicht nicht vom letzten Winter her stammen konnte, dass sie
vielmehr älter, vielleicht sogar sehr viel älter war, als die lang-
jährige Vegetation des Uferrandes.

So seltsam diese Erscheinung ist, so ist sie doch vollkommen
erklärlich, wenn man bedenkt, dass es sich dort oben wie fast
überall um zwei meteorologische Haupteinwirkungen auf die Erd-
rinde handelt, um die erstarrende eisbildende Kälte des Winters
und um die aufthauende Wärme des Sommers. Je nach dem
Ueberschuss der Einen oder Anderen wird die Umbildung der Erd-
rinde vor sich gehen. Nicht die Sommerwärme würde alljährlich
im Stande sein, die oft fünf bis sieben Fuss starke Eisdecke des
Yukon-Stromes so frühzeitig im Jahre zu schmelzen, dass der Eis-
gang des Letzteren, wie es der Fall ist, schon im letzten Drittel
des Monats Mai stattfinden kann. Die ungeheuren Wassermassen,
welche tausende von Quellen, winzigen Wasseradern, die vielen
Bei- und Nebenflüsse aus dem grossen und regenreichen Strom-
gebiete des Yukon dem Flussbette zuführen, bilden die unwider-
stehlich brechende Gewalt, welche jene Eisdecke zertrümmert und
sie mit Riesenkraft dem Meere zuführt. So entledigt sich der
Strom durch eigene Macht der Fesseln und der Nachwehen des
Winters und bietet der arktischen Junisonne und dem Polarsommer

seine relativ warmen Wasserfluthen zur weiteren Temperatur-Erhöhung dar, während seine winterliche Eisdecke mit mächtigen Lagen von Treibholz, Schutt und Schlamm durch Nortonsund weit hinaus ins Meer treibt, und dort in der Beringsstrasse und im Beringsmeer die Eistrift vergrössern hilft.

Es entsteht hierdurch, wie man sieht, eine gewisse ungleichmässige Vertheilung der durch die winterliche Kälte erzeugten Eisdecken, eine Vertheilung, welche von meteorologischem Einfluss bis weit hinab in die gemässigten Zonen sein muss. Wie im Kleinen jeder arktische Fluss seine winterliche Eisdecke ins Meer schleudert, und sich dadurch von der Einwirkung des Frostes befreit, so bleibt auch die Eisbedeckung des Polarmeeres, und wäre sie noch so stark, nicht immer an der Stelle, wo sie sich gebildet hat. Zunächst sind es die grossen Meeresströmungen, welche das Eis fortbewegen. Die Hauptrichtung, in der dies geschieht, scheint im allgemeinen auf der Nordhälfte unserer Erde diejenige zu sein, welche die Strömungen beiderseits Grönlands hervorbringt. Eine sehr viel grössere Gewalt aber wird auf die gesammte Wasserfläche des Polarmeeres durch den Wind erzeugt. Der Wind hat als rein mechanisches Agens einen unendlich grösseren meteorologischen Einfluss in den arktischen Gegenden, als man gewöhnlich anzunehmen geneigt ist. Eine Eisfläche, welche überall volle hundert Fuss dick, dabei aber hundert deutsche Meilen lang und ebenso breit wäre, besitzt trotz ihrer Mächtigkeit ein relatives Verhältniss ihrer Stärke zur Oberfläche wie etwa ein dünnes Blatt Papier, sie wird deshalb von einem starken Winde, der über sie hinwegstreicht, leicht verschoben, aufgebrochen und zusammengepresst werden können. Je grösser die Meeresfläche ist, um so widerstandsloser wird die Eisbedeckung sein. Somit konzentriren die arktischen Winde das Kälteprodukt des Polarwinters, das Eis, je nach ihrer Durchschnittsrichtung alljährlich bald hierhin, bald dorthin, und bestimmen dadurch höchst wahrscheinlich die jeweilige Lage desjenigen Punktes der Erdhälfte auf dem „das grösste Quantum Kälte" aufgespeichert ist, wenn ich mich so ausdrücken darf. Es liegt auf der Hand, dass durch diese Verschiebung der Treibeismassen ein ungeheurer Einfluss auf die meteorologischen Verhältnisse der östlichen oder westlichen Halbkugel während des darauffolgenden Sommers geäussert werden kann; ein Einfluss, der bald die Bewohner des einen Erdtheils noch im Monat Juni zum Heizen ihrer Zimmer zwingt, während diejenigen eines andern Erdtheils vielleicht schon im Monat Januar oder Februar Blumen im Freien pflücken können.

Ganz anders verhält es sich mit dem festen Lande, wo die Sonnenwärme nur bis zu einer gewissen Tiefe in den Erdboden eindringt, und alles, was sich darunter befindet, sei es gefrorner Boden oder Schichten reinen Eises, unverändert bestehen lässt, wie wir dies an den Eisschichten des Ufers des Yukon-Stromes sahen.

Am Nachmittag des 7. August trafen wir wieder einen Seitenkanal des Yukon, der den Namen Tuenirok führt. Hier schlugen wir wieder in der Nähe eines Kwikpagemutendorfes Holz und traten bald darauf in eine etwas höher sich erhebende Uferlandschaft ein, welche etwa zehn englische Meilen unterhalb der Station Andrejewski beginnt und das Delta sowie die Tundra an dieser Stelle abschliesst. Während die Tundra durch einzelne Hügelreihen nur hin und wieder unterbrochen wird, u. a. durch den isolirt stehenden Kusilwak, südlich von der Hauptmündung, ferner durch die fünfzig englische Meilen südwestlich von Letzterem gelegenen fünf erloschenen Vulkane, die ich späterhin besuchte, sowie durch Cap Romanzoff und Cap Vancouver, treten die Hügelreihen, welche wir jetzt erreicht hatten, als eine zusammenhängende Erhöhung von etwa fünfhundert bis achthundert Fuss auf.

Um elf Uhr in der Nacht erreichten wir die Handelsstation Andrejewski. Wie die meisten Handelsstationen der Alaska-Commercial-Company, ist auch dieser Punkt schon von den Russen in der Zeit vor 1868, bis zu welchem Jahre sie die Herrschaft von Alaska besassen, errichtet worden. Ich darf vielleicht die allgemeine Einrichtung dieser Handelsposten hier kurz beschreiben.

Zu einer solchen Station gehören stets mehrere Häuser und Gebäude. Da ist zunächst der gut eingerichtete Laden, welcher die sämmtlichen Manufactur- und Kolonial-Waaren enthält, die als Tauschartikel beim Handel mit den Eingebornen verwendet werden, und in welchem sich auch die eingekauften Felle und andern Waaren befinden. Da ist ferner das Wohnhaus für den Agenten, welcher der Station vorsteht, sowie ein Wohnhaus für die Arbeiter, da ist sodann das in Alaska unvermeidliche, bereits beschriebene Badehaus und endlich ein nach Eskimoart auf hohen Pfählen errichtetes Vorrathshaus, in welchem sich getrocknete Fische, Futter für die Hunde, sowie die Schlitten und Hundegeschirre befinden. Die innern Räume dieses Hauses sind für die Hunde absolut unerreichbar. Um diese ganze Anlage war in früherer Zeit ein hoher hölzerner Zaun aus Pfählen als Schutz gegen nächtliche Ueberfälle feindlicher Eingebornen errichtet worden; neuerdings aber, wo sich die friedlichen Beziehungen zwischen der Bevölkerung und der Alaska-Commercial-Company vergrössert haben, sind in den Zäunen vielfach Lücken entstanden. Ausserhalb der Station siedeln sich gewöhnlich einige Familien von Eingeborenen an, welche sich mit den Abfällen von dem Tisch der weissen Leute begnügen.

Die Händler, welche solchen Stationen oder Handelsposten vorstehen, halten sich in der Regel zwei bis sechs Hülfshändler, welche meist Halbbluts aus Russen und Eingebornen sind. Gegen den Winter hin, wenn die Handelsreisen vor sich gehen, nachdem das Thermometer auf 40 und 60 Grad Kälte nach Fahrenheit gefallen ist, werden die halbwilden Hunde der Station gesammelt, in die Geschirre gesteckt und vor den Schlitten gespannt. Man beladet die Schlitten mit weissem und buntem Baumwollenzeug, Pulver, Blei und Zündhütchen, Tabak, Streichhölzern, Nadeln, Messern, Perlen u. s. w., kurz mit Allem, was das Herz eines Eskimos oder Indianers und seiner Schönen zu entzücken vermag. Nun geht die Fahrt los, gerade aus über die gefrorenen Binnengewässer, Meeresbuchten und Flüsse, über hart gefrorenen Sand und knisternden Schnee, bis man in einer Entfernung von fünfundzwanzig bis dreissig englischen Meilen nach dem nächsten Dorf kommt. Hier entwickelt sich alsdann ein lebhafter Handel, indem die Eingebornen die von ihnen erbeuteten Felle der Pelzthiere gegen europäische Waaren umtauschen. Während der Fahrt laufen gewöhnlich zehn bis zwölf Hunde, die an einer Hauptleine ziehen, vor dem Schlitten, so dass je zwei und zwei Hunde neben einander ziehen, der vorderste Hund geht allein und dient als Leithund.

Er dreht beim Laufen fortwährend den Kopf links und rechts nach dem Lenker des Schlittens herum, und achtet darauf, welches Zeichen ihm dieser dadurch giebt, dass er mit der Hand oder dem Peitschenstiel nach der nun einzuschlagenden Richtung zeigt. Ein guter Leithund ist sehr viel mehr werth als die gewöhnlichen Hunde; er versteht nicht selten sogar den Zuruf seines Herrn, und wirft nur hiernach sich richtend, den Zug der Hunde nach der gewünschten Richtung herum. Es giebt aber auch schlechte Leithunde, bei denen es nöthig ist, jede Aenderung der Schlittentour durch einen Hieb mit der weitreichenden Peitsche zu veranlassen.

Jeder Händler am Yukon-River besitzt etwa sechs bis zehn Schlitten und hierzu mitunter vierzig bis siebzig Hunde. Diese Thiere sind die sogenannten Wolfshunde, dieselben, welche auch in Laborador und Grönland zum Schlittenziehen verwendet werden. Man kann nicht behaupten, dass diese Thiere durch Leckerbissen verwöhnt werden. Sind schon die Eingebornen an sich wenig wählerisch in Bezug auf ihre Lebens- und Nahrungsmittel, so gestatten sie ihren Hunden erst recht nicht, sich zu Gourmands zu entwickeln. Die gewöhnliche Nahrung der Hunde während des Winters besteht entweder aus rohen gefrorenen Fischen oder, falls man die Hunde für eine weitere Reise kräftig machen will, aus einer Suppe von Fischen mit Thran und Seehundsspeck. Die Hunde sind sehr gefrässig, und es giebt beinahe keinen durch Zähne angreifbaren Gegenstand, über welchen sie nicht herfallen, wenn sie können. Man muss unausgesetzt auf die Hunde aufpassen, sonst fressen sie Alles, ihr Geschirr, die Fellboote, ja sie reissen sogar ihrem Herrn die Pelzkleider vom Leibe. Ich erwachte einmal in dem auf die Bootsreise folgenden Winter davon, dass mir auf einer Schlittenreise einer meiner Hunde die Stiefel von den Füssen abzufressen versuchte. Beim Vertheilen der Rationen an die Hunde muss man genau aufpassen, dass jeder von ihnen auch wirklich das ihm zuertheilte Quantum verzehrt und desselben nicht durch andere Hunde beraubt wird. Es giebt Räuber unter den Eskimo-Hunden, die so gefrässig sind, dass sie ihre Portionen in wenigen Sekunden verschlingen und sich dann auf die jüngsten Thiere stürzen, die ihnen ihre Mahlzeit wider-

standslos überlassen müssen. Wenn der Herr des Schlittens nicht
gut aufpasst, so sind die ihrer Nahrung beraubten schwächeren
Hunde in kurzer Zeit unfähig, den Schlitten zu ziehen. Ich besass
einmal auf einer späteren Schlittenreise, bei der es überhaupt sehr
knapp herging, einen solchen räuberischen Hund, der noch ganz
wohlgenährt einherlief, als alle seine Kameraden längst zu halben
Skeletten abgemagert waren. Dieser Hund hatte noch ausserdem
die Eigenschaft, dass er beim Schlittenziehen sich zu „drücken"
versuchte. Ich traktirte ihn für beide Arten von Frevelthaten so
oft und so nachdrücklich mit der Peitsche, dass er in meiner
Gegenwart sich sehr zusammennahm und solche Furcht bekam,
dass er heftig zitterte, wenn er meine Aufmerksamkeit auf sich
gerichtet sah. Kaum aber hatte er, da seine Augen fortwährend
auch während des Schlittenziehens nach meinem Gesichte gerichtet
waren, einmal bemerkt, dass ich zufällig nach einer andern Stelle
blickte oder auch nur so that, so verfiel er sofort wieder in seine
alten Angewohnheiten.

Man kann auf Schlittenfahrten bei gutem Fahrgrund innerhalb 12 bis 16 Stunden eine Strecke von 30 bis 50 engl. Meilen
zurücklegen, die Durchschnittslänge einer Tagereise beträgt indessen
nur 20 bis 25 engl. Meilen.

Als wir auf unserer Dampferschleppfahrt in später Abendstunde uns der Station Andrejewski genähert hatten, empfing uns
das wüthende Geheul der zur Station gehörenden Hunde. Wir
mussten hier einen längeren Halt machen, nicht nur für diese
Nacht, sondern auch für die nächsten zwei Tage, weil es nothwendig geworden war, unsere Fellboote aus dem Wasser zu ziehen.
Diese Baideras sind ganz eigenthümliche Fahrzeuge. Ihr Gerüst
besteht aus drei in der Richtung des Kiels sich erstreckende
Längs- und einer grösseren Anzahl Querrippen sowie einem daran
befestigten Bordkranz aus Holz. Ueber dieses Gerüst sind zusam-
mengenähte Felle gespannt. Wenn man in solchen Baideras oder
Fellbooten, die den grossen grönländischen Weiberbooten gleichen,
längere Zeit hindurch, etwa eine volle Woche, auf dem Wasser
gefahren ist, so erweichen sich allmählich die eingeölten Felle, und
der ganze Ueberzug wird annähernd so elastisch wie eine Gummi-

decke. Tritt man dann während der Fahrt zufällig statt auf eines
der im Boot quer über die Rippen gelegten Bodenbretter auf den
Fellüberzug, so giebt dieser bis zu einem gewissen Grade nach,
und man fährt mit dem Fuss und dem Fell etwa 6 Zoll weit
aus dem Bootskörper heraus. Es erregt dieses Treten auf die
schlaff und nachgiebig gewordene Fellunterlage dasselbe eigenthümliche Gefühl, als wenn man nach einer Walfischjagd sich auf
dem abgelösten, neben einem Schiffe wie ein Floss auf dem Meere
schwimmenden Walfischspeck bewegt, der gleichfalls bei jedem
Schritte elastisch nachgiebt und auf und ab schwankt. Wenn die
Fellboote diesen Zustand angenommen haben, so ist es nothwendig,
sie an Land zu ziehen, zu entleeren, umzukehren, zu trocknen und
nachher einzuölen.

Wir entluden also zunächst unsere Boote, was bis Mitternacht
dauerte und uns tausende von Mosquitostichen zuzog. Dann legten
wir uns in unsere Zelte, die wir zum Schutz gegen die Quäl-
geister sogar zunähten und brachten einige Stunden im Halb-
schlummer zu. Am andern Tage, während die Boote trockneten,
machten wir einige nothwendige Verbesserungen und verstärkten
unseren Proviant. Gleichzeitig erhielt die Station Besuch von den
Insassen zweier stromabwärts gekommener Fellboote, die von dem
Handelsposten Nulato am mittleren Lauf des Yukon-River vor
zehn Tagen abgefahren und nach Fort St. Michael bestimmt
waren. Nachdem die Fellüberzüge unserer Boote getrocknet waren,
wurden sie sorgfältig mit Thran eingerieben und die Abreise für
den andern Tag festgesetzt. Aber als wir um 3 Uhr in der Frühe
die Fahrzeuge ins Wasser lassen wollten, zeigte es sich, dass wir
unsere Rechnung ohne die Herren Hunde gemacht hatten, welche
die Fellüberzüge angefressen hatten. Nachdem der Schaden ausgebessert war, rüsteten wir uns wieder zur Abreise, beluden die
Fahrzeuge und fuhren um 7 Uhr früh ab.

Unser Lootse, Herr Pettersen, begleitete uns nur noch
eine kurze Strecke und übergab dann das Kommando einem jungen
Halbblut. Unterwegs trafen wir eine verlassene Fischerhütte an,
welche wir aus Mangel an Brennholz zerschlugen und an Bord
des Dampfers brachten. Am Abend dieses Tages erreichten wir

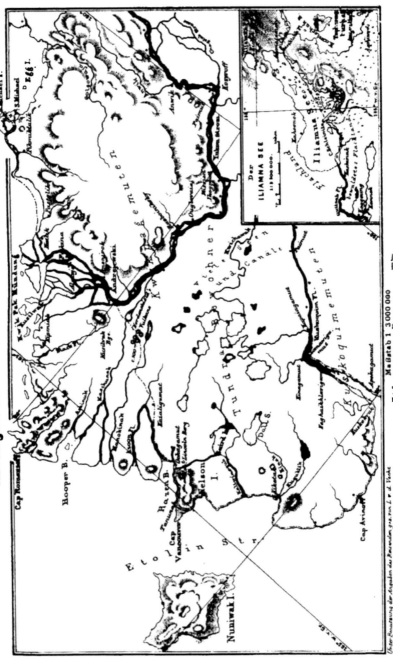

Das Mündungsgebiet des Kwik Pak oder Yukon-Stromes
mit Angabe der Route des Cpt. J. A. Jacobsen.

Maßstab 1 : 3 000 000

Der
ILIAMNA SEE
1 : 1 800 000

Iliamna See

Flachland

Kwik Pak Mündung

Kwichpak

Tundra

Kuskoquimemuten

Etolin Str.

Nunivak I.

Cap Romanzoff

Hooper B.

Razel B.

Cap Vancouver

Nelson I.

Cap Avinoff

St. Michael I.

Stuart I.

Kochner und Canal

Unter Benutzung der Angaben des Reisenden gez. von L. v. d. Vecht

das Dorf Razbolniksky, welches den Eskimonamen Ankasagemuten führt. Hier war die Mosquitoplage so ausserordentlich gross, dass wir uns mit unseren Fahrzeugen mitten im Strom vor Anker zu legen gezwungen sahen. Es kamen gegen Abend drei Bewohner des genannten Dorfes in ihren Kajaks zu uns an Bord und verkauften uns Enten, Gänse und Renntbierfleisch. Um 4 Uhr früh setzten wir die Reise bei Südweststurm und Regen fort und gelangten im Laufe des Vormittags in ein kleines Flüsschen, wo wir vor den Wellen geschützt liegen konnten. Beim Holzschlagen entdeckte ich am Ufer Spuren von Bären, welche ich, das Gewehr zur Hand nehmend, verfolgte, ohne dass es mir jedoch gelang, die Thiere aufzufinden.

XI.

Das Delta des Yukon-River hört eine kurze Strecke oberhalb
Andrejewski auf, da sich dort ein kurzer Ausfluss des Yukon befindet, welcher quer über die niedrige, flache ebene Tundra nach
Westen strömend zwischen Kap Romanzoff und Kap Vancouver
ins Meer fliesst. Es würde gewagt erscheinen, schon heute, bei
den noch wenig genau erforschten geographischen Verhältnissen von
Alaska die Behauptung aufzustellen, dass die ganze Tundra zwischen dem Yukon-River und dem Kuskoquim-River eigentlich nichts
weiter sei als Deltaland, welches im Laufe von Jahrtausenden durch
die gemeinsame Arbeit der beiden genannten Ströme entstanden ist,
die ursprünglich vielleicht sogar eine gemeinsame benachbarte Mündung gehabt haben. Die fortschreitende wissenschaftliche Forschung
wird hierüber wohl noch die nöthige Aufklärung geben. Die oro-
graphische Bildung der Mündungslandschaft beider Flüsse ist eine
solche, dass die Gebirgszüge auf dem rechten Ufer des Yukon und

auf dem linken Ufer des Kuskoquim-River beiderseits an die grossen Wasseradern herantreten, während umgekehrt zwischen beiden Flüssen bis weit über ihren unteren Lauf hinaus flaches Land existirt.

Nach einer verhältnissmässig ruhigen Nacht gingen wir am Freitag den 11. August Morgens 5 Uhr wieder weiter und fuhren bis 10 Uhr Vormittags, worauf die bekannte Pause zum Holzschlagen gemacht wurde. Leider aber sollten wir unsern Weg diesmal nicht ungehindert fortsetzen, denn kaum hatten wir den Anker gehoben, als wir das Unglück hatten, dass unser Dampfer auf Grund gerieth. Trotz unserer grössten Anstrengungen gelang es uns nicht wieder, frei zu kommen, obgleich viele Einwohner eines benachbarten Eskimodorfes herbei kamen und sich mit uns alle erdenkliche Mühe gaben, indem sie ins Wasser stiegen, und durch Schieben, Stossen etc. sich an der Arbeit betheiligten. Es blieb nichts anderes übrig, als den Dampfer zu entladen, wodurch er wieder flott wurde und ihn wieder zu beladen, bevor wir unsere Reise fortsetzen konnten. Im Ganzen genommen hielt uns dieser Unfall einen vollen Tag auf. Bei Fortsetzung der Fahrt passirten wir am rechten Ufer eine lange Bergkette, deren Abhang nach dem Flusse zu zahlreiche Ueberreste ehemaliger Eskimowohnungen enthält. Hier sollen früher einmal tausende von Eskimos gewohnt haben, welche zu einer Art Flusspiraten vereinigt, ihre Macht und ihr Ansehen dadurch vergrösserten, dass sie die Bemannung eines jeden vorüberfahrenden Bootes gefangen nahmen, und zwangen, bei ihnen Wohnung zu nehmen. Ich gedenke späterhin, bei Beschreibung der Rückreise, noch kurz auf diese merkwürdige Ruinenstadt zurückzukommen, in welcher, wie die Sage geht, allein die Zahl der Tanz- und Festhäuser bis auf Hundert gegangen sein soll. Die Sage hat sich überhaupt dieser Gegend bemächtigt und es gelang ihr, auch mich irre zu führen, wovon ich späterhin berichten werde.

Nachdem wir bei Fortsetzung unserer Fahrt noch drei Dörfer passirt hatten, gelangten wir Abends in die Nähe der Handelsstation der Alaska-Commercial-Company Mission, konnten aber wegen Mangel an Holz unsern Weg nicht bis zu diesem Orte fortsetzen. Erst am andern Morgen landeten wir daselbst, und hatte ich Gelegenheit, während meine übrigen Reisegefährten Holz

schlugen, bei den hier wohnenden Kwikpagemuten eine Menge
sehr interessanter ethnographischer Gegenstände, bestehend aus
Steinäxten, Speerspitzen, knöchernen Schnitzereien etc., zu kaufen.

Die Station Mission ist der Mittelpunkt der russischen Mis-
sions-Bestrebungen am Yukon und dadurch zugleich in Nordwest-
Alaska. Als die Russen sich in Alaska festgesetzt hatten, wurden
dorthin Geistliche berufen, zunächst zu dem Zwecke, um die seel-
sorgerische Arbeit für die Beamten der russischen Kolonien zu
leisten. Im Laufe der Zeit aber, und, jemehr sich die einheimische
Bevölkerung auf den Aleuten, in Cooks-Inlet, am unteren und
oberen Yukon, und am Nortonsund mit den Russen vermischte,
trat auch die russische Seelsorge für sie in Thätigkeit. Hiermit
war der Anfang gemacht, auch die heidnische Bevölkerung zu
bekehren, und allmählich überzog die russische Mission den grös-
ten Theil von Alaska mit einem Netz von Stationen. Nachdem nun Alaska in den Besitz der amerikanischen Regierung gelangt war, zogen sich die russischen Beamten nach ihrer Heimath
zurück, die Missionäre dagegen, denen es im Lande sehr wohl gefiel, blieben sitzen und treiben heute noch unbehelligt von der
amerikanischen Regierung ihr Bekehrungswerk weiter, und es ist
ihnen auch grösstentheils zu verdanken, dass die Lebensweise der
Eskimos und Indianer in Alaska eine geregeltere geworden ist.
Sämmtliche Missionäre stehen unter einem russischen Bischof, welcher in San Francisco wohnt und alle Jahre eine Reise nach
Alaska macht, um die dortigen Missionäre zu inspiciren. Derselbe
ist von dem, der Alaska-Commercial-Company gehörenden Dampfer
St. Paul im Juli 1882 wenige Tage vor meiner Ankunft über
Bord gesprungen oder gefallen, man weiss es nicht genau, und wurde
späterhin seine Leiche im Nortonsund aufgefunden.

Eine Stunde oberhalb der Station Mission bildet das rechte
nördliche Flussufer ein ziemlich steiles Vorgebirge, welches hart
an den Fluss herantritt und daselbst die erste bedeutende Stromschnelle erzeugt, in der das Wasser mit etwa sechs Knoten Geschwindigkeit strömt. Unser kleiner Dampfer „New Racket" hatte
grosse Mühe, uns über dieses Hinderniss hinwegzubringen. Wir
hatten in der Station unsere Lootsen erneuert und fuhren denselben

Tag noch bis Abends 9 Uhr. Am andern Morgen früh um
fünf ging es weiter und passirten wir im Laufe des Vormittag
die beiden ersten Dörfer der indianischen Bevölkerung, welche,
wie bereits bemerkt, von den Eskimos Ingalik genannt werden.
In dem einen Dorf kauften wir eine alte Hütte, die wir zerschlugen und als Brennmaterial verwendeten.

Bei Fortsetzung der Fahrt ereignete sich ein kleines Abenteuer.
Zwei Indianer hatten sich mit ihren birkenen Canoes an unsern
Schleppzug angehängt, und hielten sich dicht hinter meinem Fellboot. Durch Unvorsichtigkeit beim Steuern geriethen die Canoes
quer gegen den Strom und da sie an mein Boot angebunden waren,
so schlugen sie in einem Augenblick voll Wasser und kenterten.
Es gelang uns, die beiden Indianer zu retten, welche zu mir an
Bord enterten, die Canoes jedoch mussten wir, wenn wir nicht
selbst in Gefahr gerathen wollten, losschneiden. Wenig bekümmert
um die Havarie machten es sich unsere fremden Gäste bei uns
bequem und blieben an Bord bis zu dem nächsten Punkte, wo
wir Holz schlugen. Da kam zufällig ein Landsmann und Stammes-
genosse von ihnen, ein Ingalik, den Yukon-River mit mehreren
leeren Canoes herab, welche er weiter unterhalb bei den Kwikpagemuten zu verkaufen beabsichtigte. Mit diesem Manne fuhren
die beiden Schiffbrüchigen zurück und unterstützten ihn in der
Lenkung seiner Fahrzeuge. Als wir am Abend 9 Uhr vor Anker
gingen und unser Zelt im Boot errichteten, war die Mosquitoplage
so gross, dass es kaum zum Aushalten war.

Am nächsten Tage änderte sich das landschaftliche Bild ein
wenig. Nachdem wir zwei Ingalikdörfer passirt hatten, in deren
jedem wir Holz kauften, und nachdem wir zu unserem nicht ganz
sicheren Lootsen noch einen zweiten hinzugenommen hatten, wurde
uns zum ersten Mal auf unserem Wege von der Mündung des Flusses
an der Anblick schwarzer Erde zu Theil, und gleichzeitig trat eine
entschiedene Veränderung in der Vegetation ein, indem sich Coni-
ferenwälder längs der Ufer hinzogen. Der Fluss, dessen Breite hier
etwa zwei bis drei englische Meilen beträgt, ist mit zahlreichen
kleinen Inseln bedeckt; seine Strömung hat eine Geschwindigkeit
von drei bis sechs Knoten und überall eine Tiefe, welche für einen

Dampfer von vier bis sechs Fuss Tiefgang vollkommen ausreichend war. Am Abend desselben Tages erreichten wir wieder eine Handelsstation der Alaska-Commercial-Company. Es war dies die hauptsächlich zum Zwecke des Tauschhandels mit den Ingalik gegründete Station Anwik. Hier mündet von Norden her der eine englische Meile breite Anwik-River. Da der Yukon-River in seinem ganzen unteren Laufe von der Spitze des Deltas an bis hinauf nach Nulato die Durchschnittsrichtung Südwest-Nordost besitzt, und die Richtung der Küste von Alaska zwischen Nortonbay und Kap Romanzoff ungefähr dieselbe ist, so befindet man sich in Anwik der Küste und besonders dem Fort St. Michael mindestens viermal so nahe, als es der weite Wasserweg vermuthen lässt. Die Alaska-Commercial-Company nutzt diesen Umstand während des Winters aus, indem sie in der Zeit der Schlittenfahrten eine Passage über Land von Anwik nach Fort St. Michael eingerichtet hat. Die Fahrt mit Hundeschlitten zwischen beiden Orten dauert nur zwei bis drei Tage. Der Vorsteher der Handelsstation Anwik war ein Landsmann von mir, ein Norweger Namens Frederiksen; wir trafen ihn indessen nicht zu Hause, da er mit dem Dampfer der Alaska-Commercial-Company nach dem oberen Laufe des Yukon gefahren war. Statt seiner machte seine liebenswürdige Frau, eine Halbrussin, welche die Schwester meines Dolmetschers und Reisegefährten Petka war, die Honneurs des Hauses. Abends erfrischten wir uns durch ein Dampfbad, in dessen Siedehitze sich glücklicherweise nur wenige Mosquitos bewegten.

Wir hatten wieder unser Boot entladen und es zum Trocknen hingelegt, indem wir zugleich die nothwendigen Ausbesserungen daran ausführten. Diesmal aber waren wir vorsichtiger wie in Andrejewski und stellten während der nächsten Nacht eine Wache auf, die das Boot vor den 50 oder 60 Hunden der Station zu beschützen hatte. Mein Versuch, in Anwik bei den dortigen Ingalik ethnographische Gegenstände zu kaufen, war von keinem grossen Erfolg begleitet, da diese Leute, welche überhaupt auf einer tieferen Stufe geistiger Ausbildung stehen als die Eskimos, nur sehr wenig von dergleichen Dingen besassen. Ich kaufte einige von ihnen gefertigte rohe Töpfe.

Die nächsten Tage gewährten ein ziemlich einfaches Bild der Reise. Ich beschränke mich darauf, in Bezug auf sie die betreffende Stelle meines Tagebuches hier mitzutheilen.

Donnerstag den 17. August. Wir beluden unsere Boote und waren um 6 Uhr Morgens reisefertig. Es regnete fast den ganzen Tag bei kaltem nordwestlichen Winde. Wir nahmen zweimal des Tages Holz ein und ankerten Abends in später Stunde am Ufer.

Freitag den 18. August. Fuhren früh Morgens ab. Es regnete immerfort. Wir legten bei mehreren Ingalikdörfern an, um Holz zu kaufen. Es scheint, als besitzen die hiesigen Indianer fast gar keine ethnographischen Gegenstände aus früherer Zeit, so dass ich unter ihnen wohl nur wenig werde sammeln können. Abends hatte einer von den Goldsuchern, Namens Charles Sauerbrei, das Unglück, seinen Fuss beim Holzhauen zu beschädigen, wodurch er für lange Zeit am Arbeiten verhindert wurde.

Sonnabend den 19. August. Fuhren Morgens 5 Uhr ab. Nahmen im Laufe des Tages dreimal Holz ein, so dass wenigstens sechs Stunden durch Holzschlagen verloren gingen. Weil hier kein Treibholz mehr am Ufer gefunden wird, so müssen wir oft das grüne Holz der Bäume schlagen. Passirten bei westlichem Wind und schönem Wetter die zweite Stromschnelle, mussten jedoch Abends frühzeitig anlegen, weil das Steuer des Dampfers beschädigt war, reparirten letzteres jedoch noch an demselben Tage.

Sonntag den 20. August. Schönes Wetter und warm. Kauften ein ganzes Indianerhaus als Brennholz und machten gute Fortschritte auf der Fahrt. Unser Dampfer bewährt sich vorzüglich, wenn wir gutes Holz haben; es wird aber schwer fallen, dieses stets zu bekommen.

Soweit das Tagebuch. Eine freudige Ueberraschung gewährte es uns am Abend dieses Tages, als wir mitten auf dem Strom dem Dampfer „Yukon" der Alaska-Commercial-Company begegneten. Am Bord desselben befand sich der bereits genannte Hauptagent aus Fort St. Michael, Hr. Lorenz, welcher von einer Handelsfahrt zurückkam, die sich 1800 englische Meilen den Yukon hinauf bis Fort Reliance erstreckt hatte. Es war dies die gewöhnliche Hauptfahrt des Jahres gewesen, auf der er die

Beziehungen seiner Gesellschaft zu allen ihren Stationen auf dem Flusse in gewohnter Weise unterhalten hatte. Er kehrte jetzt nach St. Michael zurück, um von dort, so lange als es die Jahreszeit noch erlaubte, wiederum mit neuen Waaren nach dem unteren Laufe des Yukon zurückzukehren und eine zweite Sendung Tauschartikel abzuholen, welche vor Eintritt des Winters noch bis Nuklukayet — dem Endpunkt unserer Expedition — geschafft werden sollten. Der Dampfer „Yukon" sollte am letztgenannten Orte zugleich mit unserem Dampfer „New Racket" überwintern, was späterhin auch der Fall war.

An Bord des Dampfers „Yukon" befand sich Frau Lorenz, die hochgebildete liebenswürdige Gemahlin des Hauptagenten, welche vielleicht als die erste weisse Dame ihrem Manne bis in diese entlegene Gegend gefolgt war. Die Freude der Begegnung war auf beiden Seiten gleich gross. Trotz der Eile, welche wir Alle hatten, machten wir unsere beiden Dampfer am Gestade einer kleinen Insel fest und verplauderten gemeinschaftlich den Rest der Nacht. An Bord des Dampfers „Yukon" befanden sich mehrere Händler und Agenten der Alaska-Commercial-Company, darunter der schon genannte Hr. Frederiksen aus Anwik und Hr. Mayo aus Nuklukayet. Der Letztgenannte, welcher im Festlande von Nordamerika, im Staate Kentucky geboren war, hatte eine interessante Vergangenheit erlebt. Er war vor Jahren aus seiner Heimat aufgebrochen und hatte, immer zu Fuss wandernd, alle möglichen Staaten und Städte im Nordwesten gesehen und vielfach sein Heil als Goldgräber versucht. So war er endlich auch im Jahre 1881 nach Fort St. Michael gekommen und hatte dort zum ersten Mal in seinem Leben ein grosses Segelschiff und die offene See erblickt. Es befand sich auch an Bord der Signal Service Officier in St. Michael Hr. Leawitt. Unsere Unterhaltung war, wie man sich denken kann, eine sehr lebhafte, denn wir selbst waren als die Ueberbringer der neuesten Nachrichten aus der Welt den genannten Beamten hoch willkommen, und diese wiederum wurden mir nicht minder lieb und werth durch die ausserordentliche Freundlichkeit, mit der sie allen meinen etwaigen Wünschen in Bezug auf meine Expedition entgegenzukommen sich bereit erklärten. Eine Aenderung im Personenstand beider Gesellschaften hatte dieses Zusammentreffen jedoch zur Folge, eine Aenderung, die mich am meisten betraf, indem sich mein Reisekollege, der Berichterstatter des New-York Herald, Hr. Woolfe, von mir trennte und an Bord des Yukon ging. Er hatte nämlich den Wunsch, möglichst früh wieder in Fort St. Michael zu sein, da er hoffte, dass der in der Beringsstrasse zur Verhütung des Schmuggelhandels stationirte amerikanische Zolldampfer ihm über die Expedition des Schiffes „Rodgers", welches zur Aufsuchung des Polarschiffes „Jeannette" in der Richtung nach Wrangelland ausgesandt worden war, bei seiner nächsten Landung in Fort St. Michael würde Mittheilung machen können. Wie der Erfolg lehrte, hatte Mr. Woolfe ganz richtig gerechnet, denn es gelang ihm, am Tage seiner Ankunft in Fort St. Michael Nachrichten über die betreffende Expedition von der Besatzung des Zolldampfers zu erlangen und als Telegramm an Bord desselben Schiffes nach San Francisco mitzusenden, von wo sie nach New-York befördert wurden. Ich trennte mich mit herzlichem Abschied von meinem Reisegefährten, dem ich späterhin wieder begegnete.

Am andern Morgen um 3 Uhr setzte Hr. Lorenz und seine Gesellschaft stromabwärts die Reise weiter fort, während wir einige Stunden später dasselbe stromaufwärts thaten. Um Mittag erreichten wir Nulato, eine Handelsstation der Alaska-Commercial-Company und gleichzeitig auch eine Station der damals noch existirenden Western Fur Trading-Company.

Es ist vielleicht hier der Ort, einige Bemerkungen über die letztgenannte Gesellschaft einzuschalten. Neben der Alaska-Commercial-Company bestand eine Concurrenz-Gesellschaft mit dem Hauptsitz in San Francisco, welche auf demselben Handelsgebiet dieselben Handelszwecke verfolgte. Es war dieses die Western Fur Trading-Company. So lange als beide Gesellschaften zugleich bestanden, erzielten die Eingeborenen für ihre Felle und sonstigen Tauschartikel sehr hohe Preise, da die Agenten sich gegenseitig überboten. Schliesslich jedoch blieb die Alaska-Commercial-Company Siegerin, während ihre Concurrentin nach einem Verlust von mehr als einer Viertelmillion Dollars vom Schauplatze zurücktrat. Letzteres geschah erst im Frühjahr 1883, woselbst die Alaska-Commercial-Company die Mehrzahl der Handelsstationen der Western Fur Trading-Company übernahm. Damals, als ich den Yukon bereiste, bestanden noch beide Gesellschaften neben einander, und muss ich lobend hervorheben, dass mehrere ihrer Vertreter, darunter Mr. Greenfield, in Fort St. Michael mir und anderen Reisenden das zuvorkommendste Benehmen und die freundlichste Unterstützung haben zu Theil werden lassen.

In Nulato hatte sich im Frühjahr 1882 in Folge des bei Hochwasser eingetretenen Eisganges das Unglück ereignet, dass die beiden Handelsstationen zerstört und ein dort überwinternder Dampfer beinahe zerdrückt wurde. Auch die Indianeransiedelung um die Station ging hierbei verloren. Die hier wohnenden Indianer sind sehr heimtückischer Natur, indem einer von ihnen in einer Aprilnacht des Jahres 1881 einen Händler der Alaska-Commercial-Company ermordet hatte. Unsere Goldgräbergesellschaft, welche davon gehört hatte, dass der Mörder noch in Nulato lebte und noch keine Strafe erhalten hatte, beschloss, ihn zu lynchen. Aber auch in Nulato, wie in Nürnberg, wird keiner eher gehängt, als bis er sich hat kriegen lassen. Die Wahrheit dieses Satzes wusste der indianische Mörder sehr zu beherzigen, denn jedesmal, seit dem Tage seiner Unthat, sobald er ein Dampfschiff herauf oder herunter kommen sah, entfloh er in den nahen Wald und hielt sich dort so lange verborgen, bis die Luft wieder rein war. So ging es auch während unserer Anwesenheit, wo er absolut unsichtbar blieb.

Am Morgen des 22. August setzten wir unsern Weg fort und nahmen von 11—1 Uhr in einem Indianerdorf Holz ein. Die Männer waren alle auf Jagd, und die Weiber des Dorfes, etwa zehn an der Zahl, zeigten sich durch unsere Anwesenheit nicht im geringsten genirt, sondern halfen uns unter Scherz und Lachen Holz an Bord schleppen und liessen sich die ihnen dafür gebotenen Bisquits gut schmecken. Eins der Mädchen machte sogar Anstalten, mit uns zu reisen; möglicher Weise hatte sie die Absicht, zum Besuch von Verwandten nach einem oberhalb belegenen Indianerdorfe sich zu begeben. Am Nachmittag dieses

Tages passirten wir die dritte Stromschnelle. Eine Stunde später hatten wir das Unglück, dass unser Dampfer gegen einen unter Wasser befindlichen Baumpfahl lief, wobei das rechte Ruder abbrach. Wir hatten bis zum andern Vormittag damit zu thun, den Schaden zu repariren. Am andern Tage erblickten wir bei Fortsetzung der Fahrt wieder an der steilen Uferböschung jene eigenthümliche Eisschicht mitten zwischen Erdschichten. Zugleich schwamm eine grosse Menge Treibholz, aus altem und grünem Holze bestehend, den Strom hinab. Es war, wie dies häufig zu geschehen pflegt, wahrscheinlich wieder eine grössere Uferstrecke eingestürzt und hatte ihre Sandmassen nebst dem darauf vom Hochwasser abgelagerten Treibholz sowie den natürlichen Baumbestand in die Fluten gestürzt. An diesem Tage mussten wir schon um 5 Uhr Station machen, da unser Brennmaterial ausgegangen war.

Am nächsten Tage passirten wir verschiedene indianische Fischerdörfer. Wir legten um 11 Uhr an, um Holz zu schlagen, fuhren um 2 Uhr weiter und ankerten Abends an einem Fischerdorf. Der nächste Ort, den wir am andern Vormittag passirten, war wieder ein Fischerdorf, welches uns dadurch in Erinnerung blieb, dass bei unserer Annäherung ein wunderlich aussehender Kerl, ein Indianer, wie toll und wild herumsprang und uns allerlei drohende Zeichen machte. Er tanzte in aufgeregtester Weise wie ein Verrückter, schwang seine Mütze, warf sie auf die Erde und trieb diese Dummheiten so lange, als er uns in Sicht war. Der indianische Lootse und Bootssteurer, den wir bei uns hatten, erklärte uns das sonderbare Gebahren dahin, dass der Indianer unsern Dampfer verzaubern wollte, damit derselbe in den Grund sinke. Aber unser „New Racket" ging auf diese Idee nicht ein, sondern führte uns in stolzer Fahrt noch an demselben Tage an der hohen Bergkette Hotlotulei vorüber, deren beschneiter Gipfel uns die ersten Vorboten des nahen arktischen Winters zeigte.

Die Fischerei am Yukon-River unterscheidet sich einigermassen von derjenigen der südlicher gelegenen Theile der Nordwestküste von Amerika. Gewöhnlich bauen die Eingeborenen aus Treibholz ein hölzernes Gehege, welches vom Ufer aus schräg in den Fluss hinein läuft. Die Fische, welche im Strome gegen dieses Gehege kommen, werden dadurch in die innere Parthie desselben geleitet und gelangen dort in die aufgestellten Reusen. Bei den Ingalik von Nulato sah ich ein anderes Verfahren, um Fische zu fangen. Es lagen dort unweit des Ufers auf dem Strome etwa 15—20 aus Birkenrinde angefertigte Canoes, auf deren jedem ein mit einem grossen Käscher versehener Indianer stand. Diese Käscher, deren Kranz wohl 6—8 Fuss Durchmesser hatte und die eine sehr lange Stange besassen, wurden auf den Boden des Flusses gesenkt und alsdann das Boot der Strömung überlassen. Während sich der Käscher auf dem Grunde stromabwärts bewegte, geriethen die stromaufwärts schwimmenden Lachse in das Netz des Käschers. Sobald sich ein solcher Fisch bemerkbar machte, wurde er schnell aber vorsichtig aufgehoben, ins Boot genommen und todt geschlagen.

Am unteren Yukon werden oft neben den Fischgehegen mit Reusen auch Netze zum Fischfang benutzt, die aus einer Art Nesselfasern bestehen. Diese Netze werden quer über den Strom senkrecht ins Wasser gestellt, dergestalt, dass ihre Oberkante durch Rindenstücke schwimmend erhalten wird, während die durch Netzsenker beschwerte Unterkante auf dem Flussbette ruht. Der Fischer bleibt nun oben beim Netz, und sobald er an demselben den Ruck fühlt, den ein grosser, dagegen schwimmender Königslachs hervorbringt, so zieht er schleunigst das Netz an der Stelle, wo sich der Fisch verwickelt hat, in die Höhe, nimmt den Lachs ins Boot und schlägt ihn todt. Doch diese Fische sind oft sehr starke Burschen, welche mitunter ein Gewicht von 80—90 Pfund erreichen, wenn sie auch durchschnittlich nur halb so schwer sind. Diese Lachse wehren sich heftig, und so kommt es oft vor, dass bei den Anstrengungen der Fischer, die Thiere zu überwältigen, die leichten Kajaks kentern. Im günstigen Falle ist ein Fischer im Stande, viele Lachse hintereinander zu fangen. Da die getödteten Lachse das kleine Fahrzeug bald übermässig beschweren würden, so werden sie ausserhalb desselben befestigt. Die Hechte werden meistens mit knöchernen Angelhaken gefangen oder auch mit Köderfischen aus Knochen angelockt und alsdann vom Fahrzeug aus harpunirt. Im Winter, wo das Eis oft 5—7 Fuss stark wird, ist es ein hartes Stück Arbeit, die Fischreusen täglich zu leeren. Es werden in dieser Jahreszeit viele Weissfische, Lachse, Quappen und Hechte gefangen, hin und wieder auch eine Lachsforelle. Die Bewohner der Tundra leben meistentheils von einer kleinen Art schwarzer Sumpffische, welche in den zahlreichen Binnenseen, Kanälen, Bächen und Sümpfen zu Millionen vorkommen. Diesen Fischen habe ich keinen Geschmack abgewinnen können und sie nur als Futter für die Hunde benutzt. An der Seeküste werden viele kleine Fische gefangen, welche zu den Stinten gehören; es kommt dort auch eine Art vor, welche der-

Schlitten der Ingalik-Indianer am oberen Yukon.

jenigen gleicht, die in Norwegen den Namen Lodde führt. Letztere sind wegen ihres reichen Fettinhaltes sehr nahrhaft.

Die Küstenbewohner von Alaska leben während der eisfreien Saison vom Fang der Seethiere. Im Mai und Juni werden viele Walrosse gefangen, im Herbst, kurz bevor die Meeresbuchten zufrieren, werden viele Weisswale in mächtig grossen Netzen, deren Maschen aus fingerdicken Riemen von Walrossleder gemacht sind, gefangen. Diese Walart hat nämlich die Gewohnheit, sich möglichst dicht am Land zu bewegen. Man benutzt dies, indem man die Netze so in die See hineinstellt, dass der eine Flügel am Lande an einen Felsen befestigt wird, während der andere etwa 20—30 Klafter weit in See so fest wie möglich verankert wird. Die Seehundsnetze werden theils aus Sehnen, theils aus modernen Gespinsten hergestellt und damit viele Seehunde gefangen. Während des Winters, im Januar und Februar, findet der Fang des Maklak, welches eine Art Seehund ist, auf dem Eise mitunter sehr weit vom Lande statt. Dieser Fang gilt deshalb für sehr gefährlich, weil der Sturm oft die Eisdecke am Lande zerbricht und letztere weit hinaus ins Beringsmeer treibt, wo die Leute meistens ertrinken. Die Sage erzählt, dass die am Südende der Beringstrasse liegende St. Lorenzinsel durch Eskimos besiedelt worden sei, welche auf einem Eisfelde dorthin verschlagen worden sind. Der Maklakfang geschieht theils mit Gewehren und Harpunen, theils mit Harpunen allein. Die Eskimos bedienen sich bei diesem Fang der Kajaks, die sie auf kleine, besonders dazu eingerichtete Schlitten setzen und dadurch sowohl die Eisfläche wie auch die Wasserspalten im Eise überschreiten und den oft ins Meer sich stürzenden Seehund heranholen. Das Hauptnahrungs- mittel der gesammten Bevölkerung bleibt indessen der getrocknete und ein wenig geräucherte Lachs, welcher in ungeheuren Mengen zubereitet wird. Diejenige Familie, welche es versäumt, einen Vorrath von diesem Nahrungsmittel, das den Namen Yukala führt, zur richtigen Zeit zu beschaffen, wird während des Winters ge- wöhnlich durch Hungersnoth heimgesucht. So sind also die Alas- kaner im eigentlichsten Sinne des Wortes Ichthyophagen, und nicht nur sie allein, sondern auch ihre einzigen Hausthiere, die Hunde. Unsere Fahrt von Nulato bis oberhalb der Bergkette Hotlotulei ging verhältnissmässig langsam vor sich, nicht etwa weil die Maschine des Dampfers weniger gut arbeitete als bisher, sondern weil wir täglich fünf bis sechs Stunden lang dazu ver- wenden mussten, Holz zu schlagen. Am Sonntag den 27. August Nachmittags 5 Uhr erreichten wir endlich unser Ziel, die Station Nuklukayet, im Herzen froh darüber, dass die lange Schleppfahrt nunmehr beendet sei.

XII.

Nuklukayet, eine Station der Alaska-Commercial-Company,
war, wie bereits erwähnt, derjenige Punkt, von welchem aus die
Goldgräbergesellschaft des Hrn. Scheffelien ihre eigentlichen
Unternehmungen zu beginnen beabsichtigte, nachdem sie hierselbst
überwintert hatte. Vorher jedoch sollte, so lange es noch die
Jahreszeit gestattete, der Dampfer „New Racket" dazu benutzt
werden, einige Fahrten noch weiter oberhalb des Ortes auszuführen,
damit sich die Theilnehmer der Expedition eine möglichst weit-
gehende Kenntniss des Landes zu verschaffen im Stande seien.

Ich selbst musste meinen Aufenthalt in Nuklukayet auf das
allernothwendigste beschränken, da ich die 900 engl. Meilen lange
Rückfahrt bis zum Fort St. Michael noch vor Eintritt des Herbstes
zurückzulegen wünschte, indem ich auf diese Weise hoffen durfte,
mit einem der letzten abgehenden Schiffe Nachrichten nach San
Francisco resp. Europa senden zu können. Bevor ich indessen
meine Rückfahrt antrat, war es nöthig, mein Fellboot zu entladen,
dasselbe an Land zu ziehen und es so gut als möglich zu trocknen
und einzuölen. Gleichzeitig liess ich ein Segel anfertigen und be-

reitete alles zur Rückfahrt vor. Während der Hinauffahrt hatte
ich in jedem Dorfe der Kwikpagemuten und der Ingalik, wo wir
gelandet waren, die Aufforderung erlassen, dass man alle zum
Verkauf geeigneten ethnographischen Gegenstände bereit halten
möchte, da ich bei der Rückkehr bei jedem Dorfe anlegen und
Einkäufe machen würde. Gleich in Nuklukayet begann ich meinen
Tauschhandel; die dort wohnenden Indianer besassen jedoch nur
sehr wenig Gegenstände, welche ich für meine Zwecke gebrauchen
konnte, und selbst diese Sachen liessen sie sich sehr theuer bezahlen. Der Grund hiervon ist der, dass die Leute hierselbst in
einer an Pelzthieren reichen Gegend wohnen, und dass sie damals
durch die hohen Preise, welche ihnen von den beiden oben genannten concurrirenden grossen Handelsgesellschaften für ihre Jagdbeute gezahlt wurden, sehr verwöhnt waren.

Am Dinstag den 29. August trat ich nach einem freundlichen Abschiede von Hrn. Scheffelien und seinen Gefährten
den Rückweg an. Meine Mannschaft bestand aus meinem Reisegefährten Petka sowie aus einem Ingalik, welcher das Fellboot
der Goldgräbergesellschaft auf der Hinfahrt gesteuert hatte. Da
kein Wind wehte, so ruderten wir in der ziemlich starken Strömung
des Yukon-River hinab und passirten gegen Mittag das Dorf
Klokare-leten. Das rechte nördliche Ufer des Yukon-River von
Nuklukayet bis etwa 20 englische Meilen oberhalb Nulato besteht
aus einem ziemlich steil ansteigenden Gebirge von 1000—3000 Fuss
Höhe, das linke südliche Ufer jedoch ist meist flach, mit Ausnahme der Gebirgskette des Ortes Nukakiet. Wir erreichten dieses
Dorf erst spät Abends 10 Uhr und wurden von einem dort wohnenden Finnländer, Namens Kakeraien, sehr gut aufgenommen
und bewirthet. Am andern Morgen 8¹/₂ Uhr wurde die Reise
fortgesetzt und das Dorf Delsanorvit erreicht. Es war dieses
dasselbe, an dessen Ufer sich wenige Tage vorher jener indianische
Schamane vergeblich bemüht hatte, unsern Dampfer in den Grund
zu zaubern. Ich hatte hierselbst den seltenen Anblick eines
kurz vorher gefangenen Riesenhechtes, welcher Fisch 50—60
Pfund schwer war. Weiterhin besuchten wir das Dorf Makkat-
mekettan, gingen jedoch trotz starken Gegenwindes nach ganz

kurzem Aufenthalt wieder an Bord. Die Bevölkerung
zeigte im Allgemeinen ein selbstbewusstes, wenig be-
scheidenes Benehmen, welches sich bis zur Unverschämtheit steigerte. Hierzu kam noch, dass, wie ich glaube,
der Ingalik, welcher sich bei mir an Bord befand, seine
Landsleute gegen mich aufstachelte. Wir waren nämlich unterwegs an einer indianischen Grabstätte vorbei-
gekommen, aus der ich für die Wissenschaft einen
Schädel gerettet hatte, und unser Indianer mochte wohl
seinen Landsleuten hierüber Mittheilungen gemacht haben,
ohne dass wir seine Worte verstanden.

Die Ingalik sowohl wie die Kwikpagemuten pflegen
ihre Verstorbenen auf folgende Weise zu beerdigen: Es
werden vier Pfähle in die Erde getrieben, deren oberes
Ende den Erdboden um etwa Mannshöhe überragt; auf
diese Pfähle wird die Grabkiste gestellt. Diese Kiste
besteht aus zwei rechtwinkligen länglichen Kisten, einer
inneren und einer äusseren, zwischen denen sich eine
luftabschliessende Schicht aus Lehm oder Thon befindet.
Die innere Kiste enthält die Leiche, welche durch die
Lehmschicht vor der Einwirkung der atmosphärischen
Luft geschützt ist. Die äussere Kiste bildet das eigentliche Grabmonument und ist gewöhnlich mit rothen und
schwarzen Figuren bemalt. Diese Malereien stellen
Scenen der Jagd und des Fischfanges dar und illustriren
die Thaten des Verstorbenen. Die rothe Farbe, welche
zu diesen Zeichnungen benutzt wird, besteht aus einem
in Alaska gefundenen Thon, die schwarze dagegen ist
ein künstliches Produkt aus Lachsrogen, welcher als
Klebemittel wirkt, und zerriebener Holzkohle. Am
oberen Yukon zwischen Nuklukayet und Nulato habe
ich auf indianischen Begräbnissplätzen auch solche
Grabkisten gesehen, welche zur Hälfte in die Erde ein-
gescharrt waren, und auf deren oberem Deckel sich eine
grosse Menge Holz befand. An den Begräbnissplätzen
sieht man Waffen und Fischereigeräthe, bei den Grab-

Bogen der Ingalik am oberen Yukon.

kisten der Frauen Hausgeräthe und Bekleidungsstücke aufgehängt
oder herumgelegt.

Bei Fortsetzung unserer Fahrt erreichten wir noch an demselben Tage die Dörfer Norraden-kulten und Belase-karat. Bei
nördlichem Sturm und Gegenwind erreichten wir am andern Tage
Mittags Nusaron und gegen Abend das Dorf Kommensita, ohne
dass ich irgend welche Gegenstände durch Kauf erwerben konnte.
In dem letztgenannten Dorfe befand sich viel Brennholz, von
welchem wir eine kleine Quantität zum Kochen unserer Speisen
an Bord nahmen. Während dieses geschah und ich ins Dorf ging,
um Einkäufe zu machen, gingen die Indianer zu offener Feind-
seligkeit über. Es stürzten sich plötzlich sechs bis sieben Mann
zu uns an Bord, rissen das bereits aufgeladene Brennholz wieder
heraus und schleuderten es ans Ufer. Mein Dolmetscher Petka
bekam grosse Angst und rief zum eiligen Aufbruch, indem er
meinte, die Indianer würden uns räuberisch überfallen und uns
unseres für ihre Verhältnisse grossen Eigenthums berauben. Es
war immerhin möglich, dass diese Leute, deren unverschämtes
Wesen damals den höchsten Grad erreicht hatte, und die nicht
wie die Bewohner von Vancouver unter dem Eindruck der Furcht
vor rächenden Kanonenbooten standen, auf den Gedanken gekommen waren, uns zu erschlagen und unser Eigenthum an sich zu
reissen. Möglicherweise wollten sie diese That unter dem Schutze
der Nacht und auf den schweigsamen Wellen des Stromes ausführen, denn sie bemannten mehr als ein halbes Dutzend Fahrzeuge, mit denen sie uns folgten. Petka ruderte uns in einen
weiter unterhalb beginnenden kleinen Seitenarm des Flusses, wo
wir unbehelligt während der Nacht kampirten, während einzelne
Regenschauer und stürmische Böen über unseren Häuptern hinzogen.
Auch die Abreise am nächsten Morgen zog uns weiter keine Verfolgung zu, und wir fuhren stromabwärts, bis wir gegen Mittag
abermals ein Indianerdorf antrafen und wenige Stunden darauf
an der Mündung des Kujikuk-River vorüber fuhren. Der Wind
ging hier mehr nach Nordosten herum, so dass wir das Segel gebrauchen konnten, umsomehr, als auch der Yukon hier in der
Richtung nach Südwesten weiter strömt. Wir näherten uns nun-

mehr Nulato, oberhalb dessen wir an diesem Tage noch vier Dörfer besuchten. Unser Aufenthalt in Nulato selbst dauerte nur eine Stunde, worauf wir bei dem günstigen Winde und schönem klaren Wetter die Fahrt noch volle fünf Stunden bis Mitternacht fortsetzten. Die Nacht war klar, es herrschte jedoch auf dem uns unbekannten Strome zwischen den vielen kleinen Inseln eine so vollständige Dunkelheit, dass wir mehrere Male mit unserem Boote auf den Grund fuhren und zuletzt direkt am Ufer festsassen. Wir campirten an dieser Stelle im Boot.

Am 2. September Morgens 6 Uhr gingen wir wieder vorwärts, es stürmte stark von Nordost, so dass wir eine fliegende Fahrt machten. Es wurden zwei Dörfer besucht und einzelne Arbeiten aus Knochen, Muscheln und Perlen gekauft. Beim Landen am Ufer hatten wir das Unglück, dass in den Fellüberzug des Bootes ein Loch gestossen wurde. Wir hatten in Folge dessen während des ganzen Tages ununterbrochen damit zu thun, das eindringende Wasser auszuschöpfen. Ein Beweis, eine wie geringe Menge origineller Gegenstände die Eingeborenen hierselbst besitzen, möge in folgender Aufzählung gegeben sein. Bei den Indianern eines Dorfes, welches wir an diesem Tage Nachmittags besuchten, fanden wir nur birkene Canoes, hölzerne Schüsseln, Körbe aus Birkenrinde, Fischnetze und Fischreusen. Alle übrigen Gebrauchsgegenstände sind ihnen durch den Tauschhandel zugegangen und europäischen oder amerikanischen Ursprungs. Der Nordoststurm führte uns an diesem Tage eine grosse Strecke stromabwärts. Abends langten wir bei einem verlassenen Dorfe an, woselbst wir unser Boot sehr hoch ans Ufer zogen, damit kein Wasser hineindringen konnte.

Am nächsten Tage wurden schnell hintereinander vier Dörfer, Wetkelt-tokara, Kleitvit, Klaun-lokolte und Kokara passirt und in letzterem verschiedene Kleinigkeiten gekauft. Etwa sechs Meilen unterhalb bezeichnete unser Ingalik, den ich an Bord hatte, eine Stelle des hier 50—200 Fuss hohen Ufers, an welcher sich früher angeblich Mammuthknochen gefunden haben sollten. Wir machten Halt und durchsuchten das Terrain. Die Arbeit war von Erfolg gekrönt, denn im Laufe von zwei Stunden fanden wir ein grösseres Stück von dem Stosszahn eines Mammuth, drei Backenzähne,

13*

einen Rückenwirbel, Schenkelknochen u. s. w. Diese Knochen befanden sich nicht auf einem Punkte zusammen, sondern sie lagen in Zwischenräumen längs des Ufers, so dass es den Anschein gewann, als ob sie vielleicht von dem Absturz einer durch Hochwasser unterspülten Parthie des Ufers herrührten, deren einzelne Bestandtheile durch die Fluth zerstreut worden waren. Den inneren Kern des Stosszahnes fanden wir an der Mündung eines kleinen Baches, so dass auch angenommen werden konnte, dass diese Wasserader die Mammuthknochen thalwärts geführt habe. Ich bemerke, dass auf der Strecke zwischen Nulato und Anwik sowie weiterhin in vielen Theilen von Alaska durch die Rennthierjäger Mammuthknochen gefunden worden sind. Die Leute nennen diese Reste der Vorzeit „Tunrak saunek", d. h. Teufelsknochen. Auf dem rechten, ziemlich hohen Ufer des Stromes, welches aus weissem Sand besteht, stürzen täglich einzelne Theile hinunter, und während der Sand allmählich weggeschwemmt wird, bleiben die etwa darin vorhanden gewesenen Mammuthknochen liegen oder werden doch nur wenig weiter getrieben. So soll im Frühjahr 1882 in der Nähe der Stelle, wo wir uns eben befanden, ein grosser gut erhaltener Mammuthzahn zu sehen gewesen sein, wir konnten denselben jedoch nicht auffinden.

In der Eile und Aufregung, worin uns die Funde der Mammuthknochen versetzten, vergassen wir ganz, auf unser Fellboot zu achten und dasselbe am Ufer zu befestigen. Wer beschreibt unsern Schreck, als wir unser Boot plötzlich mitten im Strom treiben sahen. Da uns noch eine weite Entfernung von dem nächsten Dorf trennte, so war die Gefahr vorhanden, dass wir unser Fahrzeug gänzlich verlieren würden. Glücklicherweise aber kamen einige Indianer mit Birkencanoes den Fluss hinauf und brachten unser Fahrzeug wieder ans Land, wofür sie gut belohnt wurden.

Am Abend 7 Uhr erreichten wir das Dorf Sakara. Hier war ein berühmter Schamane gestorben und sollte in den nächsten Tagen beerdigt werden. Es hatten sich bereits viele Indianer versammelt, um an dem grossartigen Begräbnissfest theilzunehmen. Die Verstorbenen werden sowohl bei den Ingalik wie bei den Kwikpagemuten erst vier Tage nach dem Tode beerdigt und während dieser vier Tage wird keinerlei Arbeit geleistet. Es hängt dieses mit einer Sage zusammen, über welche ich späterhin berichten werde. Ich hatte den seltenen und unerwarteten Anblick, den Todten zu sehen. Er befand sich in voller Kleidung, in hockender Stellung auf einer Art Stuhl, der aus vier in die Erde geschlagenen Pfählen bestand. Gegen zwei dieser Pfähle lehnte er seinen Rücken, die beiden anderen unterstützten seine

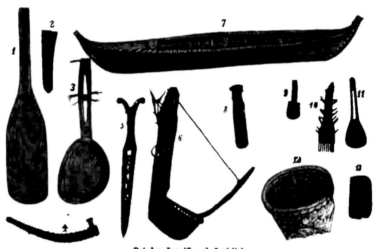

Bei den Ingalik gebräuchlich.

1. Musikinstrument. 2. Knöcherne Keule zum Holzspalten etc. 3. Hölzerner Schöpflöffel. 4. Tabakspfeife mit Holzstiel und Metallkopf. 5. Eiserner Dolch. 6. Kinderwiege aus Birkenrinde. 7. Canoe aus Birkenrinde. 8. Schaber zur Reinigung der Falle mit hölzernem Griff und kupferner Spitze. 9. Knöcherner Löffel. 10. Kamm aus Holz mit knöchernen Zähnen. 11. Holzlöffel. 12. Korb aus Birkenrinde. 13. Fellreiniger (Schaber), hölzerner Griff und eiserner Schaber.

Arme. Das Haus war sonst ganz leer gemacht, und es befanden sich in demselben nur die Weiber seiner Bekannten und Verwandten, welche mit grossen Mengen von Nahrungsmitteln hereinkamen und dieselben dem Todten respectvoll vorsetzten. Es hatte ganz den Anschein, als ob der Schamane, dessen Augen halb offen standen, wie die eines nachdenklich blickenden Mannes, noch am Leben war, und als ob er die vielen getrockneten Lachse, den Fischthran und die Beeren sich wohlschmecken lassen wollte. Während dieser Zeit durfte kein Mann das Sterbehaus betreten, obgleich man mir dies nicht verwehrte. Die Indianer befanden sich draussen vor dem Hause in gedrückter, feierlich ernster Stimmung, Niemand lachte oder wagte ein lautes Wort zu sprechen. Leider war meine Zeit so gemessen, dass ich den Leichenfeierlichkeiten nicht beiwohnen konnte. Ein Versuch, den ich machte, von den Leuten ethnographische Gegenstände zu kaufen, hatte keinen Erfolg. Erst sagte man mir, man besitze nichts dergleichen, sodann, dass man wegen des Todes des Schamanen keinen Handel treiben dürfe. Alle klagten viel über eine gerade damals unter den dortigen Einwohnern herrschende epidemische Krankheit, die mit einem starken Husten verbunden war. Mehrere der von dieser Krankheit Befallenen hatten sogar ihre Sprache bereits verloren. Man verlangte allgemein von mir Medizin gegen dieses Uebel; da ich aber überhaupt nichts dergleichen bei mir hatte, so konnte ich auch dem Wunsche nicht entsprechen.

Wie es sich so häufig ereignet, dass ein Fall nicht allein kommt, so war es auch diesmal, denn bei Fortsetzung unserer Reise trafen wir an demselben Tage die Leiche eines zweiten Indianers an. Wir waren in der Abendstunde bei einem Dorfe gelandet, und hatte ich daselbst, wie gewöhnlich, eines der Indianerhäuser betreten, um Einkäufe zu machen, als ich wieder denselben sonderbaren Anblick genoss, dass ein steif und unbeweglich in der Mitte sitzender Mann von allerhand Speisevorräthen umgeben war, welche von Frauen ab- und zugetragen wurden. Der Anblick war so frappant und lebenswahr, dass ich unwillkürlich ganz nahe an den Sitzenden herantrat, woselbst ich dann sofort entdeckte, dass das ganze Hinterhaupt von einer blutrothen Wunde eingenommen war. Der Aermste war von einem Grislybären getödtet worden, den er auf einer Canoefahrt angetroffen und unvorsichtigerweise mit einem Schrotschuss hatte erlegen wollen. Meister Petz hatte mit einem Tatzenschlage das birkene Canoe umgeworfen und mit einem zweiten den Mann tödtlich verwundet. Ein Indianer war alsdann dazu gekommen, hatte den Bären todt geschossen und seinen verwundeten Freund, der unmittelbar darauf in seinen Armen starb, nach Hause gebracht. Man erzählte mir als Merkwürdigkeit, dass der Kopf des Bären ganz weiss gewesen sei.

Wir fuhren an demselben Abend noch fünf Meilen weiter, und da mein Reisekollege Petka dem Frieden mit den Indianern noch immer nicht recht traute, so kampirten wir wieder im Freien. Am andern Morgen 6 Uhr wurde die Fahrt fortgesetzt und in einem kleinen Dorfe gelandet, in welchem fast die gesammte Einwohnerschaft an derselben Krankheit litt wie in dem am Tage vorher besuchten Orte. Das Begehren nach Medizin wurde immer grösser. An diesem Orte habe ich auch den seltenen Fall angetroffen, dass daselbst ein Ingalik mit zwei Frauen lebte, während seine Stammesgenossen in der Regel nur je eine Frau besitzen. Eine Strecke unterhalb des Dorfes setzte ich meine beiden Leute ans Land, indem ich ihnen auftrug, längs des Ufers nach Mammuthknochen zu suchen. Ich selbst blieb im Boot sitzen und paddelte langsam stromab, stieg auch zuweilen ans Land, um mitzusuchen. Wir fanden einige Ueberreste des Mammuth, namentlich Backenzähne. Dieselben waren offenbar aus der Uferböschung herabgefallen, aus deren oberster, aus schwarzer Erde bestehender Schicht sie wohl stammten. Ich vermuthe dies deshalb, weil die Mammuthzähne mit derselben schwarzen Erde vereint gefunden wurden. Unser Indianer berichtete, dass die Western Fur Trading-Company im Frühling 1881 an dieser Stelle vier grosse wohlerhaltene Mammuthzähne hatte ausgraben lassen. Am Nachmittag desselben Tages erreichten wir Anwik, in welcher Station uns die Gattin des dortigen Vorstehers, Frau Frederiksen, die Schwester Petka's, wieder sehr freundlich aufnahm. Nachdem wir unser Boot entladen und zum Trocknen aufgestellt hatten, gestatteten wir uns am Abend den Genuss eines Dampfbades und den grossen Luxus, wieder einmal in einem Hause und in einem Bette zu schlafen.

Wie schon angedeutet, war die ethnographische Sammlung, welche ich bei den Ingalik zusammenbrachte, nur von bescheidenem Umfange, immerhin betrug sie jedoch etwa zweihundert Nummern. Unter den ethnographischen Gegenständen der Ingalik spielen Pfeil und Bogen, sowie eine mit starkem hölzernen Stiel versehene eiserne Lanze noch eine Hauptrolle, wenngleich auch Jagdgewehre modernen Ursprungs in Gebrauch sind. Unter den von mir erworbenen Netzen waren die meisten aus Sehnen von Renn- und Elenthieren gebildet, andere aus einer Art Nesselfaser.

Schneeschuh der Ingalik.

Die Elenthiere werden im Winter bei tiefem Schnee, in welchem sie sich nur schwer fortzubewegen vermögen, durch die auf leichten Schneeschuhen ihnen nacheilenden Indianer in grosser Anzahl erlegt. Die Schneeschuhe, deren ich verschiedene kaufte, besitzen eine Länge von drei bis fünf Fuss und bestehen aus einem hölzernen Rahmstück mit zwei Querleisten, durch welche die Fläche in drei Abtheilungen zerfällt; diese Abtheilungen werden mit Sehnen von Elen- oder Rennthieren kreuzweise überflochten und dienen zur Befestigung der Schuhe, die mit ledernen Riemen an die Füsse geschnallt werden. Von Hausgeräthen erwarb ich ovale hölzerne Schüsseln, deren Oberrand mosaikartig mit bunten Steinchen etc. verziert ist. Merkwürdiger Weise bedienen sich bei den Ingalik wie bei den Kwikpagemuten die Frauen sowohl wie die Männer, jeder für sich besonderer Essschüsseln. Bei den Ingalik findet man auch viele Schüsseln aus Birkenrinde, sowie hölzerne Wassereimer und Schöpflöffel eigener Gestalt. Die Eimer werden aus einem Stück Holz geschnitten, welches in heissem Wasser gebogen und mit Wurzeln fest zusammengenäht wird, worauf man alsdann den hölzernen Boden einsetzt. Diese Eimer besitzen einen knöchernen oder hölzernen Bügel. Die Schöpflöffel sind fast ebenso gearbeitet, nur bedeutend kleiner und an der Seite mit hölzernem Stiel versehen.

Es wird bei den Ingalik viel Töpferei betrieben; die meisten

Thongefässe, welche sie anfertigen, dienen als Kochgeschirre oder Oellampen. Die Töpfe sind oft von ziemlicher Grösse und erreichen selbst den Umfang einer halben Heringstonne. Die Bearbeitung des graugefärbten Thones geschieht ohne Anwendung der Töpferscheibe, theils mit den Händen, theils mit Hilfe eines Steines oder Knochens. Fast sämmtliche fertigen Gefässe werden durch kleine Löcher, die von aussen und von innen in die Wandungen hineingestochen werden, ornamentirt. Die Ingalik kleideten sich früher gewöhnlich in Jacken von gegerbten Häuten der Elenthiere; man räucherte die

Felle nach dem Gerben ein wenig, um ihnen eine rothbraune Farbe zu geben. Die Jacken der Ingalik wurden damals besonders hübsch mit Perlen und Muscheln verziert, welche Tauschwaaren die Ingalik früher aus Fort Yukon und Fort Selkirk durch

1. Strumpf aus Gras geflochten. 2. Jagdgehänge der Ingalik.

die Hudsonsbay-Compagnie oder von den Tschilkat-Indianern, welche mit ihren Handelswaaren bis zum Tananah-River am oberen Yukon kamen, bezogen. Gegenwärtig aber liefert die Alaska-Commercial-Company auch diese Artikel. Die übrigen Kleidungsstücke, die Hosen, Stiefel und Handschuhe der Ingalik sind nur wenig mit Perlen und Muscheln geschmückt. Die Bewohner zwischen Anwik und Nulato verfertigen sich Kleider aus Lachs- und anderen Fischhäuten. Diese Gegenstände der Toilette werden besonders bei nassem Wetter, im Herbst und Frühjahr getragen und haben die Eigenschaft, dass sie bei starker Kälte nicht hart werden. Aus dem feinen Grase, welches während des Sommers gesammelt wird, fertigen sich die Indianer eine Art von Strümpfen; ferner aus demselben Material auch Körbe und Matten. Ganz ausgezeichnet schön und praktisch sind die Canoes aus Birkenrinde, welche die Ingalik anfertigen. Ich habe einige Modelle dieser Canoes, welche für zwei Personen Tragfähigkeit besitzen, für das Berliner Museum angekauft.

Unser Fellboot hatte in Folge von Sturm und Regen am anderen Tage nicht viel Gelegenheit, in Anwik zu trocknen. Nichts desto weniger musste ich meine Reise fortsetzen und gab deshalb dem Fellüberzug den ihm zukommenden Oelanstrich. Alsdann kaufte ich alles auf, was an ethnographischen Gegenständen zu haben war. Es befanden sich darunter einzelne ziemlich gut erhaltene Steinäxte, mehrere hübsche Masken und ein mit Rennthierzähnen verzierter Gurt. Der Ingalik, welchen ich von Nuklukayet mitgenommen hatte, ging hier ab, und engagirte ich an seiner Stelle einen anderen Mann für die Strecke bis Fort St. Michael.

Da der Sturm und die Regenschauer aus Westen und Südwesten immer noch nicht nachlassen wollten, so verliess ich am 6. September Vormittags elf Uhr Anwik und erreichte bald darauf das Dorf Makkiem, dessen russischer Name Barnassella heisst. Hier kaufte ich verschiedene Sachen, namentlich Steinmesser, Steinäxte, Messer und hölzerne Schüsseln, die letzteren waren mit Steinen ornamentirt, die von den Eingeborenen fälschlicher Weise für versteinerte Mammuthknochen ausgegeben wurden. Einige Meilen unterhalb dieses Dorfes trafen wir mitten auf dem Strom den Dampfer Yukon an, welcher sich bereits wieder, wie schon früher mitgetheilt ist, auf der Rückfahrt nach Nuklukayet befand. An Bord waren diesmal als Capitain mein Landsmann, Herr Frederiksen, sowie zwei andere Händler der Alaska-Commercial-Company, ferner eine Anzahl Halbbluts, und viele Indianer vom Tananah-River, der sich oberhalb Nuklukayet in den Yukon-River ergiesst. Diese Indianer hatten die weite Reise nach Fort St. Michael nur aus dem Grunde unternommen, weil sie den Wunsch hatten, einmal das grosse Salzwasser zu sehen. Sie verdienten sich jetzt ihre freie Rückfahrt dadurch, dass sie während der Dauer derselben unentgeltlich das zum Heizen der Maschine nöthige Brennholz schlugen. Herr Frederiksen, mit welchem ich mich eine halbe Stunde lang an Bord des Dampfers in freundlichster Weise unterhielt, wollte uns durchaus wieder zurück nach Anwik nehmen, was indessen mit Rücksicht auf unsere beschränkte Zeit nicht anging. Fast sämmtliche an Bord des Dampfers befindlichen Händler und Indianer hatten merkwürdiger Weise genau dieselbe epidemische Krankheit und dieselben Hustenanfälle, welche ich, wie schon erwähnt, oben am Strom unter der Bevölkerung angetroffen hatte. Wir verabschiedeten uns und fuhren an demselben Tage noch bis Dunkelwerden weiter, worauf wir am Ufer einer Insel unser Nachtlager wählten.

Das letzte Ingalikdorf von Bedeutung war Koserowsky, wo wir am anderen Mittag ankamen und woselbst ich verschiedene Ueberreste aus alter Zeit ankaufte. Eine Strecke unterhalb des Dorfes traf ich einen indianischen Begräbnissplatz, von welchem ich eine gute Grabkiste, die sich gegenwärtig im Berliner Museum befindet, meiner Sammlung hinzufügen konnte. In der inneren Kiste befand sich, eingehüllt in eine Matte aus geflochtenem Stroh, die Mumie einer weiblichen Person, deren Kopf mit einer Art Mütze von Glasperlen bedeckt war. Ein junger Indianer war zugegen, als wir diese Mumie unserer Sammlung einverleibten. Er erhob jedoch keinerlei Einwendungen gegen unser Thun. Kurz darauf verliess ich das Gebiet der Ingalik und gelangte wiederum in das Gebiet der Kwikpagemuten.

XIII.

In Alaska wird seitens der weissen Ansiedler der Stammes-
unterschied zwischen den im Innern des Landes wohnenden, fast
rein indianischen Stämmen und den der Eskimo-Bevölkerung an-
gehörenden Küstenbewohnern nicht strenge auseinander gehalten.
Man nennt vielmehr die gesammte Einwohnerschaft ganz allgemein
Indianer; will man jedoch einen Theil der Bewohnerschaft im
Gegensatz zu den Indianern bezeichnen, so nennt man diese Leute
nicht Eskimos, sondern je nach ihrer Special-Bezeichnung Kwikpagemuten, Mallemuten, Kuskoquimemuten u. s. w. Der Uebergang aus dem einen Gebiet in das andere kennzeichnet sich auf
dem Yukon-River durch die Namen der Ortschaften. So gelangten
wir am Nachmittage desselben Tages, an dem wir das letzte grosse
Ingalikdorf besucht hatten, in dem ersten Kwikpagemutendorf
Namens Kingerumuten an. Auch hier herrschte wiederum die
Epidemie, und das Verlangen nach Medizin wurde so stürmisch,
dass ich mich dem nicht länger entziehen konnte und von meinem
mitgenommenen Vorrath ein wenig Thee und Zucker opferte und
endlich auch in Ermanglung von etwas anderem, den Leuten schwarzen
Pfeffer gab, den sie mit heissem Wasser trinken sollten. Mit letzterem Rezept machte ich viel Furore nnd die Leute lobten meine

Medizin als ausserordentlich stärkend und erwärmend. Beim Arangiren meiner Sachen an Bord hatte ich an diesem Dorfe das Unglück, dass mir mein letzter Revolver, eine ausgezeichnete Waffe, über Bord fiel und nicht wieder aufzufinden war. Es war dies recht fatal, da ich einen andern Revolver schon vorher verloren hatte. Am Nachmittag desselben Tages kamen wir nach dem Dorfe Takkjelt-Pileramuten, in welchem ich nur wenig Einwohner anwesend fand, da die Mehrzahl auf Jagd gegangen war. Hier kaufte ich eine Menge sehr hübscher kleinerer ethnographischer Gegenstände.

Dagegen wollte man mir von den sehr interessanten Dingen die sich auf dem Begräbnissplatz in nächster Nähe des Dorfes befanden, leider nichts verkaufen. Auf mehreren Eskimogräbern waren hölzerne Statuen von Verstorbenen, Männern sowohl wie Frauen angebracht; die Mehrzahl dieser Statuen war reich mit Perlen geschmückt, besonders diejenigen weiblicher Personen. Man konnte an der Malerei der Grabkisten sehen, welche Hauptbeschäftigung der darin liegende Verstorbene bei Lebzeiten gehabt hatte. War er ein Fischer gewesen, so waren Scenen aus der Fischerei dargestellt, bei Jägern fand sich oft in drastischer Weise das Jagdwesen geschildert; ausserdem waren noch an den Grabkisten allerlei Masken von Thieren, Dämonen u. s. w. angebracht. Mit schwerem Herzen trennte ich mich von diesem Ort, der mir ein so vortreffliches Material für meine Sammlung hätte liefern können, wenn seine Bewohner nur ein klein wenig mehr — wissenschaftlich ethnologisch — veranlagt gewesen wären. An demselben Tage besuchte ich noch zwei kleine Dörfer und kampirte in später Abendstunde am Ufer.

Am Mittag des andern Tages kamen wir nach dem grossen Dorf Eparsluit, dessen russischer Name Gregori Schapka (Gregorshut) von einem sechs bis acht englische Meilen entfernten zuckerhutartig geformten Felsen gleichen Namens hergeleitet wird. Eine Stunde später passirten wir die oben beschriebene Station Mission, von wo wir nach kurzem Aufenthalt weiter gingen und um 5 Uhr Nachmittags das Dorf Nunalinak besuchten, in welchem ich verschiedene Steingeräthe kaufte. Gegen 7 Uhr

Abends gelangten wir an einen sagenhaften Punkt, woselbst es meinen Indianern gelang, mich zu einer kleinen Extratour seitwärts vom Fluss über Land zu veranlassen. Sie wiederholten hier die schon bei der Hinauffahrt erzählte märchenhafte Mittheilung, dass in unmittelbarer Nähe dieses Punktes einstmals eine Art Riesenvogel gehaust haben soll, welcher sogar erwachsene Menschen angriff und als Futter für seine Jungen in sein Nest trug. Man versicherte, dass auf dem Gipfel eines nahen Gebirgszuges noch die Ueberreste eines Nestes dieses Riesenvogels vorhanden seien und dass es dort sogar noch knöcherne Ueberbleibsel gebe, welche nothwendiger Weise von mir eingesammelt werden müssten. Ich wurde hierdurch so sehr angeregt, dass ich an der betreffenden Uferstelle unser kleines Nachtlager aufschlagen liess und einen jungen Indianer engagirte, der mich nach dem nächsten Dorf und dem Nest des Riesenvogels zu bringen versprach. Durch einen forcirten Marsch erreichten wir bald den etwa 1500—1800 Fuss hohen Gipfel, auf welchem wir schon aus einiger Entfernung ein thurmähnliches, steiles Gebilde erkannten. Als wir nahe herangekommen waren, zeigte es sich, dass es sich um einen hohen schmalen isolirten Felskegel handelte, der ringsherum wahrscheinlich in Folge früherer Einwirkungen von Gletschereis glatt abgeschliffen war. Es gelang mir, durch Anspannung meiner Kletterkünste auf das bastionartig geformte, 12—15 Fuss im Durchmesser haltende Scheitelstück des 30 Fuss hohen Felsens zu gelangen, welches das eigentliche Nest des Riesenvogels sein sollte. Aber es fand sich auch nicht die geringste Spur von irgend welchen Dingen auf dem nackten Felsen vor. Dagegen hatte ich einen anderen Genuss, der mich reichlich für die gehabte Mühe entschädigte. In wunderbarer Pracht, von purpurrother Gluth der Abendsonne bestrahlt lag, weithinaus nach Westen und Süden sich dehnend, die mächtige Fläche der Tundra in wahrhaft zauberhafter Schönheit vor meinen Augen, während im Osten eine Kette von Felsen höher und höher steigend den Lauf des Yukon begleitete. Ein unendlich feiner goldiger Nebelschleier lagerte über dem ganzen Land zwischen dem untern Lauf des Yukon und demjenigen des Kuskoquim, während die zahllosen kleinen Wasseradern, Kanäle und Binnenseen wie ein purpurnes metal-

lisches Netz die weite Ebene überlagerten und im Osten und Südosten sich der breite Silberstreifen des Kuskoquim-River vom Horizont abhob. Durch die Perspective begünstigt, konnte ich hier so recht
die zahllosen Biegungen und Krümmungen überblicken, welche der
Yukonstrom auf seinem Laufe ins Meer bildet, um seine gewaltigen
Wassermassen möglichst lange in diesem wunderbaren Landstriche
verweilen zu lassen.

Es dunkelte schon, als ich mich von diesem unvergesslichen
Anblick trennte und den Heimweg nach dem Boote am Ufer des
Stromes antrat. Meine Anwesenheit hatte, wie leicht erklärlich,
viele Bewohner aus der Nachbarschaft herbeigezogen, von denen
die Frage meiner misslungenen Fusswanderung eifrig discutirt
wurde. Die Behauptung, dass hierselbst ein Riesenvogel gehaust
habe, wurde nichts destoweniger mit vollem Ernste aufrecht erhalten,
und es fehlte auch nicht an den bekannten älteren Leuten, welche
steif und fest behaupten, in ihrer Jugend mit eigenen Augen diesen
wunderbaren „Riesenadler" — so nannten sie ihn — gesehen zu
haben. Auch wurde mitgetheilt, dass ein Eskimo die Beinknochen
eines ungewöhnlich grossen Vogels gefunden, und dieselben einem
gelehrten Reisenden übergeben habe. Dieser Mann soll, wie ich
späterhin gehört habe, Herr N i e l s e n geheissen und für S m i t h-
s o n i a n. I n s t i t u t i o n gesammelt habe. Auf unserem Rückwege vom
„Nest des Riesenadlers" nach dem Boot entdeckten wir übrigens
frische Bärenspuren, welche mich veranlassten, mein Gewehr während
des Marsches schussbereit zu halten, während der sehr ängstliche
Indianer seine Axt permanent in solcher Position hielt, als wolle er
jeden Augenblick einer wilden Bestie den Kopf spalten. Uebrigens
hinderte uns weder die Furcht vor dem Bären, noch die Fabeln
der Indianer daran, unsern ausgezeichneten Appetit an einem schon
knusperig gewordenen Gänsebraten, der am Zeltfeuer auf uns wartete,
zu stillen. Am andern Morgen setzten wir unsern Weg frühzeitig
fort und gelangten schon um 7 Uhr nach dem Dorfe Ka-krome,
woselbst mein Kaufgeschäft eine volle Stunde Zeit in Anspruch
nahm. Hier waren wir wieder an einem sagenhaften Punkt angelangt, da wir uns der merkwürdigen Ruinenstadt näherten, über
welche ich im Anfange des elften Kapitels Einiges mitgetheilt habe.

Man findet hier in der That längs der Uferfelsen, und oft sogar
bis hinab zum Stromufer sich erstreckend, die Ueberreste zer-
fallener Häuser. Die Stadt, zu der diese Gebäude ehemals gehört haben, soll, wie man erzählt, vier englische Meilen lang gewesen sein. Wie dem auch sein mag, so viel steht fest, dass Alaska
in früherer Zeit vielleicht fünfzigmal mehr bevölkert gewesen ist,
als heutigen Tages. Ob die vielfach behauptete Ausdehnung jener
alten Eskimostadt in Zusammenhang stand mit ihrer Lage in der
Nähe des Grenzgebietes zwischen der Eskimo- und Indianerbe-
völkerung, wage ich nicht zu behaupten. Wir gebrauchten etwa
eine Stunde Fahrt stromabwärts um zu einem Dorfe zu gelangen,
welches gewöhnlich als untere Grenze der grossen Stadt bezeichnet
wird. Ich machte auch hier verschiedene Einkäufe und gelangte
weiterfahrend nach dem Dorfe Kjukkarremuten, dessen Bewohner
auf die Rennthierjagd gegangen waren. Der Begräbnissplatz dieses
Dorfes lieferte mir zwei Schädel für die Sammlung; die übrigen
menschlichen Reste waren schon so alt, dass sie den Transport
nicht ausgehalten hätten. Wenige Stunden später passirte ich das
Dorf Ingerkarremuten, dessen Bewohner gleichfalls auf Jagd waren
und die Bewachung ihres Ortes den zahlreichen Dorfhunden übertragen hatten. Diese erledigten sich dieser Aufgabe mit solcher
Hingebung, dass sie uns zu zerfleischen Miene machten, als wir
durchs Dorf gingen, und mich wiederholt zurückrissen, als ich in
ein Haus hineinkroch, um die Bewohner zu suchen. Nachdem wir
diese Dorfwächter mit Knütteln uns vom Leibe gehalten, bestiegen
wir wieder unser Boot und segelten bei starkem Gegenwind und
heftigem Gewitter weiter, bis wir müde und durchnässt um neun
Uhr Abends oberhalb Dakketkjeremuten unser Lager aufschlugen.

Die Kwikpagemuten, sowie die ganze Tundra-Bevölkerung bis
hinab zum Kuskoquim, begraben, wie bereits erwähnt, ihre Verstorbenen in ähnlicher Weise wie die Ingalik in Kisten, die auf
vier Pfählen errichtet sind. Am unteren Yukon werden die Grabkisten meistens auf die Erde gestellt und mit Steinen oder Holz
bedeckt, um zu verhindern, dass der Deckel herabfällt. Bei Cap
Vancouver an der Westküste der Tundra sah ich späterhin verschiedene, zum Theil sehr hohe Grabmonumente errichtet, deren

einzelne sich zwanzig bis dreissig Fuss über den Erdboden erhoben. Eines derselben trug oben auf seiner Spitze einen aus Holz geschnitzten Seehund, zum Gedächtniss daran, dass der Verstorbene bei einer Seehundsjagd ums Leben gekommen oder ertrunken war; ein anderes besass an seiner Spitze ein geschnitztes Rennthier, als ein Zeichen, dass der hier Ruhende ein auf der Jagd umgekommener Rennthierjäger war, nebenan waren kleine aus Holz geschnitzte menschliche Figuren angebracht, deren Augen und Mund aus Walrosszähnen angefertigt waren; zwei grosse Walrosszähne bildeten die Arme. Leider hatte ich späterhin niemals Gelegenheit, trotz vielfacher Bemühung, eine eigentliche Beerdigung Verstorbener mit anzusehen.

Die bereits angedeutete sagenhafte Ursache, warum bei den Ingalik und bei den Kwikpagemuten nach dem Tode einer Person eine Frist von vier Tagen verstreichen muss, bevor die Leiche beerdigt wird, ist folgende: In einem grösseren Dorfe am Unterlaufe des Yukon-River lebte einst ein mächtiger Mann, welcher nur eine Tochter hatte, die sich durch besondere Schönheit auszeichnete. Einstmals kam zu ihm ein Mann mit seiner Frau und seinem Sohne; die Angekommenen waren aus einem fremden Lande, man wusste nicht woher. Sie zeichneten sich durch ihre Zwerggestalt aus, es ging aber von ihnen der Ruf, dass der Sohn ein grosser Medizinmann sei. Dies bestätigte sich auch und der junge Mann setzte bald die ganze Gegend durch seine grossartigen Kuren und Zauberkünste in Erstaunen. Der mächtige Dorfbewohner war hiermit so wohl zufrieden, dass er dem jungen Zauberer seine Tochter zum Weibe gab. Es geschah aber ein grosses Unglück, denn schon in der Brautnacht starb das junge Weib. Der hierüber untröstlich gewordene Ehemann ordnete für die Beisetzung sehr feierliche Ceremonien an und bestimmte, dass in keinem Hause des Ortes volle vier Tage lang irgend welche Arbeit gethan werden dürfe. Nach dieser viertägigen allgemeinen Trauer wurde die Leiche beigesetzt und der junge Zauberer verliess mit seinen Eltern das Dorf auf Nimmerwiedersehen.

Am Morgen des 10. September früh 7 Uhr landeten wir bei nebligem Wetter in dem bereits genannten Dorfe Dakketkjeremuten. Es begann jetzt für mich eine glückliche Zeit, denn die Dörfer am unteren Yukon lieferten mir einen sehr reichlichen Beitrag zu meinen Sammlungen. Ich kaufte hierselbst viele Sachen, besonders steinerne Messer und steinerne Aexte. Ein Beweis, dass die Fälschung eine rein menschliche Untugend ist, welche sich überall von selbst entwickeln kann, ohne importirt zu sein, führe ich an, dass bei der Schnelligkeit des Einkaufens drei steinerne Aexte an diesem Orte in meine Collection geriethen, welche sich späterhin als gefälschte Kunstprodukte, als Schnitzereien aus weichem Stein erwiesen. Die Eskimos hatten diese Aexte in Thran gekocht, um ihnen ein altes Aussehen zu geben. Erheblich war die Ausbeute, welche ich am Abend dieses Tages in dem Dorfe Ankasagemuten, russisch Rasboinska, machte.

Allmählich war mein Fellboot mit ethnographischen Gegenständen so stark angefüllt worden, dass es sich schon aus diesem Grunde nicht empfahl, in unmittelbarster Nähe von irgend welchen Ortschaften am Flusse die Nacht zuzubringen, da es nicht rathsam war, diese Gegenstände der Neugierde auszusetzen. Wir schliefen deshalb in der nächsten Nacht an einer Stelle des rechten Yukonufers, in Bezug auf welche wir späterhin die Bemerkung machten, dass dieselbe in der Nacht oder am Tage vorher ein Rendezvousplatz sämmtlicher Bären von West-Alaska gewesen zu sein schien, denn es fanden sich dort überaus zahlreiche ganz frische Spuren dieser Thiere. Es war zu spät, als meine furchtsamen Reisegefährten auf Grund dieser Entdeckung erklärten, dass wir unmöglich hier kampiren könnten. Wir hüllten uns also in unsere Decken und schliefen fest und gut trotz der Bären und Wölfe. Bei Sonnenaufgang setzten wir während eines starken Gegenwindes die Reise fort und gelangten gegen Mittag in das Dorf Kingerremuten, wo ich gleichfalls eine kleine Ernte hielt. Da das Begegnen zweier Fahrzeuge auf dem Yukon immer ein Ereigniss ist, so registrirt mein Tagebuch für diese Stelle folgende Notiz: Wir begegneten hier einer Anzahl von Eingeborenen, welche vom Kusilwak kamen, um am oberen Yukon Handel zu treiben. Um 1 Uhr Mittags begegneten wir unserem früheren Lootsen Charles Pettersen, dem Stationsvorsteher von Andrejewski, welcher mit seinem Schooner den Strom hinaufging, um die Materialien zu einem Hausbau zu transportiren; nach einer halben Stunde freundlicher Unterhaltung mit ihm fuhren wir weiter.

Der Sturm und Gegenwind war die Ursache, dass wir uns schon vor Sonnenuntergang vom vielen Rudern ermüdet zum Nachtlager festlegten. Wir hatten, wie so häufig, als Bootsplatz einen kleinen Seitenkanal des Yukon gewählt. Hier fanden wir ein Grabmonument, auf welchem als Jagdscene ein Bär dargestellt war, den ein Pfeil getroffen hatte, daneben war auf einem Pfahl ein imitirter Bogen angebracht. Auf dem Erdboden lag ein Stück von einem alten Steinkessel, welches noch Spuren von rother Farbe enthielt, und höchst wahrscheinlich als Malereigefäss fungirt hatte. Das Grab selbst war ein Kenotaphium, denn es fanden sich keine menschlichen Ueberreste darin, und ich nehme daher an,

Vom mittleren und unteren Yukon.
1. Holzschachtel zum Aufbewahren kleiner Geräthe.
2. Desgleichen. 3. Steinernes Fischmesser mit Holzgriff.
4. Steinerner Dolch. 5. Steinaxt. 6. Steinaxt in Horn gefasst mit Holzstiel. 7. Fellschaber mit hölzernem Schaft und Steinspitze. 8. Steinaxt. 9. Fellschaber aus Stein mit hölzernem Griff. 10. Steinaxt mit Rennthiergeweihstiel. 11. Desgleichen. 12. Schnupftabaksdose. 13. Steinaxt in Horn gefasst mit Holzstiel. 14. 15. u. 16. Steinäxte.

dass es zur Erinnerung an den durch einen Bären veranlassten Tod eines Eingeborenen aufgestellt ist. Da sich dieses Grabmonument in dem schönen neu erbauten Königlichen Museum für Völkerkunde zu Berlin sicherlich einer viel grösseren Zahl von Bewunderern zu erfreuen haben dürfte, als an dem menschenleeren, fast nie besuchten

Ufer jenes kleinen Seitenkanals des Yukon-River, so glaubte ich, es seiner natürlichen Bestimmung „gesehen zu werden" nicht entreissen zu sollen und nahm es deshalb mit. Am anderen Morgen setzten wir trotz des immer noch starken Nordsturmes unseren Weg schon bei Sonnenaufgang fort und langten in Andrejewski um 10 Uhr Vormittags an. Weil aber hier keine Seele zu Hause war, so gingen wir gegen Sturm und Wellen weiter, besuchten im Laufe des Tages noch zwei kleine Dörfer am linken und eins am rechten Ufer und kampirten während der Nacht wieder in einem Seitenkanal.

Was uns der Gegenwind an den Tagen vorher geschadet hatte, das machte der günstige Wind des nächsten Tages wieder gut. Nachdem am frühen Morgen eine stramme östliche Brise mit Regenwetter entstanden war, mit der wir eine weite Strecke zurück legten, bis wir Mittags ein Dorf besuchten, entstand Nachmittags ein so heftiger Sturm aus Süd, dass unser breites schweres Fellboot mit ungeheurer Schnelligkeit zu laufen begann. Weit auf wühlte es das Wasser mit seinem Vordertheil, da der heftige Wind es mit dem Bug tief in die Fluth hineindrückte und beinahe auf den Kopf stellte. Wir befanden uns damals in der Zeit der unbeständigen Witterung, denn diese plötzliche Umänderung von Nordsturm in Ost- und Südsturm bedeutete sicherlich eine jener grossen meteorologischen Ausgleichungen, welche den Uebergang der beiden Hauptjahreszeiten so sehr charakterisiren. Wir sollten denn auch noch weitere plötzliche und nicht gerade erwünschte Veränderungen der Witterung erleben. Um 5 Uhr Nachmittags befanden wir uns im Eingang zum Kusilwak, bekanntlich dem grössten der vier Hauptarme des Yukon, welche das Delta des Stromes bilden. Um diese Zeit trat plötzlich Windstille ein. Wir besuchten hier das Dorf Nanowarogemuten, wo die ganze Bevölkerung durch zwei anwesende alte Weiber repräsentirt wurde. Es befindet sich hier die Ruinenstätte eines sehr alten Dorfes, welches unmittelbar am Ufer selbst in der Nähe des jetzigen Dorfes gelegen hat. Die alten Frauen brachten mir eine steinerne Axt und steinerne Pfeilspitzen, und erzählten, dass sie auf der betreffenden Ruinenstätte sehr oft dergleichen Gegenstände bemerkt hätten. Da ich grosse Eile hatte, nach Fort St. Michael zu gelangen, so war es mir leider nicht möglich, hierselbst Ausgrabungen zu machen; ich segelte deshalb weiter.

Grade als wir abfuhren, begann es wiederum zu wehen, und zwar diesmal aus Nordwest, damit doch jeder Strich der Windrose sein Theil bekäme. Es war ein förmlicher Cyklon, welcher mit uns spielte. Der Abend näherte sich, und wir mussten darauf bedacht sein, einen Bootsplatz für die Nacht zu suchen. Wir segelten längs des rechten Ufers, welches überall durch einen steilen Sandabsturz von 15—20 Fuss Höhe begrenzt war, während das linke Ufer sich weithin ins Land flach und eben erstreckte. Ich machte Petka den Vorschlag, dass wir nach dem linken Ufer hinüber halten sollten, weil es für ein Fellboot stets gefährlich ist, sich in der Nähe einer steilen Böschung namentlich bei Wellengang zu befinden. Gegenüber den Steinen und spitzen Balken, die oft auf dem Grunde oder am Ufer liegen, ist ein solches Fellboot nur ausserordentlich wenig widerstandsfähig. Aber Petka schlug vor, dass wir auf dem rechten Ufer bleiben sollten, weil, wie er sagte, eine kurze Strecke weiterhin sich die Mündung eines kleinen Nebenflusses befand, die sich als eine gute Stelle zum Kampiren eignete. Unglückseligerweise folgte ich diesem Vorschlage, und so segelten wir noch einige Minuten lang am rechten Ufer weiter. Plötzlich aber sprang eine orkanartige Sturmboe von Westen auf, und obgleich wir, dies bemerkend, das Boot sofort nach dem linken Ufer herüber gehalten hatten und von dem letzteren nur noch etwa drei Bootslängen entfernt waren, so war doch die Windsbraut so heftig, dass wir quer über den Strom auf das hohe rechte steile Ufer getrieben wurden. Vergebens strengte ich, die höchst gefährliche Situation wohl erkennend, meine ganze Kraft an, um durch Rudern die Bootspitze gegen den Wind zu bringen; der einzige Erfolg war der, dass das Ruder, so stark es auch war, in meinen Händen zerbrach. Mit unwiderstehlicher Gewalt schlugen die kurzen heftigen, vom Sturm gepeitschten Springwellen uns entgegen und jagten uns hilflos quer über den Strom. Vergebens versuchte ich ein letztes Mittel, indem ich ein kleines Stückchen Segel aufsetzte, in der Hoffnung, dass mit seiner

Hilfe uns der Sturm stromaufwärts nach dem kurz vorher verlassenen Dorfe bringen würde, wo sich in der Mündung eines Baches stilles Wasser befand. Es war alles umsonst; dreimal zerriss die Segelschoot, und das Boot stürmte mit Riesenschnelligkeit dem steilen rechten Ufer zu. Es wehte so stark, dass es fast den Anschein hatte, als ob unser schweres Boot ganz und gar aus den Wellen gehoben werden sollte. Im letzten entscheidenden Momente ergriff ich das stärkste Bootsruder, welches wir noch besassen, und hielt es mit der Kraft der Verzweiflung gegen das steile Ufer, indem ich dadurch den Stoss abschwächte. Gleichzeitig versuchten meine beiden Indianer alle Kisten mit gekauften ethnographischen Gegenständen und mit Tauschartikeln an einem

Thontöpfe aus dem Yukongebiet.

grossen umgeworfenen Baum, welcher vom Ufer aus in das Wasser ragte, aufzustapeln. So schnell sie dies auch ausführten, so war der Sturm doch schneller, und es dauerte keine fünf Minuten, als er unser Boot bereits ganz voll Wasser geschlagen hatte. Gleichzeitig brach auch die Ruderstange, mit der ich unser Fahrzeug vom Lande abgehalten hatte. Zu unserem Glück war der Platz an dem umgeworfenen Baumstamme noch hinreichend gross für unser Boot.

Inzwischen war es Nacht geworden, und zu dem Umstande, dass uns das Tosen des Sturmes verhinderte, uns für unser Gehör verständlich zu machen, kam noch hinzu, dass wir nun auch kaum noch etwas sehen konnten. Dennoch musste etwas geschehen, um vor allem die ethnographische Sammlung zu retten. Wäre es am Tage gewesen, so hätten wir bei dem Anblick vielleicht laut auflachen müssen, den die zahlreichen Versuche gewährten, die wir nunmehr anstellten, einen von uns dreien auf das etwa 20 Fuss hohe, senkrecht abfallende Ufer hinauf zu bringen. Endlich gelang es, einen Indianer dorthin zu versetzen, und nunmehr war alles gewonnen. Mit Hilfe unseres ehemaligen Schlepptaues hissten wir alles, was gerettet worden war, zunächst hinauf. Alsdann begannen wir eine trotz der Dunkelheit von Erfolg gekrönte Fischerei auf die hölzernen Masken, Körbe, Schüsseln und andere Gegenstände, welche lustig im Wasser umherschwammen oder von den Wellen ans Ufer getrieben waren. Nachdem auch diese Sachen aufs Trockene gebracht waren, legten wir zwei starke Taue unter das Boot. Dies auszuführen, war keine Kleinigkeit, da die Mammuth-

1. Kochtopf vom Yukonstrom.   2. Thonlampe von eben daselbst.

knochen das Boot so schwer machten, dass es ziemlich fest auflag. Ich stieg jedoch bis zur Brusthöhe in das Wasser hinab, und es gelang mir, das Tau unter dem Boden durchzuführen. Nunmehr hoben wir mit vereinten Anstrengungen das Boot so hoch, als dies nur irgendwie anging. Mittlerweile war der grösste Theil der Nacht verflossen, so dass wir, durchnässt wie die Wasserratten, nun wohl auch einige Ansprüche daran machen durften, etwas für unsere eigene Bequemlichkeit besorgt zu sein. Wer es schon einmal versucht hat, bei einem Sturm, der einem jedes Wort, das man sprechen will, wieder in den Hals zurückweht, ein Zelt aufzurichten, noch dazu in dunkler Nacht, der wird begreifen, welche Anstrengungen wir machen mussten. Indess es gelang nicht nur dies, sondern wir bekamen es sogar fertig, ein wärmendes Feuer anzuzünden, an dem wir uns, da es draussen durcheinander regnete und schneite, erst erwärmten und trockneten, bevor wir schlafen gingen. Unser Zelt hatten wir mitten zwischen den Bäumen eines kleinen Ufergehölzes errichtet; nur diesem günstigen Umstande schreibe ich es zu, dass es während der Nacht seine wiederholten Versuche, mit uns als Luftballon auf und davon zu gehen, nicht auszuführen vermochte.

Unser gegenwärtiger Zufluchtsort hatte uns viel zu gute Dienste geleistet, als dass wir ihn schon hätten am nächsten Morgen verlassen sollen. Wir blieben noch den ganzen nächsten Tag daselbst und versuchten in dem unaufhörlich herniederfallenden Regen und Schnee alles am Feuer so gut zu trocknen, als dies möglich war. Zu unserer Freude zeigte es sich, dass unser Fellboot trotz der etwas unsanften Behandlung in der letzten Nacht nicht ein einziges Loch bekommen hatte. Am nächsten Morgen, nachdem der Sturm ausgetobt hatte, brachen wir bei Sonnenaufgang auf, besuchten im Laufe des Tages drei Eskimodörfer und gelangten Abends spät nach Kutlik, dem schon oben genannten Handelsposten der Alaska-Commercial-Company, wo wir übernachteten. Am andern Morgen früh verliessen wir den Yukon und wandten uns rechts längs des Meeresufers nach dem nahegelegenen Kwikpagemutendorfe Pastolik. Es war mir nicht möglich, da das Wasser hier überall sehr seicht ist, bis zu dem Orte selbst heranzufahren, um dort einzukaufen. Auf eine Botschaft von unserer Seite aber kam eine Anzahl Einwohner in sechs Kajaks herbei und verkaufte uns steinerne Aexte, Lanzenspitzen u. s. w.

Von hier aus setzten wir unsere Fahrt fort und gelangten um 4 Uhr Nachmittags nach dem fast gleichnamigen Nachbardorfe Pastoliak. Nun bekamen meine Indianer, da sie sich so nahe dem Fort St. Michael wussten, plötzlich das Heimweh, und namentlich Petka drängte darauf hin, dass wir unsern Weg längs der Küste des Nortonsundes so schnell als möglich weiter fortsetzen sollten, um die Heimath zu erreichen. Leider gab ich ihm diesmal wieder nach, obgleich am fernen Horizonte ein Unwetter herauf kam und vor uns weit und breit kein Hafen an der Küste existirte. Wir brachen also auf. Schon nach einer Stunde hörten wir aus weiter Ferne das Heulen und Sausen des heraufkommenden Sturmes, welcher sich uns näherte. Zuerst zwar war der starke Wind für uns sehr vortheilhaft, denn unter seiner mächtigen Gewalt geberdete sich unser Fellboot wieder einmal wie ein durchgehender Walfisch, aber bald hörte die Sache auf, ein Vergnügen zu sein und begann dadurch kritisch zu werden, dass die Wogen der See immer höher und höher zu rollen begannen und unser armes Boot so sehr mit der Salzfluth überschütteten, dass wir kaum im Stande waren, so viel Wasser auszuschöpfen, als über Bord hineinschlug.

Was war zu thun? Das „ganze Beringsmeer" stand hinein nach Nortonsund, und wir selbst befanden uns nahe der Brandung des Strandes. Die Wellen stiegen immer höher, und bespülten uns, ohne Rücksicht auf die

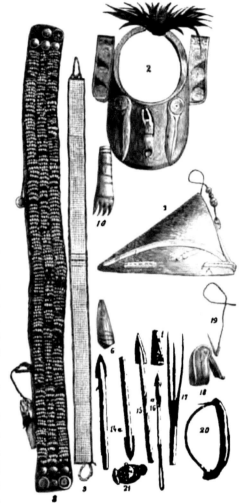

Vom unteren Yukon und Koskoquim.

2. Zwei Jagdhüte vom unteren Yukon und Koskoquim.
8. Frauengurt mit Rennthierzähnen verziert. 9. Frauengurt aus Federkiel der Schneehühner gefertigt. 10. Eiskratzer zum Anlocken der Seehunde. 14 u. 15. Spitze zur Doppellanze mit Steinspitzen. 16. Desgleichen mit knöcherner Spitze. 6 u. 1. Hülsen zu den obigen Spitzen. 17. Forellenspeer. 18. Schnupftabakdose aus Holz. 19. Angelhaken aus Holz. 20. Griff zum Transportiren von Seehundspeck. 21. Schnupftabakdose in Form eines auf dem Rücken liegenden Walrosses.

Schönheit unserer Sammlungen zu nehmen. Weit voraus, als drohender Punkt, ragte Cap Romanzoff ins Meer hinein und bot uns die angenehme Perspective, dass wir dort zerschellen würden. Umzukehren oder auch nur zu wenden war einfach eine Unmöglichkeit, an derselben Stelle zu bleiben, war unausführbar, da der Orkan uns mit grosser Schnelligkeit weiter trieb. So blieb denn nur noch ein einziges Mittel übrig, welches darin bestand, dass wir einfach Schiffbruch litten und unser Boot direkt auf den Strand laufen liessen. Das schwerbeladene, tiefgehende und nur durch den dünnen Fellüberzug geschützte Fahrzeug führte dieses Manöver mit grösserer Geschicktheit aus, als ich ihm zugetraut hatte. Auf dem Kamm einer hohen Woge fuhren wir weit hinauf auf den weichen Strand, und noch ehe das Boot lag, sprangen wir drei bis zur Mitte des Leibes ins Wasser, ergriffen das Fahrzeug und zogen es mit Hilfe der auslaufenden Wellen so hoch hinauf auf das Gestade, als dies nur irgend möglich war. Dann sprangen wir möglichst schnell mit den Kisten der Sammlung ans Ufer und trugen sie ausser den Bereich der Brandung. Doch auch hier war, wie drei Tage vorher, das Wasser schneller als wir, und im Umsehen war das Fellboot wieder vollgeschlagen, und die schwimmbaren ethnographischen Gegenstände fingen an, über Bord zu gehen und einen gegenseitigen Wettlauf anzustellen, wer von ihnen zuerst Cap Romanzoff erreichen würde. Die Sache war diesmal gefährlicher als am Yukon, demzufolge kostete es uns auch eine grössere Anstrengung, alles wieder in Sicherheit zu bringen, als damals. Es gelang indessen ganz gut, und auch unser Zelt bequemte sich endlich, bei uns zu bleiben, und seine Versuche davonzufliegen aufzugeben, als wir es mit soviel Treibholz beschwert hatten, dass es beinahe wie eine Blockhütte aussah. Alsdann wurde Feuer gemacht und schliesslich wurde unsere Situation bei einer Schaale Thee noch urgemüthlich.

Am anderen Morgen war die Luft klar, obgleich es immer noch heftig von Süden stürmte. Die zahlreichen kleinen Wasserpfützen und Tümpel am Strande waren über Nacht zugefroren und wir selbst hatten in unsern nassen Kleidern das Gefühl der Kälte. Da mich die armen Indianer dauerten, so lieh ich ihnen aus

meinem Vorrath, damit sie wenigstens ihre Füsse vor dem Frost
schützen konnten, einige Paar Strümpfe, von denen ich durch diesen Act der Wohlthätigkeit für immer Abschied nehmen musste.
Der Wind stand an diesem Tage etwas mehr über Land, so dass
wir keine Brandung hatten und unser Boot wieder beladen konnten. Ich kann nicht behaupten, dass uns durch die gerade herrschende Ebbe das Geschäft des Aufladens irgend wie erleichtert
worden wäre. Das Ufer des Nortonsundes bot um diese Zeit einen
Anblick dar, der für jeden Geologen und Geophysiker entzückend
gewesen wäre, denn es waren hier auf das wunderschönste die
grossartigen Naturgesetze zu studiren, welche bei der Bildung eines
Deltas und der Ausfüllung ganzer Meeresbuchten durch herabge-
schwemmte Erd- und Schlammmassen thätig sind. Für uns drei
Schiffbrüchige dagegen hatten diese schönen Naturgesetze das Gestade in einen Schlammsumpf verwandelt, in welchen wir bis zur
Mitte des Körpers versanken, so oft wir einen Gegenstand nach
dem Boote trugen, das weichgebettet, gleichfalls im Schlamme lag.
Ich hätte es kaum für möglich gehalten, dass es ein sumpfiges
Meeresufer von solcher Beschaffenheit geben könne, dass ein erwachsener kräftiger Mensch, darin stehend, nicht im Stande ist,
seine Beine zu bewegen, sondern sich beinahe so sehr festgehalten
fühlt, wie eine Fliege am Leimstock. Die grossen Anstrengungen
welche das Beladen des Bootes unter diesen Umständen erforderte,
hatten den Erfolg, dass wir wenigstens nicht mehr so stark froren
als vordem.

Nachdem diese Herkulesarbeit ausgeführt worden war, machte
ich bei meinen Indianern die merkwürdige Entdeckung, dass dieselben nicht mehr Heimweh verspürten, trotzdem sich doch nicht
gerade behaupten liess, dass wir uns an einem der schönsten
Punkte von Alaska befanden. Die zweimalige Havarie hatte die
Reiselust meiner beiden Leute erheblich abgekühlt und sie glaubten jedenfalls, dass sich die Geschichte noch einmal wiederholen
würde, wenn wir jetzt in See gingen. Indessen, als uns das Hochwasser wieder einigermassen flott gemacht hatte, bestand ich darauf, dass wir wenigstens den Versuch machen sollten, um Cap
Romanzoff herum zu fahren. Wir brachen also auf, setzten das

Segel mit zwei Reefen und, siehe da, unser Fellboot begann alsbald so schnell dahin zu schiessen wie eine Vergnügungsyacht. Freilich schien es einige Male, als ob die Besorgniss meiner Indianer eine gewisse Berechtigung hätte, denn an dem Cap stand eine ziemlich hohe See, die wir jedoch ohne Gefahr passirten.

Jenseit Cap Romanzoff aber wurde der Wind immer stärker und bald sahen wir uns in die Lage versetzt, einen Kriegsrath zu halten, ob wir an Land gehen wollten oder nicht. Wir beschlossen zunächst bis zum Pikmiktalik-River zu segeln und alsdann das Ende des Sturmes abzuwarten; aber als wir gegenüber der Mündung dieses Flusses waren, erschien es uns wieder als recht gut möglich, dass unsere tolle Fahrt bis zum Eingang des Canales von Fort St. Michael fortgesetzt werden könnte. Um die Wahrheit zu sagen, so hatte sich unser aller eine solche Sehnsucht nach dem Endpunkte unserer Reise bemächtigt, dass wir auch am Eingange dieses Canales, welcher Fort St. Michael zur Insel macht, nicht Halt machten, sondern seinen vielfachen Windungen folgend ununterbrochen weiter segelten, und wo dies wegen seines vielfach gekrümmten Laufes nicht anging, ruderten und das Boot an der Leine zogen, dass wir noch an demselben Abend uns unserm Endziel bis auf zehn englische Meilen näherten. Am andern Morgen herrschte vollkommene Windstille, was uns veranlasste, das Boot den Canal entlang an der Leine zu ziehen. Gegen Mittag erreichten wir endlich das ersehnte Ziel Fort St. Michael, wo uns Herr Lorenz und Herr Neumann bestens aufnahmen, und woselbst im Hafen ein Schooner lag, welcher kein anderer war als der „Leo", der von seiner glücklich beendeten Fahrt nach Point Barrow zurückgekehrt war.

XIV.

In Fort St. Michael war ich genöthigt, nunmehr für einige Zeit Wohnung zu nehmen, denn die nächste grössere Tour, welche ich auszuführen im Begriff stand, war eine Reise nach dem Norden, welche während der Wintermonate ausgeführt werden musste. Der Herbst ist nämlich für Alaska die am wenigsten geeignete Reisezeit, weil alsdann die zahlreichen Stürme, die heftigen Regengüsse, die vielen Schneegestöber und der unsichere Zustand des Terrains ein Vorwärtsbewegen weder zu Schlitten noch zu Boot gestatten. Mein nächstes Ziel sollte die Halbinsel Prince of Wales sein, woselbst ich bei dem Cap gleichen Namens die schmalste Stelle der Beringstrasse berühren, und alsdann versuchen wollte, den von weissen Reisenden noch nicht besuchten Kotzebuesund soweit nach Norden als möglich zu durchwandern. Zu diesem Zwecke hatte ich in Kutlik an der Yukon-Mündung eine Anzahl von Hunden bestellt, welche jedoch erst später ankommen konnten.

Die gegenwärtige Anwesenheit des Schooners „Leo" im Hafen von Fort St. Michael war mir für diese meine winterliche Exkursion insofern von grossem Nutzen, als dieses Schiff, bevor es nach St. Francisco zurückkehrte, noch eine Fahrt nach dem nördlichen Ufer des Nortonsundes, und zwar nach der tief in die Halbinsel Prince of Wales sich hineinerstreckende Golowninbay auszuführen hatte und einen Theil meiner Vorräthe mitnehmen konnte. Ich komme darauf noch zurück.

Wie Niemand ungestraft unter Palmen, so wandelt auch Niemand ungestraft unter Eskimos und Indianern. Hiervon hatte mir die 1800 Meilen lange Strecke der Yukonreise genug sichtbare und fühlbare Beweise gegeben. Jene kleinen Parasiten, welche den Naturmenschen wie auch unseren nächsten zoologischen Verwandten so häufig das Dasein verkürzen und deren Mussestunden ausfüllen, hatten auch mich nicht verschont und da sie, weit entfernt, gegen russische Bäder empfindlich zu sein, sich im Gegentheil einer freudigen Erregung über diese Manipulationen hinzugeben schienen, so hatten sie in dem Maasse Geschmack an meiner Gesellschaft gefunden, dass ich bei meiner Rückkehr in Fort St. Michael mich vor allem andern genöthigt sah, noch bevor ich den Fuss wieder über die Schwelle der Civilisation setzte, einen vollständig anderen äusseren Menschen anzuziehen. Nachdem dieses geschehen war, musste ich daran denken, so schnell als möglich meinen ersten kurzen Bericht über den immerhin stattlichen Erfolg meiner Yukonfahrt an Professor Bastian nach Berlin zu senden und auch sonst meinen vielen Freunden in der Heimath Nachricht von mir zu geben.

Am andern Morgen ging ich mit meinen Briefen an Bord des Schooners „Leo". Sowohl Lieutnant Paul als auch der Kapitain, welche ich beim besten Wohlsein antraf, beabsichtigten sobald als möglich abzufahren. Der Kapitain hatte eine für seine Verhältnisse sehr günstige Reise gemacht, indem er gegen gute Bezahlung die von der Regierung der Vereinigten Staaten abgesandte Expedition wohlbehalten und ohne sein Fahrzeug zu beschädigen —

trotzdem letzteres keine Eishaut hatte, — nach Point Barrow gebracht und unterwegs noch für circa 3000 Dollars Walroszähne und Walfischbarten durch Tauschhandel erworben hatte. Seine bevorstehende Fahrt nach Golowninbay hatte den Zweck, von dort Quarz abzuholen und denselben sowie einige der in jener Bay verweilenden Goldgräber nach San Francisco mitzunehmen. Das Schiff ging indessen noch nicht an diesem Tage ab, so dass ich noch schleunigst eine grosse Menge Proviant und andere Gegenstände an Bord schaffen und nach Golowninbay mitgeben konnte.

Nachdem diese Angelegenheit geordnet war, musste ich meine ganze Aufmerksamkeit der ethnographischen Sammlung widmen, welche sich in einem etwas bedauernswerthen Zustande befand. Waren auch die Gegenstände sämmtlich für das Klima von Alaska bestimmt und darnach gearbeitet, so war es ihnen doch nicht an der Wiege gesungen worden, dass sie zweimal mit mir Schiffbruch erleiden sollten, auch hatte ich ihnen nach diesen beiden Katastrophen aus Mangel an Zeit durchaus nicht diejenige konservirende Behandlung angedeihen lassen können, welche ihr Aussehen verdiente. Dieses letztere musste jetzt nachgeholt werden.

Die freundliche Aufnahme, welche mir wieder von den Vertretern der Alaska-Commercial-Company zu Theil wurde, gab mir zugleich Gelegenheit, die ethnographischen Gegenstände gehörig auszupacken, sie zu trocknen, zu säubern, aufzufrischen, und jeden Gegenstand nach seinem Namen und Gebrauch in ein Verzeichniss einzutragen. Hierbei unterstützte mich mein bisheriger Reisekollege Petka, welcher noch für kurze Zeit in meinen Diensten blieb. War er einerseits recht geschickt in der äussern Behandlung der Gegenstände, unter denen das Konserviren der Kleidungsstücke mir die grösste Sorge machte, und zeigte er sich auch beim Anfertigen der Kisten und darauf folgendem Einpacken zuverlässig und brauchbar, so war er leider nicht recht geeignet, die richtigen Namen und Bezeichnungen der bei den Ingalik gekauften Gegenstände anzugeben, da er eben nur ein Halbblut war. Leider war der wirkliche Ingalik, welchen ich ausser ihm noch an Bord gehabt hatte, unmittelbar nach unserer Ankunft in Fort St. Michael wieder in seine Heimath zurückgekehrt. Es machte sich indess schliesslich alles noch ganz gut, und die zeitraubende Arbeit wurde im Laufe einer Woche beendet.

Es war jetzt die Zeit der herbstlichen Jagden gekommen und Jedermann, Eingeborene sowohl wie Weisse, beschäftigten sich mit der Jagd auf Gänse und Enten. Als ich am 28. September über die Bay nach der nahe gelegenen Station der Western Fur Trading-Company hinüber fuhr, hörte ich daselbst, dass der dort wohnende Hauptagent Herr Greenfield eine grosse Jagdparthie nach dem Kanal von Fort St. Michael für den nächsten Tag arrangirt hatte, und dass auch seine Gemahlin sowie seine beiden Kinder, welche allen Unbilden der nordischen Witterung trotzten, sowie auch der bereits genannte Offizier des Signal-Service, Mr. Leawitt, daran Theil nahmen. Da ich augenblicklich nichts besseres zu thun hatte, so beschloss ich, mich gleichfalls an dieser Jagdparthie zu betheiligen. Noch an demselben Tage miethete ich zwei Kajaks, jene leichten, mit Fell überspannten Boote, welche hier ebenso geformt sind, wie bei den Eskimos von Grönland und Labrador, nur mit dem Unterschiede, dass der Fellüberzug oben über Bord bei den letztgenannten dachförmig, in Alaska aber eben ist. Meine beiden Kajaks waren von verschiedener Grösse; das Hauptfahrzeug besass drei jener runden Löcher, aus denen der Oberkörper der Fahrenden hervorragt, das andere nur eine Einsteigeöffnung. Die Abreise begann Nachmittags. Wir fuhren bis zum Anfang des Kanales, woselbst wir mit der Gesellschaft Mr. Greenfield's zusammentrafen und nach einer Art gemeinsamem Piknik am Kanalufer in mehreren Zelten übernachteten.

Mit dem ersten Tagesgrauen erhob ich mich und lief mit den drei von mir engagirten Indianern während des ganzen Morgens durch die schlammige, morastige Ufergegend, ohne dass es uns möglich war, auch nur eine Ente zu tödten. Der Grund davon ist der, dass die Tundra allerorts mit jagenden Eskimos aus den benachbarten Dörfern angefüllt ist, welche in den zahllosen kleinen Binnenseen und Lagunen auf der Lauer liegen und dadurch die Gänse, Enten und Schneehühner verscheuchen. Um 8 Uhr Vormittags kehrten wir zum gemeinsamen Frühstück zurück, brachen alsdann unsere Zelte ab, und fuhren mit der andern Reisegesellschaft, welche ebenso wenig Glück gehabt hatte wie wir, den Kanal weiter hinunter. Während Mr. Greenfield am anderen Ende des Kanals kampirte, fuhr ich mit meinen beiden Kajaks längs der mir nur zu wohl bekannten Küste einige Meilen weiter nach Süden und landete an der Mündung eines kleinen Flusses. Während der Abendstunden beschäftigten wir uns wieder mit der Jagd, und hatte ich diesmal in dieser weniger von Menschen besuchten Gegend das Glück, fünf Enten zu schiessen. Wir kampirten ebendaselbst, während sich in der Nacht ein Sturm erhob, der unser Zelt wieder einmal die Rolle eines Ballon captif spielen liess.

Sturm, Regen und Jagdeifer liessen uns das Ende der Nacht nicht abwarten, und so gingen wir schon vor Tagesanbruch wieder dem edlen Waidwerk nach und lagen demselben, allen meteorologischen Hindernissen zum Trotz bis zur Mittagsstunde ob. Wir hatten indessen auch diesmal nur einen bescheidenen Erfolg, denn in der ringsum offenen und ebenen Gegend, in welcher unsere Körper die höchsten Gegenstände waren, wurden wir viel eher von den Gänsen und Enten bemerkt, bevor wir selbst die kleinen Wasserspiegel, auf denen diese Thiere herumschwammen, zu Gesicht bekamen. Andererseits fehlte uns auch die Lust, zur Vermeidung dieses Uebelstandes, uns ununterbrochen schlangenartig durch den nassen Sumpf und Morast zu winden, um weniger frühzeitig von dem scheuen Wilde erblickt zu werden. Wir beendeten das „Vergnügen" an dieser Stelle vorläufig und fuhren nach dem Kanal zurück, wobei es zuletzt die vom Sturm gepeitschten Wogen des Nortonsundes beinahe wieder zu Stande gebracht hätten, unser grosses Kajak zum Kentern zu bringen.

Gegen Abend gelangten wir wiederum nach der Mündung des Kanals, wo wir, herzlich ermüdet von dem langen rechtwinkligen Sitzen mit ausgestreckten Beinen im Kajak schnell das Zelt aufschlugen und die Nacht am Ufer zubrachten. Die zweite Jagdgesellschaft hatte sich bereits wieder heim gewendet. Wir jagten am nächsten Morgen bis 8 Uhr Vormittags und traten alsdann gleichfalls die Rückfahrt an.

Der Sturm hatte sich immer noch nicht gelegt; wir ersannen

deshalb ein Manöver um seine Kraft ohne Gefahr für uns auszunutzen; dieses vollführten wir in der Weise, dass wir beide Kajaks
neben einander legten und sie in dieser Situation durch Querbretter mit einander verbanden. Hierdurch wirkten beide gegenseitig, wie die schwimmenden Balken der Canoes der Südsee,
und es war dadurch die Gefahr des Kenterns ausgeschlossen.
Nunmehr wurde unser Zeltstock als Mast und meine Gummidecke
als Segel benutzt, und der Sturm ging so bereitwillig auf diese
neumodische Verwendung ein, dass er uns in fliegender Eile durch
den Kanal brachte.

Nur einen Umstand hatten wir nicht in Berechnung gezogen,
dass nämlich die Wellen neben unserm Körper in die runden
Oeffnungen der Kajaks hineinspritzen konnten, und dass wir nicht
in der Lage waren, aus den sonst rings herum verschlossenen Fahrzeugen das eingedrungene Wasser während des Segelns wieder auszuschöpfen. Zu einem richtigen Kajakfahrer fehlte uns ein Kleidungsstück, die sogenannte Kamelika. Es ist dies die bekannte
wasserdichte Jacke, welche ein Kajakfahrer über den Oberkörper
zieht, deren unteren Rand er über den Reifen der Kajaksöffnung
legt und dort wasserdicht festschnürt. So ausgestattet kann der
Kajakfahrer Wind und Wetter und hohem Wellengang trotzen,
und er thut dies auch in Grönland, Labrador und Alaska.

Da Niemand von uns eine Kamelika bei sich hatte, die Wellen
aber auf diesen Zustand nicht die geringste Rücksicht nahmen,
so waren unsere Oberkörper sehr bald ebenso nass, wie Felsen-
riffe in der wogenden See; und es rieselte die salzige Fluth unsern
Körper hinab auf den Boden der Fahrzeuge. Namentlich waren
die Spritzwellen, welche sich von vorn zwischen die beiden auseinander laufenden Vorderenden der Kajaks drängten, eine Quelle
vieler Douchen und Brausen, die wir während der Fahrt erhielten.
Gegen diese Uebergiessungen suchten wir uns dadurch zu schützen,
dass wir eine Tafel filzartigen Grastorfes von der Grösse einer
Tischplatte am Ufer losrissen und dieselbe quer über die Vorder-
theile der beiden Kajaks legten. Nunmehr verfing sich die Sturzsee
immer an der unteren Seite der Torfschicht. Im Uebrigen vollführten wir eine famose Segeltour, und wenn auch das Wasser

trotzdem Eingang fand in unsere Canoes, und letztere soweit anfüllte, dass wir gerade in demselben Moment ganz unter Wasser
zu versinken drohten, in welchem wir um die Mittagsstunde unter
dem lauten freudigen Zuruf der Bevölkerung in Fort St. Michael
landeten, so waren wir doch einig darüber, dass das Ende der
Jagdparthie höchst amüsant gewesen war. Wenn man sich stets
in frischer Luft bewegt, und von Jugend auf an Wind und Wetter
zu Wasser und zu Lande gewöhnt ist, so sind Strapazen wie diejenigen dieser Expedition durchaus nicht gesundheitsgefährlich und
ich persönlich durfte von dergleichen umsoweniger berührt werden,
als ich in meiner norwegischen Heimath, die mehr als viertehalb-
hundert englische Meilen nördlicher liegt, als Fort St. Michael,
ähnliche Dinge schon von frühester Kindheit an erlebt hatte. Das
Jagdresultat bestand aus 25 Enten und 5 Gänsen, von denen ich
etwa die Hälfte geschossen hatte. Eine warme Mahlzeit und
trockene Kleidung stellten uns bald wieder vollständig her.

Wir schrieben bereits den 9. Oktober, und ich feierte den
Beginn meines dreissigsten Lebensjahres in stiller Beschaulichkeit
und Zurückgezogenheit. Ich gedachte der fernen Heimath und
der schweren Pflicht, welche ich für das Berliner Museum übernommen hatte. Wieder einmal stand ich, wie so oft schon, vor
einer jener Episoden meines Lebens, deren Verlauf und Ende absolut nicht im Bereiche meiner Berechnung lag. Das Wetter war
nach dem heftigen Sturm wieder mild und ruhig geworden und
machte nicht die geringsten Anstalten, den so sehr ersehnten Frost
zu bringen. Bevor aber nicht Frost eintrat, konnten auch nicht
die von mir bestellten Eskimohunde aus der Station Kutlik an
der Mündung des Yukon herankommen. Somit war ich also auf
unbestimmtes, vielleicht wochenlanges Warten angewiesen, das
Schlimmste, welches es für einen an Thätigkeit gewöhnten Menschen giebt.

Am nächsten Tage machte ich eine kleine anthropologisch-
ethnologische Expedition, die mit einer Ausgrabung verbunden
war, nach der kleinen, in der Nähe von Fort St. Michael gelegenen
Walinsel, einem Felseiland, ähnlich wie Helgoland, an dessen einziger, zum Landen geeigneten Stelle sich die Ruinen eines alten

Dorfes befanden, das der Sage nach hierselbst vor 150 bis 200 Jahren bestanden hat. Die Ueberreste der alten Gebäude waren in zwei Reihen hintereinander in der Nähe des Strandes und Landungsplatzes deutlich erkennbar. Die Ausgrabung ergab Stücke von Töpfen und Lampen aus Thon, zerbrochenen Steinäxten, Lanzenspitzen, Steinmessern, knöchernen Pfeilen, sowie Knochen von verschiedenen Land- und Seethieren. Diese Gegenstände unterschieden sich nicht von denjenigen, die ich kurz vorher in der Umgegend gesammelt hatte. Links vom Dorfe vom Meere an aufsteigend, zog sich der Begräbnissplatz hin. Ich öffnete einige Gräber, fand aber die darin liegenden menschlichen Ueberreste so sehr zerfallen, dass es unmöglich war, namentlich in Rücksicht auf den weiten Transport nach Europa, Stücke davon mitzunehmen.

Am nächsten Tage beendete ein Brief meines ehemaligen Reisegefährten, Mr. Woolfe, meine unthätige Lebensweise. Dieser Herr hatte, nachdem es ihm, wie bereits mitgetheilt, geglückt war, Berichte über die Erforschung von Wrangelland u. s. w. an den New-York Herald zu senden, seinen Aufenthalt in Fort St. Michael, an der Südküste von Nortonsund, mit demjenigen in Orowignarak, an der Nordküste von Nortonbay, östlich von Golowninbay, vertauscht. Hier wohnte er bei einem sehr angesehenen Eskimo, Namens Eisak — die richtige Schreibart ist wohl Isaak —, welcher als Händler und Agent der Alaska-Commercial-Company die weitesten Touren nach Norden unternahm und regelmässig sogar den oben genannten Kotzebuesund besuchte. In Folge eines unglücklichen Zufalles war das Haus, in welchem Eisak mit seiner zahlreichen Familie und anderen Personen lebte, abgebrannt und bei dieser Gelegenheit hatte sich Mr. Woolfe einen Arm und eine Hand durch Feuer verletzt.

Das Schreiben theilte mit, dass ein neues Haus sofort erbaut worden sei und dass nunmehr Eisak um eine Uebersendung frischer Handelswaaren von Seiten der Alaska-Commercial-Company an Stelle der durch Brand zerstörten bitte. Hr. Lorenz beschloss, ein Boot mit den betreffenden Waarenvorräthen, dem Antrage des Schreibens gemäss, sofort nach Orowignarak zu senden und liess das Fellboot, welches ich auf der Yukonfahrt benutzt hatte, in Stand setzen.

Meine ursprüngliche Absicht, in Fort St. Michael zu bleiben, bis Frostwetter eintrat, wurde dadurch über den Haufen geworfen. Ich erbot mich, da ich ohnehin über Orowignarak meinen Weg nach Golowninbay nehmen musste, schon jetzt dorthin aufzubrechen und das Handelsgut der Compagnie sicher dort hinzuführen. Bei dieser Gelegenheit konnte ich zugleich, da sowohl Fort St. Michael, wie ein grosser Theil der Küste weiter nach Osten und Norden hinauf noch zum Gebiet der Kwikpagemuten gehört, meine ethnographische Sammlung unter diesem Stamme vervollständigen, so oft ich an einem dazu gehörenden Dorfe landete.

Mein Vorschlag wurde angenommen. Beinahe wäre ich jedoch noch vor der Abreise in die Lage gekommen, denselben gar nicht ausführen zu können, indem ich in eine ganz eigenthümliche Lebensgefahr gerieth. Im Hause des Herrn Lorenz war nämlich während der Sommermonate zur Versorgung der Familie mit frischer Milch eine aus San Francisco mit dem Schiffe gebrachte Kuh gehalten worden. Die mangelnde Nahrung für den Winter liess es räthlich erscheinen, dieses Thier zu schlachten, und es fiel mir hierbei die, in den Augen der Eskimos heldenmüthige Rolle zu, die Kuh zu tödten. Ich liess, Angesichts der staunenden Urbevölkerung, der die hörnertragende Wiederkäuerin stets als eine Art fürchterliches Ungeheuer erschienen war, das Thier durch einen Strick um den Hals, den ein Russe festhalten musste, fesseln. Als ich mich dem Schlachtopfer näherte, um ihm nach Art der spanischen Stierkämpfer den Genickfang zu geben, liess der Russe erschreckt los und die Kuh machte mit gesenkten Hörnern einen wüthenden Angriff auf mich. Noch zur rechten Zeit gelang es jedoch, ihr den tödtlichen Stich beizubringen, worauf wir uns am Abend dieses Tages an dem lange entbehrten Genuss saftiger Beefsteaks erquickten.

Als alles zur Reise vorbereitet war, engagirte ich einen jungen Eskimo Namens Kanojak, d. h. „Kupfer", und fuhr nach einem sehr herzlichen Abschiede von allen Freunden und Bekannten am 15. Oktober in meinem alten Fellboot, das mich schon einmal

1800 engl. Meilen weit getragen hatte, von Fort St. Michael ab. Wir landeten am ersten Abend am Ufer des Nortonsundes in einem Kwikpagemutendorf Namens Kikertaok, woselbst wir in dem öffentlichen Tanz- oder Festhause (Kassigit) übernachteten.

Am nächsten Morgen zwang mich die stürmische Witterung, an diesem Orte zu verbleiben, und benutzte ich den Aufenthalt um Einkäufe zu machen. Unter den hier erworbenen ethnographischen Gegenständen befanden sich auch einige jener eigenthümlichen Instrumente, welche die Eskimos in früherer Zeit zum Feueranmachen gebrauchten; es sind die bekannten zwei Stücke Holz, deren eines senkrecht gehalten durch einen Fidelbohrer mit seinem Hirnende schnell in einer Oeffnung des zweiten brettartigen Stückes hin- und herbewegt wird, bis sich in dem losgeriebenen Holzpulver zuerst Rauch entwickelt und dann ein heller Funke entsteht, welcher durch Holzkohle vergrössert und zur Flamme angefacht wird. Ich machte nach meiner Rückkehr im Frühjahr 1884 in Berlin beim Auspacken meiner Sammlungen mit denselben Instrumenten auf Wunsch des Bearbeiters dieses Reisewerkes, des Herrn A. Woldt, das Experiment nach und es gelang in der That hellbrennendes Feuer hervorzubringen, an welchem wir unsere Cigarren anzündeten.

Unter anderen Gegenständen, die ich in Kikertaok erwarb, befand sich zum erstenmale das räthselhafteste, für die anthropologische Forschung in allen Theilen der Erde so hoch interessante Mineral Nephrit, eine Art Grünstein. Von diesen kostbaren Steinen fand ich späterhin noch eine grössere Anzahl von Exemplaren in originellen, für das praktische Leben der Eskimos brauchbaren Formen. Ich werde noch wiederholt auf Nephrit zurück zu kommen nöthig haben. Unter den anderen Gegenständen, welche ich hier erwarb, nenne ich ausser zwei Grünstein-Bohrerspitzen noch Steinäxte und Harpunen. Der lange Aufenthalt in einem solchen Dorfe ist übrigens nicht sehr vortheilhaft, da die Eingeborenen die Anwesenheit eines Weissen zu den unverschämtesten Betteleien zu benutzen pflegen. Am anderen Tage setzten wir unsere Tour fort, wobei ich zu einer kleinen Seitenexcursion genöthigt wurde. Ich hatte nämlich ausser dem von mir engagirten Eskimo Kanojak auch noch denjenigen Eskimo an Bord, welcher den Brief des Mr. Woolfe nach Fort St. Michael überbracht hatte, und die letzten Meilen seiner Tour marschirt war. Dieser hatte seinen Kajak in der Nähe des eben von uns verlassenen Dorfes Kikertaok gelassen und fanden wir das Fahrzeug bei einem Hause, in welchem eine Eskimo-Familie gerade ihr Quartier aufgeschlagen hatte, um daselbst dem oben beschriebenen Fang auf Maklak, einer Art grosser Seehunde, obzuliegen.

Am anderen Morgen setzten wir unseren Weg längs der Küste weiter fort. Dieselbe wendet sich an dieser Stelle in ziemlich scharfer Biegung links direkt nach Norden. Da der Wind fast ganz nachgelassen hatte, so bedienten wir uns wiederum des vielfach in Alaska angewendeten Mittels, das Fellboot an einer langen Leine vom Lande aus längs des Ufers durchs Wasser zu ziehen, auf diese Weise kamen wir schneller vorwärts, als wenn wir gerudert hätten, denn meine beiden Eskimos waren keine tüchtigen Ruderer. Ich näherte mich jetzt dem letzten Dorfe der Kwikpagemuten Namens Unalaklik. Etwa zehn Meilen von diesem Orte bemerkte ich ein bedeutendes Kohlenlager. In der Mittagsstunde begegneten wir dem mir von Fort St. Michael aus bekannten Eskimo Saxo, einem sehr angesehenen und der Alaska-Commercial-Company sehr befreundeten Mann. Saxo ist der beste Eskimohändler, der in dem Diensten der genannten Gesellschaft steht und macht nicht nur alle Jahre eine Handelsreise durch die Halbinsel Prince of Wales bis nach der Beringstrasse, sondern er setzt auch über diese Meerenge und besucht die jenseits auf dem Festlande von Asien wohnenden Tschuktschen, mit denen er Handel treibt. Saxo ist ein grosser starker kräftig gebauter Mann, ein Riese an Körperkraft, und einer der hübschesten Eskimos, die ich in Alaska kenne. Er ist ein Freund der weissen Leute, und durch seine Zuvorkommenheit und Hilfsbereitschaft gegen dieselben aufs beste bekannt. Nichts desto weniger hat Saxo, der sich eines grossen Ansehens erfreut, schon mehrere Menschen getödtet. Dies ging so zu.

Saxo, welcher in Sleeds oder Aziak Island am Südende der Beringstrasse geboren ist, zog seit Ende der siebziger Jahre mit seinem jüngeren Bruder und einigen Verwandten nach Unalaklik um sich dort dauernd niederzulassen. Hier wohnte damals ein weithin berüchtigter Eskimo Namens Arnakpeik, welcher durch seine Mordthaten und Grausamkeiten weithin Schrecken verbreitete. Arnakpeik huldigte nämlich in maasslosester Weise dem Genusse des von Sibirien durch Schmuggelei herüber gebrachten Branntweins und erschlug im Zustande der Trunkenheit nicht selten Eskimos und Indianer. Um unbesiegbar zu sein, hatte er sich unter den jungen Leuten in Unalaklik eine Art Leibwache gebildet, welche ihm blind ergeben war und alle seine grausamen Befehle ausführte. Um seine absolute Unbesiegbarkeit zu beweisen, erschien Arnakpeik eines Tages mit einem eisernen Kürass angethan, welchen er, wie es scheint, von irgend einem Walfischfänger eingetauscht hatte. Er prahlte ganz fürchterlich und forderte seine Leibwache auf, auf ihn zu schiessen. Dies geschah und Arnakpeik blieb in dem Panzer unverletzt. Hierdurch wurde er so kühn, dass er sich für die grösste Macht in Alaska zu halten begann und sein Betragen darnach einrichtete.

Eines Tages war Arnakpeik aus irgend einem Grunde auf die Alaska-Commercial-Company böse, und liess einfach sagen, er werde nächstens nach Fort St. Michael kommen, und die dortige Handelsniederlassung durch Brand zerstören. Der damalige Vorsteher, Herr Rudolf Neumann, — es ist dies der in diesem Werke bereits genannte jetzige Hauptagent auf der Insel Unalaska in den Aleuten, und ein Bruder des Herrn Henry Neumann, bei dem ich in Fort St. Michael gewohnt hatte — stellte in Folge dieser Drohung Wachen aus, welche Tag und Nacht aufpassten. Eines schönen Tages näherte sich in der That eine kleine Flottille, in welcher sich Arnakpeik mit seinen Mordgesellen befand, dem Fort St. Michael. Als sie noch ausser Schussweite entfernt waren, schickte ihnen Herr Rudolf Neumann einen Eskimo im Kajak entgegen mit der Botschaft, wenn sie nicht sofort umkehrten, so würde die grosse Kanone geladen und auf sie abgeschossen werden. Arnakpeik versicherte, dass er nur die allerreellsten Absichten habe, Handel zu treiben, kehrte jedoch in Folge der Botschaft um.

Da er sich nicht mächtig genug fühlte, auf diese Weise den Sieg über die Alaska-Commercial-Company zu erringen, so beschloss er zunächst, seinen Namen dort viel gefürchteter zu machen, damit die Eingeborenen rings herum schon aus Angst vor seinen Verfolgungen sich zu ihm hielten und seine Bundesgenossen würden. Er fuhr deshalb in seiner wüsten grausamen Lebensweise ungehindert fort und verbreitete überall Schrecken. Eines Tages, als er wieder einmal nach seiner Gewohnheit vom sibirischen Whisky betrunken war, kehrten in Unalaklik einige reisende Ingalik ein, welche über Land nach ihrer Heimath zurückkehren wollten. Um den Erlös ihres Handels, den sie mit sich führten, an sich zu bringen, beschloss Arnakpeik, dass die Ingalik ermordet werden müssten, und da gerade Saxo, mit welchem er bis dahin in Frieden gelebt hatte, an jenem Abend in seinem Hause weilte, so wollte er diesen zum Theilnehmer seiner Mordthaten machen, da er alsdann von Saxo keinen Verrath zu befürchten haben würde. Er befahl deshalb dem Saxo, dass er die Ingalik ermorden solle, und als dieser sich weigerte, so drohte er, dass er ihn selber tödten würde. Da Saxo aus Erfahrung sehr wohl wusste, dass Arnakpeik Wort halten würde, so blieb ihm nichts anderes übrig, als zu seiner eigenen Sicherheit dem gegen ihn gerichteten Mordanschlage zuvor zu kommen. Er ging deshalb hinaus und kehrte mit einer scharf geschliffenen Axt zurück, mit welcher er Arnakpeik den Schädel spaltete. Die im Hause Anwesenden wagten sich nicht zu bewegen, nur der zwanzigjährige Sohn Arnakpeik's versuchte es, die Flucht zu ergreifen und das Haus zu verlassen. Da indessen nach den Blutgesetzen der Eskimos der Sohn verpflichtet ist, die Ermordung seines Vaters zu rächen, so sah Saxo ein, dass er über kurz oder lang von diesem Sohn getödtet werden würde und fasste den schnellen Entschluss, ihm zuvor zu kommen.

Schon hatte der junge Arnakpeik die Ausgangsöffnung erreicht und bückte sich, um durch den niedrigen Gang, welcher alle Eskimowohnungen nach Aussen verschliesst, zu entfliehen, als ihn die mit voller Gewalt von Saxo geschleuderte Axt erreichte und in seinen Rücken fuhr, so dass er augenblicklich todt niederstürzte. Hierdurch war Saxo Herr der Situation und blieb fortan gefürchtet und unbehelligt. Seit jener Zeit indessen haben die Verwandten des ermordeten Arnakpeik schon mehrfach versucht, Saxo zu überfallen, aber dieser ist eine Art Desperado geworden und äusserst wachsam, so dass er nie anders schläft als mit geladenem Revolver unter dem Kopfe. Da man ihm nicht zu Leibe kann, so hatte man im Winter vor meiner Ankunft versucht, einen Anschlag auf das Leben seines jüngeren Bruders auszuführen.

Diesem Saxo und seinem Bruder begegneten wir also, als dieselben in der Nähe von Unalaklik Seehundsnetze ausstellten. Nachmittags langten wir im genannten Dorfe an. Der Frost, welcher schon während der letzten Tage vor meiner Abreise einige Male eingesetzt und ziemlich starken Schneefall gebracht hatte, war inzwischen stärker geworden, so dass wir bei Unalaklik schon sechszölliges Eis antrafen. Es erschien gewagt, mit dem Fellboot die Reise für jetzt fortzusetzen und ich beschloss deshalb, die Handelswaaren am heutigen Tage im Orte zu lassen und dort auch zu übernachten. Unalaklik ist im Ganzen genommen ein unruhiger Ort, denn wir bekamen in der Nacht kaum eine Stunde Schlaf, da die verschiedenartigen Individuen, welche in dem Hausraume lagen, sich die Stunden der Ruhe ganz nach ihrem Belieben vertrieben, indem der Eine plötzlich anfing zu singen, der Andere sich laut mit seinem Nachbar unterhielt, viele in erschrecklicher Weise husteten, die Kinder fast ununterbrochen schrieen und weinten und die Weiber dieses alles zusammen auf einmal thaten. Ausserdem erhoben die Hunde von Zeit zu Zeit ein Geheul.

Am nächsten Morgen machte ich den Versuch, trotz der wenig gebesserten Eisverhältnisse die Tour fortzusetzen. Das sehr flache Wasser brachte uns indessen schon eine englische Meile hinter dem Dorf auf den Grund. Wir sassen auf einer Sandbank fest und arbeiteten vergebens mehrere Stunden lang, im eiskalten Wasser stehend, um unser Boot wieder flott zu machen. Als dies nicht möglich war, kehrte ich nach Unalaklik zurück, woselbst ich drei Kajaks entlieh, mit denen ich nach meinem Fahrzeug zurückkehrte. Es dauerte mehrere Stunden, bis die schwersten Gepäckstücke ausgeladen waren und das Fahrzeug wieder flott wurde. Meine Eskimos froren in der jämmerlichsten Weise, so dass ich ihnen schliesslich aus Mitleid einige Kleidungsstücke gab. Dazu schlugen die Wellen aus Osten in unser offenes Boot und benetzten uns reichlich. Dieses Wasser aber lief nicht wieder ab, sondern es verwandelte sich unter der Wirkung des Frostes sogleich in Eis, so dass unsere Bekleidung ganz steif wurde. Solchergestalt war der Abschied, den ich für diesmal vom Gebiete der Kwikpagemuten nahm, um in das Nachbargebiet der Mallemuten, die hauptsächlich, wie bereits bemerkt, zwischen dem Nortonsund und dem Kotzebuesund wohnen, einzutreten.

XV.

Nachdem wir die Hindernisse der Sandbank überwunden hatten, segelten wir bis etwa 4 Uhr Nachmittags längs der Küste und erreichten das erste Mallemutendorf Igawik. Wir durften uns wohl in Anbetracht der überstandenen kältereichen Stunden erlauben, an eine körperliche Erwärmung zu denken. Wir kochten deshalb Kaffee und fuhren, nachdem wir denselben eingenommen hatten, den günstigen Wind benutzend, gleich wieder ab, da es mir darauf ankam, mich bei dem immer heftiger werdenden Frost meinem Ziele so sehr wie möglich zu nähern.

Es war nur wenig Aussicht vorhanden, an diesem Tage noch ein Dorf zu erreichen, und die Küste war vielfach mit Thon und Steinfelsen besetzt. Abends nach Dunkelwerden wurde die Brandung so stark, dass es uns nur mit der äussersten Mühe gelang, in einer kleinen Meeresbucht zu landen. Wir kampirten daselbst im Freien. Die Kälte war so empfindlich geworden, dass, trotzdem wir ein grosses Feuer anzündeten, und uns daran fast die Vorderhälfte des Körpers versengten, unsere Rücken beinahe erfroren.

Unter diesen Umständen war es eine Erleichterung für uns, am nächsten Morgen so frühzeitig wie möglich aufzubrechen. Da der Wind mehr vom Lande kam, so hatte der hohe Seegang aufgehört, und das Einladen der Waaren ging leichter als das Ausladen am Abend vorher. Wir legten uns wieder vor die Leine und zogen das Fahrzeug längs des hier flacher werdenden Ufers. Der Strand war indessen sehr steinig und brachte das Boot in Gefahr, aufzustossen und durchlöchert zu werden. Dies nöthigte uns, unsere ganze Aufmerksamkeit anzuwenden. Wie es gewöhnlich gegen Ende einer Expedition zu geschehen pflegt, welche man allen entgegenstehenden Uebelständen zum Trotz so weit als möglich ausdehnen will, so häuft sich auch hier ein kleines Malheur auf das andere, und es war vorauszusehen, dass wir binnen ganz kurzer Zeit zum vollständigen Aufgeben der Fahrt gezwungen sein würden. In der Nähe des Mallemutendorfes Schaktolik kamen uns

Geräthe bei den Kwikpagemuten und Malemuten.

1. Lockfisch aus Mammuthknochen mit Holzgriff zum Hechtfang. 2. Lanze mit steinerner Spitze. 3. Eisbrecher aus Holz mit knöcherner Spitze. 4. Schnupftabakdose aus Holz. 5. Eisschöpfer, Holzstiel mit knöchernem Ring und Netz aus Lederriemen. 6. Fischspeer. 7. Ruder (Paddel). 8. Wurfspiess beim Spielen. 9—14. Fischangel (11 mit zwei Spitzen). 15. Steinhammer mit knöchernem Stiel. 16. Desgleichen. 17. Fellschaber mit hölzernem Griff und Steinspitze. 18. Steinaxt. 19. Schaber, knöcherner Griff und Steinspitze.

zwei Eskimos entgegen, welche sich mit vor die Leine legten und
ziehen halfen. Das Wasser war aber so flach, dass das Boot sich ziemlich weit in See halten musste und trotzdem fortwährend auf den
Grund stiess. Eine englische Meile vor Schaktolik kamen mir die
Bewohner dieses Dorfes, welche von meiner Ankunft gehört hatten,
entgegen, um mir nach Eskimositte einen grossartigen Empfang
und Bewillkommnungsgruss darzubringen, wobei sie zugleich Geschenke mitbrachten. Die Ceremonie ging vor sich, indem zunächst
vor jeden von uns ein Brett mit einem darauf befindlichen Stückchen Eis hingelegt wurde. Alsdann wurden mir ein Paar Eskimo-
Lederstiefel und einige Felle von Moschusratten übergeben. Da
ich aus Erfahrung wusste, dass bei einer solchen Sache immer
eine Bettelei im Spiele ist und man als Gegengeschenk den vielfachen Werth der Sachen geben muss, so verzichtete ich lieber
auf die Ehre, die Geschenke anzunehmen. Indem wir vorwärts
gingen, machten uns die Einwohner Mittheilungen, dass das Wasser
nach ihrer Ortschaft hin immer seichter würde und wir dort nicht
landen könnten. Es war ersichtlich, dass sie aus irgend einem
Grunde wünschten, dass ich ihr Dorf nicht besuchen solle. Die
Leute jener Gegend sind ungeheuer abergläubisch, und wie ich
später erfuhr, handelte es sich in diesem Falle darum, dass sie
glaubten, unsere Anwesenheit würde vielleicht für zwei kranke
Kinder im Dorfe schädlich sein. Ich that ihnen gern den Gefallen
und kampirte am Ufer bei Schaktolik; leider aber starben die
beiden armen Kinder bald darauf trotz alledem. Der Frost, welcher bisher nur die Süsswasserflächen ergriffen hatte, trat nunmehr
auch seine Herrschaft über die Meeresoberfläche an und bedeckte
zunächst die Buchten mit Eis.

Vergebens wehrte ich mich gegen meine eigene und die Ansicht der Eskimos, dass unser Fellboot nunmehr ein Ende seiner
ruhmvollen Fahrten gefunden haben sollte. Die Macht der That-
sachen war zu gross, als dass ich daran denken konnte, den leichten
Fellüberzug den scharfen Kanten des Treibeises in Nortonbay auszusetzen. Ich musste mich also entschliessen, sämmtliche Waaren
in das Dorf zu schaffen und daselbst in einer kleinen Niederlage
der Alaska-Commercial-Company, deren Verwalter übrigens nicht

anwesend war, zu deponiren. Ich entlieh nunmehr einen Schlitten und drei Hunde und machte mich bereit, den Rest des Weges nach Orowignarak zu Fuss zurückzulegen.

Am nächsten Morgen hatte ein nächtlicher Sturm alles Eis wieder aufgebrochen, so dass wir nicht einmal über den nahe gelegenen Fluss gelangen konnten. Ich ging deshalb auf Jagd und schoss an diesem Tage elf Schneehühner.

Endlich war es möglich, am dritten Tage an der Mündung des Flusses mit dem Schlitten zu passiren. Wir nahmen nur ein wenig Proviant und andere kleine Gegenstände mit und marschirten tapfer darauf los, den Strand entlang, bis wir ermüdet in abendlicher Dunkelheit nach Unaktolik gelangten. Ich hatte den oben genannten Eskimo Kanajak zur Bewachung der Sachen in Schaktolik zurück gelassen und reiste deshalb mit dem andern Eskimo, welcher den Brief des Mr. Woolfe überbracht hatte, allein.

In Unaktolik, wo man uns mit frischen Fischen bewirthet hatte, schliefen wir während der Nacht ganz gut; als wir aber am andern Morgen die Schlittenreise fortsetzen wollten, stellte es sich heraus, dass zwei von unseren drei Hunden fehlten. Erst nach mehrstündigem Suchen gelang es uns, indem wir die Spuren dieser Thiere im Schnee aufsuchten und verfolgten, der beiden Flüchtlinge, welche zusammengekauert im Gebüsch lagen und schliefen, habhaft zu werden. Nunmehr setzten wir unsere Reise längs der Küste fort und gelangten am Abend nach Iglotalik, wo wir gut empfangen und wieder mit frischen Fischen bewirthet wurden. Es ist Sitte bei den Eskimos, dass nach der Abendmahlzeit die Feuerbrände mitten im Hause durch das Loch im Dach hinausgeschleudert werden, damit sich der Rauch im Hausraum vermindere. Gewöhnlich fallen diese Brände in den auf dem Dache lagernden Schnee, woselbst sie erlöschen. An jenem Abend jedoch fing die Rasendecke an zu brennen, und wir hatten grosse Mühe, das Feuer zu löschen. In Iglotalik sah ich ein sehr schön gearbeitetes Amulet aus Nephrit am Halse eines Mannes, leider wollte der Besitzer es mir nicht verkaufen.

Man lieh uns hier zwei tüchtige Ziehhunde, und setzten wir unsere Fahrt während eines starken nördlichen Schneesturmes am andern Tage fort. Da hier die Ostküste von Nortonbay mit einer Biegung nach links in die Nordküste übergeht, so kürzten wir unsern Weg ab, indem wir quer über die nunmehr fest gefrorene Fläche der Nortonbay fuhren und dadurch schon zur Mittagszeit das Dorf Kuikak erreichten. Hier kochten wir für uns Thee und lieferten die geliehenen Hunde wieder ab. Nun trennte uns nur noch eine kurze Strecke von dem Dorfe Orowignarak, welches für längere Zeit mein Aufenthaltsort werden sollte. Der Weg bis dorthin führte um einige Vorgebirge herum, an denen das Eis vom Sturm aufgenommen und weggetrieben war. Es gelang uns jedoch, ungehindert hindurch zu kommen und um 5 Uhr Nachmittags das reich bevölkerte Haus Vater Eisak's zu erreichen.

Die Bewohner sowie mein früherer Reisekollege Mr. Woolfe empfingen mich in herzlichster freundschaftlichster Weise, und der Rest des Tages ging unter Austausch der Erlebnisse der letzten Monate dahin. Das neue Haus war, wie bereits mitgetheilt, im Grossen und Ganzen vollendet; es hatte das Aussehen eines norwegischen Bauernhauses, der innere Ausbau dagegen fehlte noch fast vollständig und gab Mr. Woolfe und mir für die nächste Zeit vollauf Beschäftigung. Eisak dagegen begann schon am nächsten Tage mit seinen Leuten die Hundegeschirre und Schlitten zu repariren, da die in Schaktolik zurückgelassenen Sachen nach Orowignarak geholt werden mussten.

Es ist mir immer räthselhaft erschienen, warum Eisak sich gerade an diesem Punkte angesiedelt hatte. Der Platz entbehrte nämlich der sonst für Eskimo-Wohnung nothwendigen Eigenschaften, zu denen vor allem eine für Jagd oder Fischerei ergiebige Umgegend gehört. In Orowignarak gab es aber weder Fleisch noch Fisch, und die nächste Nahrungsquelle war ein ziemlich entferntes westwärts gelegenes Flüsschen. Eisak war 40 Jahre alt und von Kotzebuesund gebürtig. Sein Eskimoname ist Kaleak, auf Deutsch „ein Schützer, ein Bedecker"; er nannte sich auch wie dies die Eskimos öfter thun, noch mit einem zweiten Eskimonamen, nämlich Alok. Er hatte in seiner Jugend in Kotzebuesund die Tochter eines grossen Schamanen entführt und war mit ihr hierher geflüchtet. Es war dies seine Hauptfrau, welche den Namen Ki-waluk, d. h. auf Deutsch „Moschusratte", führte.

Ich darf vielleicht bei dieser Gelegenheit die in Eisaks Haus wohnenden Personen aufzählen, da sich hierdurch die Gelegenheit ergiebt, eine Hausliste der Eskimos mitzutheilen. Ausser den beiden genannten Hauptpersonen, deren Ehe übrigens kinderlos geblieben war, ist zunächst zu nennen Eisaks zweite Frau Arnalukkik. Ferner sein Sohn Kikertaurok, auf Deutsch „Insel", seine erste Tochter mit der zweiten Frau, genannt Marschan, d. h. „eine essbare Wurzel", seine zweite Tochter Naunak. Es folgen ferner eine unverheirathete Adoptivtochter Sernak, d. h. „Adlerschwanz", eine verheirathete Adoptivtochter, die liebliche Mayok, d. h. „Stei-gerung oder Aufgang", ein Adoptivsohn Kin-juran, d. h. „der Gefrässige", Eisaks Cousine Kajulik, d. h. „Quappe", ein Adoptivsohn Kalu-rak, d. h. „Hand-netz", ein Adoptiv-sohn Napaingak,

Aus dem Nordwesten von Alaska.
1. Lippenpflock aus Serpentin. 2. Desgl. aus Knochen.
3. Desgl. aus Nephrit. 4. Desgl. aus Knochen. 5. Desgl.
aus Serpentin.

d. h. „grade gewachsen", eine Adoptivschwester Awagarak, d. h. „Hammer", eine Adoptivtochter Datluk, d. h. „Schneeschuhe", eine Adoptivschwester Tunraorak, d. h. „Teufelsweib". Es folgt Eisaks Schwiegermutter Kijanuk, deren beide Brüder Kograk und Akpak, ein Mann Maktigelak, ausserdem noch sechs bis acht Personen beiderlei Geschlechts. Man sieht, dass die Sache unmöglich partriarchalischer eingerichtet sein konnte. Die Schwieger-mutter Eisaks war übrigens eine sehr resolute Dame, welche früher einmal eine Rivalin, an der ihr Gatte Gefallen fand, getödtet, und dabei erklärt hatte, so würde sie es mit jeder Nebenbuhlerin thun. Es ist begreiflich, dass die Ernährung einer so grossen An-zahl von Personen nicht leicht ist, und man begreift, warum ver-hältnissmässig so häufig Hungersnoth bei den Eskimos eintritt, da es sehr schwer ist für die lange Dauer des Winters die nöthigen

Vorräthe zu sammeln oder bei oft meilenweit gefrorener See durch Seehundsjagd und Fischfang zu erlangen. Das aber muss ich hervorheben, dass meines Wissens niemals eine Eskimofamilie es unterlässt, ihre Vorräthe, selbst wenn dieselben noch so gering wären, mit ankommenden Gästen zu theilen, so lange noch etwas davon übrig ist. Im umgekehrten Falle wird dasselbe aber auch beansprucht und eben so ruhig als selbstverständlich hingenommen.

Am Tage nach meiner Ankunft gingen vier unserer jungen Eskimos mit zwei Schlitten und acht Hunden auf dem Wege, welchen ich gekommen war, zurück, um die in Schaktolik zurückgelassenen Sachen abzuholen. Inzwischen beschäftigte ich mich zunächst damit, für Mr. Woolfe und mich eine aus zwei Etagen bestehende Bettstelle zu bauen, da die Raumverhältnisse des Hauses ein Nebeneinanderschlafen nicht gestatteten. Die gewöhnliche Einrichtung der Eskimohäuser besteht darin, dass etwa sechs Fuss von den Wänden entfernt nach dem Innern des Hauses zu parallel mit den Wänden an drei Seiten Balken auf den Erdboden gelegt werden. Dadurch wird ein sechs Fuss breiter Gang rings herum an den Wänden geschaffen, dieser Gang wird mit Zweigen und getrocknetem Gras bedeckt und darauf Decken und Rennthierfelle gelegt, und dient als gemeinsame Schlafstelle für alle im Hause befindlichen Personen. Sie legen sich dann neben einander mit den Füssen gegen die Wände gerichtet und die Balkenlage als Kopfkissen benutzend. Während der Tagesstunden wird die Schlafunterlage wulstartig nach der Wand zu aufgerollt und dient als Sitz. Das Feuer wird in üblicher Weise in der Mitte des Hausraumes zwischen Steinen angemacht und die Speisen in grossen Kesseln zubereitet. Gewöhnlich schlägt die Flamme bis über den Kessel hinauf, so dass die einfachen Nahrungsmittel, namentlich die Fische sehr bald zubereitet sind. Das etwa einen Quadratmeter und darüber grosse Oberlichtfenster aus durchsichtigen und zusammengenähten Seehundsdärmen wird während der Zeit, wenn das Feuer im Hause brennt, abgenommen, damit der Rauch Abzug findet. Die Häuser sind meist aus Treibholz, das sich fast überall findet, errichtet.

Meine Arbeitslust und Arbeitsleistung wurde nicht wenig be-

einträchtigt durch ein sonderbares Verbot, welches man mir auf-
erlegte und welches im Zusammenhang mit dem Aberglauben der
Leute stand. Es war nämlich während der ersten Tage meiner Anwesenheit Jedermann und auch mir verboten, eine Axt oder ein
anderes scharfes und schneidendes Geräth zu gebrauchen. Jedenfalls handelte es sich darum, die Ruhe irgend eines im Hause
anwesenden Eskimogötzen nicht zu stören, bevor dieser nicht seine
heilsame Wirkung auf den erkrankten Sohn des Eisak geäussert
hätte. Dieser junge Mensch, der sich wohl schon auf dem Wege
der Besserung befand, benutzte, wie ich bemerkte, als Kopfkissen
einen Sack, dessen Inhalt er sorgfältig vor Jedermanns Augen
hütete. In dem Sacke befand sich das Bild eines Götzen, welches
ihm durch einen Schamanen übergeben war, der seit einigen Tagen
still und ohne besondere Aufmerksamkeit zu erregen in Eisaks
Hause weilte. Von ihm war auch das Verbot ausgegangen, während
er sonst in jeder Beziehung freundlich und entgegenkommend war
und mir beim Arbeiten half. Der erkrankte Sohn Eisaks trug
um den Hals ein kostbares, etwa fünf Zoll langes pfriemenförmiges
Amulet aus Nephrit.

Eisaks Hauptfrau Kuwalik brach inzwischen mit einem
Schlittengespann nach dem oben bereits erwähnten Flusse auf,
um dort Fische zu fangen und sandte uns auch nach zwei Tagen
die von ihr gemachte Beute zu, währenddem versuchte sich Mr.
Woolfe in der Rolle eines Haushofmeisters und wirthschaftete mit
den jungen Eskimomädchen im Hause herum, indem er für die
Zubereitung unserer Tafelgenüsse sorgte und nebenbei die Eskimosprache fast spielend erlernte. Die Herstellung unserer kulinarischen Genüsse war nicht allzuschwer, denn es gab Morgens, Mittags
und Abends stets ein und dasselbe Gericht, da wir als einziges
Nahrungsmittel nur noch Mehl hatten. Dieses Gericht nannten
wir mit dem stolzen Namen Pfannkuchen, da zu seiner Herstellung
allerdings ausser dem Mehl noch eine Pfanne und etwas Fischthran nöthig war. In dieses Menu vermochte der Sack Fische,
welchen Mutter Kuwalik als das Resultat viertägiger Anstrengungen mit nach Hause brachte, nur eine geringe Abwechslung hineinzubringen. Ebensowenig gelang es mir, unsern Proviant durch

16*

das Schiessen von Schneehühnern zu vermehren, da die Thiere hierselbst sehr scheu waren.

Meine häusliche Arbeit war inzwischen auch ohne Benutzung der Axt etc. soweit fortgeschritten, dass ich fünf Bettstellen zurecht gezimmert hatte und unser Haus jetzt vielmehr einem Wohnort meiner Heimath als einem Eskimohause glich.

Es war am vierten Tage nach unserer Ankunft, als der Geist über den Schamanen kam, und er in voller Familien-Versammlung während der Abendzeit seinen Götzen wirksam werden liess und dadurch die Kur an Eisak's Sohn vollendete. Der Medizinmann fing plötzlich an zu brüllen wie ein Seelöwe und zu heulen wie ein alter Hund und gestikulirte wild mit seinen Armen in der Luft. Es wurde ihm darauf eine sogenannte Kamelika, d. h. ein Hemd von zusammengenähten Seehundsdärmen überreicht. Zugleich nahm der Schamane das kostbare Stück Grünstein des Patienten und wickelte es in eine Rennthierjacke, welche er, damit sie befühlt werden konnte, rings im Kreise herumgab. Jeder konnte sich dabei überzeugen, dass der lange schmale Stein sich noch in der zusammengerollten Jacke befand.

Mit offenem Mund und Auge starrte die gesammte Familie Eisak auf die Wunder, welche da unten vor sich gingen, resp. noch gehen sollten. Mit geheimnissvoller Geberde schritt der Zauberkünstler im Kreise herum, und blies und biss auf die Rolle mit dem Stein. Zuletzt sagte er, er wolle den Stein biegen; dies that er, indem er den Stein selbst heimlich und unbemerkt im Innern der Rolle seitwärts schob und nun vor seinen Zuschauern das gerollte Stück Rennthierjacke hin und her bog und die gekrümmte Rolle von Jedermann befühlen liess. Es war ein kostbares Schauspiel, die athemlose Spannung zu beobachten, welche auf den Gesichtern aller Familienmitglieder lag, denn nach ihrem Glauben wäre auch die Lebenskraft des Patienten gebrochen worden, wenn sein Stein-Amulet bei dem Experiment zu Grunde gegangen wäre.

Glücklicher Weise richtete es der gute Schamane so ein, dass Alle rings herum wohl das krumm gebogene zusammengerollte Stück der Jacke fühlen konnten, dass aber späterhin, als er das

Kleidungsstück wieder aufrollte, und den Stein wieder an seine frühere Stelle schob, letzterer ohne die geringste Beschädigung zum Vorschein kam. Hierdurch war es der ganzen Familie Eisak klar geworden, dass der Patient mit dem Leben davon kommen würde und sie athmeten freudig auf. Eine kleine Beobachtung, die ich während dieser Scene machte, sei hier mitgetheilt: Ich bemerkte, dass alle Anwesenden sich durch das Gefühl davon überzeugten, dass der Stein gebogen sei; nur ein junges erwachsenes Mädchen durfte die Rolle nicht berühren und hielt sich auch von selbst davon zurück. Es handelte sich, wie ich späterhin erfuhr, um die Befolgung eines bei den dortigen Eskimos hoch entwickelten Reinlichkeitsgesetzes, welches den Frauen und erwachsenen Mädchen zu gewissen Zeiten eine Reserve auferlegt. Sie dürfen alsdann nicht mit den übrigen Hausbewohnern gemeinsam dieselben Speise- und Trinkgefässe benutzen und bedienen sich während dieser Tage besonderer Geschirre.

Nachdem unter zahlreichen Ausrufen der Verwunderung und des Erstaunens das Nephrit-Amulet des Patienten dicht an die Flamme der Lampe gehalten und bei sorgfältigster Unter-

Aus dem Nordwesten von Alaska.

1 u. 2. Steinerne Tabakspfeife mit hölzernem Rohr und knöchernem Reiniger. 3. Knöcherner verzierter Eimerhenkel. 4 u. 5. Knöcherne Geräthe auf Hüten. 6. Knöcherner Pfriem. 7. Eiserner Pfriem mit knöchernem Heft.

suchung nicht der geringste Sprung entdeckt worden war, begann der Schamane mit dem in dem Pelzsack verborgenen hölzernen Eskimogötzen in Aktion zu treten. Er nahm zunächst die bis dahin verborgene Figur heraus, wobei es sich zeigte, dass dieselbe einen Wolf mit einem Alligatorkopf darstellte. Diese Figur wurde in die Kamelika gesteckt und durch die verborgen gehaltenen Hände des Schamanen dergestalt vor und rückwärts geschoben, dass es aussah, als ob das Thierbild bald vorwärts stürzen wollte, und bald sich zurückzog. Hierzu stiess der Schamane wieder jene eigenthümlich brüllenden und grunzenden Töne aus, mit denen er schon vorher seine Vorstellung begonnen hatte. Dann drückte er das Götzenbild wiederholt und blies auf Kopf und Schwanz und liess es endlich wieder in den Pelzsack verschwinden.

Nunmehr folgte der letzte Akt des Schauspiels, welcher nach echter Schamanenart eine Scene aus dem Geisterreiche darstellte. Der alte Zauberer ergriff den Regenmantel aus Seehundsdärmen und schwang ihn im Kreise herum, indem er hierbei ein langgezogenes „Hui" ausstiess, gleichsam als ob ein Sturmwind durch das Haus zöge. Nach dieser Einleitung gab er einige Bauchredner-Kunststücke zum Besten, indem er bald leise die Stimme eines Entfernten nachahmte, bald laut darauf mit eigener Stimme Antwort gab. Ich muss gestehen, dass diese letzte „Zauberei" mit grosser Geschicklichkeit ausgeführt und wohl dazu angethan war, den armen unwissenden Eskimos zu imponiren. Den Schluss dieser Feierlichkeit machten einige allgemeine Gesänge, an denen sich die ganze Familie betheiligte. Hiermit war zugleich das Verbot aufgehoben, eiserne Gegenstände bei Arbeiten im Hause zu benutzen und es war nicht mehr nöthig, an jedem Morgen den geheimnissvollen Pelzsack erst ins Freie zu tragen, um ungestört arbeiten zu können und ihn am Abend wieder hinein zu schaffen.

Nur einem Manne, der lange Zeit krank gewesen war, wurde auch jetzt noch der Gebrauch eiserner Werkzeuge verboten. Es herrschte überhaupt kein sehr günstiger Gesundheitszustand in unserm Patriarchenhause, denn alle jungen Leute und die Kinder waren stark erkältet und litten am Stickhusten. Wie es mir scheint, trägt die schwere Pelzkleidung der Eskimos durchaus nicht dazu bei, die Leute gegen die rauhe Witterung ihrer Heimath abzuhärten; sie verweichlicht sie im Gegentheil und macht sie wenig widerstandsfähig. In dieser Beziehung muss ich wie schon früher gesagt, den Indianern der Nordwestküste Amerikas von allen Völkern des Erdballes, welche ich kenne, den ersten Preis in Bezug auf Abhärtung zuerkennen.

Die Umgegend von Orowignarak ist in geologischer Beziehung sehr interessant. Eisak erzählte mir, dass nicht weit von seinem Wohnorte entfernt sich heisse Quellen und Seeen befinden sollen, auch Mr. Woolfe machte Angaben, welche darauf schliessen liessen, dass die Halbinsel Prince of Wales zwischen Nortonsund und Kotzebuesund vulkanischer Natur ist. Er wollte sogar einige Wochen vor meiner Ankunft in der Richtung nach Süd-

Aus dem Nordwesten von Alaska.
1—3. Schneebrillen aus Holz. 4. Desgl. aus Mammuthknochen.

westen eine feurige Erscheinung, welche mit dem Ausbruch eines Vulkans identisch zu sein schien, beobachtet haben.

Mittlerweile war der Monat November herangekommen, und ich fühlte mich in unserm neuen Hause, das nur wenig von den Unbequemlichkeiten eines Eskimohauses besass, einigermassen gemüthlich, nachdem ich an Stelle eines der aus Seehundsdärmen bestehenden Fenster, ein solches aus Glas eingesetzt hatte. Es fand sich fortwährend Gelegenheit, interessante Beobachtungen zu machen, sowie nöthige Arbeiten auszuführen; Mr. Woolfe sammelte Eskimowörter und ich schrieb an meinem Tagebuche oder zimmerte bald dieses, bald jenes zurecht. Jeden Abend sang uns Papa Eisak mit seinen Weibern und jungen Leuten etwas vor. Das einzig Unbehagliche in dieser Situation war, dass der arktische

Winter immer noch nicht kommen wollte. Ein Südsturm brach das Eis auf und trieb es nordwärts, so dass an Reisen überhaupt nicht zu denken war. Dennoch erschien kurz darauf ein Eskimo aus Iglotalik mit einem Schlitten zum Besuch.

Dieser Mann hatte das Grab des im vorigen Jahre verstorbenen Vaters meines Wirthes Eisak nach dortiger Sitte gepflegt und in gutem Zustande erhalten. Nunmehr erschien er, um die hierfür fälligen Geschenke einzuheimsen. Zu diesem Zwecke schlug er sein Quartier nicht in Eisak's Hause, sondern in demjenigen der Frau Barbara, der Schwiegermutter Eisak's auf. Hierauf zog unser Wirth, wie es die Sitte verlangte, seinen besten Pelz an und legte einige Lachse, Beeren und Seehundsspeck auf zwei Holzschüsseln. Desgleichen that seine Frau, und das Ehepaar schritt mit dieser Last in würdevoller Prozession nach Frau Barbara's Haus. Zuerst ging die Frau hinein, überreichte die Speisen und kam alsdann wieder heraus; hernach begab sich Eisak in das Haus und that ebendasselbe. Der fremde Eskimo verzehrte später die Speisen in aller Stille, jedoch nicht, ohne zuvor eine Art Opfergabe zu erbringen, indem er kleine Stückchen der Speisen in die Ecke warf und dazu die Lippen bewegte, als wenn er ein Gebet murmelte.

Mittlerweile war ich mit meinen häuslichen Arbeiten bis dahin gekommen, den Fussboden des Gebäudes zu legen. Als Material hierzu hätten sehr wohl die in der Nähe unseres Aufenthaltsortes wachsenden ziemlich starken Coniferen dienen können; das Holz derselben war jedoch zu frisch und saftreich, um verwendet werden zu können. Ich wählte deshalb das allgemein benutzte Baumaterial jener Gegenden, das Treibholz des Strandes, welches mir von den Eskimos aufs bereitwilligste in grossen Quantitäten herbeigeschafft wurde. Inzwischen begann sich die Noth an Lebensmitteln täglich fühlbarer zu machen und wir lebten nur noch ausschliesslich von trockenem Brod, von gebackenem Mehlkleister, den wir euphemistisch Pfannkuchen nannten, und Thee oder Kaffee. Trotz des Schneesturmes und Schneegestöbers aus Südost machten wir uns auf die Jagd nach Schneehühnern, aber diese Thiere, welche in dieser Jahreszeit weiss von Farbe waren, liessen sich nur schwer erkennen und waren ausserdem so scheu, dass wir nur zwei Stück erbeuteten. Wir wünschten sehnlichst, dass unser Schlitten mit den Lebensmitteln ankäme.

Der Schamane, welcher es sich nach glücklich ausgeführter Kur in Eisaks Hause trotz der allgemeinen Hungersnoth noch hatte wohl sein lassen, vielleicht weil dieser Heilige, trotzdem sein braves Weib daheim ihn zu erwarten schien, es in unserem Kreise recht unterhaltend fand, wurde nunmehr durch einen Eilboten abgeholt, der ihn zu einem Patienten brachte. Er ging ohne Widerrede mit, sah sich späterhin aber doch getäuscht, denn an Stelle eines Patienten und eines ärztlichen Honorars erwartete ihn eine Gardinenpredigt seiner eifersüchtigen Gemahlin.

Endlich kamen unsere Lebensmittel an. Wegen des schlechten Wetters und des vom Winde zerrissenen Eises hatten unsere jungen Leute volle zehn Tage auf der Heimreise zugebracht, dabei war es ihnen nur gelungen, drei Schlitten mit der Hälfte der Sachen fortzubringen. Hierdurch wurde meine Hoffnung, bald nach Golowninbay weiter reisen zu können, wieder in weite Ferne gerückt. Trotz des Sturmes und Schnees hatte sich Mutter Kiwaluk, dieses Prachtweib, wieder nach dem Flusse begeben, um zu fischen, das schreckliche Wetter verhinderte aber, dass uns der Ertrag ihres Fischfanges zu Gute kam. Es fing nunmehr an entschieden ungemüthlich in Orowignarak zu werden und wir verfielen auf allerhand Zeitvertreib, mit dem wir uns die Tage unseres gezwungenen Aufenthaltes im Hause verkürzten. So gab es ein, besonders die Eskimos entzückendes Schauspiel, als wir uns einen ganzen Tag lang damit beschäftigten, sämmtliche · Innenwände des Gebäudes mit alten Nummern der illustrirten Zeitschriften „Whasp" aus San Francisco, „Puck" und „Graphic" aus New-York und „Fliegende Blätter" aus München zu bekleben. Hierbei fügte es sich zufällig, dass Bismark's Bild neben dasjenige des grossen Indianerhäuptlings Sitting Bull, das eines Niggermädchens neben das eines wohlgenährten Mönches kam, über welche Zusammenstellung die guten Naturmenschen wiederum mancherlei zu grübeln und zu lachen hatten.

Inzwischen hatte sich das Schneegestöber draussen zur Abwechselung in heftigen Regen umgewandelt, der noch mehr als das bisherige Wetter dazu angethan war unsere ganze Gesellschaft und namentlich die Weiber vollständig in dolce far niente zu versenken. Es schien als ob in den Augen der Eskimo-Frauen und -Mädchen jede, auch die geringste Handreichung und Arbeit als eine unverzeihliche Kraftvergeudung betrachtet wurde; die Schönen liessen sich einfach von uns füttern und unterhalten. Trotzdem durften wir es mit der Gesellschaft nicht verderben, da wir uns vorgenommen hatten mit Eisak zu reisen, so mussten wir auch bis zum Eintritt des dauernden Frostes in seinem Wohnhause bleiben und durften uns nicht in die Lage bringen, plötzlich mitten im Winter in Folge irgend eines Streites mit den Hausbewohnern an die Luft gesetzt zu werden.

Am 10. November herrschte wieder schönes klares Wetter mit nördlicher Brise und ein wenig Frost. Ich legte an diesem Tage die letzte Planke des Fussbodens fest, wodurch der Innenraum des Hauses im Ganzen genommen wärmer wurde. Sodann machten wir uns daran, für mich einen Schlitten zu zimmern, da ich beabsichtigte, sobald als möglich nach Golowninbay aufzubrechen, um dort diejenigen Sachen abzuholen, welche der Schooner „Leo" seiner Zeit vom Fort St. Michael aus, wie noch erinnerlich sein wird, für mich dorthin gebracht hatte. An diesem Tage brachte auch die Jagd auf Schneehühner einigen Erfolg, so dass wir zum ersten Male wieder nach langer Zeit eine ordentliche Mahlzeit halten konnten. Die freudige Aufregung, welche sich hierdurch unserer schon traurig herabgestimmten Geschmacksorgane bemächtigte wurde noch ein wenig erhöht durch den Fischvorrath, welchen Mama Kiwaluk mitbrachte. Ein grösseres Glück aber als uns, gewährte diese Beute unseren Hunden, deren sichere Aussicht, verhungern zu müssen, dadurch wieder ein Wenig hinausgeschoben war.

Offenbar standen wir am Vorabend grosser Ereignisse. Um unseren Hausbau in angenehmer und nützlicher Weise abzuschliessen, machten wir dem „Eskimo-Baustil" die Concession, dass wir mit unsäglicher Mühe vor die Eingangsthür des Hauses eine kleine Vorhalle bauten, damit der Schnee doch nicht direct ins Innere dringen könnte. Gleichsam als Belohnung dafür wurden uns zwei grossartige Naturerscheinungen zu Theil, deren erste, ein

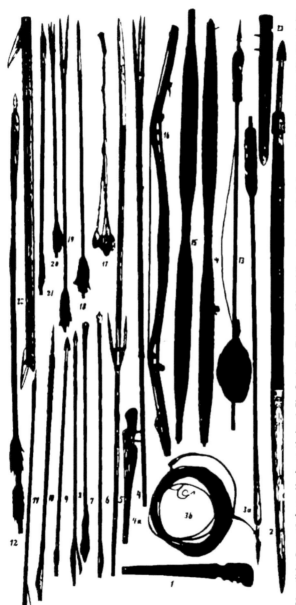

Sämmtliche Gegenstände von Nordwest-Alaska. 1. Wurfbrett zur Harpune. 2. Lanze mit doppelter Spitze (die obere Spitze löst sich nach geschehenem Stoss von dem Stiel ab, während die untere knöcherne Spitze die eigentliche Lanze bildet. 3a. Seehundsharpune. 3b. Harpunenleine hierzu. 4. Vogelharpune auf der See im Gebrauch. 4a. Wurfbrett zu derselben. 5. Vogelharpune im Gebrauch auf dem Lande (wird nur mit dem Wurfbrett geschleudert). 6. Pfeil mit stumpfer Spitze zur Vogeljagd. 7. Desgleichen. 8. Pfeil für Bären, Renuthiere und andere grössere Thiere auf dem Lande. 9. Desgleichen. 10. Biberpfeil. 11. Pfeil für kleinere Seehunde. 12. Harpune mit doppelter Feder zur Jagd auf Seehunde. 13. Seehundsharpune mit daran befindlicher Luftblase. 14. Rückenseite und 15. Vorderseite mit Seile zum Bogen. 16. Bogen aus dem Yukongebiet. 17. Entenschleuder. 18. Vogelpfeil mit knöcherner Spitze. 19. Zweispitziger Vogelpfeil. 20. Dreispitziger Vogelpfeil. 21. Seehundspfeil. 22. Bootshaken im Gebrauch auf dem Kajak.

prachtvolles Nordlicht, mich so recht an meine Heimath erinnerte. Die zweite dagegen, ein ziemlich starkes Erdbeben, war mir weniger geläufig und bekannt. Es fand am 12. November Abends 9¼ Uhr statt. Zuerst hörte man einen Laut, wie denjenigen eines weithin brausenden Sturmes, der sich von Nordwest her näherte und nach Südost fortpflanzte. Hierauf fing unser Haus an, während der Dauer einiger Sekunden zu zittern und in allen seinen Theilen zu schwanken. Alsdann herrschte wieder Ruhe wie zuvor und die Erscheinung war vorüber.

Eisak erzählte mir, dass sich in dieser Gegend „während des Winters" häufig derartige Erdbeben ereignen, während man im Sommer nichts davon hört oder sieht. Er fügte auch hinzu, dass unter den hier wohnenden Eskimos die Sage gehe, dass in alter Zeit ein Erdbeben mit einer starken Fluth über das Land gegangen sei, und dass nur einzelne Leute damals im Stande gewesen seien sich mit ihren Fellbooten auf den Gipfeln der höchsten Berge zu retten. So finden wir die Sage von der Sintfluth auch unter den Eskimos von Alaska wie bei so vielen Völkern der Erde verbreitet. Die Erdbeben in Alaska sollen, wie Eisak hinzufügte, mitunter so stark sein, dass die Eisbedeckung auf der Oberfläche der Flüsse davon zerbricht. Die Eingebornen nennen das Erdbeben: „Nunaaudlarok", was so viel heisst als „die Erde geht". Sie geben eine sehr naive Erklärung dieser Erscheinung ab, indem sie zugleich die vulkanischen Ausbrüche damit in Beziehung setzen. Sie glauben nämlich, dass sich die Felsen begatten und bezeichnen die vulkanischen Auswurfstoffe folgerichtig als „Kinder" der Felsen.

In der That war das Erdbeben sowie das Nordlicht für mich der Vorbote grosser Ereignisse, denn wenige Tage darauf brach ich auf zu einer Reise, die, Anfangs nur für eine kurze Entfernung geplant, mich im Laufe der nächsten Monate bis fast zu dem westlichsten Punkte der neuen Welt, Cap Prince of Wales an der Beringstrasse führen sollte.

XVI.

Nach mehrtägiger Arbeit war es uns gelungen, meinen Reise-
schlitten aus Birkenholz so weit zusammen zu stellen, als dies

ohne die dazu gehörenden ledernen Rieme, welche zum Zusammen-
binden des Holzes gebraucht werden, die wir jedoch erst in
Golowninbay erhalten konnten, möglich war. Wir vollendeten nunmehr alle Vorbereitungen zur Reise nach Golowninbay und nachdem eine Nachricht aus Unuktalik angekommen war, dass das
Eis ziemlich gut halte, machten wir uns mit zwei Schlitten, vor
welche fünf, respective vier Hunde gespannt waren, auf den Weg.
Kaum hatten wir die Reise begonnen, als sich ein heftiges Schneegestöber erhob, welches uns bis 4 Uhr Nachmittags verfolgte, um
welche Zeit wir Kjuwaggenak am Quinekak-River erreichten. Hier
fanden wir Gelegenheit unsere nassen Kleider wieder zu trocknen
und die müden Körper auszuruhen. In Kjuwaggenak war der
Eskimo Orre, welcher von Fort St. Michael mitgekommen war, ansässig und ich engagirte denselben, weil unsere beiden Schlitten zu
schwach waren, um so viele Gegenstände durch den losen Schnee
zu schleppen, uns mit einem Schlitten und vier Hunden zu begleiten und unsere Last zu erleichtern. Das Haus in welchem
wir an diesem Abend schliefen, war nur 12—14 Fuss lang,
trotzdem brachten in demselben etwa 25 Personen die Nacht
zu und schliefen sämmtlich gut. Am nächsten Tage legten wir
nur zwei Meilen zurück, indem wir den Quinekak-River bis zu
seiner Mündung abwärts gingen, woselbst wir an einer Eskimohütte Halt machten. Hier traf uns ein Bote aus Orowignarak
mit der Nachricht, dass zwei Schlitten quer über die Landenge
von Kotzebuesund nach Eisak's Hause gekommen seien und dass
Letzterer zurück kommen möge.

Es gereichte mir zur Genugthuung, dass Eisak hierauf nicht
einging, sondern nur einen seiner Leute zur Erledigung der ge-
schäftlichen Angelegenheiten zurück sandte. Unsere Expedition
bestand nunmehr aus sechs Männern und einer Frau. Wir blieben
während der Nacht noch an diesem Punkte, konnten indessen
nicht eine einzige Minute ruhigen Schlafes gewinnen, weil die
Kinder und die Hunde sehr grossen Lärm machten. Somit war
es uns denn eine Art Erholung, dass wir schon beim ersten Zeichen
des Tages aufbrechen konnten. Der Weg führte uns von hier in
der Richtung nach Westsüdwest längs des Gestades der Norton-

bay, und obgleich wir weit hinaus nach links die offene See sehen konnten, so war der Eisfuss am Ufer doch breit genug, um unserem Schlittenzuge eine ungehinderte Passage zu gestatten. Nach wenigen Stunden jedoch gelangten wir zu einem steilen Vorgebirge, welches in die See hineinragend unmittelbar vom Meere bespült wurde und kein Ufereis hatte. Hierselbst benutzten wir einige grössere Eisschollen als Fähren, indem wir mit je einem Schlittengespann darauf Platz nahmen und uns im seichten Wasser an dem Vorgebirge vorbeiruderten. Weiterhin waren wir einmal genöthigt, aus unsern Schlitten eine Brücke zu bilden. Es war schon gegen Abend geworden, bevor wir diese schwierige Stelle passirt hatten. Mir war die Rolle zuertheilt worden, immer voran zu gehen und das Terrain zu erforschen, bei welchem Geschäft ich einmal ins Wasser gefallen, und total durchnässt war. Die Kälte war stark und das Schneegestöber begann sich zu vergrössern. Somit waren wir froh, als wir gegen Abend ein verlassenes Haus erreichten, in welchem wir übernachteten..

Dieser Punkt, welcher nur während der Monate März, April und Mai zur Zeit der dann stattfindenden Seehundsjagd bewohnt ist, heisst Cap Jungfrau, d. h. in Eskimosprache Newiarsualok. Mit diesem Namen hat es folgende Bewandniss: Die Bewohner der Gegend von Schaktolik bis Golowninbay, also die eigentlichen Anwohner des innersten Theiles von Nortonsund, welcher, wie schon öfter erwähnt, Nortonbay heisst, sind vom Norden her, vom Kotzebuesund, eingewandert, und haben die früheren Bewohner theils nach Süden, theils nach Westen verdrängt. Hierdurch entstand Feindschaft zwischen den ehemaligen Bewohnern und den eingedrungenen Mallemuten. Das Ende vom Liede war, dass die Schaktolikmuten sich endlich aufrafften, alle ihre Krieger sammelten und die Newiarsualokmuten plötzlich überfielen. In dem hierbei entstehenden Kampfe wurden sämmtliche Newiarsualokmuten getödtet, mit Ausnahme eines jungen hübschen Mädchens. Dieses wurde von den grausamen und unmenschlichen Siegern dazu verurtheilt, ein viel grässlicheres Schicksal zu erdulden als alle ihre Landsleute. Nachdem sie in schändlicher Weise behandelt worden war, band man sie an Händen und Füssen zwischen vier Kajaks, deren Mannschaften auf ein gegebenes Zeichen nach verschiedenen Richtungen vorwärts fuhren, wodurch das unglückliche Wesen in grässlicher Weise geviertheilt worden sein soll. Da dies gerade bei dem genannten Vorgebirge passirte, erhielt dasselbe den Namen Cap Jungfrau.

Für uns wurde dieses Cap auch zu einem entscheidenden Punkte für unsere Reise insofern, als das Wasser hierselbst vollkommen offen war und das Eis auf See sich in starker Bewegung befand. Wir mussten uns daher entschliessen, anstatt den Weg längs des Ufers fortzusetzen, über das hohe und steile Gebirge zu gehen. Wir trafen durchaus kein günstiges Terrain an, denn nachdem wir das hohe und steile Ufergebirge erstiegen hatten, fanden wir oben auf der Höhe eine dichte Busch- und Waldbedeckung, welche mit losem Schnee hoch überschüttet war. Man glaubt kaum, welche ungeheure Schwierigkeit es uns verursachte, als wir mit drei Mann unter Zuhilfenahme von Aexten uns einen Weg durch diese arktische Urwildniss zu bahnen gezwungen waren, indem wir die Büsche niederschlugen und den Schnee feststampften. So ging es bergauf und bergab. Nachmittags, als wir wieder einen hohen Berg erstiegen, erhob sich ein so dichtes Schneegestöber, dass Mr. Woolfe, welcher an diesem Tage zum erstenmale Schneeschuhe trug, und deshalb etwas zurückblieb, uns aus dem Gesicht verlor und sich verirrte. Wir mussten deshalb Halt machen und hörten seinen lauten Ruf, der ihn wieder mit uns vereinigte. Nach Dunkelwerden machten wir in einem Walde Halt und bald brannte ein grosses Feuer, über welchem wir uns Fische und Thee kochten. Unser Nachtlager bestand aus den trockenen Aesten des Waldes nachdem wir den Schnee vom Erdboden weggeschaufelt hatten. Wir waren müde genug, um nach dem Trocknen unserer Kleider ungewiegt zu schlafen.

Am anderen Morgen überzeugten wir uns davon, dass wir uns am Tage vorher verirrt hatten, und dass ein grosser Theil der von uns daselbst ausgeführten Arbeit unnöthig gewesen wäre. Wir hätten unseren Marsch um vier Wegstunden abkürzen können. Wir trösteten uns damit, dass geschehene Dinge nicht zu ändern sind und setzten unseren Weg bis Nachmittag durch den Wald fort, wobei wir es mit grosser Freude begrüssten, dass wir uns wenigstens nicht, wie am Tage zuvor, durchschlagen mussten. Gegen Abend erreichten wir im Westen, nachdem der Wald aufgehört hatte, den kahlen felsigen Abhang des Gebirges, welcher hinab nach Golowninbay führt. In den Thalschluchten und an den Ufern der kleinen Wasserläufe trifft man hier überall niedriges Weidengestrüpp an. An einer dieser Stellen kampirten wir beim Dunkelwerden. Aber das Gebüsch gab nicht das nöthige Brennmaterial her und da es für uns durchaus nothwendig war, uns zu erwärmen und unsere Speisen zu kochen, auch die Kälte immer grimmiger wurde, so rissen die Eskimos ohne Weiteres die Hälfte der Querbretter unserer Schlitten ab und entzündeten damit ein Feuer. Auch letzteres gelang erst nach vielen Anstrengungen, indem zwei von uns fortwährend ihre Schlafdecken über dem Feuer schwangen, um den nöthigen Luftzug zu erzeugen. Zuletzt gelang es uns einen warmen Thee zu erhalten, zu welchem wir als Zubrod eine kleine Quantität von rohem getrockneten Lachs verzehrten.

An diesem Tage passirten wir eine von Westen nach Osten laufende Gebirgskette, von deren Höhe aus wir in einem nordwärts gelegenen Thal eine Dampfwolke aufsteigen sahen. Es befand sich dort ein kleiner See nebst einer heissen Quelle, worüber mir die Eskimos schon mehrfach Mittheilungen gemacht hatten. Da ich der erste Weisse war, der dieses Naturwunder erblickte, so nahm ich mir die Freiheit, es zu Ehren des Directors des Königlichen Museums für Völkerkunde in Berlin zu benennen und ihm die Bezeichnung „Bastian-See und -Geiser" zu geben. Einen nordöstlich davon gelegenen mit warmen Quellen versehenen See hatte mein Reisegefährte kurz vorher „Bennett-Lake" genannt.

Ich hatte von Orowignarak aus dem Grunde nur sehr wenig Proviant mitgenommen, weil ich denselben für die spätere Reise schonen wollte, und auf diesem kleinen Ausfluge, der wie ich ursprünglich beabsichtigte, nur bis Golowninbay gehen sollte, Nahrungsmittel genug zu haben glaubte. Für die Rückreise dachte ich würden die drei Büchsen Bisquit, die vier Büchsen Mehl und verschiedene andere Sachen, welche Mr. Hartz von der Golownin-Mining-Company für mich durch den Schooner „Leo" erhalten und aufbewahrt hatte, ausreichen.

Die eisig kalte Nacht, welche wir hier zubrachten, war nicht dazu angethan, uns lange liegen zu lassen, und wir hatten um so weniger Lust, hierselbst zu verweilen, als wir wussten, dass das ersehnte Ende unserer Reise durch einen Tagesmarsch zu erreichen war. Lange vor Tagesanbruch standen wir daher auf, hielten uns indessen nicht damit auf, Thee zu kochen, weil uns dieses unter den obwaltenden Umständen mindestens drei Stunden Zeit gekostet haben würde, falls es uns überhaupt gelungen wäre, Feuer zu bekommen. Es war ein Glück für uns, dass der Schnee hier oben auf der Höhe des Ufergebirges glatt und fest lag, so dass wir unseren Marsch ziemlich schnell fortsetzen konnten. Gegen Mittag begann das Terrain sich allmälich nach Golowninbay hinab zu senken, und da sich unser Aller eine gewisse Unruhe bemächtigt hatte, so begannen wir erst langsam, dann immer schneller und schneller den Abhang hinabzugleiten, bis wir endlich mit der Gewalt eines Eisenbahnzuges die schluchtartige, schneebedeckte Einsenkung hinuntersausten und auch ins Fallen und Stürzen geriethen. Es war eine jener tollen Fahrten, wie sie bei derartigen Expeditionen nicht ganz vereinzelt dastehen und gewöhnlich ohne besondere Unfälle zu verlaufen pflegen. So erging es auch uns, und obgleich ich bei einem Falle unterwegs beinahe den Fuss brach, einer der Hunde unter den Schlitten kam und halb todtgedrückt wurde, so gelangten wir doch Alle um 3 Uhr Nachmittags nach Singek, dem Wohnorte des Mr. Hartz, am Ufer der Golowninbay.

Hierselbst wurden wir von zwei der anwesenden Amerikaner aufs Freundlichste empfangen und gut bewirthet, was uns, da wir an diesem Tage noch gar nichts gegessen hatten, sehr wohl that. Mr. Hartz war nicht zu Hause, da derselbe sich zu einem grossen Eskimofest nach Igniktok begeben hatte, welches unter ungeheurer Betheiligung der näher und entfernter wohnenden einheimischen Bevölkerung schon mehrere Tage gedauert hatte.

Die Gelegenheit, an einem dieser grossen, für die Völker-

kunde so wichtigen Feste theilzunehmen, war viel zu ver-
führerisch, als dass wir es uns
hätten versagen sollen, dieselbe zu benutzen. Da mein
Reisekollege Mr. Woolfe sehr
müde war, so entschloss ich
mich, am anderen Morgen
einen der in Singek wohnenden Amerikaner mit mir nach
Igniktok zu nehmen. Wir
fuhren bei einem scharfen
Nordwinde und Frost mit zwei
Schlitten und dreizehn Hunden ab und passirten die Ortschaften Singakloget und Oja-
ralik. Unterwegs, als wir über
den steilen Rücken eines Vor-
gebirges fuhren, begegnete
uns Mr. Hartz, der wieder
nach seinem Wohnorte zurückkehrte und interessante Mittheilungen über das Fest
machte. Um ein Uhr Nach-
mittags kamen wir in Igniktok an.

Selten mag es sich er-
eignen, dass in einer der nördlichen Ortschaften von Alaska
sich wie hier die grosse Anzahl von zweihundert Eskimos
vereint findet, um eine volle
Woche lang und darüber ihre
eigenthümlichen Schmause-
reien und Festlichkeiten ab-
zuhalten. Schon allein die

Von der Halbinsel Prince of
Wales.

1. Geräth zum Gerademachen
von Geweihen, welche als
Pfeilspitzen bearbeitet werden.
2—3. Knöcherne Messer, in der
Hand gehalten bei Reden und
Ortsbeschreibungen. 4. Grosses
Messer zum Abschaben von
Schnee.

Ernährungsfrage so vieler Personen spielt hierbei eine wichtige Rolle, ferner aber auch die Frage des Unterkommens und Schlafens, so bescheiden auch in Bezug auf den letzten Punkt die Ansprüche jener Leute sind.

Wir wurden sofort bei unserem Ankommen eingeladen, am Feste theilzunehmen. Ich muss gestehen, dass ich erstaunt war, als ich in das Festhaus, das sogenannte Kassigit, trat. Rings an den Wänden waren wie in einem Amphitheater drei Reihen über einander befindlicher Plätze angebracht, wobei vermöge der eigenthümlichen Bauart der Eskimohäuser alle vier Seiten des Innenraumes ausgenutzt werden konnten. Bekanntlich befindet sich der einzige Eingang dieser Festhäuser etwa in der Mitte des Hauses und besteht aus einem kleinen runden Loch, welches nur so gross ist, dass von unten herauf ein Mann darin aufsteigen kann. Auf die untersten Platzreihen an den Wänden hatten sich die Eskimoweiber hingestellt, der mittlere Rang wurde von den erwachsenen Männern eingenommen und daselbst die Ehrengäste, unter Anderen mein amerikanischer Goldsucher und ich selbst, placirt. Auf der Gallerie über uns sass die zahlreiche, muntere, lebhaft schwatzende Kinderschaar, die jungen Mädchen und Knaben. Die Tänze fanden in dem viereckigen Mittelraum des Hauses, rings um die Eingangsöffnung statt.

Die Trommel bestand aus einem grossen, schmalen Holzreifen, der tamburinartig mit durchscheinendem Fell überspannt war; sie hatte einen Handgriff und wurde in der Art benutzt, dass mit dem Trommelstock nicht auf das Fell, sondern auf den Rand geklopft wurde. An diesem Tage begann das Fest mit einem einleitenden Gesang. Alsdann traten die Acteure, eine Anzahl erwachsener Eskimos, in den leeren Mittelraum und begannen sich vor den Augen sämmtlicher Zuschauer und Zuschauerinnen zu kostümiren, indem sie ihre Pelzkleidung gänzlich ablegten und dafür Kleidungsstücke, die aus weissem Callico bestanden, anzogen. Da bei den Eskimos jene eigenthümlichen Tanzrasseln, mit welchen die Indianer der Nordwestküste Amerikas bei ihren Festen den Takt der Gesänge und Tänze begleiten, nicht gebräuchlich sind, so ersetzen diese Leute dieselben in sinnreicher Weise durch lange Handschuhe, welche aus Fischhaut angefertigt sind und bis zur Schulter hinaufreichen. Diese Tanzhandschuhe sind mit zahlreichen rothen Schnäbeln des Papageientauchers verziert, welche beim Gestikuliren des Tänzers ein rasselndes Geräusch erzeugen. Diese Handschuhe werden nicht zugeknöpft, sondern durch ein gemeinsames Schulterband gehalten.

Einige der Tänzer trugen einen Kopfring mit ein oder zwei Adlerfedern; ein besonders fescher Tänzer hatte sogar einen ganzen Adlerschwanz an seinem Kopfring derartig befestigt, dass diese Dekoration von der Stirn des Eskimos an aufwärts ragte. Als Ballfächer dienten Adlerflügel, welche während der Pausen von den Tänzern mit grosser Lebhaftigkeit bewegt wurden, während sie beim Tanzen selbst auf der Brust der Leute ruhten.

Auch eine Anzahl von Frauen betheiligte sich am Tanz. Diese Schönen Alaskas legten als Tanzkostüm baumwollene, vorn geschlossene Kaputzenhemden an und trugen in jeder Hand eine an einem Holzstiel befestigte Adlerfeder, die sie, wie nach dem Commando: „Gewehr an!" zwischen Daumen und Zeigefinger trugen, oder auch gelegentlich durch die Luft schwangen.

Das Fest war keine jener gewöhnlichen Feierlichkeiten, welche sich häufig wiederholen, sondern es hatte eine seltene und wichtige Veranlassung. Es fand zu Ehren einer Anzahl von Verstorbenen statt und legte den Hinterbliebenen die Verpflichtung auf, an diejenigen, welche die Gräber dieser Todten bis dahin in Ordnung gehalten und gepflegt hatten, ihr Hab und Gut zu verschenken. Nachdem sich die Geheimnisse der Garderobenkünste vor den Augen des versammelten Volkes entwickelt hatten, gab der Trommelschläger ein Zeichen, worauf ein Gesang zu Ehren der Todten angestimmt wurde. Es wurden in diesem Gesange die Heldenthaten der Verstorbenen gepriesen und der Reihe nach aufgezählt, in ähnlicher Weise, wie ich dieses auf den Indianerfesten in British-Columbien gehört hatte. Nach dem Takte des Gesanges und begleitenden Trommelschlages begannen nun die Männer mit Armen und Beinen zu manövriren, indem sie den Boden stampften und die Arme in Fechterposition wechselseitig ausstreckten. Die Frauen blieben beim Tanzen fast auf derselben Stelle stehen, indem sie unablässig eine halbe Kniebeuge ausführten und mit den wagerecht gehaltenen Händen, in denen sie die Adlerfedern trugen, zitternde Bewegungen ausführten.

Nach drei Tänzen und begleitenden Gesängen trat eine Pause ein, welche mit einer Festmahlzeit ausgefüllt wurde. Die holde Weiblichkeit übernahm hierbei das Amt der Bedienung bei Tafel. Es wurden hölzerne Schüsseln hereingebracht, welche vollgepackt waren mit getrocknetem Lachs, schwarzen und rothen Beeren, Lachsrogen u. A. m. Wie immer bei solchen Festen herrschte in dem Hause eine ungeheure Hitze und ein in Anbetracht der Ausdünstung so vieler pelzbekleideter Menschen erklärlicher entsetzlicher Mangel an Wohlgeruch der Atmosphäre. Während das Essen hineingebracht wurde, ergaben sich die meisten Festgenossen einem ganz eigenthümlich originellen Privatvergnügen eigener Art, indem sie die Pelzbekleidung ihres Oberkörpers ablegten und — ich kann es nicht delikater ausdrückeh — der Niederjagd oblagen. Man musste es wohl merken, dass man sich auf einem echten Eskimofeste befand, denn es fehlte auch nicht an anderen unsere Sinne aufs Höchste beleidigenden Vorkommnissen, die von dem naiven Reinlichkeitsgefühl jener Leute Zeugniss ablegten. Wie so häufig litt auch in dieser Versammlung der grösste Theil der Eingeborenen an starkem Husten, und da nun selbstverständlich Niemand ein Taschentuch besass und die dicht gedrängte Menge kaum Platz fand, um auf den Erdboden zu speien, so bediente man sich der Wände als Spucknäpfe. Die aufgetragenen Speisen wurden nicht ohne Weiteres in Angriff genommen, sondern, bevor man sie berührte, wurden kleine Stückchen davon gewissermassen als Opfer zu Boden geworfen, wobei sich die Lippen der Eskimos wie im leisen Gebet bewegten.

Die Erleuchtung des Kassigit (Festhauses) wurde durch etwa zehn Lampen hergestellt, welche auf hohen hölzernen Pfosten standen. Diese Lampen bestanden meistentheils aus unbrauchbar gewordenen alten eisernen Bratpfannen, deren Stiele abgebrochen waren; einige Lampen waren auch aus Thon gearbeitet und stammten wohl noch aus jener Zeit her, bevor die Amerikaner und Russen nach Alaska kamen und die Eingeborenen mit ihren Tauschartikeln versahen.

Nach Beendigung des Essens wurde das Oberlichtfenster in der Mitte des Daches herausgenommen und es begann ein Schauspiel ganz eigener Art, indem nunmehr der grosse Akt des Vertheilens der Geschenke sich abspielte. Man würde so viel Gegenstände, wie ich weiter unten aufzählen werde, kaum durch das gewöhnliche Einsteigeloch in der Mitte des Fussbodens haben hereinbringen können und versuchte dieses auch gar nicht, sondern wählte den Weg durch das Oberlichtfenster. Es bot eine hübsche Augenweide dar, als eine lange Leine von oben durch die Fensteröffnung hinabgelassen wurde, welche die Eskimos langsam herunterzogen. An dieser Leine befand sich alle paar Fuss einer der als Geschenk zu vertheilenden Gegenstände. Da die dortigen Eskimos nicht nach dem dekadischen Zahlensystem, sondern nach der Anzahl ihrer Finger und Zehen rechnen, so entspricht die höhere Zahleneinheit der Zwanzig. Die Geschenke waren deshalb auch immer in Gruppen zu 20 angeordnet. Während diese Gegenstände langsam hinabgezogen wurden und bald den Innenraum des Festhauses mit ihrer stattlichen Menge anfüllten, wurde ein gemeinsamer Gesang vorgetragen. Der Inhalt des letzteren besagte, dass nunmehr das Eigenthum der Verstorbenen vertheilt würde, und dass alle Anwesenden eingeladen seien, ihren Theil von der Erbschaft zu empfangen. Hierbei wurde der Verstorbene ausserordentlich gelobt, indem darauf hingewiesen wurde, dass er ein grosses Vermögen hinterlassen habe.

Es dürfte vielleicht angemessen sein, wenn ich die Geschenke hier anführe. Es wurden vertheilt:

20 Stück Nähtaschen aus Rennthierfell.
20 Stück Regenmäntel für Kinder.
20 Stück Tücher.
20 grosse Kamelikas, Regenmäntel aus Seehundsnetz.
20 Paar Stiefeln.
20 Paar kleine Seehundsblasen.
20 Faden buntes Baumwollenzeug.
20 Hemden von buntem Baumwollenzeug.
20 Matten für Kajaks.
20 Seehundsblasen.

20 Stück Unterhosen.

20 Paar Frauenstiefel.

20 Kamelikas.

20 Nähsäcke aus Lachshaut.

20 geschnittene Riemen aus Seehundsfell.

20 europäische Messer.

 5 Stück grosse Maklak-(Seehunds-)Felle.

20 Bündel getrockneter Lachse.

20 Stück Fenster, respective die Seehundsdärme dazu.

20 Stück Nähtaschen aus Walroskehlen.

20 Paar wasserdichte Handschuhe.

20 Schwimmblasen zur Harpunenleine.

 5 Stück Rennthierfelle.

20 Tabaksdosen.

20 Säcke aus Lachsfell.

20 Bogen und Pfeile für Kinder.

20 Paar Hundeschuhe.

20 Kamelikas.

20 Paar kleine Stiefeln.

20 Paar Kinderstiefeln.

20 Paar Stiefel für Erwachsene.

20 Vorspitzen für Harpunen.

20 Harpunen.

20 hölzerne Speiseschüsseln.

20 Vogelharpunen.

20 Blasen zu Vogelharpunen u. s. w.

Es dauerte einige Stunden, bevor die Sachen hinabgelassen waren und nahm fast die ganze Nacht in Anspruch, bevor alles an die Theilnehmer des Festes vertheilt worden war. Es war wohl Niemand in der Versammlung, der nicht seine Geschenke erhielt; auch ich bekam eine Kamelika, ein Paar Stiefel, eine Nähtasche aus Walrosskehle, eine Blase und ein Maklak-Seehundsfell. Leider wurden mir diese Gegenstände späterhin in Golowninbay sämmtlich gestohlen. Es war fast Morgen geworden, als ich ein Quartier aufsuchte, um wenigstens eine oder zwei Stunden lang zu schlafen. Da die wenigen Häuser in Igniktok von Eskimos überfüllt waren,

so war es nicht leicht, ein Unterkommen zu finden, es half mir
indessen die stets gegen die weissen Leute an den Tag gelegte
Bereitwilligkeit und das Entgegenkommen über diese Schwierigkeit hinweg.

Bereits in den ersten Vormittagsstunden begab ich mich wieder
ins Kassigit, woselbst die Festlichkeit wieder ihren Anfang genommen hatte. Man muss gestehen, dass die Eskimos, welche
schon fast vollzählig wieder versammelt waren, es verstanden, die
Festtage bis aufs Aeusserste auszunutzen. Der heutige Tag war
ausschliesslich den kulinarischen Genüssen gewidmet; ich bekam
dabei einen Beweis,
welche ungeheuren
Quantitäten Speise
und Trank bei sol-
chen Gelegenheiten
ein Eskimo zu sich
zu nehmen vermag.
Kolossale Mengen
von getrockneten
Lachsen, von schwar-
zen Beeren, Blaubee-
ren und Multebeeren,
sowie grosse Mengen

Von der Halbinsel Prince of Wales.
1—3. Kämme aus Mammuthzähnen. 4—5. Kämme zur Reinigung der Renntierfelle.

von Seehundsspeck wurden herangeschafft; dazu kamen abgezogene
Seehundsfelle, die ganz mit Fischthran gefüllt waren. Die Mahlzeit dauerte ununterbrochen eine Reihe von Stunden, und namentlich imponirten mir dabei als tüchtigste Esser meine eigenen Leute,
welche auf unserer Herreise oben im Gebirge so sehr hatten hungern
müssen. Man schnitt den rohen Seehundsspeck in Streifen, steckte
diese in den Mund so weit es ging und schnitt sie mit einem der
breiten steinernen Eskimomesser dicht am Munde ab. Ich kann
übrigens aus eigener und dazu langjähriger Erfahrung versichern,
dass roher Seehundsspeck, besonders wenn er etwa 14 Tage in
Salz gelegen hat, ganz vorzüglich schmeckt, wenigstens habe ich
ihn in meiner Heimath, in der Nähe des Nordcaps während meiner Kinderjahre viel gegessen. Jeder, der sich an eins unserer vier

bis fünfstündigen modernen Festessen erinnert, wird wissen, dass die
Festtafel gegen Ende des Mahles selbst in unseren civilisirten
Gegenden nicht immer den schönsten Anblick gewährt. Man denke
nun aber, wie es bei den Eskimos aussah, wo nicht ein Heer von
hilfsbereiten Dienern die Spuren der einzelnen Gänge beseitigte.
Es dauerte gar nicht lange, so schwamm alles in Fischthran und
der Fussboden, die Holzpfeiler, die Sitzplätze, die Wände und
sämmtliches Speisegeschirr, sowie die Gesichter des starken und
schwachen Geschlechts glänzten so prächtig von Fett, als wären
sie soeben erst vermittelst eines Maurerpinsels mit Fischthran an-
gestrichen worden.

Wie bei den Indianern der Nordwestküste Amerikas die
Speisen in überreicher Fülle aufgetragen werden, so geschah es
auch hier, und wie jene die Ueberreste der Mahlzeit mit nach
Hause nehmen, so thaten dies auch die Eskimos. Ganze Schüsseln
voll Esswaaren und Seehundsfelle voll Thran wurden aus dem
Kassigit geschleppt; als dann alles weggetragen war und der Raum
sich geleert hatte, wurde von den Festgebern eine Art oberfläch-
licher Reinigung des Innern vorgenommen, worüber es Abend
wurde. Die Gastgeber selbst gehörten, wie ich erfuhr, fünf verschiedenen Familien an, welche sich gemeinsam zu diesem Feste
vereinigt hatten, um das Andenken der fünf Verstorbenen zu
feiern. Im Namen jeder Familie fungirte ein Mitglied derselben
als Repräsentant beim Feste. Während das Kassigit gereinigt
wurde, ging mit diesen fünf Familien-Repräsentanten eine merkwürdige Veränderung vor, indem sie sich nämlich, als ein äusseres
Zeichen dafür, dass sie Alles zu Ehren der Verstorbenen verschenkt hatten, sämmtliche Haare des Körpers vollständig ab-
schoren. Alsdann begannen diese fünf Vertreter, welche aus zwei
Männern, zwei Frauen und einem Jungen bestanden, sich dem
herrschenden Gebrauche bei diesen Feierlichkeiten gemäss zuletzt
auch noch des einzigen Besitzthums, ihrer Kleidung, zu entledigen
und warfen dieselben aus dem Kassigit hinaus. Nunmehr konnten
sie mit Fug und Recht behaupten, dass sie absolut gar nichts
mehr besässen. Diese bis aufs Aeusserste getriebene Entsagung
wurde sofort belohnt, indem von unsichtbarer Hand Kleidungs-

stücke geflogen kamen, welche die fünf Personen sofort anzogen.

Als auf diese Weise die Angelegenheiten der Todten erledigt waren, widmete man sich in einem Schlussakt der Feierlichkeit den Lebendigen. Es wurde nunmehr unmittelbar darauf ein grosses Freuden- und Tanzfest abgehalten, zu dem alle bisherigen Theilnehmer eingeladen wurden. Dieselben erschienen ganz neu gekleidet, und es nahmen die fröhlichen Gesänge mit Trommelschlag und Tanz ihren Anfang. Die Männer, welche sich am Tanze betheiligten, waren an ihrem Oberkörper unbekleidet, die Frauen hingegen trugen ihre gewöhnlichen Kleidungsstücke. In den Tänzen selbst bemerkte ich keine Abweichung gegen früher; es war dasselbe Stampfen der Männer und dieselbe Kniebeugung der Frauen, wie ich sie schon am Tage vorher gesehen hatte. Während des Tanzes fiel einer der Männer zu Boden, worauf er sich schleunigst aufraffte und das Kassigit verliess; es erinnerte mich dies sowie einige andere Züge auf diesem Eskimofeste an Einzelheiten der grossen Tanzfeste, welche ich in British-Columbien kennen gelernt hatte. So soll früher bei den Quakult-Indianern der Gebrauch geherrscht haben, dass Jemand, welcher beim Tanzen hinfiel, sofort von den anderen getödtet wurde, falls es ihm nicht gelang, sich durch rasche Flucht zu retten. Es war bereits 1 Uhr Nachts, als auch das Tanzfest in Igniktok sein Ende erreichte.

Obgleich wir seit mehreren Tagen und Nächten nicht geschlafen hatten, machten wir uns bei dem schönen hellen Mondschein bereit, nach Golowninbay zurückzukehren. Da Papa Eisak es vorzog, noch hier zu bleiben, so musste ich mich mit einem Schlitten allein auf den Weg machen. Mein Gepäck war nicht schwer, denn ich hatte in Igniktok nur wenige ethnologische Gegenstände kaufen können. Das Wetter war hell und klar, der Schnee hart gefroren, so dass die Reise ziemlich schnell von statten ging und ich bereits um 5 Uhr Morgens den Wohnort des Hrn. Hartz und der anderen amerikanischen Goldgräber, das Dorf Singek am Ufer der Golowninbay, wieder erreichte.

Von den vielen Gästen in Igniktok war eine der für mich interessantesten Persönlichkeiten ein Eskimo gewesen, welcher aus

dem Dorfe Kawiarak im fernen Westen der Prince of Wales-Halb-
insel stammte und die weite Reise nach Igniktok nur deshalb ausgeführt hatte, um am Feste theilzunehmen. Da er jetzt wieder
dorthin zurückkehrte, so war dies für mich eine geeignete Gelegenheit,. um mit ihm zu reisen und seine Heimath kennen zu
lernen. Ich hatte mit ihm bereits in Igniktok Verhandlungen angeknüpft, und hatten wir verabredet, dass er bei der Rückfahrt
mich in Singek abholen sollte. Er erschien auch noch an demselben
Abend, so dass ich nur einen Tag bei den Amerikanern verweilte,
mit denen ich mich auf dem schönen glatten Eise der Golowninbay
mit Schlittschuhlaufen amüsirte. Als der Eskimo mit mir die
Verabredung getroffen hatte, dass wir bereits am andern Morgen
abfahren sollten, traf ich so schnell als möglich meine Vorbereitungen. Es war eigentlich ein gewagtes Unternehmen für mich, da
ich von Orowignarak nur zu einem flüchtigen Besuche nach Golowninbay aufgebrochen war und meine Vorräthe an Tauschwaaren,
welche ich auf dieser kleineren Tour mit mir führte, keineswegs für
die grössere und anstrengendere Tour nach Kawiarak ausreichen
konnten. Auch hatte ich immer noch nicht die von mir bereits seit
langer Zeit bestellten und sehnlichst erwarteten Hunde erhalten.

So sah ich mich denn genöthigt, die Freundschaft des Herrn
Hartz in Anspruch zu nehmen und von ihm dasjenige an Baarem,
was ich nicht besass, zu leihen, während ich gleichzeitig mich aus
den mit dem Dampfer „Leo" gebrachten Vorräthen mit dem Nöthigsten versah. Da ein Weisser bis jetzt noch nicht die Tour von
Golowninbay westwärts durch die Halbinsel Prince of Wales ausgeführt hatte, so verfehlte mein Unternehmen nicht, die Sympathien
der weissen Leute sowohl wie der Eskimos wachzurufen, und
man gab mir namentlich allseitig den guten Rath, unter keinen
Umständen nach dem Dorfe Kingegan am Cap Prince of Wales
unmittelbar an der Beringstrasse zu gehen, da dessen Bewohner in
dem schlechten Rufe stehen, die gefürchtetsten Piraten der Halbinsel zu sein.

Unser Expeditionsmaterial bestand aus einem schwer beladenen
Schlitten, welcher von sechs Hunden gezogen wurde. Wir standen
am andern Morgen — es war Sonnabend den 25. November 1882 —

sehr früh auf und machten uns bei prächtigem Mondschein und herrlichem Wetter reisefertig. Jedoch wir waren nicht die Einzigen, sondern es hatten sich von dem Feste in Igniktok noch fünf Schlitten eingefunden, deren Besitzer in Eratlewik, welches etwa auf dem dritten Theil des Weges nach Kawiarak liegt, wohnten und dorthin wieder zurückkehrten. Der Weg führte uns gemeinsam nach Nordwesten über die weite, langgedehnte, hartgefrorene Fläche der Golowninbay. Zwei von uns halfen den Schlitten ziehen, während einer, wie es hier Sitte ist, vorausging, um den Weg zu untersuchen. So ging es leidlich vorwärts, so dass wir bei Tagesanbruch bereits die Golowninbay in ihrer ganzen Länge durchfahren hatten und uns an der Mündung des Fisch- oder Eratlewik-River befanden.

Der Fluss, auf dessen gefrorener Oberfläche wir uns bewegten, macht so viele Krümmungen, dass es nur langsam vorwärts ging. Um 1 Uhr Mittags langten wir bei einem verlassenen Sommerhause an, woselbst die Mannschaft von drei Schlitten in Anbetracht des grossen an diesem Tage zurückgelegten Marsches Nachtquartier machte. Meine Leute hatten den berechtigten Wunsch, dasselbe zu thun; dies stimmte aber durchaus nicht mit meiner Absicht überein, und wir setzten deshalb mit den beiden übrigen Schlitten die Reise fort. Es war dies ein hartes Stück Arbeit, denn als wir, um einen grossen Bogen des Flusses zu umgehen, quer über Land fuhren, mussten wir uns mühsam durch dichtes Gestrüpp und Buschwerk hindurch arbeiten. Es herrschte an diesem Tage ein ausserordentlich starker Frost, so dass sich unsere Augen jeden Augenblick mit Eis füllten und wir beim Abwischen desselben die Augenhaare mit herausrissen; in solcher Temperatur verwandelt sich ein langer Bart bald in einen schweren Eisklumpen, weshalb Jeder den Bart so kurz als möglich geschnitten trägt.

Es wurde bald dunkel, und da unser Ziel noch sehr weit war, so mussten wir unterwegs etwas von unserem schweren Gepäck ablegen. Erst gegen 9 Uhr Abends langten wir halb todt vor Ermüdung, denn wir hatten 16 Stunden lang helfen müssen, den Schlitten zu ziehen, in Eratlewik an. Hier trafen wir es für uns sehr ungünstig an, da hierselbst eine Art Epidemie herrschte, an

welcher soeben zwei junge Mädchen gestorben waren, während eine
Anzahl anderer lebensgefährlich erkrankt war. Das rein Menschliche, wie ich es so oft schon bei Naturvölkern in verschiedenen
Theilen der Erde beobachtet hatte, trat auch hier wieder in dem
Schmerz der Angehörigen so recht in den Vordergrund. Der
wilde tiefe Gram, welcher sich der Einwohnerschaft bemächtigt
hatte, trat uns gegenüber zunächst in der Beobachtung der eigenthümlichen bekannten Schamanen-Gesetze entgegen, indem uns nicht
erlaubt wurde, mit einer eisernen Axt das für uns so dringend nothwendige Holz zum Feueranmachen zu schlagen. Aber wir waren
seit Morgens früh 4 Uhr ohne Speise und Trank und erreichten
zuletzt doch von den Eingeborenen so viel, dass wir uns Pfannen-
kuchen und Thee bereiten konnten. Nervöse Uebermüdung sowie
der im Hause herrschende Lärm waren die Ursache, dass ich auch
in dieser Nacht kein Auge schliessen konnte.

Am andern Tage waren wir genöthigt, noch in Eratlewik zu
bleiben, da ich zunächst meine Leute aussandte, um die unterwegs zurückgelassenen Sachen abzuholen. Es ist hier Sitte, dass,
sobald Jemand gestorben ist, während eines Zeitraumes von vier
Tagen nicht gearbeitet werden darf, am wenigsten mit einer Axt,
einer Nadel oder sonstigen Gegenständen von Eisen. Ich wurde
hierdurch ganz besonders betroffen, da es in Folge dieses Ver-
botes nicht möglich war, dass meine am Tage vorher zerrissenen
Schuhe reparirt wurden. Das Feuer, über welchem wir unsere
Speisen zubereiteten, rührte von solchen Aesten her, die wir mit
unseren Händen von den Bäumen zu brechen gezwungen waren.
Wahrlich, man begreift in solchen Momenten, welch ein hoch-
bedeutendes und wichtiges Kulturmaterial das Eisen ist!

Die Epidemie in Eratlewik bestand, wie diejenige, welche ich
zwei Monate früher am unteren Yukon-Strom bei den dort wohnenden Kwikpagemuten angetroffen hatte, in einem, bei der ganzen
Einwohnerschaft verbreiteten bösartigen Schnupfen und Husten.
Gegen Abend kam ein Schamane ins Haus und begann eine eigenthümliche Kur mit einem der erkrankten jungen Mädchen. Während sie schwach und kraftlos dalag, band er einen Lederriemen
um ihren Kopf, steckte einen Stock durch den Riemen und hob .

den Kopf mit jeder Minute hoch und senkte ihn wieder hinab. Dabei führte er ein ernstes Gespräch mit dem Tonrak (Teufel), indem er denselben bald heftig bedrohte, bald ihn flehentlich bat, die Patientin zu verlassen, indem er ihm zugleich „Tobaky" versprach.

Mein Wirth in Eratlewik war ein mir wohl bekannter Eskimo-Trader Namens Kingaseak, welcher für die Alaska-Commercial-Company thätig war und dessen Bekanntschaft ich in Fort St. Michael während des Sommers gemacht hatte. Unter den hier wohnenden Personen befand sich auch ein alter Mann, welcher vor vielen Jahren einen Kampf mit einem Bären bestanden hatte, bei welcher Gelegenheit ihm die Bestie ein Auge ausgerissen und sein Gesicht verstümmelt hatte. Der Eskimo war nur mit Bogen und Pfeil bewaffnet gewesen, zuletzt war es ihm aber doch gelungen den Bären zu erlegen. Ich kaufte in Eratlewik nur wenig eth-

Von der Halbinsel Prince of Wales.
1. Geräth zum Gerademachen der Rennthiergeweihe.
2—4. Nadelbüchsen aus Knochen.

nographische Gegenstände, da die Leute selbst sehr arm darin sind. Im Laufe des Tages nahmen alle diejenigen, Männer sowohl wie Weiber, welche an dem grossen Feste in Igniktok theilgenommen hatten, eine eigenthümliche Prozedur vor, indem sie sich den ganzen Körper mit Harn wuschen. Ich konnte nicht in Erfahrung bringen, ob sich diese Art der Reinigung auf das Fest oder auf die Todesfälle bezog. In der Nähe von Eratlewik befindet sich am Eratlewik-River die von den amerikanischen Goldgräbern in Golowninbay in Arbeit genommene Bleimine.

Als wir am andern Morgen unsern Weg in der Richtung nach Nordwest fortsetzten, gingen wir auf dem Eise des mit dem Eratlewik-River zusammenhängenden Nerkluk-River weiter. Dieser Fluss ist ziemlich tief und kann in der eisfreien Jahreszeit eine Strecke stromaufwärts bis zu einem Gebirgsrücken befahren werden, welcher die Wasserscheide zwischen ihm und dem nach Westen zu fliessenden Kawiarak-River, der sich bei Port Clarence in die Beringstrasse ergiesst, bildet.

Wir trafen den Nerkluk-River nicht an allen Stellen mit Eis bedeckt an, dagegen überlagerte eine dicke Schneedecke, welche sich durch den während des ganzen Tages fallenden Schnee noch mehr vergrösserte, rings umher die ganze Landschaft. Wir marschirten den ganzen Tag längs des mit kleinen Tannen dicht bestandenen Flussufers und erreichten gegen Abend, in dem wir hier von der Baumvegetation Abschied nahmen, das verlassene Sommerhaus Kelungiarak, welches Eigenthum eines Eskimo von Eratlewik ist.

Am andern Morgen bei Tagesanbruch marschirten wir weiter stromaufwärts, wobei die Vegetation, welche wir während des Nachmittags antrafen, aus Weidengebüsch bestand und erreichten Abends die verlassene Sommer-Fischerhütte Kaksertobage, wo wir gerade noch soviel Holz fanden, um Thee und Fische zu kochen. Wir konnten in der darauf folgenden Nacht vor Kälte nicht schlafen; die Haare unserer Rennthierfelle bedeckten sich dick mit Eis und meine Eskimos, welche sich vor Frost schüttelten, machten vergebliche Versuche sich durch Tanzen ein wenig zu erwärmen. Schliesslich zwang uns die bittere Kälte, welche ich auf etwa 40 Grad Reaumur schätzte, am andern Morgen schon um 4 Uhr unsern Marsch fortzusetzen. Anfangs ging es auf der festgefrornen Decke des Flusses ziemlich gut, aber bald trafen wir offene Stellen an, so dass wir wieder den mühsamen Kampf mit Busch und Gestrüpp aufnehmen mussten. Der Nerkluk-River kommt aus einem kleinen See, welchen wir kreuzten und uns nunmehr am Fusse der 1500 bis 2000 Fuss hohen, oben bereits erwähnten Wasserscheide befanden.

Wir begannen sofort den Aufstieg und erreichten gegen Dunkelwerden oben auf dem Gipfel eine mit etwas Buschwerk bedeckte Stelle, wo wir unser Rennthierzelt aufrichteten und kampirten. Es war ein Glück für uns, dass wir soviel Holz fanden, um Thee und Fische zu kochen, denn es herrschte auf dieser Höhe die stärkste Kälte, welche ich jemals erlebt habe. Hierzu kam noch, dass meine Stiefel total zerrissen und mit Schnee angefüllt waren. Um mich zu erwärmen, steckte ich meine Finger in das heisse Wasser, ich hatte jedoch nicht das Gefühl der Hitze. Bei dieser Gelegenheit kann ich nicht umhin ein gutes Rennthierzelt, wie wir ein solches benutzten, als das beste Hilfsmittel für eine arktische Schlittenreise zu empfehlen. Bei Tage dienen die Rennthierfelle als die unumgänglich nöthige Bedeckung für die Schlitten, bei Nacht benutzt man sie als Zeltbedeckung, und hat ausserdem den Vortheil, dass die Eskimohunde, welche sonst alles fressen, sich an Rennthierfellen nicht zu vergreifen pflegen. In besonders schlimmen Fällen, wie während dieser Nacht in dem unsrigen, wo es sich um sehr hohe Kältegrade handelt, reicht natürlich auch ein Rennthierzelt nicht aus; namentlich nicht, wenn ein durch wochenlange Strapazen geschwächter Körper von ihnen ausreichenden Schutz gegen den Frost verlangt.

Ich bediente mich als Schutz der Wärmeausstrahlung meines Körpers einer doppelten Rennthierdecke, meine Eskimos dagegen besassen jeder nur ein Rennthierfell. Die Folge war, dass wir auch in dieser Nacht nicht schlafen konnten und schon um 2 Uhr Morgens aufbrachen. Wir hatten nämlich die Besorgniss, dass wir bei unserm sehr geringen Proviant im Gebirge auch noch vom Sturm überfallen werden könnten, und benutzten deshalb die helle Mondscheinnacht, um möglichst eilig diese unwirthliche Gegend zu verlassen.

Der Weg führte uns zunächst über eine ebene Gegend, alsdann über den zehn bis zwölf englische Meilen breiten Dinineksee, hierauf wieder einige Meilen über ebenes Terrain in den Maknek-River. Dieser letztgenannte Fluss kommt aus dem südlichen Theile des Dinineksees und macht zuerst einen grossen Bogen nach Norden und wendet sich dann nach Westen. An diesem Wendepunkt erreichten wir den Maknek-River bei Tagesanbruch nach harter Arbeit. Unsere Hunde waren von dem geringen Futter, welches sie erhielten, und der harten Arbeit, welche sie leisten mussten, ganz ausgenutzt. Unsere Hoffnung, dass wir dem Laufe des Maknek-River stromabwärts folgend, uns unserem Ziele mit Leichtigkeit würden nähern können, war eine trügerische, denn dieser Fluss hatte eine so grosse Menge mäandrischer Krümmungen, dass wir einen grossen Umweg gemacht haben würden, wenn wir ihnen gefolgt wären.

Wir arbeiteten uns in Folge dessen wieder in der Richtung nach Kawiarak durch das schwierige Terrain und gelangten endlich bei Dunkelwerden wieder zu Menschen. Ich kann es nicht schildern, als ein wie köstliches Obdach uns diese kleine Eskimohütte, welche Napariaseluk hiess, erschien. Das war doch wieder ein Dach über dem Haupte und freundliche Menschen in der Hütte, das war doch wieder eine prächtig schmeckende Mahlzeit von frisch gekochtem Fisch und ein wirklich erwärmendes Feuer mitten in der Hütte. Wie freudig streckten wir armen, fast erfrorenen und verhungerten Menschenkinder uns zum ersten Male wieder auf das warme Lager aus, wie tief und fest schliefen wir in dieser Nacht! Dies Alles durfte mich indessen nicht verhindern, dem Hauptzweck meiner Reise, dem Einkauf von ethnographischen Gegenständen nachzukommen, was ich auch mit ziemlichem Erfolge that.

Bei Tagesanbruch marschirten wir weiter, immer in der Richtung des Maknek-Rivers, dessen viele Windungen wir durch angestrengte Touren über das Land abschnitten. Unterwegs kaufte ich an einem bewohnten Platze, der aus zwei Häusern bestand, ein prächtiges Amulet aus Nephrit, wie ich deren schon mehrere unterwegs bemerkt hatte, bisher aber nicht im Stande gewesen war, zu erwerben.

Wir waren nunmehr in eine Gegend gekommen, in welcher ich in den Augen der Bevölkerung die Rolle einer Sehenswürdigkeit oder eines Wunderthieres zu spielen begann. Noch niemals hatten diese guten Seelen hier mitten im Lande den Anblick eines weissen Mannes gehabt und so war es denn nicht zu verwundern, dass die Eskimos der von mir passirten Dörfer uns freiwillig das Geleit gaben und weite Strecken neben meinem Schlitten herliefen.

Das Gebirge, welches den Mittelrücken der Halbinsel Prince of Wales bildet und beim Cap gleichen Namens an die Beringstrasse herantritt, erstreckt sich etwa parallel der von mir eingeschlagenen Reiseroute, aber es bleibt von ihr mehr als eine gute Tagereise weiter nördlich entfernt und dacht sich zum Maknek-River mit niedrigen Hügeln und flachem Lande ab. Auf dem linken Ufer dagegen tritt ein Höhenzug, der im Allgemeinen in derselben Richtung verläuft und bei Port Clarence am südlichen Theil der Beringstrasse ausläuft, hart an die Flusswindungen heran. Die steilen, zerrissenen Spitzen dieses Gebirgszuges erreichen wohl Höhen von etwa 6000 Fuss.

Nachmittags drei Uhr erreichten wir unser Reiseziel, das aus fünf Häusern und einem Kassigit (Tanzhaus) bestehende Dorf Kawiarak. Man muss sich die ganze Summe der von uns seit der Abreise aus Golowninbay überstandenen Mühseligkeiten, Strapazen und Entbehrungen vergegenwärtigen, um das ausserordentliche Interesse zu begreifen, welches einen Bewohner dieses Ortes veranlassen konnte, an dem grossen Fest in Igniktok theilzunehmen. Die Eskimos, mit welchen ich reiste, schienen sich auch der gefährlichen Lage, in der wir Alle geschwebt hatten, bewusst zu sein, denn sie hielten sofort bei unserer Rückkehr eine Art Dankfest ab, bei welchem mein Führer die Trommel schlug und dazu sang und Reden wie ein Schamane hielt. Nicht zufrieden damit, benutzte man auch die Gelegenheit, um an diesem Abend im Kassigit noch ein besonderes Fest zu feiern, bei welchem gleichzeitig drei Eskimos, welche an diesem Tage von Port Clarence angekommen waren, empfangen wurden.

Da an Einschlafen vorläufig nicht zu denken war, so ging ich nach dem Kassigit, um der Empfangsfeierlichkeit der drei Eskimos beizuwohnen. Es dauerte wie gewöhnlich wieder mehrere Stunden, bevor das Fest seinen Anfang nahm. Die Ceremonie des Empfanges war folgende: Die drei Männer aus Port Clarence kamen einer hinter dem andern durch den unterirdischen Eingang bis in die Einsteigeöffnung in der Mitte des Kassigits. Alsdann streckte der erste seine Hand von unten durch die Oeffnung nach oben, zog sie aber sofort wieder zurück. Hierauf sprang er mit dem ganzen Körper so schnell, als ihm dies möglich war, durch die Oeffnung nach oben. Dasselbe thaten auch der zweite und dritte Mann. Jeder hielt in seinen Händen einen Stock, der eigens für den

18*

Abend geschnitzt worden war, wie eine Hellebarde. Hierauf kamen drei geschmückte Eskimos von Kawiarak gleichfalls durch die Oeffnung und tanzten nach dem Takte des Trommelschlages und eines Gesanges vor den Gästen. Es dauerte eine geraume Zeit, bevor der Tanz beendet war, so dass die Tänzer bis aufs Aeusserste ermüdet wurden. Plötzlich hörte der Gesang und Tanz auf und die drei Tänzer richteten an die Fremden eine Frage. Die Letzteren antworteten hierauf nichts. Alsdann nahmen die drei Eskimos von Kawiarak mit untergeschlagenen Beinen auf der Erde Platz.

Hierauf begann der zweite Theil der Ceremonie. Ein Eskimoweib aus Kawiarak stieg durch die Oeffnung auf und setzte einem der fremden Gäste eine Schüssel mit Essen vor, indem sie gleichzeitig die Kapuze seiner Pelzkleidung zurückschob, ihm den Handschuh der rechten Hand auszog und den Mann zum Essen einlud. Eine zweite Eskimofrau machte es mit dem zweiten Manne genau ebenso, desgleichen eine dritte mit dem dritten. Die fremden Gäste aus Port Clarence begannen zu speisen, sie thaten dies aber so langsam, dass es aussah, als ob sie kaum jemals damit fertig werden würden. Hierauf wurden die Reisesäcke der Fremden in das Kassigit hineingebracht und vor ihre Eigenthümer hingestellt. Nun stieg ein Schwarm junger Eskimos aus Kawiarak in das Kassigit und begann mit den Reisesäcken allerhand Scherze zu treiben. Sie entleerten die Säcke ihres Inhalts und breiteten unter lautem Lachen die einzelnen Gegenstände auf der Erde aus, während die ganze Gesellschaft aus Kawiarak mit in das Gelächter einstimmte. Nur die drei Eskimos aus Port Clarence blieben, wie es die Sitte verlangte, ernsthaft und stumm und liessen, ohne sich zu rühren, alle Scherze über sich ergehen. Das Essen, welches den Gästen vorgesetzt war, bestand aus rohen, gefrorenen Fischen, getrocknetem Lachs mit Fischthran und schwarzen Beeren. Nach einiger Zeit, als die Fremden ihre Mahlzeit beendigt hatten und Keiner sie zum Lachen bringen konnte, wurden die Reisesäcke wieder vollgepackt und die Empfangsfeierlichkeit hatte damit ihr Ende.

Ich begann mit den Leuten ein Handelsgeschäft, hatte aber

nicht besonders grossen Erfolg und wurde durch ihr Betteln und ihre zudringliche Neugierde, mit der sie mich körperlich untersuchten, sehr belästigt. Die Vorbereitungen zur Weiterreise erlitten eine Verzögerung insofern, als es aus irgend einem Grunde verboten war, während der nächsten Tage zu arbeiten, während doch unsere Reisestiefel sehr reparaturbedürftig waren. Wie ich nachträglich hörte, bezog sich das Arbeitsverbot auf die Beendigung unserer Reise, da die Eskimos, wenn sie von einer Tour zurückkehren, mehrere Tage lang nicht arbeiten dürfen. Da ich ohnehin schon auf die Leute wegen ihrer Unverschämtheit böse war und sie hart angelassen hatte, so kümmerte ich mich nicht im Geringsten um ihr Verbot, sondern flickte trotz der dringenden Proteste der Einwohner meinen zerrissenen Anzug. Da die Leute sahen, dass ich diesmal nicht nachgab, so liessen sie mir zuletzt meinen Willen. Mein Eskimo jedoch, welcher sehr ermüdet war, reparirte seine Sachen nicht und verzögerte dadurch unsere Abreise. Dies setzte mich in den Stand, auch die dringend nothwendige Arbeit des Waschens und Trocknens meines Hemdes auszuführen. Für alle diese unerhörten Frevelthaten wurde mir von der Bevölkerung mit vollem Ernste allerhand Unheil für die Fortsetzung meiner Reise prophezeiht.

Von der Halbinsel Prince of Wales. 1. Block aus Knochen zum Aufhissen der Segel 2. Messer gebraucht beim Anfertigen der Stiefel. 3. Geräth zur Bearbeitung der Lanzen-Pfeilspitzen aus Flint- oder Feuerstein. 4. Dasselbe wie 2. 5. Block aus Knochen zum Aufhissen der Segel.

Ich liess die Leute reden, was sie wollten und fuhr am andern Morgen um fünf Uhr mit fünf Hunden und demselben Schlitten, mit dem ich nach Kawiarak gekommen war, in der Richtung nach

Westen weiter in der Absicht, wenn es irgend möglich war, die Reise bis Cap Prince of Wales auszudehnen. Ich hatte den ältesten meiner früheren Reisebegleiter mit auf den Weg genommen, da dieser Eskimo, trotz seines Aberglaubens, sonst ein tüchtiger und brauchbarer Mann war. Kurz vor unserer Abreise kamen einige Eskimos aus der Nachbarschaft und boten Rennthierfleisch zum Kauf an, der Preis, welchen sie dafür verlangten, war indess so hoch, dass, obgleich mir beim Anblick des lange entbehrten Genusses das Wasser im Munde zusammenlief, ich in Anbetracht der geringen Geldmittel, welche ich bei mir führte, auf den Kauf verzichten musste.

Unser Weg führte uns über den etwa 25 englische Meilen langen Imarsoksee, welcher mit der Bay von Port Clarence in Verbindung stehend, halb süsses und halb salziges Wasser enthält. Es schneite fast den ganzen Tag und war so dunkel, dass wir kaum etwas sehen konnten. Wir mussten wie gewöhnlich angestrengt den Schlitten ziehen helfen. Gegen Abend gelangten wir an den Ausfluss des Sees nach der Bay, in das aus drei Häusern bestehende Dörfchen Tukkerrowik. Es wurde mir ein feierlicher Empfang bereitet, indem mir ein Einwohner aus einem Dorfe in der Nähe von Prince of Wales eine Rede hielt. Der See, dessen Fläche wir passirt hatten ist sehr fischreich.

Der Ausfluss des Imarsoksees von der Bay nach Port Clarence besteht aus einem etwa 10 englische Meilen langen gewundenen Kanal, dessen Eisfläche wir entlang fuhren. Gegen Mittag passirten wir den Ort Sinaogak und befanden uns am Ufer der Bay, begleitet von drei Mann aus Tukkerrowik. Unser Führer leitete den Marsch so ausgezeichnet, dass wir trotz des Schnees ununterbrochen bis Abends 10 Uhr den Schlitten zogen, worauf wir sehr müde und sehr hungrig in Singrak in der Nähe von Cap Prince of Wales anlangten. Dieser Ort besteht aus drei kleinen Hütten, die einen inneren Durchmesser von kaum fünf Fuss hatten, trotzdem jede etwa sechs Personen als Schlaf- und Wohnstätte diente.

Obgleich es schon sehr spät war, wurden wir von der Einwohnerschaft mit grossem Jubel empfangen und alle stürzten in freudiger Aufregung herbei um mich zu sehen, zu befühlen und auf jede andere bekannte Art, in der man Wunderthiere belästigt, sich mir zu nähern. Ich kaufte einige Forellen und gab sie einer Eskimofrau, damit sie mir dieselben kochen sollte, denn ich hatte den ganzen Tag noch nichts genossen. Sie ging damit in ihre Hütte und es dauerte geraume Zeit, ohne dass sie mir die Mahlzeit brachte. Vom Hunger gequält, ging ich endlich zu ihr und fand, dass die gute Seele die Fische zwar gekocht, aber auch bereits aufgezehrt hatte. Glücklicher Weise hatte ich noch etwas Thee und Bisquit bei mir, so dass ich nicht ganz ohne Abendbrod zu Bette zu gehen gezwungen war. Obgleich ich ausserordentlich ermüdet war, so konnte ich in dieser Nacht wieder einmal keinen Schlaf finden, denn die Aufregung der Eskimos über meine Ankunft war so gross, dass sie während der ganzen Nacht einen wahren Höllenlärm vollführten. Diese Leute kennen überhaupt keine Tages- oder Nachtzeit, sondern jeder thut, wie bereits erwähnt, zu jeder Zeit was ihm beliebt.

Am andern Tage, den 6. December, wurde ich von den Einwohnern von Singrak in das Kassigit eingeladen, und in feierlicher Weise „empfangen". Man setzte mir vier verschiedene Schüsseln vor, unter Anderem Multebeeren, die in Fischthran gekocht waren. Da ich in der letzten Zeit sehr viel gehungert hatte und überhaupt auf Reisen in Bezug auf Speisen nicht sehr wählerisch bin, so entwickelte ich einen wahren Eskimo-Appetit, der meinen Zuschauern in jedem andern Lande imponirt haben würde. Erst als ich nicht weiter essen konnte, gab ich den Rest der Mahlzeit an meine Leute. Ich erinnere mich noch, dass es mich damals nicht im Geringsten störte, dass die Eskimo-Weiber, die mich bedienten, fast sämmtlich kahlköpfig waren. Sie theilten diese Eigenschaft mit den meisten Bewohnern dieses Theiles von Alaska.

Durch die Mahlzeit gut vorbereitet, konnte ich den festlichen Tanz der mir zu Ehren folgen sollte, nunmehr über mich ergehen lassen, wobei ich merkwürdiger Weise an diesem entlegenen Punkte des Nordens einige Anklänge an die Festlichkeiten von British-Columbien, namentlich von West-Vancouver auffand. Vor allem war es die Trommel, welche nicht wie sonst in Alaska aus einem mit Thierhaut überspannten Reifen, sondern aus einer viereckigen

Kiste bestand, die mich an meine Erlebnisse bei den nordwestlichen Indianern wieder erinnerte. Der Tanz wurde von drei
Männern begonnen, welche mit Mützen aus Adlerbälgen ihr Haupt
bedeckt hielten und die bekannten langen Handschuhe mit den
Schnäbeln des Papageitauchers trugen. Die Gesänge wurden von
einem alten triefäugigen Eskimo geleitet, welcher, wie es schien die
Ausführung derselben als Accordarbeit übernommen hatte. Er führte
während des Festes darüber Buch, indem er in der einen Hand
eine Anzahl Holzstäbchen hielt, von denen er nach jedem Gesange
ein Exemplar in die andere Hand nahm. Er schien es in seinem
langen Leben noch nicht recht bis zur Fertigkeit des Addirens
gebracht zu haben, denn er kontrolirte nach jedem Gesange unter
tiefem Nachdenken immer wieder die Zahl der Holzstäbchen in
jedem der beiden Packete.

Es fiel mir auf, dass die dortigen Bewohner nicht so ganz in
ihrem Aeusseren mit den übrigen Einwohnern von Alaska über-
einstimmen. Mehrere Männer haben einen ziemlich starken Bart,
auch besitzen die Einwohner im Allgemeinen eine dunklere Hautfarbe, breite Backenknochen und kleine wenig geschlitzte Augen.

Am Abend desselben Tages wurde im Kassigit wieder ein
Fest gegeben. Es tanzten zu gleicher Zeit sechs Männer, auch
betheiligten sich zwei Frauen an dem Tanze. Die Kleidung der
Männer war eine andere als während meines Empfanges; sie trugen
jetzt Rennthierstiefel und Rennthierhosen, welche wie die grönländischen Weiberhosen bis zu den Knieen reichen. Die Oberkörper waren sonst unbekleidet, bis auf einige Hermelinfelle, welche
jeder der Tanzenden über Schulter und Brust gehängt hatte. Auf
dem Kopf trugen die Männer Streifen von Wolfsfellen, einer von
ihnen sogar die abgezogene Haut eines Wolfkopfes. Die Frauen
hatten sich nicht besonders zum Tanze geschmückt, sondern trugen
ihre alten schmierigen Fellkleider. Die Tänze dieser Eskimos
wurden ein wenig anders ausgeführt, als bei den Mallemuten. Die
Beine werden beim Tanzen gespreizt und die Oberkörper unter
lebhaften Gestikulationen nach vorn übergebogen. Eine Hand-
trommel wurde von Einem zum Andern gereicht, wobei jedesmal
derjenige, welcher sie empfing, einen Solotanz ausführen musste,

gleichviel ob er Tanzkleider trug oder nicht. Nach dem Tanze
wurden Speisen in das Kassigit gebracht und zugleich in der Pause
die Adlerfeder fleissig als Fächer benutzt. Nach der Mahlzeit
setzten sich Alle auf den Fussboden nieder, zogen ihre Festkleider
aus und legten ihre alten Kleidungsstücke wieder an. Den Beschluss des ganzen Festes machte eine gemüthliche Kneiperei, bei
der indessen alle nüchtern blieben, da das Getränk aus Wasser
bestand, welches die Weiber herbeigebracht hatten. An diesem
Tage erhielt der Ort Besuch von der Mannschaft dreier Schlitten
aus Amelirok, welches bei Port Clarence auf dem gegenüber liegenden
Ufer der Bay sich befindet. Während des Abends fasste ich den
Entschluss nach dem nahe gelegenen Orte Kingegan zu reisen,
welches noch weiter westwärts bei Cap Prince of Wales liegt, obgleich die dortigen Einwohner einen schlimmen Ruf als Diebe
und Räuber besitzen.

Am andern Morgen brachen wir noch vor Tagesanbruch unter
Führung eines Eingeborenen von Kingegan in einem mit zehn Hunden
bespannten Schlitten auf. Der Weg führte uns längs der Küste der
Bay und des Beringmeeres in der Richtung nach Nordwesten. Der
Gebirgszug, welcher, wie bereits erwähnt, nördlich von dem von mir
eingeschlagenen Wege die Halbinsel von Osten nach Westen durchzieht, trat an der Stelle, welche wir jetzt passiren mussten, unmittelbar an das Meeresufer als steil aufragender Fels heran. Die
einzige Möglichkeit, unseren Weg fortzusetzen, bestand darin, dass
wir um diesen Felsenvorsprung der Beringstrasse herumfuhren und
das Eis des Meeres passirten. Hier aber war an eine Schlittenfahrt nicht zu denken, denn so weit an diesem etwas trüben Tage
das Auge zu blicken vermochte, war die ganze Beringstrasse mit
einem Gewirr von unendlich zahlreichen treibenden Schollen bedeckt, die nicht einmal einen Menschen oder ein Kajak hätten
passiren lassen.

Ich blickte hinüber nach Westen, wo die Küste Asiens in unmittelbarer Nähe lag, so dass ich sie bei hellem Wetter erblickt
haben würde; jetzt war sie in Nebel gehüllt, während die steile
Felswand vor mir wie eine unübersteigliche Mauer aufragte, die
mit dem Schlittengespann an dieser Stelle nicht zu überschreiten

war. Die Aussicht, dass das Eis der Beringstrasse bald fest werden
würde, war nach Aussage meiner Begleiter entschieden nicht vorhanden, da das Eis vor Januar oder Februar selten zum Stehen
kommt. Hierzu kam noch, dass meine Tausch- und Handelsartikel
in Folge der unterwegs gemachten Einkäufe fast vollständig aufgebraucht waren, so dass ich ohnedem schon keine grossen ethnographischen Einkäufe hätte machen können. Von Tag zu Tag hatte
sich die ursprünglich kleine Expedition, welche ich von Orowignarak
nach Golowninbay ausführte, immer weiter nach Westen ausgedehnt,
so dass nunmehr endlich der Moment gekommen war, wo ich umkehren musste, falls ich mich nicht gänzlich von Mitteln entblössen,
und dadurch die bereits erworbenen Sachen der Gefahr des Ver-
lorengehens aussetzen wollte. Wir kehrten deshalb wieder nach
Singrak zurück, wo ich noch einige Erwerbungen machte. Auch
kaufte ich dort einen Hund, da mein Eskimo nur fünf solcher
Thiere besass. Am Abend fand wieder ein Fest im Kassigit statt,
an welchem ich mich jedoch nicht betheiligte.

XVII.

Die Western Union Telegraph Company. Das verlassene Telegraphenhaus an der Beringstrasse. Armringe der Eskimofrauen aus Telegraphendraht. Bittere Kälte. Kampiren im Rennthierzelt bei heftigem Sturm und 40 Grad Kälte. Die Hunde versuchen sich durch die Zeltwand hindurch zu fressen. Mein Unglückshund. Ankunft in Golowninbay. Guter Empfang. Meine Eskimohunde kommen an. Hundefutter. Nördlicher Sturm und beissende Kälte. Rückkehr nach Orowignarak. Mein Schlitten bricht ein. Mein Schlitten ist mangelhaft gebaut. Unsere Schlitten gehen bergab mit uns durch. Grosses Fest der Seehundsjagd in Adnek. Die Frauen spielen die Hauptrolle. Bemalte Seehundsblasen. Das Fest der Damen. Der Höhepunkt des Festes. Weiterreise. Ein brüllender Schamane. Der Dieb Orre. Mein Schlitten zerbricht. Wieder in Orowignarak bei Eisak. Ankunft von Eskimos aus Kotzebuesund. Reine Naturkinder. Zweizöllige Lippenpflöcke. Ein ausgesetzter Irländer. Rückkehr des Mr. Woolfe von Fort St. Michael. Feindseligkeiten der Ingalik gegen mich. Ich interviewe Eisak. Aufbruch zur längst geplanten Reise nach Kotzebuesund.

Die Rückreise begann am andern Morgen und erreichten wir bis zum Mittag das Telegraphenhaus, welches im Jahre 1867 von einer Gesellschaft, die, wenn ich nicht irre, Western Union Telegraph Company hiess, hierselbst erbaut wurde. Man beabsichtigte damals eine Telegraphen-Verbindung von den Vereinigten Staaten aus über Land bis hierher herzustellen, alsdann die Beringstrasse mit einem Kabel zu belegen und die Telegraphenlinie durch Sibirien nach Europa weiter zu führen. Das Unternehmen wurde von der transatlantischen Concurrenz aufgekauft und blieb liegen. Das einsame Telegraphenhaus am Ufer der Beringstrasse ist bis auf die mangelnden Thüren und Fenster noch wohl erhalten, auch fand ich an mehreren Stellen in Alaska noch Telegraphenstangen aufgerichtet. Der Telegraphendraht dagegen ist von den kunstfertigen Eskimos zu Armringen für ihre Weiber verarbeitet worden. Wir machten in dem Telegraphenhause, das ich bei der Hinreise in der dunkeln Abendstunde nicht bemerkt hatte, Rast, um unsere Hunde zu füttern. Dann setzten wir unsere Reise fort und gelangten Abends nach Sinaogak, von dessen drei Häusern nur eins bewohnt ist.

Am andern Morgen wurde die Rückreise auf demselben Wege fortgesetzt, auf welchem ich gekommen war. Wir fuhren bei bitterer Kälte den Kanal hinauf und kreuzten den grossen See, auf welcher Tour meine Nase erfror. Abends langten wir wieder in Kawiarak an, wo ich diesmal mit dem freundlichen und zuvorkommenden Benehmen der Leute zufrieden zu sein alle Ursache hatte. Ich hatte den Eskimos nämlich eine Strafpredigt wegen ihrer Betteleien gehalten und merkte, dass sie zwar nicht die Worte, wohl aber die Gestikulationen verstanden hatten. Wir mussten eine zweitägige Ruhepause machen, welche zum Repariren der Kleider benutzt wurde.

Am 12. December setzten wir unsere Rückreise nach Golowninbay fort, nachdem ich das Gesammtresultat meiner Erwerbungen auf dieser Expedition zu mehreren hundert Gegenständen abschätzen konnte. Der Marsch ging nun wieder in der Richtung der Gegend des Maknek-Rivers weiter, wobei wir den Ort Errakwik besuchten. Einen heftigen Sturm aus Nord-Nordost hatten wir bei etwa 40 Grad Kälte in der zweitnächsten Nacht auszuhalten, als wir auf dem Maknek-River im Rennthierzelt kampirten. Wir mussten das Zelt fast im Schnee begraben, um uns gegen die Kälte zu schützen. Wir schliefen während der Nacht auf unserm Fischvorrath. Die Hunde bekamen hiervon Witterung und versuchten sich durch die Zeltwand hindurch zu fressen. Namentlich der in der Nähe von Cap Prince of Wales gekaufte neue Hund ging hierbei seinen Collegen mit bösem Beispiel voran.

Die nächtliche Kälte verwandelte unsern Athem im Zelt in Schnee und Reif, womit bald das Innere bedeckt war. Wir standen deshalb schon vor Tages Anfang auf und überstigen an diesem Tage das Gebirge, fuhren dann über den Dinineksee und erreichten wiederum jene verlassene Hütte, in der wir schon auf der Hinreise übernachtet hatten. Es war ein wunderbar gemüthlicher Aufenthalt hierselbst. Bald loderte ein wärmendes Feuer empor und wir kochten uns Fische und backten Kuchen in Seehundsthran. Zum ersten Mal seit langer Zeit befanden wir uns, ohne dass wir zu frieren brauchten, wieder in einem Hause, in welchem kein Kinder- und Weibergeschrei, kein Singen, Toben, Lärmen und dergleichen stattfand, wir schliefen infolge dessen gut — leider nur zu gut. Am andern Tage stellte es sich heraus, dass mein neugekaufter Hund, dieses Unglücksthier, ein paar Stiefeln und einen Sack aus Seehundsfell total aufgefressen hatte. Obgleich unser Vorrath an Lebensmitteln auf dieser Tour ziemlich knapp war, so hatten wir unsere Hunde, ohne sie Noth leiden zu lassen, bisher täglich ziemlich gut gefüttert. Aus Hungersnoth hätte also mein neugekaufter Hund diese beiden Gegenstände nicht zu verzehren brauchen. Es giebt indess einzelne Eskimohunde, welche die, wie es scheint, unbezähmbare Begierde besitzen, jeden Gegenstand, der aus Leder besteht, aufzufressen. Zu dieser Art gehörte ohne Zweifel mein neuer Hund. Das Wunderbarste bei dieser ganzen Affaire war, dass wir trotz eifrigsten Suchens am andern Morgen keine Spur von dem in den Stiefeln befindlichen Heu entdecken konnten, dass also meine neue Acquisition nicht nur ein Lederfresser, sondern auch ein Heufresser war.

Am nächsten Tage gingen wir weiter nach Osten und übernachteten in der verlassenen Sommerhütte Kelingiarak, wo wir bei dem Ueberrest unserer Fische und reichlichen Holzvorrath wie die Götter lebten. Bereits am nächsten Tage trafen wir schon Nachrichten aus der Gegend der Golowninbay. Wir trafen nämlich fünf Mann mit zwei Schlitten, welche von Eratlewik kamen. Diese Leute stammten aus dem von mir nicht besuchten Orte Kingegan an Cap Prince of Wales und schienen den schlechten Ruf, welchen die Bewohner ihres Ortes besitzen, rechtfertigen zu wollen. Sie hielten nämlich an, als wir uns näherten, erhoben ihre Gewehre, und einer von ihnen gab einen Schuss ab. Als wir jedoch heran gekommen waren, zeigten sich die Leute freundlich und unterhielten sich mit uns eine Zeitlang, bei welcher Gelegenheit ich von ihnen einige Kleinigkeiten erwarb, u. A. eine Entenschleuder von der Construktion der Patagonischen Bolas. Wie trennten uns als gute Freunde.

Es war 2 Uhr Nachmittags, kurz nach Sonnenuntergang, von dem wir aber eines herrschenden Schneegestöbers wegen nichts merkten, als wir in dem Orte Eratlewik unsern Einzug hielten.

Es war uns zu Muthe als ob wir in gradezu grossstädtische Verhältnisse kamen, als wir hier Gelegenheit erhielten, uns wieder einmal gründlich zu waschen und uns und unsere Kleider von andern Anhängseln des ungeregelten Eskimolebens zu befreien, als wir endlich sogar nicht nur Pfannkuchen, sondern auch köstliche Forellen von $1^1/_2$ Pfund Schwere erhielten, deren ich allein einige verzehrte, als wir endlich auch unsere Hunde mit einer tüchtigen Mahlzeit versorgen konnte. Am nächsten Morgen früh um 5 Uhr ging es von diesem Orte der Glückseligkeit weiter und legten wir durch einen angestrengten Tagemarsch die Strecke zurück, welche uns noch von Golowninbay und von Singek, dem Wohnorte der amerikanischen Goldgräbergesellschaft trennte. Da einer unserer Hunde unterwegs so matt geworden war, dass ich ihn auf den Schlitten werfen musste, so waren wir genöthigt besonders stark zu ziehen, so dass wir vor Uebermüdung unterwegs beinahe umgefallen wären.

Die Amerikaner nahmen uns wie gewöhnlich sehr freundlich auf und muss ich gestehen, dass mein ausgehungerter Magen sich noch niemals vorher so sehr an Bohnen mit Speck delektirt hatte wie an diesem Abend. Zugleich erhielt ich mancherlei Nachrichten aus der Nähe und Ferne, Briefe von Mr. Woolfe sowie von Hrn. Lorenz und Hrn. Neumann. Inzwischen waren auch die von mir im Herbst an der Yukonmündung bestellten zehn Eskimohunde sowie ein Schlitten in Singek angekommen; ein Eskimo hatte jedoch sechs meiner Hunde entliehen und war mit denselben nach Adnek gefahren, weil mein Schlitten zerbrochen war. Ich liess den letzteren sofort repariren, während ich einen Boten nach Adnek sandte, um meine Hunde wieder zu holen. Alsdann lohnte ich meinen Führer ab, welcher mich treu und gut begleitet hatte. Der Mann war mit einer Quantität Pulver, Blei, Zündhütchen und anderen Handelswaaren im Werthe von etwa 60 Mark als Bezahlung zufrieden.

Da Mr. Hartz, der Führer der Goldgräbergesellschaft, beabsichtigte, in einigen Tagen Leute mit Schlitten nach Fort St. Michael zu entsenden, um daselbst Handelsartikel und Proviant einzukaufen, so schrieb ich Briefe an die Herren Lorenz und Neumann.

Am 19. December kamen von der gegenüber liegenden Seite

der Golowninbay, aus Igniktok, welcher Ort mir wegen des grossen Todten- und Erbschaftsfestes, dem ich daselbst beigewohnt hatte, noch in guter Erinnerung war, zwei Schlitten nach Singek, wodurch ich Gelegenheit erhielt, eine Quantität des jetzt für meine vierbeinigen Schlittenzieher so nothwendigen Hundefutters zu kaufen, das jetzt überall knapp war. Am nächsten Tage, als abermals drei Schlitten aus Igniktok ankamen, hatte ich Gelegenheit, diese Einkäufe nochmals in grösserem Massstabe zu wiederholen. Wir hatten jetzt nördlichen Sturm und beissende Kälte. Endlich langten meine sechs Hunde aus Adnek an, noch rechtzeitig genug, dass wir für den nächsten Tag unsere Abreise festsetzen konnten. Meine armen Thiere kamen in einem entsetzlich verhungerten Zustande zurück, da der biedere Eskimo, welcher sie auf eigne Faust entlehnt hatte, es nicht für nöthig gehalten zu haben schien, sie auch zu füttern.

Wir bildeten eine stattliche kleine Schlittenkarawane, welche am 22. December von Golowninbay aus nach Südosten zog. Ausser den beiden Schlitten des Herrn Hartz betheiligten sich auch die drei zuletzt aus Igniktok angekommenen Schlitten an der Reise. Der Weg ging diesmal nicht wie bei meiner Herkunft quer über das Land nach Cap Jungfrau, sondern, da jetzt das Eis hielt, in Golowninbay hinaus. Mancherlei kleine Abenteuer zeichneten den Beginn der Expedition aus. Zunächst vermisste ich bei der Abfahrt einen meiner Hunde, und da die Leute des Herrn Hartz bereits vorausgezogen waren, so fuhr ich ihnen schleunigst nach, in dem Glauben, dass das Thier sich bei ihnen befände. Dies war nicht der Fall, deshalb entsandte ich einen Eskimo mit einem Schlitten rückwärts, um den Hund aufzusuchen, während ich mit meinem Schlitten und acht Hunden die Tour fortsetzte.

Das zweite Malheur hätte sehr schlimme Folgen haben können. Während das Eis im innern Theile der Golowninbay fest war, hatte es, als wir uns dem äusseren Theile der Bay genähert hatten, einige schwache Stellen, über deren eine ich mit meinem schwer bepackten Schlitten hinüberfuhr. In demselben Augenblicke brach das Eis durch und ich hatte grade noch Zeit, vom Schlitten wegzuspringen, als dieser bereits untersank und die Hunde

mit sich riss. Mein Ruf führte sofort die dicht vor mir befindlichen Leute des Herrn Hartz, welche diese Stelle ohne Unfall
passirt hatten, herbei, und gelang es uns, den Schlitten wieder
aufs Eis zu heben, nachdem zuvor die Thiere gerettet waren. Allerdings hatte ich bei diesem Unfall den Verlust eines Theiles meines
Proviants zu beklagen.

Da das Eis weiterhin noch schwächer wurde, so wandten wir
uns dem Ufer zu und setzten unsere Tour quer über die Felsen
der Halbinsel, welche Nortonbay von Nortonsund abschnürt, fort.
Nunmehr zeigte es sich, dass mein Schlitten nicht richtig gebaut
war, denn er fiel wiederholt während des Fahrens um und wurde
an mehreren Stellen beschädigt. Noch schlimmer aber wurde es,
als wir auf der anderen Seite des Berges über den hartgeforenen
Schnee hinabfuhren. Hier hatte ich oft die Aufwindung meiner
ganzen Körperkraft nöthig, um das Umfallen meines Schlittens zu
verhindern. Der Weg wurde immer steiler und jetzt drohte uns
Allen Unheil. Den Beginn machten diesmal die drei Amerikaner,
welche dicht vor mir fuhren und deren Schlitten so unglücklich
kenterte, dass einer der Leute mehrere Meter weit durch die Luft
flog und mit dem Kopfe zuerst unten ankam. Wir glaubten, dass
er das Genick gebrochen habe, er war indessen weniger verletzt
als der Schlitten. Ich sauste seitwärts neben meinem Schlitten
hängend, an ihnen vorüber, indem ich mit dem Fusse die heftigsten Stösse abwehrte, die ihn getroffen haben würden. Sehr bald
aber verletzte ich mir den Fuss und es blieb mir nichts anderes
übrig als willenlos mich von dem durchgehenden Schlitten bringen
zu lassen, wohin ihn das Gesetz der Schwere rief. Glücklicherweise dauerte es nicht lange als ein mit Schnee bedecktes Gebüsch für den Schlitten ein Hinderniss bot, welches er nicht zu
überwinden vermochte, sondern in welches er tief hineinfuhr. Ich
stand also still, ebenso wie die Amerikaner, und da für den
Augenblick mit dem beschädigten Schlitten die Fahrt nicht fortgesetzt werden konnte, so spannte ich meine Hunde aus, welche
nichts Eiligeres zu thun hatten, als spornstreichs dem nahe gelegenen Küstendorfe Adnek zuzulaufen. Da wir Hülfe erhielten, so
langten wir auch bald mit den Schlitten in Adnek an.

Hier fand ein grosses mehrtägiges Fest statt, von dem wir, durch das Repariren der Schlitten einige Tage lang aufgehalten, einen grösseren Theil kennen lernten. Dieses Fest wurde, wie alle Eskimofeste, unter starker Betheiligung zahlreicher Stammesgenossen gefeiert. Es war kein Tanzfest oder Fest der Geschenke, wie ich deren bereits so viele kennen gelernt hatte, sondern es bezog sich auf den Hauptnahrungszweig der Leute, den Seehundsfang. Dieses Fest wird alljährlich nur ein Mal gefeiert und zwar spielen hierbei die Frauen die Hauptrolle.

Während des ganzen Jahres wird die Blase eines jeden gefangenen Seehundes in den Eskimohäusern sorgfältig aufbewahrt, um zu diesem Feste schön mit Farben bemalt, zunächst nach dem Kassigit gebracht zu werden; dort hängt man sie vor Beginn der Festlichkeit auf. Die letztere beginnt damit, dass zunächst eine allgemeine Mahlzeit stattfindet, bei der die Männer von den Frauen bedient werden. Jedes männliche Wesen, welches ins Kassigit tritt, hat die Verpflichtung irgend einen Gegenstand, welcher zum Kajak gehört, also ein leichtes Ruder, einen Speer, eine Harpune und dergleichen mehr mitzubringen und in der Hand zu halten. Ein alter Mann war im Kassigit unmittelbar an der Thranlampe postirt und hielt ein Bündel getrockneter Pflanzenstengel — es war jene Pflanze, die wir in Norwegen Sloike (Bärenklau) nennen — gegen die Flamme. In der Nähe der Einsteigeöffnung war ein Pfahl angebracht, welcher mit einem Bündel Sloike umwickelt war. Jeder eintretende Mann musste mit dem mitgebrachten Kajakgegenstande zuerst das Feuer berühren, alsdann sämmtliche aufgehängten Seehundsblasen und zuletzt das Bündel Sloike, welches um den Pfahl gewickelt war. Nach Beendigung dieser Ceremonie mussten alle jungen Leute, welche im ungefähren Alter von 10—14 Jahren standen, sich vollständig entkleiden. Hierauf erschien eine Frau, welche ein Bündel mit rohen getrockneten Fischen trug, das sie auf die Erde warf. Auf diese Fische stürzten sich die entkleideten Jungen, indem jeder versuchte, so viel als möglich davon zu erhaschen. Bei dieser wilden Jagd herrschte grosse Aufregung, ein lautes Schreien und Toben; es schien als ob jeder soviel Lärm als möglich machte. Nachdem auf diese

Weise die Jugend abgefertigt war, wurde für die Erwachsenen gesorgt. Man stellte einen Gegenstand auf, welcher als Ziel dienen konnte und die Männer begannen mit kleinen Wurfspeeren darnach zu werfen. Diese Speere waren von eigenthümlicher Construction, sie bestanden aus einem hölzernen Schaft, dessen vorderes Ende eine kleine Eisenspitze und dessen hinteres Ende eine lange Mövenfeder trug. Derjenige Eskimo, welcher am besten geschossen hatte, wurde mit lautem Jubel begrüsst. Das Spiel dauerte bis 2 Uhr nach Mitternacht, indem dabei auch Gesänge und Tänze mit einander abwechselten.

Am nächsten Abend kamen die Damen an die Reihe. Die stattliche Corona von Eskimo-Frauen und Mädchen hatte auf dem Fussboden des Kassigit Platz genommen und sich in Reihen concentrisch um die Eingangsöffnung hingesetzt. Alsdann erschien ein Mann nach dem andern an der Eingangsöffnung, richtete sich indessen nur mit dem halben Oberkörper daraus hervor und trug unter allerhand wunderlichen Geberden eine Rede oder einen Gesang vor. Alsdann hob er ein Geschenk in die Höhe, rief laut den Namen derjenigen Person, für welche er es bestimmt hatte und warf es ihr schliesslich zu. Die Beschenkten zogen sich unter grossem Jubel nach den Wänden des Kassigit zurück, wo sie triumphirend die Gabe ihren Freundinnen zeigten, während die noch nicht beschenkten sich in die Nähe der Eingangsöffnung postirten. Nach Schluss dieser Feier kamen dann auch die Männer ins Kassigit.

Die Schlussfeierlichkeit und der Höhepunkt des Festes fand am nächsten Morgen statt, gerade als wir unsere Abreise fortsetzten. In unmittelbarer Nähe des Strandes versammelten sich einige hundert Eskimo-Männer und Frauen, festlich angethan und trugen die Seehundsblasen mit sich. Auf dem Eise brannte ein Feuer, welches die Gegend und Gruppe malerisch beleuchtete. In das Eis waren einige kleine Löcher gehauen, um welche sich die Festtheilnehmer gruppirten. Nunmehr schritten die Frauen vor und sprachen allerlei Zauberformeln und Gebete, worauf sie die Seehundsblasen mit einem Stocke unter das Eis schoben. Diese Ceremonie wurde mit grossem Ernste ausgeführt; sie hatte den Zweck, dass mit den Blasen gewissermassen eine Art Opfer dem grossen Seehund oder Maklak gebracht werden sollte. Es herrscht nämlich der Glaube, dass, wenn dies nicht geschieht, sich die Seehunde in Zukunft von der Küste fern halten würden und die Bevölkerung Hungers sterben müsste.

Wir setzten mit den Schlitten unsern Weg längs des Gestades der Nortonbay fort, aber das Eis wurde bald so schlecht, dass wir nur mit äusserster Mühe vorwärts kommen konnten. Mein Schlitten, welcher verhältnissmässig viel zu hoch gebaut ist, kenterte im Laufe des Tages nicht weniger als sechs Mal. Gegen Abend erreichten wir Newiarsualok oder Cap Jungfrau. Nachdem wir uns hier in einer Eskimohütte einquartirt hatten, kam plötzlich ein Schamane hinein, welcher ein langes Geheul und Gebrüll ausstiess und alsdann mit einem Male den Athem anhielt, bis er im Gesicht fast blau wurde und seine Augen mit Blut unterliefen. Dann schwenkte er plötzlich um und kroch zum Hause wieder hinaus. Ich habe niemals in Erfahrung bringen können, welche Ursache dieses sonderbare Benehmen haben könne, auch sahen wir diesen Mann später nicht wieder.

Einen Fall von Unredlichkeit seitens einer meiner Leute muss ich hier anführen. Der Eskimo Orre, derselbe welcher schon von Fort St. Michael aus mit mir gereist war, hatte mir bereits bei meiner letzten Anwesenheit in Singek Veranlassung zu Klagen gegeben, denn als ich ihn aussandte um meine durch einen andern Eskimo entliehenen sechs Hunde zurückzuholen, kümmerte er sich nicht im mindesten um diesen Auftrag, sondern er ging einfach zu einem Feste, nach irgend einem Nachbardorfe. Dieser selbe Mann nun versuchte es am heutigen Tage, den Amerikanern unseres Zuges einen Sack mit Bohnen zu entwenden, indem er denselben auf seinen Schlitten legte und mit gefrorenen Fischen bedeckte. So leid es mir that, so musste ich Orre deshalb entlassen, was ihm indessen sehr angenehm zu sein schien, da er sich hier in der Nähe seines Wohnortes befand.

Am ersten Weihnachtsfeiertage legten wir die kurze Strecke, welche uns noch von Orowignarak trennte, zurück. Fast schien es als ob der alte Schamane, welcher uns am Abend vorher mit so blutrothem Gesichte angezaubert hatte, mein Unglück herbeizuführen beabsichtigte, denn die Ereignisse des Tages entsprachen einer derartigen Voraussetzung ganz und gar. Obgleich ich vier Eskimos beauftragt hatte, zu beiden Seiten meines Schlittens während des Marsches einherzugehen, und darauf zu achten, dass derselbe nicht wieder umfalle, so passirte es uns doch schon nach den ersten zehn Schritten, dass mein Schlitten total zerbrach. Glücklicher Weise waren andere leere Eskimoschlitten vorhanden, so dass ich mein Gepäck darauf legen konnte und wohlbehalten um 3 Uhr Nachmittags wieder in Orowignarak anlangte.

Hier hörte ich zum ersten Male wieder Nachrichten aus der Aussenwelt. Mr. Woolfe war mit drei Schlitten nach Fort St. Michael gefahren, um Handelsartikel für Eisak zu holen. Mein Proviant war inzwischen von den Eskimos fast ganz aufgebraucht worden, so dass ich in der augenblicklich herrschenden Nothlage vielleicht am Besten gethan hätte, wenn ich sogleich nach Fort St. Michael aufgebrochen wäre, um Proviant zu holen. Eisak's Haus war noch angefüllt mit Eskimos, welche sich darin seit der Abhaltung eines grossen Festes befanden, welches Eisak während meiner Abwesenheit an alle diejenigen gegeben hatte, die seines Vaters Grab gepflegt hatten. Am zweiten Weihnachtsfeiertage gingen die Amerikaner mit ihren Schlitten weiter über das Eis der Nortonbay, während ich meinen zerbrochenen Schlitten am Tage darauf nach Unaktolik sandte, woselbst das geeignete Birkenholz war, mit dem er reparirt werden konnte. Um diese Zeit erschien bei uns in Orowignarak ein Eskimo von einem benachbarten Flusse und erzählte uns, dass eine Anzahl Mallemuten vom nördlichen Ufer des Kotzebuesundes in dem Orte Kikertarok angelangt sei.

Diese Leute erschienen am nächsten Morgen in unserm Hause, da sie beabsichteten, späterhin weiter südlich zu reisen, um an einen Feste in Schaktolik Theil zu nehmen. Es waren grosse, kräftige, schön gebaute Leute, welche Lippenpflöcke von etwa zwei Zoll Länge aus weissem Marmor trugen. Sie brachten trübe Nachrichten und berichteten, dass oben im Norden des Kotzebuesundes am Noatak-River unter den Eingebornen eine Hungersnoth herrsche, weil die Rennthiere, von denen sich jene Leute ernährten, ausgeblieben seien. Zu gleicher Zeit berichteten sie, dass im Laufe des

Sommers der Kapitain eines Walfängerschiffes, nördlich von der Beringstrasse an Cap Hope einen seiner Leute, einen Irländer, welcher sehr diebisch und bösartig war, ans Land gesetzt habe. Dieser Mann befand sich jetzt bei den Eskimos und wurde von ihnen ernährt und gekleidet, wofür er die Eingeborenen gleichfalls durch Diebstähle und Ungezogenheiten belohnte.

Die neu angekommenen Mallemuten waren von einer wunderbaren Kindlichkeit und Zutraulichkeit. Wärend ich meine auf der letzten Expedition gemachten Sammlungen ordnete, lehnten sich immer zwei oder drei von ihnen an meine Schulter, mein Thun und Treiben aufmerksam beobachtend, oder sie schauten verwundert in meine Rockärmel und stellten eine neugierige körperliche Untersuchung mit mir an. Mein ursprünglicher Wunsch Kotzebuesund zu besuchen, wurde noch mehr durch den Anblick dieser Leute, sowie durch ihre Berichte, dass dort oben viele ethnographische Gegenstände zu holen seien, bestärkt.

Am 1. Januar 1883 kam Mr. Woolfe von Fort St. Michael zurück und brachte mir als Neujahrsüberraschung die Nachricht, dass die Ingalik des mittleren Yukon, in deren Gebiet ich während meiner Septemberreise einige Schädel gesammelt hatte, darüber böse seien und den Händlern der Alaska-Commercial-Company deshalb Unannehmlichkeiten bereiten wollten. Auch verbreitete sich unter den Eskimos das Gerücht, dass diese Ingalik quer über Land nach Orowignarak kommen würden, um uns zu überfallen.

Wie ich von vornherein vermuthet hatte, beruhte dieses Gerücht hauptsächlich darauf, dass die Eskimos der Nachbarschaft in möglichst grosser Zahl meinen Proviant und meine Gastfreundschaft zu beanspruchen beabsichtigten und namentlich mit Pulver, Blei etc. versehen sein wollten, um zur Vertheidigung gegen einen Ueberfall bereit zu sein. Der ganze Vorrath an Proviant, welchen mir Mr. Woolfe mitbrachte, bestand aus einer Büchse Buisquit und Speck. Die Eskimos von Kotzebuesund verliessen uns an demselben Tage um nach Schaktolik weiter zu gehen.

Inzwischen suchte ich von Eisak soviel wie möglich über die Sitten und Gebräuche der Eskimos zu erfahren. Er erzählte mir u. A. auch, wie es unter seinen Landsleuten bei der Geburt von Kindern gehalten würde. Es wird eine kleine hölzerne Hütte errichtet, in welche sich die angehende Mutter begiebt, gleichviel ob es Sommer oder Winter ist. Sie erhält hierbei nur die Unterstützung von einer oder zwei Frauen, die von Zeit zu Zeit zu ihr kommen. In der Stunde der Geburt wird der Leib der Frau mit Seehundsriemen von oben nach unten spiralförmig zugeschnürt und oft noch, um die Pressung zu vermehren, ein Stock hindurchgesteckt. Die Mutter kniet, wenn das Kind geboren wird. Letzteres wird mit Harn gewaschen, und es gilt für ein günstiges Vorzeichen, dass das Kind ein sehr hohes Alter erreichen wird, wenn sein erstes Bad von einer recht alten Frau stammt. In schwierigen Fällen wird wie bei allen Krankheiten ein Schamane hinzugezogen. Die Eskimoweiber sind im Ertragen von Strapazen sehr stark; so erzählte mir Eisak, dass er auf einer Wanderung quer über das Gebirge habe Halt machen müssen, weil seine mitgekommene Frau plötzlich von der Geburt eines kleinen Töchterchens überrascht worden sei. Nachdem diese Angelegenheit erledigt worden war, wobei noch nicht einmal Feuer angemacht wurde, legten Eisak und seine Frau ihre Schneeschuhe wieder an, hüllten das neugeborene Kind in ihren Pelz und setzten die Reise weiter fort.

Noch einen anderen Eskimobrauch berichtete mir Eisak: Es ist Sitte, dass sowohl bei Sonnenaufgang wie bei Sonnenuntergang die Arbeit eine kurze Zeit lang, etwa während einer halben Stunde unterbrochen, nachher aber wieder aufgenommen wird, nachdem ich hierauf aufmerksam gemacht worden war, habe ich in der That wiederholt diesen Gebrauch bei den dortigen Eskimos bemerkt.

Am Dienstag, den 9. Januar 1883, kam endlich der für mich reparirte Schlitten aus Unaktolik wieder an, ohne dass ich gerade behaupten konnte, dass sich seine Construktion in hervorragender Weise verbessert hätte. Am Tage darauf kamen die Amerikaner bei stürmischer Witterung aus Fort St. Michael wieder zurück und brachten mir ein Schreiben von Mr. Lorenz. Zwei Tage darauf brach endlich auch ich auf, um die längst geplante Reise nach Kotzebuesund von Süden nach Norden quer über die Halbinsel Prince of Wales auszuführen.

XVIII.

Abreise von Orowignarak nach Kotzebuesund. Meine Reisegefährten. Mein Eskimo-
führer Ningawakrak. Unsere Damen. Mangel an Lebensmitteln. Mein Vertrauen auf Vater Eisak beginnt zu schwinden. Eine eingetroffene Schamanen-
prophezeihung. Das erste Nachtlager am Kwikak-River. Unsere Gesellschaft ist
zu gross für die Expedition. Eine schlaflose Nacht. Ich arbeite für fremde Gäste.
Schneesturm. Getrockneter Lachsrogen. Hungrige Freunde. Geographisches
Interesse meiner Expedition nach Kotzebuesund. Nachtlager in Itlanniwik.
Meine Vorkehrungen für die Hungersnoth. Eisak verlässt uns. Schlimme Nachrichten über die Bewohner von Kotzebuesund. Eine ernsthafte Auseinandersetzung
mit meinem Führer Ningawakrak. Mr. Woolfe soll gebraten werden. Marsch
den Erritak-River stromaufwärts. Die Wasserscheide nach Kotzebuesund wird
überstiegen. Den Pujulikbach stromabwärts. Aussicht auf die Gebirge der Halbinsel. Der Kogerok-River. Der Selawik-River. Grosser Holzmangel im Gebirge.
Der Unalitschok oder Hagenbeck-Fluss. Hungersnoth. Unsere Hunde sind halb
verhungert. Totale Erschöpfung. Ich kaufe einen Lippenpflock aus Nephrit.
Steinhämmer aus unbekanntem Material. Entsetzliches Wetter. Die Einwohner
von Kajak fliehen aus Mangel an Lebensmitteln. Der Kangek-River. Nachtlager
in Makakkerak. Schneesturm. Ein Hund fällt vor Erschöpfung um. Nachrichten über grosse Hungersnoth nördlich von Kotzebuesund am Noatak-River.
Ankunft in Eschscholtz-Bay am Kotzebuesund. Inuktok, die Heimath meines
Führers. Endlich Lebensmittel. Das ethnographische Sammeln beginnt. Orkan-
artiger Wirbelsturm mit Schneegestöber. Wir graben die Hunde aus. Wir überschreiten die Eschscholtz-Bay. Rührender Schmerz einer Eskimowitwe. Tod aus
Angst. Der Selawik-River. Entdeckung des „J. Richter-Sees". Hochgenuss
der Eskimos. Wir kaufen Häringe. 18 Ortschaften am Selawik-River. Lebhaftes
Tauschgeschäft. Nephritgegenstände. Zudringlichkeit der Eingeborenen. Mr.
Woolfe macht ein schlechtes Geschäft. Mildes Wetter. Ueberschreiten des
„J. Richter-Sees". Festtag für meine Zugthiere. Potogroak. Reiche ethno-
logische Erwerbungen.

Unsere Schlittenkarawane war nicht ganz klein; Eisak hatte
zwei Schlitten, Mr. Woolfe, welcher Handelsartikel für die Alaska-
Commercial-Company nach dem Norden zu bringen beabsichtigte,
hatte ebenfalls zwei Schlitten und auch ich hatte meine zehn Hunde
für zwei Schlitten vertheilt. Hierzu kam mein Führer Ningawakrak, ein hoher, schön gewachsener, kräftiger Eskimo aus Kotzebuesund, dessen Frau Allak und dessen 14jährige Halbschwester
Sewugak, sowie ein Junge. Alles in Allem waren wir neun
Männer und zwei Frauen. Ich sah voraus, dass das Reisen in
einer so zahlreichen Gesellschaft bei dem notorischen Mangel an

Lebensmitteln auf dem von uns zurückzulegenden Wege ein ver-
fehltes Unternehmen sein müsse; ich durfte mich in dieser Beziehung nicht der Sorglosigkeit der Eskimos anvertrauen, welche
nicht gewöhnt sind, weitaus in die Zukunft zu blicken und die
Noth der kommenden Tage in Berechnung zu ziehen. Diese Sorglosigkeit hatte mich schon in Orowignarak des grössten Theiles
meines Proviants beraubt, denn die Eskimos verzehrten davon ohne
jede Rücksicht auf meine bevorstehende Reise soviel als sie gerade
brauchten. Auch hatte ich wenig Vertrauen mehr auf Eisak, der
sich seit kurzer Zeit wenig geneigt zeigte, die Reise nach Kotzebuesund mit mir auszuführen, da der alte, schon einmal genannte
Schamane eines schönen Tages, als er uns in Orowignarak wieder
besuchte, prophezeit hatte, dass von uns dreien, nämlich Mr. Woolfe,
Eisak und mir nur zwei wieder lebend aus Kotzebuesund zurückkehren würden. Diese Prophezeihung traf allerdings buchstäblich
ein, denn Eisak zog es vor, wie ich weiterhin noch berichten
werde, sich lange bevor wir nach Kotzebuesund kamen, von uns
zu trennen.

Unser Weg ging von Orowignarak zunächst nach Osten in
die innerste Ecke von Nortonbay hinein, von wo aus wir uns dann
im rechten Winkel nach links nordwärts wandten. Gleich das
erste Nachtlager am Kwikak-River zeigte uns die Unbequemlichkeiten, welche eine so grosse Gesellschaft naturgemäss hervorruft.
Das Haus, in welchem wir schliefen, war ziemlich gross, aber die
Gesammtanzahl der Menschen betrug 40 Seelen. Wir lagen deshalb gedrängt neben einander, es wurde sogar auf der Feuerstelle
geschlafen, so dass kein Zoll breit Boden übrig blieb. Zu allem
Ungemach trat noch das hinzu, dass sich zufällig in diesem Hause
ein grosser Wurf junger Hunde befand, welche zwar Nachts hinaus
geworfen wurden, sich aber an der nur mit einem Lederriemen
geschlossenen Thür vorbeidrängten und Nachts auf unsern Gesichtern
und Körpern spaziren gingen.

Ich hatte zwei Eskimos engagirt, Tatmik aus Selawik und
Akommeran aus Nortonbay, mit denen ich am nächsten Morgen
nach der schlaflos verbrachten Nacht den Weg fortsetzte, während
Mr. Woolfe und Eisak noch hier blieben, um Hunde einzukaufen.

Ich erreichte an diesem Tage die Mündung des Kujuk-River, wo wir in einem verlassenen Dorfe, dessen Einwohner auf Besuch gegangen waren, uns häuslich einrichteten. Kaum waren wir mit dem Anzünden des Feuers fertig und hatten es uns in dem kleinen erwählten Häuschen, das nur sechs Personen zu fassen vermochte, gemüthlich gemacht, als von Norden her, von dem Orte Kajak am Kangek-River in der Nähe des Kotzebuesundes ein Schlitten mit neun Personen eintraf, welche es sich sofort bei uns bequem machten und natürlich sämmtlich einen respektabeln Hunger und Durst mitbrachten. Ich liess ihnen Thee und Pfannkuchen zubereiten, welchen Hochgenüssen sie um so eifriger zusprachen, als sie den ganzen Tag ihren Schlitten gezogen hatten, da sie im Ganzen nur zwei Hunde besassen. Am nächsten Tage erwählten wir uns ein anderes Haus des Dorfes und schaufelten den Schnee hinaus, um es wohnlich zu machen. Kaum war dies geschehen, als Mr. Woolfe und Eisak ankamen. Der Letztere hatte wieder einmal mit meinem Theevorrath arg gewirthschaftet, während ich aufs Aeusserste bedacht sein musste, denselben zu schonen. Dies Verfahren hatte mich mit Recht aufgebracht und ich erklärte daher dem Eisak, dass ich, so lange ich leben würde, niemals ruhig zusehen würde, wenn ein anderer mich ausplündern wollte. Eisak nahm diese Vorwürfe stillschweigend hin.

Ein heftiges Schneegestöber fesselte uns auch noch am nächsten Tage an diesen Winkel der Nortonbay; ich benutzte aber die Gelegenheit, um von einem eben angekommenen Dorfbewohner einen kleinen Vorrath getrockneter Lachse zu kaufen, die wir zu Suppe für unsere Hunde kochten. Späterhin kaufte ich auch Lachsrogen. Dieses Produkt, welches sehr hart und fest ist, kann im getrockneten Zustande gar nicht gegessen werden, da es, wenn man darauf beisst, die Zähne fest aufeinander klebt. Aber mit Wasser zu Suppe gekocht, bildet es das gesuchteste Hundefutter jener Gegend.

An diesem Tage wurden wir daran erinnert, dass wir uns eigentlich noch in nächster Nähe von Orowignarak befanden. Mit unserer Entfernung von jenem Orte war nämlich für viele dort auf Besuch befindliche Eskimos die Hauptnahrungsquelle versiecht und so hatte eine Abtheilung dieser Leute es für das Richtigste erachtet uns wie hungrige Wölfe zu verfolgen und sich ohne Weiteres hier am dritten Orte bei uns wieder in Pflege zu geben.

Ihre Bemühung war indessen nicht von grossem Erfolg begleitet, denn bereits am nächsten Morgen vor Tagesanbruch gingen wir nordwärts. Da der von uns eingeschlagene Weg meines Wissens noch von keinem Weissen ausgeführt worden ist, und da die Karten von Alaska fast allgemein falsche Angaben über die hydrographischen Verhältnisse zwischen Nortonbay und Kotzebuesund enthalten, so dürfte die Beschreibung unserer Expedition vielleicht einiges geographisches Interesse haben. Wir folgten zunächst dem Laufe des Kujuk-River stromaufwärts und übernachteten an diesem Tage in Itlauniwik, welcher Ort an der Einmündung des Eritak-River in den Kujuk-River liegt. Schon hier begann Eisak sich an die Prophezeiung des Schamanen zu erinnern und einige kleine Vorkehrungen zu treffen, die ihm das Verlassen unserer Gesellschaft erleichterten. Während wir ein leer stehendes Haus für unseren Nachtaufenthalt herrichteten, zog er es vor, ein anderes Haus für sich als Aufenthaltsort zu erwählen. Ich kaufte in diesem Dorfe, da ich jede Gelegenheit, Proviant zu erwerben, benutzte, eine Quantität arktischer Forellen für uns und Quappen für die Hunde. Da indessen der Vorrath an letzteren sehr gering war und sich auch am nächsten Tage nur sehr wenig vergrösserte, so war Gefahr vorhanden, dass unsere Hunde weiter nördlich hinauf sehr viel Hunger leiden würden.

Diesen Umstand benutzte Eisak, um seinem Wunsche, von der Fortsetzung der Reise abzustehen, Ausdruck zu geben. Er schützte vor, dass die Speisen für soviel Menschen und Hunde nicht ausreichen würden und fügte hinzu, dass uns auch sonst ein Unglück zustossen könnte, indem wir von Eskimos erschlagen würden etc. In jedem Falle, sagte er, würde ihn die Verantwortung treffen und er für unseren etwaigen Untergang Vorwürfe zu erleiden haben. Ich sah es ein, dass Eisak nicht bereit war, mit uns weiter zu reisen und willigte gern in die Trennung, weil ich dadurch mehrere Menschen und viele Hunde weniger zu ernähren hatte.

Die Nachrichten, welche wir hier in Itlauniwik über die Bewohner von Kotzebuesund erhielten, lauteten nicht gerade sehr günstig. Die dortigen Eskimos hatten, wie man erzählte, heftige Streitigkeiten untereinander, ferner sollte am Selawik-River, der sich in den östlichsten Theil des Kotzebuesundes ergiesst, ein Mordanfall vorgekommen sein und endlich berichtete man sogar, dass die westlicher wohnenden Kawiaremuten einige junge Leute aus Rache für eine ihrem Stamme vor einigen Jahren widerfahrene Beleidigung getödtet hätten.

Am nächsten Tage hatte ich mit meinem Führer Ningawakrak eine etwas ernsthafte Auseinandersetzung. Während ich nämlich ausser dem Hause beschäftigt war, ergab sich Mr. Woolfe im

Aus Kotzebuesund.

1. Thonlampe. 2. Instrument zum Verzieren von Thongeräthen. 3. Geräth zur Bearbeitung von Thongefässen. 4. Instrument zur Bearbeitung der inneren Seite der Thongefässe. 5. Desgleichen der äusseren Seite.

Innern desselben dem von ihm mit Vorliebe gewählten Amte eines Proviantmeisters, indem er am Feuer sass und stillvergnügt Pfannkuchen zubereitete. Bei diesem Geschäft rief er der Halbschwester Ningawakraks, der etwa vierzehnjährigen Sewugak, zu, sie möge ihm etwas Wasser, welches er zum Einrühren des Mehles gebrauchte, hereinholen, die verwöhnte Kleine kümmerte sich nicht im mindesten um diesen Auftrag, sondern that, als ob sie ihn gar nicht gehört hätte. Darauf sagte ihr Mr. Woolfe, dass, wenn sie kein Wasser hole, sie auch keinen Pfannkuchen erhalten werde. Diese traurige Aussicht machte einen grossen Eindruck auf das Mädchen, welches sofort ein brüllendes Geschrei erhob und Ningawakrak herbeirief. Dieser, der sich vielleicht in dem Glauben befand, dass dem kleinen Mädchen ein Unheil zugefügt worden sei, eilte sofort auf Mr. Woolfe zu, und da er gegen diesen ein Riese an Gestalt und Körperkraft war, so hob er ihn ohne Weiteres hoch und hielt ihn mit ausgestreckten Armen über das Feuer. Der total überraschte und gänzlich wehrlose Mr. Woolfe erhob ein lautes Geschrei, welches mich herbeiführte. Ich intervenirte sofort, noch bevor das Feuer die Kleidungsstücke ergriffen hatte, und drohte dem Ningawakrak, dass ich ihn energisch bestrafen würde, falls er noch einmal den geringsten Angriff wagte. Dieses Vorgehen half sofort und die Sache war damit beigelegt. Eisak, welcher immer noch unter uns weilte, nahm die Sache von der tragischen Seite und sagte, dass unsere Reise einen schlimmen Ausgang haben würde, deshalb würde er mit uns nicht weiterziehen.

In der That hielt er Wort, denn als wir am andern Tage weiterzogen, blieb er mit seinem Sohne zurück, um wieder nach Orowignarak zurückzukehren. In seiner Behauptung hatte er jedoch Unrecht, denn Ningawakrak kam niemals wieder mit uns in Konflikt und blieb, so lange wir mit ihm zusammen waren, ein treuer und umsichtiger Führer. Wir marschirten nunmehr mit vier Schlitten und 22 Hunden den von Norden kommenden Eritak River stromaufwärts. Da dieser Fluss viele Krümmungen macht und zu gleicher Zeit wegen des in den letzten Tagen eingetretenen Thauwetters nicht überall mit Eis bedeckt war, so kamen wir nur langsam vorwärts. Am Abend übernachteten wir in einer verlassenen Sommerhütte, aus welcher wir den Schnee ausschaufelten und zugleich einige Bäume fällten, auf die wir unsern Schlitten zum Schutz gegen die Hunde hinauf brachten. Am andern Morgen verliessen wir den Eritak River und überstiegen die Wasserscheide nach Kotzebuesund. Der nächste Wasserweg, den wir erreichten, war der in der Richtung nach Kotzebuesund fliessende Bach Pujulik, wir hatten hierselbst eine weite Aussicht über die Gebirge, welche sich von dem eben passirten Gebirgsstock aus nach verschiedenen Richtungen hinzogen.

Im Westen zeigte sich ein ungefähr 3—4000 Fuss hoher Gebirgszug, der wie unsere Wasserscheide unbewaldet war und sich in nördlicher Richtung nach Kotzebuesund erstreckte. Wie mir mein Führer mittheilte, befindet sich im Westen dieses Gebirges, parallel mit ihm laufend, der in den Kotzebuesund einmündende Kogerok River. Nordöstlich von unserem Standpunkte erstreckte sich ein langer Gebirgszug, auf dem neben vielen anderen auch der bereits erwähnte Selawik River, der sich in die östlichste Ecke vom Kotzebuesund ergiesst, entspringt. Im fernen Osten konnten wir unsern Blick bis zu jenem Gebirgszuge schweifen lassen, auf dem der mir wohlbekannte Kujukuk River, welcher sich in den mächtigen Yukonstrom oberhalb Nulato ergiesst, entspringt.

Wir gelangten um vier Uhr Nachmittags nach einer nur für fünf Personen ausreichenden Eskimohütte. Um für uns Alle ein Unterkommen zu haben, errichteten wir neben ihr ein Zelt. Bei dem allgemeinen Holzmangel dieser Höhenregion hatten wir nicht weniger als drei Stunden damit zu thun, um die nöthigen Stellagen für unsere Schlitten herzustellen. Nichts ist auf solchen Reisen, wie die unsrige, nothwendiger, als die Schlitten für die Hunde unerreichbar zu placiren, da diese Thiere sonst ohne Weiteres die Leinen auffressen, mit welchen die Schlitten zusammengebunden sind und natürlich auch die übrigen Gegenstände auf dem Schlitten nicht verschonen würden.

Am andern Tage früh folgten wir dem Laufe des Pujulikbaches und erreichten nach dreistündigem, beschwerlichen Marsche einen stattlichen Fluss, welcher auf keiner Karte verzeichnet ist und bisher auch wohl von keinem weissen Reisenden besucht wurde. Diesen Fluss, dessen Lauf wir mit wenig Abschweifungen ganz und gar bis zu seiner Mündung in den Kangek River nach Norden folgten, habe ich Hagenbeck River genannt, der Eskimoname dieses Flusses heisst Unalitschok.

Die Schwierigkeit der Schlittenpassage war an diesem Tage so gross, dass wir im Ganzen nicht mehr als 15 engl. Meilen zurücklegten und am Abend drei Zelte aufschlugen und darin campirten. Das Thal des Unalitschok ist eine gute halbe englische Meile breit mit Wald bedeckt; die seitlichen Berge dagegen sind vegetationslos.

Am nächsten Morgen ging der Marsch weiter stromabwärts, wobei wir wiederholt einige Biegungen des Flusses abschnitten.

Gegen Abend machten wir einen anderthalbstündigen Aufenthalt, den wir zum Theekochen benutzten, und marschirten alsdann in der Dunkelheit weiter, da der Mond, dessen Aufgehen wir erwarteten, an dem mit Wolken bedeckten Himmel nicht zum Vorschein kam. Beim Uebergang über den Fluss fiel ich ins Wasser, musste aber noch bis ein Uhr Morgens marschiren, ehe wir Kajak, welches am Unalitschok River liegt, erreichten. Wir wurden von den Bewohnern, die noch niemals einen weissen Mann gesehen hatten, gut empfangen, leider aber hatten die armen Leute selber nichts zu essen und konnten uns für unsere halbverhungerten Hunde keine Fische verkaufen. Die totale Erschöpfung aller zwei- und vierbeinigen Mitglieder der Expedition zwang uns, einen Ruhetag einzuschalten, der für meine Handelszwecke von Vortheil war, denn es gelang mir hierselbst, das erste wirklich schöne Stück aus Nephrit, einen Lippenpflock von etwa zwei Zoll Länge zu kaufen. Ich erwarb hierselbst auch einige Steinhämmer, die aus einem bis dahin geologisch unbekannten Mineral bestehen.

Auch am nächsten Tage war es mir noch nicht möglich, meine Leute zur Weiterreise zu bewegen, denn das Wetter war entsetzlich schlecht. Aber viel schlimmer war die Hungersnoth, der wir Alle zusammen unterlagen, denn die Fische waren aufgezehrt und unser sonstiger Proviantvorrath fast ganz verbraucht und wusste ich nicht, womit ich die Leute und Thiere ernähren sollte. Auch die Einwohner von Kajak, d. h. die Einwohner zweier Hütten — denn die dritte Hütte, welche noch zum Orte gehörte, war unbewohnt —, machten sich auf den Weg, um hoch oben auf die Gebirge zu steigen und zu versuchen, ob sie nicht wenigstens eines von den wenigen Rennthieren, die dort vorkommen, zu jagen im Stande wären.

Am andern Morgen verliessen wir Kajak und gingen über zum Kangek River, in welchen sich der Unalitschok ergiesst. Dieser Fluss macht unterhalb der Mündungsstelle einen grossen halbkreisförmigen, nach Nordost geöffneten Bogen, dessen Sehne wir auf einem gebirgigen Pfade kreuzten. Vor Hunger und Erschöpfung konnten unsere Hunde kaum noch durch den tiefen Schnee den Schlitten ziehen, ich legte mich deshalb selber so hart in die Leine, dass dieselbe mir ins Fleisch schnitt; erst gegen Dunkelwerden hatten wir den Kangek River wieder erreicht und folgten nun seinem, von hier aus nach Norden gerichteten Laufe, bis wir um acht Uhr Abends vollständig kraftlos den nächstliegenden Ort am Flusse, Makakkerak, erreichten. Einer meiner Hunde war vor Schwäche umgefallen, so dass wir ihn mit uns schleppen mussten. In Makakkerak befindet sich nur ein Haus, in welchem wir jedoch Alle Platz fanden. Leider war auch hier der Vorrath an vorhandenen Lebensmitteln so ·gering, dass ich für meine armen Hunde nur eine kleine Quantität getrockneter Fische erwerben konnte.

Ich hätte es kaum gedacht, dass die Hungersnoth, welche uns hier im Distrikt von Kotzebuesund nun schon seit mehreren Tagen verfolgte, wirklich so gross sein würde. Wie schön hätten wir jetzt alle jene Vorräthe, welche durch Eisak und seine Gesellschaft im Laufe der letzten Monate aufgebraucht worden waren, gebrauchen können! Trotz der Hungersnoth zwang uns ein Schneesturm, hier in Makakkerak einen vollen Tag zu verweilen und gelang es mir, wenigstens eine kleine Quantität Stinte für die Thiere zu kaufen. Ich beschloss, den erkrankten Hund bei den gutherzigen Einwohnern in Pflege zu geben, da ich ihn während der voraussichtlich ein bis zwei Wochen dauernden Tour nach Kotzebuesund und zurück nicht brauchen konnte. Wie ich vernahm, herrschte im Norden des Kotzebuesundes am Noatak River grosse Hungersnoth, so dass die dortigen Bewohner sogar alle ihre Hunde verzehrt hatten. Diese Aermsten leben fast nur von Rennthierjagd, welche, wie bereits erwähnt, gänzlich ertragslos war.

Am Montag den 29. Januar setzten wir unsere Reise stromabwärts den Kangek River entlang fort und marschirten den ganzen Tag bis Dunkelwerden, wo wir das Wasser des Kotzebuesundes an der Mündung des Kangek, welche den Namen Eschscholtzbay führt, erreichten. Auf einer Landspitze dieser Bay befindet sich das Eskimohaus Inuktok, woselbst unser Führer zu Hause gehört. Wir hatten noch einen angestrengten Marsch über das Eis der Bay zurückzulegen, so dass die Füsse unserer Hunde, wie fast stets bei starkem Frost, heftig bluteten; bis wir um 7 Uhr Abends in Inuktok anlangten. Glücklicherweise fanden wir dort einen kleinen Vorrath von Fischen, so dass ich meinen Hunden wieder eine ordentliche Mahlzeit geben konnte. Auch am nächsten Morgen blieben wir noch hier, um den total erschöpften Thieren wieder einmal eine warme Suppe zu kochen, denn es ist nöthig, dass man ihnen bei harter Arbeit wenigstens einmal in der Woche diese Erquickung zukommen lässt.

Die Einwohner von Inuktok waren übrigens sich der Ehre, die sie durch unsern Besuch erhielten, so wohl bewusst, dass sie uns Preise abforderten, als wenn wir die grössten Herren gewesen wären. Ich begann mit ihnen ein Handelsgeschäft und kaufte ihnen einzelne interessante ethnologische Gegenstände, Lippenpflöcke u. s. w., ab. Sie schienen aber der Ansicht zu sein, dass sie von mir, dem ersten Weissen, welcher sie besuchte, gleich den ganzen Profit einheimsen müssten, den sie von den Leuten meines Stammes zu nehmen gedachten; wenigstens richteten sie ihre Forderungen darnach ein. Auch meine Verhandlungen wegen Ankaufs einer für drei Tage ausreichenden Ration für die Thiere scheiterte an den meine dermaligen Vermögensverhältnisse weit übersteigenden Anforderungen der Eskimos. Ich machte ihnen in ihrer Sprache begreiflich, dass ich alle weissen Reisenden vor ihnen warnen würde — was ich hiermit gethan haben will — erzielte aber damit augenscheinlich nicht den allermindesten Effekt.

Der Monat Januar schloss mit einem orkanartigen Wirbelsturm mit Schneegestöber, welcher sich während der Nacht erhob. Ich versuchte es am nächsten Morgen nach dem nur einige Schritte vom Hause entfernten Schlitten zu gehen, aber es war mir im Freien kaum möglich Athem zu holen und ich konnte in dem dichten Schneegestöber nur mit grösster Mühe das Haus wieder finden. Die Hunde hatten sich auf der dem Winde abgewendeten Seite des Hauses einschneien lassen und nur einzelne von ihnen ragten mit den Nasenspitzen aus der Schneedecke hervor. Wir gruben die Thiere sämmtlich aus und liessen sie als Beweis ganz besonderer Vergünstigung in den Vordergang des Hauses hinein. Ausser dem Sturm herrschte eine so bittere Kälte,

Skizze der Ueberlandrouten des Dr. J.A.Jacobsen

zwischen Kotzebue Sund und Norton Bay   und   zwischen Kuskoquim Bay und Togiak Bay

Maſstab 1 : 2 360 000

Maſstab 1 : 1 700 000

Verlag von Max Spohr in Leipzig.

dass, wenn uns dieses Wetter unterwegs überrascht haben würde, unser Leben wohl kaum gerettet worden wäre.

Am nächsten Morgen hatte der Sturm so weit nachgelassen, dass wir bei Tagesanbruch die Eschscholtzbay nach Norden zu kreuzten und dadurch jene langgestreckte schmale Halbinsel erreichten, welche sich viele Meilen weit nach Nordwesten in den Kotzebuesund hinein erstreckt. Wir erreichten in der Mittagsstunde das kleine Flüsschen Arawingenak und brachten in einem kleinen Hause gleichen Namens den Rest des Tages zu. Mein Führer Ningawakrak befand sich hier unter Verwandten. Ich merkte dies daran, dass die alte Eskimofrau, welcher dieses Haus gehörte, bei seinem Anblick zu weinen begann. Die Stimme des menschlichen Herzens redet in allen Zonen und bei allen Völkern dieselbe Sprache! Die Sache verhielt sich folgendermassen: Der Mann dieser alten Frau hatte im letzten Herbst einen berühmten Schamanen des nur einige englische Meilen entfernten Dorfes Selawik erschossen. Kurze Zeit nach dieser That erkrankte er zufällig, und da er die abergläubische Furcht hegte, dass seine Krankheit eine Strafe für den Mord wäre und dass er nicht wieder gesund werden würde, so starb er in der That aus Angst. Der noch frische Schmerz seiner Wittwe über diesen Verlust wurde beim Anblick von Ningawakrak, welcher der Neffe des verstorbenen Mannes war, wieder erneut. Diese schmerzliche Erinnerung hinderte die gute Frau indessen nicht daran, uns nach Kräften gut zu bewirthen und uns ein gutes Lager für die Nacht zu bereiten.

Unter der Reihe von Punkten, welche wir im Gebiet von Kotzebuesund besuchen wollten, waren die wichtigsten diejenigen Ortschaften, welche in der Nähe des Selawik River lagen. Dieser Fluss, welcher wie bereits bemerkt, südöstlich von Kotzebuesund entspringt, ist reich bevölkert. Er ist durch ein sehr lang gestrecktes Inlet, das Hotham-Inlet, mit dem Kotzebuesund verbunden. Dieses Inlet steht landeinwärts in Verbindung mit dem Selawik-Inlet, eine Art Haff, oberhalb desselben befindet sich ein zweiter, noch auf keiner Karte verzeichneter See, den ich zu Ehren des Hilfskomites zur Beschaffung ethnographischer Sammlungen für das Königliche Museum in Berlin, nach dem Namen des

Vorsitzenden desselben als „J. Richter-See" bezeichnet habe. Unser Weg führte uns am andern Morgen quer durch die langgestreckte Halbinsel zunächst nach dem Selawiksee, auf dessen Eis wir ostwärts bis zum Orte Tuklomare zogen, welcher zwischen diesem See und dem J. Richter-See liegt. Die Bewohner zeigten sich als zudringliche Bettler, welche uns stark bedrängten, so dass wir sogar kaum Platz zum Schlafen hatten. Es gelang mir an diesem Ort, eine grössere Quantität Heringe zu kaufen, so dass meine ausgehungerten Hunde wieder einmal eine tüchtige Mahlzeit halten konnten.

Wir gingen am nächsten Morgen den Selawik River eine kurze Strecke hinauf, bis wir zu einen leeren Hause kamen, um von hier aus unsere Geschäfte zu betreiben. Da das Haus unter Schnee begraben und mit Schnee angefüllt war, so hatten wir drei Stunden lang zu thun, um es wohnlich herzurichten. Während dies geschah, sandte ich einen Schlitten aus, welcher Zwergweiden holen sollte, mit denen wir uns später ein gutes Feuer anzündeten. Als wir diese Arbeiten vollendet hatten, füllte sich der Raum mit Eskimos, welche sämmtlich den höchsten Wunsch hatten, den noch nie gehabten Genuss von Thee und von Pfannkuchen, die in Fischthran gebacken waren, kennen zu lernen. Die Nachricht von unserer Ankunft hatte sich nämlich wie ein Lauffeuer verbreitet und so wurde unser kleines Häuschen vollständig gefüllt mit Leuten.

Die nächste Sorge war, als wir heimisch geworden waren, wieder die alltägliche prosaische Bemühung um das so dringend nothwendige Futter für die Hunde. Wir entsandten deshalb zwei Schlitten nach dem nächsten Ort Kajuktulik, und hatten die Freude, dieselben am nächsten Abend vollbeladen mit Heringen zurückkommen zu sehen. Zugleich sandten wir Leute hinaus nach den 18 verschiedenen Ortschaften am Selawik River und in die Umgegend, mit der Nachricht, dass wir während der nächsten Tage in unserm Hause verweilen würden und dass die Einwohner mir ihre ethnographischen Gegenstände für das Berliner Museum und Mr. Woolfe die Felle ihrer Jagdthiere für die Alaska-Commercial-Company verkaufen sollten. Es entwickelte sich denn auch bald ein lebhaftes Geschäft, aber gleich der erste Ankauf zeigte mir, wie vorsichtig man der dortigen Bevölkerung gegenüber sein musste. Ich kaufte eine hübsche Pfeife aus einer Art Grünstein, welcher jedoch nicht Nephrit war, und einem Lippenpflock, dessen Material ich in der Eile des Geschäfts für Stein hielt, das aber, wie sich später herausstellte, gefärbtes Glas war.

Die Einwohner waren zudringlich und forderten hohe Preise, auch brachten sie durchaus nicht so viele ethnographische Gegenstände zum Vorschein, als ich nach den früheren Berichten erwarten durfte. Wie ich hörte, lag dies daran, dass ein grosser Theil derartiger Sachen früher durch Eskimohändler aufgekauft und nach Fort St. Michael gebracht worden ist, woselbst es Mr. Nielson für Smithsonian-Institution erworben hat. Ich kaufte gegen Abend noch einige kleine Nephritmesser, Lippenpflöcke und andere Gegenstände.

Wir hatten den ganzen Tag damit zu thun, dass wir wenigstens die Zudringlichsten unter den Einwohnern aus unserer Hütte hinaustrieben. Mr. Woolfe kaufte verschiedene Fuchs- und Hasenfelle sowie ein paar Rennthierstiefeln. Am andern Tage kam der Eskimo, welcher ihm die Stiefel verkauft hatte, wieder und verlangte die Rückgabe derselben, indem er ihm die dafür erhaltenen Tauschartikel an den Kopf warf. Der an Körperkräften schwache Mr. Woolfe gab hierauf dem unverschämten Verlangen nach und machte den Kauf rückgängig. Das Auftreten des Eskimos ärgerte mich gewaltig, so dass ich aufsprang und mit drohender Geberde meinen Ledergurt umschnallte, in welchem ein Revolver und ein grosses Messer steckte. Sobald der Eskimo dieses sah, concentrirte er sich schleunigst rückwärts, verliess unser Haus, so dass wir ihn nicht mehr zu sehen bekamen.

Am andern Morgen war das Haus schon bei Tagesanbruch mit Eskimos gefüllt, so dass wir uns nicht rühren konnten. Da sie mehr des Bettelns als des Handels wegen gekommen waren, so nahm ich zwei Schlitten und fuhr damit nach Kajuktulik, um dort Fische einzukaufen. Das Wetter war an diesem Tage, den 6. Februar so mild, dass ich den ganzen Tag in Hemdsärmeln maschiren konnte. Um nach Kajuktulik zu gelangen musste ich den etwa fünf englische Meilen breiten „J. Richter-See" überschreiten. Dieser Tag war wieder für meine Zugthiere ein hoher Festtag, denn in dem genannten

Orte befand sich ein grosser Vorrath von Heringen, wovon ich meine Hunde soviel fressen liess, als sie nur wollten. Die Thiere, welche fast bis zum Skelett herabgemagert waren, sahen nach dieser Mahlzeit ordentlich dick und rund aus. Ich kaufte dann noch zwei Schlitten voll Heringe und kehrte wieder nach unserm Aufenthaltsorte, dessen Eskimoname Potogroak heisst, zurück. Als ich unter strömenden Regen meinen Einzug in unser Haus hielt, kehrte mit mir zugleich ein Schlitten zurück, den wir einige Tage vorher nach dem oberen Laufe des Selawik-River gesandt hatten, um die dortigen Einwohner von unserer Ankunft zu benachrichtigen. Eine grössere Anzahl von Eskimos waren mit ihren Fellen und ethnographischen Gegenständen dem Schlitten gefolgt und wünschten nunmehr sofort — es war 10 Uhr Abends — die Tauschgeschäfte zu eröffnen. Wir vertrösteten die Leute auf den folgenden Tag.

Das Ergebniss des Handels war diesmal ein zufriedenstellendes. Ich kaufte verschiedene Gegenstände aus Nephrit, Steinäxte, Lippenpflöcke, Messer u. s. w., auch andere Gegenstände, Schnitzereien und Geräthe. Wir hatten bald die von uns mitgebrachten Tauschartikel fast ganz aufgebraucht. Nachdem wir unser Handelsgeschäft geschlossen hatten, kam zufällig ein Eskimohändler der Western Fur Trading Company von Süden angereist, welcher, da es nichts mehr zu kaufen gab, die Concurrenzfähigkeit seiner Gesellschaft dadurch hervorhob, dass er hohe Preise für Felle bot. Wäre er einige Tage früher gekommen, so hätte er allerdings Mr. Woolfe sein Geschäft verderben können.

XIX.

Nachdem unsere Geschäfte erledigt waren, traten wir am
Donnerstag den 8. Februar 1883 die Rückreise von Kotzebuesund
nach Orowignarak und weiterhin nach Fort St. Michael an. Das
Wetter war Anfangs schön, so dass wir von Potogroak über den
Selawiksee nach der bereits genannten Landzunge eine gute Fahrt
hatten. Da aber meine beiden Schlitten sehr viel schwerer beladen
waren als diejenigen meines Reisegefährten, so blieb ich beim
Ueberschreiten der Landzunge eine Strecke zurück und hatte einen
harten Kampf mit einem von Süden heraufkommenden Sturm zu
bestehen. Wir erreichten jedoch bei Dunkelwerden den Arawingenak-
River und den Ort gleichen Namens, woselbst, wie bereits bemerkt,
die trauernde Tante meines Führers N i n g a w a k r a k wohnte.
Während der Nacht verwandelte sich der Sturm in einen Orkan
mit heftigen Regenschauern, und da das Dach unseres Hauses
durchlöchert war, so waren wir früh Morgens alle durchnässt. Ich
musste die beiden Decken, unter denen ich geschlafen, ausringen.

Unsere Hunde hatten uns einen bösen Streich gespielt. Da
nämlich auf der Halbinsel keine Bäume wachsen, so fehlte es uns
an Material, um am Abend unserer Ankunft die nothwendigen
Stellagen für die Schlitten zu errichten. Dieser Umstand sollte

für uns verhängnissvoll werden, obgleich wir versuchten, eine Beschädigung der Schlitten und des Proviantes dadurch abzuwenden, dass wir die wildesten und bissigsten von unseren Hunden an die Schlitten banden, damit diese Thiere ihre hungrigen Gefährten während der Nacht zurückhalten sollten. Es bewährte sich indessen das bekannte Sprüchwort vom Bock, der zum Gärtner gemacht wird, auch in diesem Falle, denn beide Theile hatten gemeinschaftliche Sache gemacht und nicht nur die aus Segeltuch bestehenden Schlittendecken zerrissen, sondern auch eine grosse Menge Heringe verzehrt.

Dieser Tag war überhaupt ein Unglückstag für uns; der orkanartige Sturm aus Westen tobte mit voller Gewalt über die weite Fläche von Kotzebuesund und sandte seine wüthenden Windstösse mit lautem Sausen über die bergige Landzunge. Ungeachtet dieser Warnung brachen wir auf, indem wir uns als Tagesziel die Erreichung einer kleinen leeren Hütte vorsetzten, welche unmittelbar am Ufer von Eschscholtzbay steht. Unsere Hunde wollten durchaus nicht vorwärts, wir aber zwangen sie und arbeiteten uns mit äusserster Anstrengung über die hohe felsige Landzunge nach jener Hütte hindurch, welche während des Sommers als Fischerhütte dient.

Derselbe Anblick, den wir so oft schon des Abends genossen hatten, bot sich unseren Augen wieder einmal dar. Die Hütte war total mit fest angefrorenem Schnee gefüllt, so dass wir ihren hinteren Theil losbrechen mussten, um den Schnee entfernen zu können. Es war gegen Abend geworden, und das Sausen und Brausen des Sturmes mischte sich mit dem Krachen und Knirschen des Eises der Eschscholtzbay und des Kotzebuesundes, welches, soweit wir sehen konnten, aufgebrochen war. Als wir unsere schwierige Arbeit beendet hatten, nahmen wir in unserer Hütte, welche etwa 10 Fuss über dem Gestade der Bay auf einer kleinen inselartigen Erhöhung stand, Platz, zündeten ein erwärmendes Feuer an und bereiteten uns Thee und Pfannkuchen.

Ich war gerade damit beschäftigt, eine Blechtasse voll Thee zu trinken, und beabsichtigten wir uns unmittelbar darauf zum Schlafen niederzulegen, als mein Führer Ningawakrak, welcher zufällig auf einen Augenblick hinausgegangen war, plötzlich mit

dem Ruf hineinstürzte: „Das Wasser kommt!" Im Augenblick
sprang ich auf und eilte hinaus, schnell folgten die Anderen, und
in wenigen Minuten waren die Schlitten bespannt, während das
Wasser der Eschscholtzbay, von den wilden Stössen des Orkans
emporgewühlt, seine Schaummassen uns ins Gesicht spritzte. Es war
klar, dass in Folge des Sturmes eines jener springfluthartigen
Ereignisse eingetreten war, welche in spitz zulaufenden Meeres-
theilen, wie derjenige, an dessen Ufer wir uns befanden, gar nicht
zu den Seltenheiten gehören. Das Wasser war vom Meere aus
mindestens um 10 Fuss gestiegen, davon im Laufe der letzten
Stunde nicht weniger als 4 Fuss.

Wir waren alle davon überzeugt, dass nur die sofortige
schnellste Flucht uns retten konnte, eine Flucht, bei der die uns
zunächst bedrohende Naturgewalt, das Wasser, nur für den ersten
Moment in Betracht kam, während die beiden anderen Mächte,
der tobende Orkan und die sich in furchtbarster Weise fühlbar
machende Kälte eine absolute Lebensgefahr für uns brachten,
wenn es uns nicht gelang, sobald als möglich ein schützendes Obdach wieder zu erreichen. Der einzige Punkt, wo sich ein solches
für uns in dieser todesdunkeln Nacht finden liess, war die vier
Stunden entfernte Hütte Arawingenak, in welcher wir die vorige
regnerische Nacht zugebracht hatten. Ohne uns auch nur einen
Augenblick zu besinnen, stürmten wir in der Richtung aus der
wir am Tage vorher gekommen waren vorwärts, die steilen Felsen
hinauf über den klingend harten Schnee und hatten die Freude
in fliegender Fahrt, da uns der Sturm von hinten her mit ge-
waltiger Macht vorwärts trieb, unser Leben zu retten.

In später Nachtstunde erreichten wir fast erstarrt und erfroren Arawingenak. Wie köstlich erschien uns jetzt dieses Obdach,
von dem wir uns am frühen Morgen nur allzugern getrennt hatten!
Die Bewohner empfingen uns freundlich und mitleidig, und als
wir unsern Bericht abstatteten, konnten sich die „ältesten Leute"
dieser Gegend nicht erinnern, jemals etwas ähnliches erlebt zu
haben. Aber gerade weil dieses sich so verhielt, so schloss ihre
Eskimologik weiter, könnte dieses Ereigniss nicht mit rechten
Dingen zugegangen sein, sondern an dem grossartigen Natur-

ereigniss seien einzig und allein wir Unglücksvögel schuld, und wer könnte wissen, welches Malheur wir noch über Kotzebuesund und seine Bewohner bringen würden! Was vermochten wir beide dagegen zu thun? Es war ein unumstössliches Faktum, dass wir bei den guten Leuten erschienen waren, und dass sich bald nach unserer Ankunft heftige Naturereignisse abgespielt hatten. Beides mit einander in Verbindung zu bringen, dazu waren die Eskimos ebenso sehr berechtigt, wie Jemand der Donner und Blitz als Wirkung und Ursache bezeichnet.

In der vorigen Nacht hatte gleichzeitig mit uns ein Schlitten vom Selawik River, welcher nach Fort St. Michael gehen wollte, in Arawingenak sich eingefunden. Er hatte jedoch seinen Weg direkt nach Süden über das Land fortgesetzt und sich nach Makakkerak am Kangek River gewandt. Auf diese Weise hatten die Eskimos, denen der Schlitten gehörte, von dem plötzlichen Steigen des Wassers nichts gehört.

Ich bedauerte am nächsten Tage, wie so oft auf meiner Reise, dass ich kein Weingeistthermometer bei mir hatte. Ich hätte alsdann vielleicht konstatiren können, dass dieser Tag der kälteste von allen war, die ich auf meiner Reise durch Alaska erlebt hatte. Ich bin· überhaupt der Meinung, dass diejenige Kälte, welche man auf derartigen Schlittenreisen mit Eskimos im arktischen Winter hoch oben in Alaska, namentlich beim Ueberschreiten von Gebirgen zu ertragen gezwungen ist, durchaus das Temperaturminimum überschreitet — d. h. an Kälte übertrifft, welches durch die Beobachtungen der meteorologischen Stationen konstatirt worden ist.

Die Kälte dieses Tages war so stark, dass wir den ganzen Tag über gezwungen waren in der Hütte Arawingenak Feuer zu halten, wobei uns das hier in grossen Massen vorkommende Buschwerk vortreffliche Dienste leistete. Es war nicht daran zu zweifeln, dass die vom Sturm aufgebrochene Eisfläche des Kotzebuesundes und der Eschscholtzbay sich wieder in die festeste Eisdecke verwandeln musste, wenn der Frost auch nur eine einzige Nacht noch in der Stärke anhielt.

Am zweiten Morgen brachen wir auf, nachdem der Wind

südlich gegangen war und der Himmel sich mit Wolken bedeckt hatte. Wir hatten die in der Fluthnacht verlassene Hütte bald wieder erreicht und machten eigens zu dem Zwecke Halt, um uns zu überzeugen, wie hoch das Wasser nach unserer Flucht noch gestiegen war. Die Wassermarke reichte fast bis ans Dach hinan, so dass wir ohne Zweifel sämmtlich ertrunken wären, wenn uns die Katastrophe im tiefsten Schlafe betroffen hätte. Jetzt war das Wasser wieder niedrig und der Spiegel der Eschscholtzbay war mit einer festen soliden Eisfläche bedeckt, über welche wir schnell hinüber fuhren und bald darauf den Ort Inuktok erreichten. Hier gab man uns mancherlei Berichte über die Wirkungen der Sturmfluth, u. a. erzählte man, dass ein schweres Boot, welches umgekehrt auf seiner Stellage am Lande gelegen hatte, vom Sturme aufgehoben und hinab geworfen worden war.

Wir wären an diesem Tage noch weiter marschirt, wenn nicht ein plötzlich eintretender Schneesturm dies verboten hätte. In der darauf folgenden Nacht wurde uns wieder eines jener zahlreichen Aergernisse bereitet, zu denen die Hunde Veranlassung gaben. Ich hatte den Eskimos in Inuktok, welche selber sehr arm an Vorräthen für den Winter waren, einen von ihren beiden mit Fischthran gefüllten Seehundssäcken abgekauft. Gegen Morgen wurden wir durch einen furchtbaren Lärm unserer Hunde geweckt, welche sich wüthend bissen und herum balgten. Wir untersuchten sofort den Grund dieses Vorkommnisses und gewahrten zu unserm grössten Schreck, dass die Hunde sich gewaltsam Eingang in das Oelhaus verschafft und dass sie die beiden mit Thran angefüllten Seehundsfelle angefressen hatten. Hierdurch war das Fett heraus gelaufen und von den Hunden mit sammt dem Schnee, in den es geflossen, verzehrt worden. So leid es mir that, dass mein so überaus geringer Vorrath von Proviant auf so fatale Weise verringert worden war, so musste ich fast noch mehr die Eskimos bedauern, die hierdurch gezwungen waren, ihren Wohnort zu wechseln. Wir zahlten ihnen eine geeignete Entschädigung was ihnen soviel Freude zu bereiten schien, dass sie mir ein sehr originell gearbeitetes Nephritmesser, das ich bei unserer ersten Anwesenheit gar nicht zu sehen bekommen hatte, verkauften.

Dieses Messer ist eins der werthvollsten Stücke meiner Sammlung. Seine in einem hölzernen Heft befindliche Klinge ist geschliffen und hat die Gestalt der Klinge eines Taschenmessers, man kann mit ihr weiches Holz schneiden.

Trotzdem es am nächsten Tage noch fortwährend schneite, marschirten wir ab und wandten uns südwärts den Kangek-River hinauf. Es war sehr schwer vorwärts zu kommen, trotzdem gelang es uns noch vor Tagesende nach Makakkerak zu gelangen. Der Eskimohund, welchen ich hierselbst zurückgelassen hatte, war· in Folge der guten Pflege und Schonung wieder gesund und wohlgenährt geworden, und trug seinem Pfleger eine gute Belohnung von mir ein. Der Schlitten vom Selawik-River, dessen Mannschaft mit uns in jener regnerischen Nacht in Arawingenak übernachtet hatte, war schon vor uns nach Makakkerak gekommen und wartete auf uns. Ich hatte jedoch über die Leute so nachtheilige Gerüchte gehört, dass ich mir schon vorher ihre Gesellschaft und Begleitung verbeten hatte. Man erzählte mir, dass der Besitzer dieses Schlittens ein Jahr vorher eine Handelsgesellschaft um eine grössere Menge Handelswaaren betrogen hatte. Nichtsdestoweniger beabsichtigte er jetzt wieder nach Fort St. Michael zu reisen.· Welche verbrecherische Absicht ihn dabei leitete, darauf komme ich späterhin noch zurück.

In Makakkerak begannen endlich wieder die Tage der besseren Ernährung für uns. Wir kauften hier acht Schneehühner und bekamen einen guten Vorrath getrockneter Fische. Da wir Eile hatten, so setzten wir am nächsten Tage, obwohl der Schneesturm immer noch nicht aufgehört hatte, unsere Reise nach Süden weiter fort, verliessen nach zweistündigem Marsch den Kangek-River und passirten abermals seinen grossen nach Nordosten gerichteten Bogen iu der Sehne. Auf dem Hochland war der Schnee etwas besser für den Schlitten als unten. Die kurze Strecke, welche uns, als wir den Kangek wieder erreicht hatten, noch von dem Orte Kajak am Unalitschok oder Hagenbeck-River trennte, schritten wir gleichfalls über Land, nachdem wir den Kangek passirt hatten. Als wir uns in der Dunkelheit Kajak näherten, hatte ich den Anblick eines seltenen Phänomens, indem ein strahlendes grünlich leuchtendes Meteor dicht vor uns niederfiel. Ich hatte den Eindruck, als ob der Ort des Falles sich noch vor einem nahe gelegenen Hügel befand. In Kajak fanden wir die Häuser verlassen, da sich alle Einwohner auf Rennthierjagd befanden. Wir benutzten dasselbe Haus, in welchem wir bereits auf der Hinreise übernachtet hatten. Auch der Schlitten von Selawik-River blieb hier bis zum andern Morgen, wo er südwärts weiter fuhr.

Wir schalteten jetzt einen Ruhetag ein, da es dringend nothwendig geworden war, für unsere abgetriebenen Hunde wieder einmal eine kräftige Suppe zu kochen. Auch hatten wir genug damit zu thun, unsere Stiefel und Handschuhe auszubessern. Einige Eskimos, welche ich auf die Jagd schickte, kehrten Abends mit einigen Schneehühnern wieder heim. Der Aufenthalt in diesem grossen und schönen Eskimohause war einer der angenehmsten, den ich seit langer Zeit hatte. Mein Reisekollege Woolfe erlebte hier eine Ueberraschung. Er hatte auf der Herreise hier im Hause das Fell eines Rothfuchses und einige Rennthierfelle gekauft, aber im Hause zurück gelassen, um sie bei unserer Rückkunft mitzunehmen. Die Felle waren aber nirgends zu finden, da sie der Verkäufer wohl wieder an sich genommen hatte. Auch in Inuktok war mein Reisekollege von einem Eskimo betrogen worden, indem letzterer ihm einige Felle verkaufte und sie ihm bis zu seiner Rückkunft aufzuheben versprach, inzwischen dieselbe Waare an einen Händler nochmals verkaufte, sich aber weigerte, Herrn Woolfe späterhin den Kaufpreis zurück zu zahlen. Ich erwähne diesen Umstand besonders deshalb, weil ich Reisende, welche einen schwächlichen Körperbau haben, davor warnen möchte, sich unter solche Naturvölker wie diese Eskimostämme sind, ohne besonderen Schutz zu begeben. Diese Eingebornen, welche stets in der Lage sind, ihre Körperkräfte stark anzuspannen und kein anderes Recht anzuerkennen, als das Recht des Stärkeren, nehmen nur zu leicht die Gelegenheit wahr, einen körperlich schwachen weissen Mann zu übervortheilen. Ich habe oft unter den Eskimos sowohl wie unter den Indianern den einzigen Schutz in meinem energischen persönlichen Auftreten gefunden. In British Columbien trat hierzu noch der gewaltige Respekt, den die Eingebornen vor den Kanonen der englischen Kriegschiffe haben. In Alaska haben die Beziehungen der Handelsgesellschaften auf friedlichem Wege etwas dem ähnliches geschaffen. Ich habe vielfach den Eskimos klar gemacht, wenn ich sah, dass sie mich übervortheilen wollten, dass ich, falls sie dies thäten, ihre schlechte Handelsweise sorgsam in mein Notizbuch verzeichnen und späterhin allen weissen Leuten zeigen würde, damit keiner von meinen Landsleuten mehr zu ihnen kommen und Handel treiben sollte. Wenn man ein derartiges Vorgehen durch energisches persönliches Auftreten, durch breite Schultern und kräftige Gliedmassen unterstützt, so erreicht man in vielen Fällen seinen Zweck und schützt sich vor Betrug.

Am nächsten Morgen setzten wir die Reise fort, wurden aber im Laufe des Tages, wie so häufig, durch einen uns entgegenkommenden Schneesturm überrascht, der uns zwang, bei Dunkelwerden uns in das dichte Gehölz zurück zu ziehen und dort aus unsern Schlittendecken Zelte zu machen, in denen wir die Nacht zubrachten. Trotz des schlechten Wetters enthielt unsere Speisekarte an diesem Abend das Menu Hasensuppe und Pfannkuchen. Während der Nacht legte sich der Sturm, so dass am andern Vormittage das schönste Wetter herrschte, als wir den Fluss verliessen und die Wasserscheide zwischen dem Gebiete des Kotzebuesundes und des Nortonsundes überstiegen. Wir erreichten wieder den Bach Pujulik und trafen jenseits der Höhe in der Nähe des nach Süden strömenden Eritak-Rivers dieselbe Hütte, in der wir vier Wochen früher übernachtet hatten. Wir hielten wieder eine gute Mahlzeit, mit Suppe von Schneehühnern und andern Genüssen, unsere armen Hunde jedoch, deren Futter stark auf die Neige ging, mussten sich diesmal mit einem bescheidenen Mahle begnügen. Unser unheimlicher Reisebegleiter, der Schlitten von Selawik-River blieb auch hierselbst während der Nacht.

Die grösste Tour, welche ich auf dieser Expedition in einem Zuge zurücklegte, folgte am zweitnächsten Tage, nachdem wir noch einmal im Dorfe Itlauniwik Halt gemacht hatten und für unsere erschöpften Zugthiere den Rest der Fische, die wir noch besassen, zu Suppe gekocht hatten. Wir benutzten alsdann den schönen Mondschein, brachen um 3 Uhr Morgens auf und gingen bei schönem Wetter und vom Nordwinde begünstigt den Kujuk-River stromabwärts, worauf wir die Mündung dieses Flusses und das gleichnamige Dorf am Ufer der Nortonbay um 11 Uhr erreichten. Gegen Abend wendeten wir uns westwärts, wo wir Eisaks Sohn beim Fischen antrafen und mit ihm die Nacht zubrachten. Am nächsten Mittag nahm uns dann wieder unser norwegisches Bauernhaus in Orowignarak in sich auf, nachdem wir zu unserer Reise nach Kotzebuesund und zurück im Ganzen 38 Tage gebraucht hatten. Eisak verdiente und empfing von uns Vorwürfe. Er hatte nämlich eine Büchse mit Bisquit, welche wir in Itlauniwik für unsere Rückkehr als Reserveproviant in Aufbewahrung gegeben hatten, geöffnet und zum grössten Theil für sich verwandt, als er nach seiner damaligen Trennung von uns durch den genannten Ort wieder nach Orowignarak zurückkreiste.

So ermüdet wir auch von der Tour waren, so durften wir Eisaks Haus doch nicht für längere Zeit zum Aufenthaltsorte wählen. Das einzige was wir uns gestatteten, war eine $1^{1}/_{2}$ tägige Rast, welche wir dazu benutzten, um die dringendsten Vorbereitungen für die endliche Rückkehr nach Fort St. Michael zu machen.

Eisak nebst Frau und Sohn sowie eine Anzahl anderer Eskimos begleiteten uns auf unserer Weiterreise nach Fort St. Michael und unsere Karawane vergrösserte sich allmählich bis auf acht Schlitten mit 25 Mann. Nach einem anstrengenden Tagesmarsche über das Eis von Nortonsund langten wir spät Abends in Schaktolik an. Um hier die höchst unangenehme und zum Betteln geneigte Reisegesellschaft los zu werden, welche sich mir angehängt hatte, ging ich mit meinem Reisegefährten in eine Eskimohütte, welche von ihren Einwohnern kurz vorher wegen des Todesfalles eines Kindes verlassen war. Trotz ihrer Sehnsucht nach Thee und Pfannkuchen folgten uns die mitgekommenen Eskimos hierhin nicht nach, da sie eine viel zu grosse abergläubische Furcht, wie alle ihre Landsleute, vor der Leiche hatten. Der Einzige, welcher mit uns im Hause schlief, war mein beherzter Führer Ningawakrak.

Am nächsten Tage tobte wieder einmal ein Schneesturm von solcher Stärke, dass man kaum 20 Schritte vor sich sehen konnte. Da wir an dergleichen Erscheinungen nachgerade gewöhnt waren, so machten wir uns mit allen Schlitten auf den Weg. Aber obgleich uns der Wind günstig war, so hatten wir doch einen harten Kampf zu bestehen, um hindurchzukommen. Unterwegs machte ich an einem kleinen Häuschen Halt, da ich wusste, dass daselbst ein Amulet aus Nephrit vorhanden war. Ich kaufte dasselbe, da es ein seltenes Stück war, für einen theuren Preis. Dann setzten wir den Weg längs der Küste fort, so dass wir uns nicht verirren konnten. An das Erkennen jedes anderen Weges wäre einfach nicht zu denken gewesen. Hätten wir nicht so grosse Sehnsucht gehabt, unsere Reise zu beendigen, so wäre wohl Niemand von uns bei diesem fürchterlichen Unwetter weiter gefahren.

Es war einer der schlimmsten Tage, die ich während meiner Reise erlebte. Um vier Uhr Nachmittags waren wir äusserst froh, als wir Eggawik, das letzte Mallemutendorf, als schützendes Obdach erreichten und bald bei einem erwärmenden Feuer und einer guten Tasse Thee die Strapazen des Tages vergassen. Auch unsere Hunde labten sich nicht wenig an getrockneten Lachsen, die wir hier kauften. Das Wetter wurde am nächsten Tage schön, so dass wir in der Nachmittagsstunde in Unalaklik ankamen, wo wir übernachteten. Alsdann mussten wir noch einmal und zwar in Kikertaok, bleiben, worauf wir am Montag, den 26. Februar in der Mittagsstunde, nach mehr als viermonatlicher Abwesenheit Fort St. Michael wieder erreichten.

XX.

Ich hatte jetzt während meines noch nicht halbjährigen Aufenthaltes in Alaska das grosse Land nach drei Hauptrichtungen bereist und dabei Fort St. Michael stets als Ausgangspunkt genommen. Nach Osten war ich 900 engl. Meilen landeinwärts vorgedrungen, nach Westen bis zur Beringstrasse und nach Norden bis zum Kotzebuesund gelangt und auf diesen drei Expeditionen etwa 7000 ethnographische Gegenstände für das Berliner Museum gesammelt. Es handelte sich nunmehr noch darum, eine grosse Tour nach Süden zu unternehmen, von der ich indessen, da sich im Süden leichter eine Gelegenheit bieten konnte, das Land zu verlassen, als in Fort St. Michael, nicht wieder zurückzukehren beabsichtigte.

Mein Aufenthalt dauerte diesmal in Fort St. Michael drei Wochen. Ich fand bei meiner Ankunft Alles unverändert und im alten Geleise und wurde wie gewöhnlich mit grosser Herzlichkeit empfangen. Der Umstand, dass ich weit oberhalb am Yukonstrom, wie ich berichtet habe, aus einem Indianergrabe einen Schädel für die wissenschaftliche Untersuchung entnommen hatte, war immer noch nicht vergessen, denn die Ingalik hatten ihn gegen die weissen Händler ausgebeutet und diese wieder beklagten sich darüber bei Mr. Lorenz in Fort St. Michael. Der letztgenannte Herr liess eine Anzahl von Ingalik aus Nulato, welche sich gleichfalls über mich beklagten, zu sich kommen, worauf ich ihnen durch einen Dolmetscher erklären liess, dass sich die betreffende Angelegenheit hundert Meilen und mehr stromaufwärts ereignet habe. Alsdann legte Hr. Lorenz den Ingalik ein medizinisches Werk mit Abbildungen von menschlichen Skeletten und Gliedern vor und erklärte ihnen, dass zur richtigen Kenntniss der für jeden Menschen geeigneten Medizin eine genaue Kenntniss seines Körpers nothwendig sei und dass die weissen Leute dieses Alles kennen lernen müssten. Er sagte ihnen, dass auch die Köpfe der weissen Leute zu demselben Zweck untersucht würden, und dass kein Einziger unter den weissen Leuten böse darüber sei, sondern dass sie die Medizinmänner in grossen Ehren hielten, deshalb sollten auch sie ruhig nach Hause gehen und den andern Ingalik sagen, dass sie nicht böse sein sollten.

Diese ethnographische Vorlesung hatte den gewünschten Erfolg und die Leute gingen beruhigt von dannen. Ich begann darauf meine Sammlung zu registriren und einzutragen, wobei mir der jüngere Bruder des oben genannten Eskimohändlers Saxo getreulich half. Auch lohnte ich meinen Führer Ningawakrak ab, indem ich ihm zugleich für eine neue Reise, die er in einer Gegend, nördlich von Kotzebuesund, ausführen wollte, eine Quantität Handelsartikel anvertraute, für welche er mir Waaren einkaufen sollte. Ich konnte dieses um so eher thun, als ihm die Alaska-Commercial-Company einen dreimal so grossen Credit als ich gegeben hatte.

Neben diesen Angelegenheiten spielte die Sorge für meinen Körper die Hauptrolle. Ich nahm die köstlichsten Dampfbäder und liess meine Kleidungsstücke reinigen und waschen, die Stiefel ausbessern und die Handschuhe repariren. Ferner gab ich meine Hunde in gute Pflege, damit sie sich von den Strapazen erholten, denn die Tour, welche ihnen noch bevorstand, war grösser als diejenige, welche sie bisher zurückgelegt hatten. Dann packte ich alle meine Sachen ein, damit sie im Sommer mit dem nächsten Schiffe nach Europa geschickt werden könnten, und schrieb Briefe und Berichte nach dort.

Als ich etwa eine Woche in Fort St. Michael weilte, kam

eines Tages Mr. Greenfield, der Hauptagent der Western Fur Trading-Company, zu uns herüber in das Haus des Mr. Lorenz und machte die Mittheilung, dass während der letzten Nacht sein Waarenlager erbrochen und eine grosse Partie von Handels-artikeln daraus entwendet worden sei. Es stellte sich bald heraus, dass von den zur Zeit in Fort St. Michael verweilenden Schlitten einer fehlte; es war dies jener Schlitten vom Selawik River, der mit uns die Reise von Kotzebuesund bis nach Nortonbay zusammen ge-macht hatte, und der mit seinen beiden Führern, zwei Eskimos von Kotzebuesund, während der Nacht verschwunden war. Mr. Leawitt, der Offizier des Signal Service, erbot sich, falls man zur Ver-folgung der Diebe eine Expedition ausrüsten wollte, daran Theil zu nehmen, und als man sich entschloss, dies auszuführen, wurde auch ich eingeladen, mitzugehen. Wie es sich später herausstellte, wurde einer der beiden Eskimos in Fort St. Michael wieder auf-gefunden und behauptete bei dem mit ihm vorgenommenen Verhör, dass er an dem Diebstahl ganz unbetheiligt sei und dass er jenen andern Eskimo nicht einmal dem Namen nach kenne.

Der Dieb mit dem vollgepackten Schlitten hatte einen Vor-sprung von beinahe zwölf Stunden, als wir uns, gut bewaffnet, auf mehrere leichte Schlitten setzten und die Verfolgung begannen. In der Dunkelheit gelangten wir nach Kikertaok, wo wir die Nach-richt erhielten, dass der Schlitten, welchen wir verfolgten, in der Nachmittagsstunde vorbeipassirt sei. Wir fuhren sofort weiter, da wir wussten, den Dieb nunmehr sicher in Golzowa, einem Eskimo-dorfe an der Golzowabay, anzutreffen. Es war so dunkel, dass wir an dem Orte zuerst vorüberfuhren, ohne ihn zu bemerken; als wir unsern Irrthum bemerkt hatten, kehrten wir wieder um.

In der Nähe des Ortes hielten wir einen Kriegsrath und da wir wussten, dass der Dieb bewaffnet war, so betraten wir Alle zugleich das nächste Haus. In dem Eingang trat uns ein alter Eskimo entgegen, welcher auf unsere Frage, ob der Dieb in seiner Hütte sei, verlegen antwortete, der Mann sei nach dem nahen Kassigit gegangen, aus welchem Trommelschlag und Gesang durch die Nacht ertönte. Wir stürmten sogleich dorthin und erfuhren sofort, dass wir zuerst auf der richtigen Fährte gewesen. Wir liefen wieder nach dem ersten Hause zurück, aber der Vogel war schon ausgeflogen, er hatte das Oberlichtfenster des Hauses hinweggeschoben und war halb angekleidet aus dieser Oeffnung entflohen. Ich lief auf das Dach, aber es war so dunkel, dass nichts zu erkennen war.

Ein Eskimo, welcher draussen bei unseren Schlitten als Wache aufgestellt war, stand während dieser Zeit schussbereit da, sorgsam auf jedes Geräusch achtend, welches sich erhob. Der Dieb, welcher nicht wusste, wo die Schlitten standen, kam auf seiner eiligen Flucht in der Nähe derselben vorbei und wurde von dem Eskimo bemerkt, der seine Waffe erhob, um ihn an der Fortsetzung der Flucht zu hindern. In demselben Augenblicke aber bemerkten auch die Hunde den fremden Mann, und da sie gewöhnt sind, hinterherzustürmen, sobald Jemand sich schnell bewegt, so zogen sie plötzlich den Schlitten an. Hierdurch fiel der Eskimo nach hinten zurück in den Schlitten und bevor es ihm gelang, die Hunde zu zügeln und sich aufzuraffen, war der Dieb in der Dunkelheit verschwunden. Wie wir späterhin vernahmen, lief der arme Kerl, aus Furcht, dass wir immer noch hinter ihm her seien, halb angekleidet wie er war, zwei Tage und zwei Nächte lang nach Nordwesten über das Eis des Nortonsundes, und als er zuletzt nicht mehr laufen konnte, schlief er im Freien auf dem Eise. In Folge dieser fast beispiellosen Leistung gelangte er so weit, dass wir ihn in der That nicht eingeholt haben würden, selbst wenn wir ihn verfolgt hätten. Wir dachten nicht daran, hinter ihm herzufahren, sondern nahmen seinen mit vier prächtigen Hunden bespannten Schlitten, welcher die ganze Diebesbeute enthielt, mit uns, nachdem zuvor der Mann, der uns seine Anwesenheit verheimlichte, eine Strafpredigt erhalten hatte.

Als wir am nächsten Abend todesmüde wieder in Fort St. Michael anlangten, wurden wir von Mr. Lorenz und den übrigen Anwesenden tüchtig ausgelacht, dass wir den Dieb nicht mitgebracht hatten. In Folge des angestellten Verhörs wurde bekannt, dass die Ingalik, welche sich in Fort St. Michael aufhielten, vorher wohl gewusst hätten, dass der Einbruch verübt werden würde, sie sagten aber, sie hätten nur darum keine Meldung davon gemacht, weil sie sich vor der Rache des Diebes gefürchtet hätten.

Dieser Vorfall, sowie die immer mehr überhand nehmende Unverschämtheit der Ingalik und der nördlich wohnenden Eskimos liessen die Stationsvorsteher der beiden grossen Handelsgesellschaften zu dem Entschlusse kommen, dass sie in Zukunft nicht mehr gegen einander concurriren, sondern dass abwechselnd einen Tag um den andern, heute diese, morgen jene Gesellschaft Handelsgeschäfte mit den Eingeborenen betreiben wollte. Eine fernere Bedingung dieses Abkommens war, dass allgemein die Preise für Felle heruntergesetzt wurden, sowie endlich drittens, dass der Zucker aus der Liste der Handelsartikel gestrichen wurde, damit die Mallemuten keine Gelegenheit mehr erhielten, sich davon Whisky zu bereiten. Dieser neue Bund wurde durch gegenseitige, je zwei Tage dauernde Besuche der Familien der beiden Stationsvorsteher besiegelt.

So verging die Zeit äusserst schnell und ich hatte meine Vorbereitungen zur Reise nach dem Süden bald getroffen. Nach herzlichem Abschiede von allen genannten Personen und auch von meinem Reisegefährten Mr. Woolfe begann ich am 18. März 1883 früh Morgens meine weite Reise. Mein Schlitten war sehr schwer beladen, denn er trug Proviant für zwei Monate und viele Handelsartikel. Er war mit 13 kräftigen Hunden bespannt, welche grosse Anstrengungen machen mussten, um ihn durch den tiefen Schnee zu ziehen. Wir gingen längs der mir sehr genau bekannten Küste des Nortonsundes nach der Mündung des Yukonstromes. Mein Führer, ein junger und träger Eskimo, klagte bald über allerhand Schmerzen, so dass es mir unmöglich war, ihn in der von mir gewünschten Schnelligkeit vorwärts zu bringen.

Wir mussten in einer verlassenen Eskimohütte übernachten und erreichten erst am andern Morgen, nachdem wir abermals eine Stunde lang marschirt waren, das Dorf Pikmiktalik, hier tauschte ich meinen Führer gegen einen andern um und setzte bei recht warmem Wetter die Reise bis über Cap Romanzoff hinaus, bis etwa nach jener Stelle fort, an der ich, auf meiner herbstlichen Reise, bei der Rückkehr vom Yukonstrom mit meinem vollbepackten Fellboot Schiffbruch gelitten hatte. Hier schlugen wir unser Zelt auf und übernachteten, während draussen sich wieder ein Sturm erhob. Mein körperlicher Zustand war nicht der beste, denn ich war trotz aller Vorkehrungsmassregeln fast vollkommen schneeblind geworden und litt heftige Schmerzen. Natürlich durfte dies die Reise keinen Augenblick aufhalten und so fuhren wir denn am nächsten Morgen gegen heftiges Schneegestöber und Südsturm weiter, bis wir Nachmittags in Pastolik anlangten. Hier widerfuhr mir ein neues Malheur.

Bei meinem Eintritt in das Kassigit trat ich fehl und fiel in den unglücklicher Weise sehr tief gelegenen Unterraum hinab. Zugleich schlug ich mit dem rechten Schienbein direkt auf den Stein, welcher unterhalb der Einsteigeöffnung angebracht ist. Es war ein Glück, dass meine Knochen den Fall aushielten und nicht zerbrachen, der Fuss schwoll mir unter grossen Schmerzen stark an und dauerte es späterhin bis zum Monat April, bis ich ihn wieder wie gewöhnlich gebrauchen konnte. Ich muss keineswegs einen empfehlenden Eindruck gemacht haben, als ich blind und lahm im Kassigit die Kwikpagemuten von Pastolik, welche noch vom Herbst her meine guten Freunde waren, um mich versammelte, um mit ihnen Handelsgeschäfte zu treiben. Ich kaufte hierselbst mancherlei Gegenstände, namentlich viele Tanzmasken.

Obwohl Sturm und Schnee am nächsten Morgen die Weiterfahrt verboten und auch mein körperlicher Zustaud nicht grade besonders günstig war, so durften mich doch solche Umstände nicht davon abhalten, meinen Weg fortzusetzen, um so weniger, als ich nur eine kurze Strecke zu fahren hatte, um den viel genannten Ort Kutlik, den an der Mündung des Yukon gelegenen Handelsposten der Alaska-Commercial-Company zu erreichen. Da ich weder stehen noch gehen konnte, so liess ich mich auf den Schlitten legen und erreichte gegen Mittag den genannten Ort. Der Stationsvorsteher Herr Kammkoff, von welchem ich zehn Hunde meines Gespannes erhalten hatte, von denen die Mehrzahl den weiten Weg von hier aus nach Golowninbay und von dort mit mir zurück bis hinauf nach Kotzebuesund und dann wieder abwärts bis hierher zurückgelegt hatte, empfing mich mit ausserordentlicher Freundlichkeit und Biederkeit.

Mein Fuss wurde von ihm sofort in geeignete Behandlung

genommen und fleissig gebadet, wodurch ich eine geringe Besserung erfuhr. Da ich schon zwei Mal an Kutlik vorüber gefahren war ohne daselbst Einkäufe zu machen, so benutzte ich jetzt die sich mir darbietende Gelegenheit und erwarb eine Anzahl von ethnographischen Gegenständen, die ich meiner Sammlung hinzufügte. Die Collection war vom Fort St. Michael bis hierher schon ziemlich angewachsen, so dass ich sie als eine kleine Sendung zusammenstellen konnte, welche Herr Kammkoff im Frühjahr nach Fort St. Michael zu schicken versprach. Ich blieb theils dieser Besorgungen, theils meines angeschwollenen Fusses wegen, der sich unter der entsprechenden Behandlung überraschend schnell zu bessern begann, hauptsächlich aber des überaus schlechten Wetters wegen hier den ganzen nächsten Tag.

Mein freundlicher Wirth, welcher ausgedehnte Reisen in derjenigen Gegend gemacht hatte, welche ich zu besuchen im Begriff stand, gab mir eine lange Beschreibung der Sitten und Gebräuche der dortigen Bewohner. Leider aber trug er dieses Alles in russischer Sprache vor, von welcher ich nur sehr wenig verstehe. Seine Liebenswürdigkeit war mit seinen Mittheilungen noch nicht erschöpft, sondern als ich am zweitnächsten Tage aufbrach, gab er mir zur Begleitung einen seiner Schlitten und drei seiner Leute mit. Hierdurch erhielt ich den Vortheil, dass ich meinen Schlitten erheblich erleichtern konnte. Welchen Werth diese Begleitung für mich hatte, möge aus meinem unumwundenen Geständniss erhellen, dass ich glaube, dass wir uns in dem noch unverändert wüthenden Schneesturm, bei dem selbst die Hunde nur mit grösster Schwierigkeit vorwärts zu bringen waren, verirrt haben würden. Unser erfahrener Führer aber brachte uns wohlbehalten durch das Schneetreiben nach dem aus drei Häusern bestehenden Orte Nunapiklogak, wo wir wieder im Kassigit übernachteten.

Am nächsten Morgen setzten wir unsern Weg trotz des stürmischen Wetters fort. Die Schlitten sanken tief in den Schnee, und die Hunde waren selbst durch Schläge mit der Peitsche kaum zu bewegen, vorwärts zu gehen. Wir waren bald alle bis auf die Haut durchnässt und wurden froh, als wir Nachmittags den Nanuwarok River erreichten, woselbst wir in dem Dorfe gleichen

Namens von den Bewohnern sehr freundlich aufgenommen wurden. Ich kaufte eine Anzahl von Gegenständen für die Sammlung. Ich bemerkte hier, dass die Bewohner sich durch ein Spiel unterhielten, welches ich bereits in Golowninbay kennen gelernt hatte.

Vier Männer betheiligten sich an diesem Spiel. Zwei setzten sich links vom Eingang an die Wand, die beiden Andern rechts. Seitwärts von jeder Partie wurde oben an der Wand ein Brett mit einem darauf aus Kohle gezeichneten Kreis als Ziel angebracht. Jeder Spieler war mit einem nur 6—8 Zoll langen hölzernen Speer, der eine eiserne Spitze besass und am hinteren Ende eine grosse Vogelfeder trug, bewaffnet. Es spielten immer die beiden neben einander sitzenden der einen Wandseite gegen die der andern Wandseite. Jeder Mitspieler warf hintereinander seine beiden Speere nach dem gegenüber liegenden Ziele. Das Treffen des Kreises wurde durch kleine Holzstäbchen markirt. Ich bemerkte, dass einige der Mitspielenden es recht gut verstanden, das Centrum zu treffen. Dieses Spiel ist für die Einwohner in hohem Grade vortheilhaft, denn sie können die hierdurch erworbene Handfertigkeit aufs Beste beim Seehundsfang und auf der Vogeljagd verwerthen.

Ich blieb noch den nächsten Tag an diesem Orte, obgleich die Hütte, in der wir wohnten, so schadhaft war, dass wir sämmtlich durchnässt wurden. Herrn Kammkoff's Leute kehrten von hier nach Kutlik zurück, während ich hier am Orte drei Leute mit einem Schlitten miethete und mit ihnen den Marsch fortsetzte. Bei abscheulichem Wetter kamen wir am Mittag des 27. März nach Eratlerowik, wo wir bleiben mussten. Die Häuser waren hier halb angefüllt mit Schmutz und Wasser; auch die Bevölkerung liess viel zu wünschen übrig. Obgleich es hier viele Fische gab, so wurde mir doch ein hoher Preis für dieselben abverlangt. Ich kaufte hierselbst ein werthvolles Stück aus bearbeitetem Nephrit. Trotzdem der Aufenthalt hierselbst so unangenehm war, wie er überhaupt nur unter ähnlichen Umständen sein kann, so wurde ich doch durch den furchtbaren Sturm und das Unwetter genöthigt, einen Tag liegen zu bleiben und konnte erst am nächsten Tage den Weg fortsetzen.

Als wir uns wieder auf dem Marsche befanden, wollten meine

Leute fast in jeder Stunde Halt machen, um Thee zu kochen. Ich dagegen hatte den lebhaftesten Wunsch vorwärts zu kommen und lief deshalb jedesmal, so oft meine Eskimos nicht weiter gehen wollten, vorwärts, trotzdem mein Fuss mich noch sehr schmerzte. Mein Eifer wurde von Erfolg gekrönt, denn um 9 Uhr Abends langten wir in der Station Andrejewski am Yukonstrom an. Freilich waren wir inzwischen einmal durch das Eis gebrochen und wurden total durchnässt; auch erreichten wir nur mit zwei Schlitten die Station, während der dritte unterwegs liegen geblieben war und erst am andern Tage nachkam. Der Stationsvorsteher Herr Carl Pettersen, mein alter Freund, empfing mich sehr liebenswürdig und verbrachte mit mir die halbe Nacht in anregendem Gespräch.

Ich fasste hier in Andrejewski den Entschluss, den Lauf des Yukon zu verlassen und quer über die Tundra südwärts nach Cap Vancouver mich zu wenden. Mein Wirth, ein geborener Schwede, welcher schon sehr viele Reisen im Dienste der Alaska-Commercial-Company nach jener Gegend ausgeführt hatte, gab mir eine ausführliche Beschreibung des Landes und seiner Bewohner. Während im Sommer die weite ebene Fläche der Tundra durch zahllose Wasserspiegel von Seen und Teichen, sowie durch blinkende Silberbänder von Flüssen, Bächen und Wasseradern belebt ist und man sich dadurch sowohl, wie durch den Stand des Tagesgestirns beim Wandern zurecht finden kann, bedeckt zur Winterzeit eine einzige majestätische weisse Decke, überall gleichmässig den Rand des Horizontes abschliessend, wie ein gewaltiges Leichentuch auf hunderte von Meilen absolut ebenen Terrains Land und Wasser, während der Himmel meist in dichte Wolkenschleier gehüllt, sich wie eine einfarbige graue Glocke überall auf den Horizont auflegt. Keine Erhöhung rings umher im weiten Kreise entdeckt das Auge des Wanderers. Seine eigene Körperhöhe bildet den höchsten Aussichtspunkt über den er verfügt und gestattet ihm, nach den Gesetzen der Erdkrümmung, deshalb nach keiner Richtung hin weiter als einige englische Meilen zu sehen. Kein Baum, kein Strauch zeigt dem einsamen Reisenden den Weg, kein Haus und kein Hauswappenpfahl winkt ihm aus der Ferne freundlich zu. Nur um wenige Fuss überragen die flachen rundlichen Eskimohütten die Ebene, wenn sie nicht durch den Schnee einer Nacht, wie es oft genug vorkommt, gleichmässig überdeckt werden. Es gehört eine sehr genaue Ortskenntniss und eine ausgezeichnet ausgebildete Orientirungsgabe dazu, sich auf diesem Gebiete, wo oft die Schlittenspur des Wanderers, wie auf dem Meere das Kielwasser des Schiffes, die einzige Richtschnur für den Pfad bildet, zurecht zu finden, umsomehr, als selbst die kleine Aussichtsfläche über die das Auge bei klaren Wetter schweift, an sehr vielen Tagen durch ein undurchdringliches Schneegestöber bis auf einige Schritte rings um den Schlitten eingeschränkt wird. So kommt es nicht selten vor, dass der Reisende, welcher sich im Schneesturm auch nur auf einige Minuten von seinem Schlitten entfernt, denselben nicht wieder aufzufinden vermag. Die klugen Hunde, ihres Führers beraubt, pflegen sich dann zusammengerollt im Schnee niederzulegen und sich einschneien zu lassen, und der Reisende kann, — wie dieses einmal meinem Wirthe Herrn Carl Pettersen in Andrejewski passirt war — alsdann in ihrer unmittelbaren Nähe die ganze Nacht hindurch umher irren, ohne dass sie einen Laut von sich geben.

Nachdem ich den Entschluss gefasst hatte, über die Tundra zur Winterzeit zu gehen, versprach mir Herr Pettersen, dass er mir einen seiner Trader für einen grösseren Theil meiner Reise als Begleiter mit auf den Weg geben würde. Zugleich machte ich einige nothwendige Vorbereitungen, indem ich alle diejenigen Sachen meiner Sammlung, welche ich noch bei mir hatte, sowie diejenigen, welche mir mein Wirth schenkte, in eine Kiste packte, welche von Andrejewski aus mit der nächsten Gelegenheit nach Fort St. Michael geschickt werden sollte.

XXI.

Meine Schlittenreise über die Tundra begann früh Morgens am 2. April 1883. Es war ein stattlicher kleiner Zug, den wir bildeten. Voran mein grosser schwer bepackter, mit 14 Hunden bespannter Schlitten, hierauf zwei Schlitten Pettersens mit insgesammt 16 Hunden bildeten die Karawane. Der erste war mein Begleitschlitten, welcher einen Theil meines Gepäckes trug, der zweite gehörte dem Trader, welcher in derselben Richtung reiste.

Der Schnee war hart und gut und das Wetter bei unserer Abreise so günstig, wie wir es in dieser Jahreszeit nur wünschen konnten. Wir fuhren zunächst den Kwikpak oder Yukonstrom, von dem ich hiermit Abschied nahm, eine Strecke weit hinunter und wandten uns alsdann einen kleinen Nebenfluss hinauf, dessen Windungen wir indessen abschnitten. Die Tundra zeigte schon hier jenes eigenthümliche landschaftliche Gepräge, die Bedeckung war mit vielen kleinen Wasserspiegeln durchzogen; aber es war uns sowohl hier wie bei Fortsetzung der Reise unmöglich, stets genau zu wissen, ob wir uns grade über Land oder eisbedecktes Wasser bewegten. Die Vegetation bestand hier in unmittelbarer Nähe des Yukonstromes noch aus Nadelbäumen und Buschwerk.

Mittags 1 Uhr machten wir an dem kleinen Eskimodorfe Kjokkaktolik, welches an einem Flüsschen gleichen Namens gelegen ist, Halt, um Thee zu kochen. Die Sorge, für unsere 30 Hunde Futter zu erhalten, liess uns hier einen Eskimo engagiren, welcher bei Fortsetzung unserer Reise eine Strecke weit mit uns zog bis zu einem benachbarten Wasserlaufe, in welchem derselbe einen Vorrath von Fischen aufbewahrte, den er uns verkaufte.

Hier standen wir am Rande der eigentlichen Tundra, welche sich wie ein weiter See gleichförmig vor uns ausbreitete. Nur an einzelnen Punkten, beispielsweise am Kusilwak-Fluss, beherrschte ein hochragender isolirter Bergkegel die Gegend. Wir übernachteten in dem Orte Kaggan an der Südwestecke eines Sees desselben Namens. Es gelang uns nur mit äusserster Mühe, so viel Brennmaterial zu erhalten, dass wir unsern Thee bereiten konnten. Wir merkten es jetzt, dass wir uns einem Gebiete näherten, in welchem die Eingeborenen selten oder nie Holz zum Kochen der Speisen besitzen und letztere deshalb gewöhnlich roh verzehren.

Schon nach diesem ersten Tage zeigte es sich, dass keiner meiner Leute und Reisebegleiter über die Richtung, in welcher wir weiter reisen mussten, so genau orientirt war, dass er uns als Führer dienen konnte. Wir nahmen deshalb am nächsten Morgen einen ortskundigen Eingeborenen mit. Da es in einem so ebenen Gebiet wie die Tundra als ein Ereigniss zu betrachten ist, wenn man einen isolirten Berg oder Hügel aufragen sieht, so wandten wir uns einer Gruppe von fünf Bergen zu, welche wir schon am Tage vorher in südwestlicher Richtung bemerkt hatten. Als wir uns diesen bis dahin unbekannten Bergen genähert hatten, entdeckten wir, dass es fünf zur Zeit unthätige Vulkane waren. Ich erstieg einen der niedrigsten unter ihnen, der sich mit seinen steilen Böschungen einige hundert Fuss über dem Erdboden erhob. Der Kraterrand war ausgezackt wie ein Festungsthurm und umschloss einen Krater, welcher etwa 300 Fuss im Durchmesser besass und 150—200 Fuss trichterförmig hinabstieg. Der Boden des Kraters war mit Schnee bedeckt. Die übrigen vier Vulkane, welche im Umkreise von 4—5 engl. Meilen sich befanden, waren höher; der höchste mochte etwa 1000 Fuss über die Tundra empor ragen. Ich benannte diese Gruppe nach dem berühmtesten Polarforscher unseres Jahrhunderts die Nordenskiöldsgruppe.

Unser Weg führte uns mitten durch diese Gruppe hindurch, woselbst wir viele Polarfüchse fanden. Als wir uns wieder der Tundra anvertraut hatten, begann es zu schneien, und damit war jede Orientirung unmöglich. Nach der Versicherung unseres Führers befand sich glücklicherweise in der Nähe ein Haus, welches wir auch nach fleissigem Suchen fanden. Dieses nur von einer Familie bewohnte Haus, Namens Akulerpak, diente uns als Nachtquartier. Leider fanden wir hier kein Futter für unsere Hunde.

Am nächsten Morgen gingen wir trotz des Schneegestöbers wieder ab und wurden von unserem ortskundigen Führer mit grosser Sachkenntniss auf den richtigen Weg gebracht. Aber dieser Mann verliess uns sehr bald wieder und war durch kein Versprechen zu bewegen, länger bei uns zu bleiben. Somit mussten wir es denn auf eigene Faust versuchen, den richtigen Weg zu finden, und da ich glücklicherweise einen Taschencompass bei mir hatte, so schlugen wir mit dessen Hilfe diejenige Richtung ein, welche wir für die beste hielten. Hierbei gelang es uns, eine Schlittenspur aufzufinden, der wir folgend das Dorf Kajaluigemuten erreichten. Es ist dies ein für die Tundra bedeutender Ort von sechs Hütten und einem Kassigit. Wir machten hier Halt, um Thee zu kochen und einen Führer für die Weiterreise zu engagiren. Wir befanden uns hier offenbar in einer sehr ärmlichen Gegend, denn die Einwohner schienen dem Hungertode nahe zu sein. Es gelang uns trotzdem, gegen gute Bezahlung für unsere abgetriebenen Hunde einen kleinen Sack Fische zu kaufen. Nachdem ich einige ethnographische Gegenstände erworben hatte, gingen wir sofort wieder in südwestlicher Richtung ab.

Gegen Abend erreichten wir Jukkak, den verlassenen Wohnort eines Händlers, wo wir übernachteten. Dieser Ort liegt bereits im Gebiet der Westküste von Alaska, denn er befindet sich an der Ausmündung des Jukkak-River in der äussersten Spitze der Vancouverbay, welche sich vom Cap Vancouver aus tief in die Tundra hinein erstreckt. Von hier aus setzte ich dann auch meine Reise, einige Strecken weiterhin abgerechnet, fast ausschliesslich längs des Meeresufers fort.

Bevor wir Jukkak erreichten, bemerkten wir während der Schlittenfahrt einen Wolf, der vielleicht ebenso hungrig war wie wir oder unsere Zugthiere. Er hielt sich jedoch in so angemessener Entfernung, dass es nicht möglich war, ihn zu schiessen. Beim Auspacken unserer Schlitten in Jukkak bemerkten wir, dass uns in dem vorigen Hungerdorfe ein Sack mit gekochten Bohnen gestohlen war; so sehr uns dieser Verlust schmerzte, so gönnte ich den armen Leuten immerhin diese bescheidene Vermehrung ihres Lebensmittelvorrathes. Am unangenehmsten war uns jedoch der Umstand, dass wir auch in Jukkak kein Futter für unsere armen Hunde fanden. Es war unter diesen Umständen als ein grosses Glück zu betrachten, dass wir am andern Tage, bei Fortsetzung unserer Reise, in der Nähe von Vancouverbay einem Eskimo begegneten, dem wir einen ganzen Schlitten voll getrockneter Heringsköpfe abkauften, die gerade zu einer Mahlzeit für unsere Hunde ausreichten.

Der Weg führte uns jetzt längs des Nordufers vom Cap Vancouver, wo wir in dem Orte Nulleslugemuten den dort stationirten Händler der Alaska-Commercial-Company trafen, welcher soeben im Begriff stand, dieselbe Tour nach Andrejewski zurückzulegen. In diesem Dorfe waren im Laufe des letzten Winters fast alle Einwohner an epidemischen Krankheiten gestorben. Der Händler kehrte mit uns zurück nach der Ortschaft Tununak, woselbst wir um ein Uhr Mittags anlangten und genügend Futter für unsere Hunde fanden. Der Bergzug von Cap Vancouver ist unmittelbar am Cap etwa 2000 Fuss hoch und flacht sich 20 bis 30 Meilen landeinwärts allmählich bis zum Niveau der Tundra ab.

Meine Aussichten auf Erwerbung ethnographischer Gegenstände waren insofern nicht die günstigsten, als ich fast gar keine Tanzmasken erhalten konnte; in Folge der Ueberhandnahme der

Krankheiten hatten nämlich die Bewohner ihre winterlichen Tänze nicht veranstaltet. Dagegen gelang es mir, andere hochinteressante ethnographische Gegenstände zu erwerben; ich nenne darunter nur einige Lippenpflöcke. Dieselben stammten wahrscheinlich von der einige Meilen vom Festlande entfernten, nicht unbedeutenden Insel Nuniwak. Die Bewohner dieser Gegend zeigen den höchsten Grad von Unsauberkeit, den ich bei irgend einem Volke der Erde kennen gelernt habe. Abgesehen davon, dass sie, wie bereits erwähnt, an den meisten Punkten der an Brennmaterial überaus armen Tundra niemals Feuer anmachen und die Speisen nicht kochen, wohnen sie in so elenden Hütten, dass namentlich zur feuchten Frühjahrszeit das Innere derselben mehr einem Sumpf und Morast, als einem Wohnorte von Menschen gleicht. Kaum die Höhle eines Thieres kann einen schmutzigeren und unbehaglicheren Eingang haben, als die elenden Wohnungen dieser Menschen. Bis über die Knöchel und Handgelenke geräth man in den tiefen, weichen Untergrund hinein, der den unterirdischen Eingang ihrer Hütten bedeckt. Das bei nur einigermassen feuchter Witterung unablässig erfolgende Herabtropfen von der Höhe ihrer Hütten auf die Schlafenden bewirkt es, dass man oft genug des Morgens die Schlafdecken so durchnässt findet, dass dieselben ausgerungen werden müssen. Ueberall, wo sich diese Decken auf den Arm oder die Hand des Schlafenden zur Nachtzeit auflegen, schlägt sich aus ihnen eine dicke, schwarze Rinde, eine Art Schlammkruste nieder, welche beim Trocknen eine unangenehme Rinde bildet. In diesem Zustande leben die Bewohner in elenden, zerrissenen Fellkleidern einen grossen Theil des Jahres hindurch, daher ist es kein Wunder, dass durch Krankheiten oft die Einwohnerschaft ganzer Dörfer hingerafft wird. Der Charakter der Leute ist entsprechend dem ewigen Mangel und der Noth, womit sie zu kämpfen haben, ein wenig energischer; sie sind scheu, feige und furchtsam, kriechend und unterwürfig, wozu vielleicht die Unterdrückung, welche sie früher von Seiten der Russen erfahren haben, das ihrige beigetragen hat.

Nichtsdestoweniger finden sich unter ihnen auch Züge eines ehemals höher entwickelten Volkslebens. Beispielsweise errichten sie für die Verstorbenen oder Verunglückten Monumente eigenthümlicher Art. Ich sah deren mehrere in Tununak. Dieselben bestehen aus roh gearbeiteten und mitunter auch bekleideten Figuren. Die Arme einer dieser Figuren bestanden aus Walrosszähnen. Daneben befanden sich Modelle von Kajaks, von Bogen und Pfeilen, von Seehunden und Rennthieren als eine Art Darstellung, dass der Verstorbene, dessen Andenken man hier feiere, auf der Walross-, Seehunds- oder Rennthierjagd umgekommen sei.

Es fehlt auch sonst nicht an Zeichen einer gewissen Kunstfertigkeit unter diesen Leuten. Die Kajaks, deren sie sich hier an der Süd- und Westküste von Alaska bedienen, sind von hübscher Form und tragen als Ornamente am vorderen Ende den geschnitzten Kopf einer Schildkröte. Die Oberkante der grossen Ummiaks oder Ruderboote liegt nicht, wie bei den nördlicher wohnenden Eskimos, horizontal, sondern sie hebt sich, wie die Spitze der Boote in British Columbien, schwungvoll in die Höhe. Die zu Jagd und Fischfang gebrauchten Lanzen sind von vortrefflicher Gestalt und Ausführung. Einen sonderbaren Anblick gewähren hier die jungen Mädchen, deren viele, an die Kapuze ihres Pelzes festgenäht, ein hölzernes Idol mit sich herumtragen. Es war mir jedoch nicht möglich, eines dieser Schnitzwerke zu kaufen, wie man sagt, werden letztere oft viele Jahre lang getragen. Der Erfolg meines Kaufgeschäftes wurde auch dadurch nicht wenig beeinträchtigt, dass schon vor mir Hr. Nielsen für die Smithsonian Institution erhebliche Einkäufe gemacht hatte.

Ueber gewisse hydrographische Verhältnisse der Tundra erhielt ich hier in Tununak von dem daselbst wohnenden Trader Aloska, welcher ziemlich gut englisch verstand, eine Mittheilung bestätigt, welche mir schon Hr. Pettersen in Andrejewski gemacht hatte. Es existiren zwischen dem unteren Laufe des Yukonstromes und der Vancouverbay zwei Wasserwege über die Tundra. Der eine soll ein Ausflussarm des Yukon sein, welcher in vielen Windungen laufend, seine Gewässer dadurch verstärkt, dass er durch einen See fliesst, der andere dagegen soll in fast gerader Richtung verlaufen, nur dass man nöthig hat, zur Frühjahrszeit an zwei Stellen und zur Sommerszeit, wenn das Wasser niedriger steht, an vier Stellen eine Strecke über Land zu gehen. Der letztgenannte Wasserweg tritt aus dem Yukon einige Meilen oberhalb, der erstgenannte eben so viel unterhalb Andrejewski.

Nach eintägigem Aufenthalte setzte ich meinen Weg in südlicher Richtung fort. Damit ich nicht nöthig hatte, um das weit in die See vorspringende Cap Vancouver herumzufahren, machte ich mich daran, die von ihm gebildete Halbinsel zu übersteigen. Meine Leute entschlossen sich nach einigem Zögern, mitzugehen. Der Uebergang war recht leicht, der Schnee war gut und so gelangten wir gegen Abend nach dem Orte Ommekomsiuten. Es ist dies ein für die dortigen Verhältnisse bedeutender Ort, welcher zwei Kassigits besitzt. Ich begann sofort meine europäischen Tauschartikel gegen ethnographische Gegenstände umzutauschen, wobei namentlich Tabak und Nadeln stark begehrt wurden. Mit Ausnahme von hübschen Jagdgeräthen konnte ich indessen hier nur wenig erhalten. In dem Kassigit, in welchem ich mich niedergelassen hatte, drängten sich die Einwohner dergestalt, dass man sich kaum bewegen konnte. Diesen Umstand benutzten einige diebische Elemente, um unsern Bisquit zu entwenden.

Bekleidete knöcherne Puppe (Kinderspielzeug) vom Kuskoquim.

Bei herrlichstem Wetter und schönstem Sonnenschein setzten wir am andern Tage unsern Weg längs der Küste fort und erreichten Peimilliagaremuten, wo wir, um Thee zu kochen und Einkäufe zu machen, anhielten. Bei Fortsetzung der Reise erblickte ich etwa von 2—3 Uhr Nachmittags das Phänomen der Nebensonne in der eigenthümlichsten Form, die ich jemals gesehen habe. Es lief ein feiner Ring von der Sonne, nicht wie gewöhnlich in senkrechter Richtung von oben nach unten, sondern horizontal. Diese Linie wurde durch andere Ringe von oben nach unten gekreuzt und dadurch zwei Nebensonnen gebildet. Diese letzten vertikalen Streifen hatten Regenbogenfarbe, während die horizontale Curve wie ein feiner Silberfaden glänzte. Das ganze gewährte einen grossartig schönen und seltenen Anblick, nicht etwa dass Nebensonnen selten sind in jenen Gegenden, denn ich sah sie sehr häufig, aber niemals hatte ich einen derartigen Anblick wie an diesem Tage. Die vielfach ausgesprochene Behauptung, dass die Erscheinung von Nebensonnen ein Vorbote für südlichen Wind ist, hatte ich während des Verlaufes meiner Reise schon wiederholt bestätigt gefunden, auch diesmal zeigte es sich wieder, denn schon am Abend desselben Tages erschien ein heftiger Südsturm mit Schnee.

Wir gelangten im Laufe des Tages nach dem auf einer Landzunge gelegenen sehr grossen Eskimodorfe Kikertaurok, welches von Weitem fast den Anblick einer kleinen Stadt gewährte, die zahlreichen Hütten waren von Stangen umgeben, auf denen die zum Fischfang gebrauchten Netze trockneten, was in der Entfernung fast so aussah, als ob die Einwohner Flaggen aufgezogen hatten. Das Dorf besitzt zwei Kassigits, darunter ein recht grosses. Es waren indessen wenig ethnographische Gegenstände zu kaufen, da auch hier bereits grosse Erwerbungen für Washington gemacht worden waren.

Der Sturm tobte die ganze Nacht hindurch aus Süden und hinderte uns am andern Morgen daran zeitig genug abzureisen. Erst gegen Mittag fuhren wir weiter, passirten zuerst Nogemuten und gelangten gegen 3 Uhr Nachmittags nach Kjikjingemuten, wo wir Thee kochten und nach dem zwei Stunden entfernten Pinjakpagemuten aufbrachen.

Es schneite und die ganze Landschaft, sowie das zum Theil mit Eis bedeckte Meer verwandelte sich wieder in jene einsame Fläche, auf der es nicht möglich war, sich zu orientiren. Unser Führer verlor denn auch den Weg, sodass wir das genannte Dorf nicht erreichten. Es war uns unmöglich ein Obdach aufzufinden und wurden wir gezwungen, in Sturm und Schneegestöber im Freien zu kampiren. Bei Tagesanbruch machten wir uns wieder auf den Weg und es glückte uns trotz des immer noch herrschenden Schneegestöbers eine Schlittenspur aufzufinden, welche uns in das aus zehn Hütten und zwei Kassigits bestehende stattliche Dorf Pingakpagemuten nunmehr endlich hinbrachte.

Unsere ausgehungerten Hunde stärkten sich hier an dem un-
eingeschränkten Genuss zahlloser kleiner Hornfische. Trotzdem das
Kassigit schlecht gebaut war, sodass der Schnee fortwährend hinein-
drang, so machten wir hierselbst doch Nachtquartier, da sich aufs
neue die Zeichen eines herauf kommenden Sturmes bemerkbar
machten. Es war ein grosses Glück für uns, denn wenn uns das
Unwetter Abends im Freien überfallen hätte, so wären wir vielleicht einem sicheren Untergange anheimgefallen. Mein körperlicher Zustand bedurfte auch einigermassen der Schonung, denn
meine Augen schmerzten mich ausserordentlich und war ich trotz
des Gebrauches der blauen Brillen und der Eskimoschneebrillen
fast erblindet. In dem stattlichen Dorfe fand ich trotz eifriger
Nachfragen fast gar keine ethnographischen Gegenstände vor.

Während wir im Kassigit schliefen und der Sturm draussen
mit fürchterlicher Heftigkeit tobte, fiel ein fremder Hund, der sich
wohl verirrt hatte und auf das flache Dach unserer unterirdischen
Hütte gerathen war, durch das Oberlichtfenster derselben, deren
Seehundsgedärm er dabei zerriss, hinab in unser Kassigit, wobei
er sich gleichzeitig einen Fuss brach; sein Heulen vermischte sich
nun mit dem des Windes, während ein breiter Strom des Schnees
dem fallenden Hunde nachfolgte und das Gestöber ununterbrochen
auch in unsern Schlafraum drang. Da für den Augenblick nichts
dagegen zu machen war, so zog ich meine Decke über den Kopf
und schlief weiter.

Selbstverständlich war am andern Morgen an eine Fortsetzung
der Reise nicht zu denken, da bekanntlich derartige meteorologische Ausgleichungen der Athmosphäre in der Regel mehrere
Tage lang dauern. Ausserdem bestimmte uns zum längeren Verweilen auch noch der Umstand, dass unsere Hunde an diesem
Orte genügend Futter vorfanden.

Der weibliche Theil der Bevölkerung dieser Gegend entwickelt ein nicht geringes Verständniss, den Körper durch Perlen
zu schmücken. Die Frauen, die Mädchen und auch die Kinder
tragen Perlen fast überall, wo sich dieselben anbringen lassen, auch
in den Haaren werden Perlen getragen. Die Unterlippe der
jungen Mädchen ist an drei Stellen durchbohrt, in den beiden

Seitenlöchern steckt als Lippenpflock je ein kleiner krummer Knochen, dessen knopfförmiges stärkeres Ende sich im Innern des Mundes befindet und das Herausfallen des Knochens verhindert; das äussere Ende des Knochens ist mit Perlen geschmückt. Auch das Mittelloch der unteren Lippe trägt als Lippenpflock einen ganz kleinen Knochen mit Perlen. Die Nasenscheidewand der jungen Mädchen ist gleichfalls durchbohrt und trägt eine bis auf den Mund herabhängende Perlenschnur. Dieser Nasenperlenkranz findet sich auch bei den jungen Eskimoschönen am unteren Yukon, sowie weiter nordwärts bei den Mallemuten. Alle diese genannten Eskimos haben auch die Sitte gemeinsam, dass sie das Kinn tätowiren; nur mit dem Unterschiede, dass die beiden Tätowirungsstreifen im südlicheren Theile von Alaska breiter auseinander stehen als im nördlichen. Die Einwohner der Tundraküste lebten zu der Zeit, als ich sie besuchte, hauptsächlich von Horn- und Schwarzfischen. An Unsauberkeit wetteiferten sie mit den Bewohnern der inneren Tundra.

Da der Sturm sich im Laufe des Tages ein wenig legte, so rüsteten wir uns zur Abreise, ich weigerte mich jedoch aus guten Gründen den Weg ohne Führer fortzusetzen, da ich wohl wusste, dass wir allein auf uns angewiesen nicht durch das Land kommen würden. Zuerst fand sich niemand in der Bevölkerung der uns weiter führen wollte, als man indessen sah, dass ich ernsthaft darauf drang, einen des Weges kundigen Eingeborenen zu engagiren, meldete sich ein junger Mann, der sich bereit erklärte mitzugehen. Bei günstigem Wind und Wetter machten wir uns auf den Weg und passirten zunächst das Eskimodorf Kwikluk, welches an der Küste liegt. Von hier aus wandten wir uns in der Richtung nach dem zweiten grossen Hauptflusse von Alaska, den bereits mehrfach erwähnten Kuskoquim weiter.

Die nächste Ortschaft, welche wir etwa zur Mittagszeit erreichten, hiess Orrutoremuten. Die Einwohner hierselbst besassen keine ethnographischen Gegenstände von Bedeutung, mit einziger Ausnahme der vielen Perlendekorationen, mit denen sich die Frauen buchstäblich behängen. An demselben Tage passirten wir noch die drei Ortschaften Sintuleremuten, das etwas grössere Sewart-

laremuten und endlich Ameoraremuten. In letztgenanntem Orte
schliefen wir während der Nacht im Kassigit. Die vorgerückte
Jahreszeit — wir schrieben schon den 12. April — trieb mich
sehr zur Eile an. Dies war auch Veranlassung, dass ich am
andern Morgen bei dem unsern Schlaforte gerade gegenüber liegenden Dorfe Quigiorremuten vorüber zog, ohne Einkäufe zu machen,
erst in dem nächsten Orte Noksiaremuten machten wir Halt,
ohne dass ich daselbst
grosse Erwerbungen
machen konnte. Ich
traf am letztgenann-
ten Orte zwei Eskimo-
familien, welche aus
Mangel an einem
Hause den ganzen
Winter über unter
einem umgestülpten
Boote zugebracht hat-
ten. Die Leute schlie-
fen auf Decken, die
sie unter dem Boot auf
der Erde ausgebreitet
hatten; natürlicher
Weise hatten sie, da
ihnen der Rauchabzug
fehlte, kein Feuer an-

An der Mündung des Kuskoquim.
1. Knöcherne Ohrringe mit Schwefelkies-Einlage. 2. 3. Zier-
rathen an den Kajaks. 4. Knöcherne Puppe. 5. 7. Knöcherne
Nadelbüchsen. 8. Gelenk zur Nähtasche. 9. Zierrath zum
Kajak. 10. Nadelbüchse. 11. Kajakzierrath.

machen können, sie hatten auch hierzu wohl kein Bedürfniss ge-
fühlt, da die Eskimos dieser Gegend wie gesagt fast alles roh essen.

Wir hatten einen sehr tüchtigen Führer engagirt, der uns
mit grossem Geschick trotz eines heftigen Schneegestöbers weiter
führte, wir passirten zunächst den grossen verlassenen Ort Kange-
renaremuten, in dem sich das grösste Kassigit befand, das ich
an der dortigen Küste gesehen habe. Von anderen Zeugen ver-
schwundener Eskimoherrlichkeit erwähne ich hier die vielen Gräber, um welche Geräthe und Waffen aller Art, alte Gewehre,
hölzerne Hüte, Harpunen, Lanzen, Pfeile und Bogen aufgestellt
22*

waren. Wir hatten unsere harte Noth, den Weg zu finden, und übernachteten in dem zur Zeit der Sommerfischerei bewohnten Dorfe Ilquigamuten.

Unter bitterer Kälte und Sturm kämpften wir uns am nächsten Tage weiter bis Kulewarewinleremuten, und obgleich uns hier unser tüchtiger Führer verliess, so gingen wir sofort weiter und erreichten Kukkaremuten und endlich auch mit vieler Mühe Klekusiremuten. Am letzten Orte mussten wir wegen des Sturmes bleiben. Ich sah hier zwei sehr grosse Grabmonumente aus Holz. Die Figuren stellten je einen Mann dar, dessen Körper roth bemalt war und dessen Mund und Augen aus Knochen bestanden. Hinter diesen Figuren war eine Holzwand errichtet, welche allerhand Grabbeigaben und Erinnerungszeichen trug. Die Bewohner dieses Theiles von Alaska leben während des Winters ausschliesslich in der Tundra; sie kommen aber im Frühling nach dem unteren Laufe des Kuskoquim River, um daselbst zunächst die Seehundsjagd zu betreiben. Späterhin im Jahre, wenn sich die grossen Lachszüge einfinden, betreiben die Einwohner in ausgedehntem Maassstabe den Fischfang.

Wir befanden uns jetzt schon seit mehreren Tagen am Gestade der trichterförmig nach Südwesten sich erweiternden Kuskoquimbay, deren nördliche Spitze durch die sehr breite Mündung des Kuskoquim River gebildet wird. Da uns unser Weg über diesen Fluss hinüberführte, und wir uns dem Eise der Bay in dieser Jahreszeit mit Sicherheit nicht mehr anvertrauen konnten, so sahen wir uns genöthigt, die Bay mehrere Tagereisen hinauf zu wandern. Von Klekusiremuten zogen wir am andern Morgen, trotzdem es noch stürmte, am linken Ufer des Kuskoquim hinauf und gelangten gegen Mittag an eine Stelle, wo wir zum ersten Male im Stande waren, in weiter Ferne östlich das linke Ufer zu erblicken. Hier setzten wir über das Eis der Flussmündung und fanden das Terrain jenseits mit kleinem Weidengestrüpp bewachsen, der ersten Vegetation, welche wir seit Verlassen des Yukonstromes wieder antrafen.

Der nächste Ort, den wir am andern Ufer trafen, hiess Joktjitleramuten, ein jetzt verlassener Sommerplatz von acht Fischerhütten. Hier verliess uns unser Führer und war in keiner Weise zu bewegen, uns weiter zu begleiten. Beim Abschiede verkaufte er mir einige gute Tanzmasken, die er besass. Allein und ohne Führer setzten wir nun den Weg stromabwärts am linken Ufer weiter fort. Es wehte ein so kalter Wind, dass mir wieder einmal meine Nase erfror. Wir bemühten uns so gut es ging, dem Ufer des Hauptstromes zu folgen; da sich aber häufig Seitenarme und kleinere Wasserstrassen nach links abzweigten, so verirrten wir uns schliesslich und sahen uns endlich genöthigt, in der Nähe eines kleinen Hügels zu kampiren.

Um uns nicht zwischen dem Gewirre der Wasseradern noch mehr zu verlieren, beschlossen wir, am andern Morgen wieder den Hauptstrom aufzusuchen, obgleich das Eis desselben stellenweise recht rauh und namentlich hart am Ufer steil abgebrochen war. Wir gingen also wieder zurück und erreichten nach zweistündiger Fahrt den Hauptstrom des Kuskoquim. Hier engagirten wir im nächsten Dorfe einen Führer, der uns bis zum Nachmittag dieses Tages nach dem lang ersehnten Orte Mamtratlagemuten brachte, woselbst sich eine Handelsstation der Alaska-Commercial-Company befindet, und wo ich von dem dortigen Stationsvorsteher Herrn Nicolai Kamelkowski einen Mischling, der halb Russe, halb Ingalik ist, ausserordentlich gut empfangen wurde.

XXII.

Der riesige Gebirgszug, welcher den Welttheil Amerika vom Süden bis zum Norden in seiner ganzen Länge durchzieht und im nördlichsten Theile Rocky Mountains heisst, entsendet seine äussersten Ausläufer westwärts durch Alaska und tritt mit einem derselben hart an das linke Ufer des Kuskoquim River heran. Die Tundra, das Produkt neuester geologischer Thätigkeit, das Schwemmland des Yukon und Kuskoquim schreitet, wie es scheint, unter dem gewaltigen Einflusse der dort oben ganz eminent wirksamen meteorologischen Verhältnisse langsam und allmählich wachsend, unaufhaltsam in das Meer weiter vor.

Mit dem Augenblicke, als mich mein Weg an das rechte Ufer des Kuskoquim führte, befand ich mich an der Grenze der Tundra und betrat das Gebiet der Kuskoquimemuten, eine Eskimobevölkerung, deren Existenz überwiegend von dem Strom, an dem sie wohnt, abhängt. Der Empfang, welchen mir der vortreffliche Stationsvorsteher Nicolai Kamelkowski bereitete,

erinnerte mich lebhaft an die Fleischtöpfe Egyptens, und führte
mich wieder in die lang entbehrten Genüsse: Butter, frisches Brod,
Braten von Elenthier u. s. w. ein.

Mein Aufenthalt an diesem Orte dauerte indessen nur zwei
Tage, da ich wegen der schon sehr vorgerückten Jahreszeit das
Schmelzen der Schnee- und Eisdecke jeden Augenblick erwarten
konnte. Eine Gelegenheit, von hier nach San Francisco zu gelangen, fand ich für den Augenblick nicht, auch schien es mir
richtig und nothwendig zu sein, dass ich meinen Aufenhalt in
diesen Gegenden, so lange dies das Wetter für Schlittenreisen gestattete, verlängerte.
Der glückliche Erfolg,
den ich bisher gehabt
hatte, spornte mich an,
nunmehr auch die Süd-
küste von Alaska, an
der ich mich jetzt be-
fand, zu besuchen. Es
erschien nicht allzu
gewagt, das hohe Ge-
birge, welches ostwärts
vom Kuskoquim auf-
steigt, in dieser Jahres-

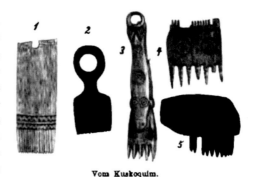

Vom Kuskoquim.
1—2. Kämme aus Mammuth. 3. Kamm aus Walrosszähnen.
4. Desgleichen. 5. Kamm aus dem Huf eines Elenthiers.

zeit zu überschreiten, denn es war mit Sicherheit anzunehmen, dass
sich oben auf der Höhe noch hinreichend Schnee für die Schlittenfahrt finden würde. Der einzige Umstand, welcher mich vielleicht
von einer Tour über das Gebirge hätte zurückhalten können, dass
dasselbe nämlich noch niemals an dieser Stelle von einem weissen
Reisenden besucht worden war, war geeignet, mich eher zu der
Reise zu verleiten, als von ihr abzustehen.

Meine nächste Arbeit war, alle diejenigen Gegenstände, welche
ich bisher auf dem Wege über die Tundra erworben hatte, zu
registriren und sie einzupacken, da mein Wirth dieselben von hier
aus mit dem ersten Schiff nach San Francisco zu senden versprach. Hierdurch war mein Gepäck wesentlich erleichtert, so
dass ich mich, nachdem ich noch einige Briefe nach Europa

geschrieben hatte, am 18. April früh Morgens nach herzlichem Abschied auf den Weg machte.

Herr Kamelkowski hatte die Freundlichkeit gehabt, mir zwei seiner Leute als Führer mit auf den Weg zu geben, welche die Aufgabe übernahmen, mich vom Kuskoquim River in südöstlicher Richtung über das Gebirge bis zur Mündung des Togiak River nach der Küste zu begleiten. Wir hatten insgesammt 24 Hunde, von denen mir 15 gehörten. Wir gingen zunächst den Kuskoquim Fluss hinab und erreichten in schneller Fahrt bei Sonnenuntergang das verlassene Dorf Jotsitle, wo wir übernachteten. Am andern Tage wurde die Reise in derselben Richtung stromabwärts fortgesetzt und nach einander die Orte Agolaremuten, Kaoweangemuten, Semeriangemuten, Illintongemuten und Senneremuten erreicht. Am letztgenannten Ort befindet sich ein Waarenhaus, in welchem ein Handelsschooner, der alljährlich bis hier den Fluss hinabfährt, die von ihm mitgebrachten Waaren deponirt. Wir übernachteten in einer der beiden bewohnten Eskimohütten des letztgenannten Ortes.

Meine beiden Führer, welche übrigens weder in der gewöhnlichen Eskimosprache, noch in Englisch sich mit mir verständigen konnten, bildeten die beste Mannschaft, welche ich jemals auf meiner Reise gehabt habe. Gross und stattlich gewachsen, mit riesigen Körperkräften begabt, mit der ganzen Elastizität des beginnenden Mannesalters versehen, unermüdlich im Ertragen von Strapazen, geschickt und erfinderisch bei Ueberwindung von Schwierigkeiten, stets gut gelaunt und aufmerksam, waren sie so recht geeignet, den grossen Anforderungen zu entsprechen, welche die Tour über das Gebirge an jeden Einzelnen von uns stellte.

Am nächsten Tage ging es weiter stromabwärts, immer am östlichen Ufer des Kuskoquim entlang, wir passirten zunächst den Ort Oejak, wo ich wieder eines jener bereits beschriebenen Grabmonumente sah und gegen Mittag das Dorf Kwinnekaremuten. Der Weg auf dem Eise des Flusses war von hier ab nicht mehr passirbar, so dass wir uns entschlossen, von hier aus in das Gebirge einzudringen, indem wir zugleich einen ortskundigen Eingeborenen als Führer engagirten.

Der Weg führte zunächst über Tundra-Landschaft, auf der sich fast kein Schnee mehr befand. Glücklicher Weise aber waren die zahlreichen kleinen Seen und Teiche noch mit Eis bedeckt, so dass wir verhältnissmässig schnell genug vorwärts kamen. Wir gelangten an den Agalik River, welcher indessen schon offen war und auch am Ufer keine Schneebedeckung hatte. Hier bereits zeigte sich die Vortrefflichkeit meiner Mannschaft im besten Licht, denn diese beiden Kuskoquimemuten entwickelten eine staunenswerthe Energie, als es galt, die schweren Schlitten einen nach dem andern über den mit tiefen Löchern bedeckten Boden fortzuschaffen. Wir brauchten volle drei Stunden Zeit, um die Strecke von einer englischen Meile zurückzulegen. Die Strapazen dieses Tages veranlassten indessen den im letztgenannten Dorfe engagirten Eingeborenen, uns in der darauf folgenden Nacht, als wir an einem Flussarm kampirten, heimlich zu verlassen.

Vom Kuskoquim.
1. Puppenkopf aus Rennthiergeweih einen Russen darstellend. 2—3. Zierrath aus Knochen an Frauenbeinkleidern. 4—5. Gehänge an Nähtaschen. 6. Puppenkopf aus Walrosszähnen. 7—8. Gehänge an Nähtaschen. 9. Netznadel aus Walrosszahn. 10. Gehänge an Nähtaschen.

Am andern Morgen setzten wir unsern Weg längs des Flusses fort. Zum Glück befand sich, obgleich das Wasser in der Mitte des Flusses sichtbar war, am Ufer ein schmaler Eisstreifen, welcher die Schlittenfahrt ermöglichte. Gegen Mittag trafen wir am Flusse eine Anzahl von Eskimos an, welche mit Fischfang beschäftigt waren. Da der Fluss von Fischen wimmelt, so war es erstaunlich zu sehen, welch eine enorme Beute die Eskimos gemacht hatten. Ich bemerkte unter den gefangenen Fischen wenigstens vier verschiedene Arten von Lachsforellen; auch sah ich einen mir bis dahin unbekannten Fisch, welchen die Eskimos Sullukbauk nannten. Die jüngeren Männer, welche zu der fischenden Eskimogesellschaft gehörten, befanden sich sämmtlich auf Jagd; da ich einen von ihnen als Führer über das Gebirge zu engagiren wünschte, so blieb ich bei den Fischern und schlug mein Zelt auf. Die Fische waren hier so billig, dass wir nicht nur selbst reichliche Mahlzeiten hielten, sondern dass wir auch unsere Hunde mit frisch gefangenen Lachsforellen fütterten. Gegen Abend kehrten die Jäger zurück und ich erhielt einen Führer.

Während der Nacht stürmte es stark aus Südost, so dass ich fast befürchtete, dass das Zelt uns auf den Kopf fallen würde. Auch sonst wurde die Nachtruhe gestört durch eine blutige Schlacht, welche unsere Hunde unter einander lieferten. Einer von ihnen sprang hierbei gegen das Zelt und da der Stoff desselben durch den langen Gebrauch sehr mürbe geworden war, so flog das Thier mitten hindurch und mir auf den Leib, was ihm eine Verwarnung zuzog. Am andern Morgen versahen wir uns mit einem reichlichen Vorrath von Fischen und brachen auf. Unser Nachtlager hatte sich unmittelbar am Fusse des Gebirges und zwar am unteren Eingang eines Gebirgsthales befunden. Wir gingen nunmehr den Fluss stromauf und stiegen allmählich immer höher. Die Eisdecke des Flusses wurde nach und nach fester, sodass wir nur an wenig Stellen gezwungen waren, die Schlitten über das Erdreich fortzuziehen. Da der Tag in dieser Jahreszeit schon volle 16 Stunden dauert, so legten wir eine ziemlich bedeutende Strecke zurück.

Im Laufe des Nachmittags verliessen wir das Flussthal und stiegen über die erste Bergkette hinweg, wo der Schnee ausgezeichnet hart und für die Schlittentour geeignet war. Unser Weg führte uns zwischen zwei vulkanische Felsreihen mit zerrissenen Spitzen und kraterartigen Vertiefungen hindurch. Auf dieser Strecke passirten wir einen langestreckten See mit unbekanntem Namen, — wie hier überhaupt alles unbekannt ist.

Von diesem See geht ein Ausfluss in der Richtung nach Südosten thalwärts. Da aber die Eisdecke der Strömung wegen aufgebrochen war, so mussten wir unsern Kurs ändern. Wir setzten über einen steilen, mehr als 4000 Fuss hohen Berggipfel, auf dem der Schnee für uns sehr günstig war. Als es wieder bergab ging, mussten wir die Hunde ausspannen, denn unsere Schlitten machten die steile Hinabfahrt allein, ohne jede Hülfe. Es war eine tolle Fahrt, bei der die Schlitten auch einige Male umschlugen und an einander geriethen; es ging jedoch wie gewöhnlich bei derartigen Thalfahrten ohne Gefahr vorüber.

Als wir uns oben auf dem höchsten Punkte befunden hatten, bot sich unserem Auge ein Anblick von entzückender Schönheit und Grossartigkeit dar. Vor uns lag ein grosses Thal mit vielen kleinen Gebirgsbächen und Flüssen, und weiterhin im Süden und Südosten zeigten sich am Horizont hunderte von zackigen Fels- und Bergspitzen.

Nachdem wir das Thal hinabgefahren waren, hatten wir viel Mühe, ein kleines schnell fliessendes Gewässer mit steilem Ufer zu überschreiten. Wir folgten weiterhin dem Zuge des Thales und gelangten an

Sämmtliche Gegenstände sind aus Knochen und stammen vom Koskoquim.

1—3. Thierfiguren darstellend. 4. Lachs. 5. Thierfigur. 6. Weisswalfigur. 7. Schnitzerei mit Menschengesichtern. 8. Figur einer schlafenden Seeotter. 9. Knöcherne Menschenfigur. 10. Schamans Idol. 11. Puppe aus Mammuthknochen. 12. Pflock zum Verschluss der Oeffnung an Fellen weiblicher Seehunde. 13—14. Pfeifenköpfe aus Knochen.

einen stattlichen wasserreichen Fluss, welcher die zahlreichen Wasseradern dieser grossen Bodeneinsenkung in sich aufnimmt und sie südwärts weiter führt, wo er in der Nähe von Cap Newenham sich in die Kuskoquimbay, wie es scheint, ergiesst. Wir brachten die nächste Nacht am Ufer dieses Flusses zu, den ich mit dem Namen „Virchow-Fluss" bezeichnet habe. Die Eskimos nannten ihn Katzarak.

Während der Nacht liess der Frost etwas nach und es hatte den Anschein, als ob Schnee und südlicher Wind kommen würden. Am andern Morgen hatten wir in der That beides und gewann

es fast den Anschein, als ob wir hier am Virchow-Flusse verbleiben
sollten. Die dringende Rücksicht jedoch, welche wir auf unsern
verhältnissmässig geringen Proviantvorrath zu nehmen hatten, die
Nothwendigkeit, für unsere 24 Hunde Futter zu besorgen, zwang
uns, trotz des Schneegestöbers und ohne dass wir in dieser Gebirgs-
wildniss einen Anhalt über den einzuschlagenden Weg hatten, abzureisen. Der Sturm aus Süden war gewissermaassen unser einziger
Führer, der uns immer wieder zwang, fast direct gegen ihn anzukämpfen. Er war es aber auch, der den frischen Schnee vom Erdboden wegfegte, sodass wir gezwungen waren, jedem kleinen Bache
oder älteren Schneestreifen zu folgen. So stiegen wir allmählich
wieder bergan und überschritten zugleich einige Bergkuppen, jenseits deren wir wieder in ein grösseres Thal gelangten.

Nachdem wir abermals eine Strecke hinab gewandert waren,
führten uns die Wasseradern wiederum an einen stattlichen Fluss,
dessen Lauf wir eine Strecke weit folgten. Er strömte zuerst nach
Südost, später nach Südwest. Sein Wasser hatte fast überall die
winterliche Eisdecke zerbrochen, so dass wir lange rathlos nach
einer Stelle suchten, wo wir hinüber gelangen konnten. Endlich
fanden wir eine Furth und kamen glücklich ans andere Ufer.
Wie es scheint. sammelt dieser Fluss einen grossen Theil der Gewässer auf der Ostseite der in Cap Newenham endenden Halbinsel,
sodass er sich östlich von diesem Cap in das Beringsmeer ergiesst.
Ich habe diesem Fluss den Namen „William-Schönlank-River"
gegeben. Die Eskimos nannten ihn Koggaklek.

Das Suchen nach dem Uebergang hatte uns ein wenig von
der einzuschlagenden Richtung abgelenkt. Der Südsturm übernahm
es nunmehr wieder, uns auf den richtigen Weg zu bringen. Wir
wandten uns einem kleinen aus Südosten herabkommenden Seiten-
fluss hinauf und erstiegen nunmehr wieder die Höhe des Gebirges.
Es war dies jene Bergreihe, welche wir am Tage vorher beim
Uebersteigen der ersten Gebirgskette am südlichen und südöstlichen
Horizont erblickt hatten. So sehr ich auch an arktisches Unwetter nicht bloss in Alaska, sondern seit meiner frühesten Jugend
in meiner nordischen Heimath gewöhnt bin, und so sehr auch
meine beiden Reisegefährten unter Sturm und Wind gross gewor-

den waren, so wurde uns die Fortsetzung des Weges das Gebirge hinauf gegen den schneidenden Südsturm und das wüthende Schneegestöber fast unmöglich. Aber die dringende Nothwendigkeit vorwärts zu gelangen, zwang uns unsern Weg ununterbrochen über Felsen und hohle Gebirgspässefortzusetzen.

Glücklicher Weise klärte sich das Wetter Nachmittags 2 Uhr ein wenig auf, sodass wir wenigstens unsern Weg erkennen konnten. Wir überstiegen wieder eine Gebirgskette und gelangten an das Ufer eines Flusses, den die Eskimos Matlogak nannten. Im Südosten von diesem Flusse steigt das Gebirge wenigstens auf 6000—7000 Fuss an; die Eskimos nannten es Katlarijok. Wir folgten dem Laufe des Flusses bis zum Abend und marschirten ununterbrochen, wobei wir an steilen Stellen die Schlitten

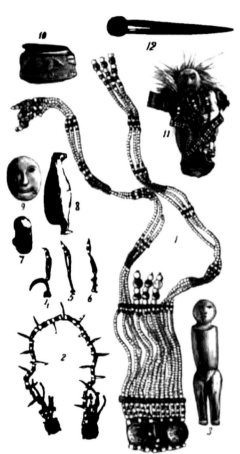

Fast alle Gegenstände aus Knochen gefertigt sind vom Koskoquim.
1. Haarschmuck eines Mädchens. 2. Ohrringe nebst daran befestigter Genick-Kette. 3. Knöcherne Puppe. 4—6. Lippengehänge eines Mädchens. 7. Gelenk zur Harpunenleine. 8. Geschnitzter Eisbär. 9. Pflock zum Verschluss der Oeffnung an Fellen weiblicher Seehunde. 10.Schnupftabaksdose. 11.Puppe, eine Frauenfigur darstellend. 12. Pfriem.

im Schnee öfter förmlich hinaufwinden mussten. Ich bin überzeugt, dass ich ohne eine so vortreffliche Mannschaft, wie die meinige,

an diesem Tage nicht so weit gekommen wäre. In diesen fast
nie betretenen Thälern trafen wir während der Tage des Ueber-
ganges über das Gebirge grosse Schwärme, die oft Tausende von
Schneehühnern enthielten, an. Noch nie in meinem Leben habe
ich von diesen Thieren so viele Exemplare beisammen gesehen,
wie während dieser Expedition. Auch sonst ist die Gegend nicht
arm an Wild, namentlich trafen wir wiederholt rothe Füchse unterwegs an. Auf einen derselben machten unsere Hunde, da das
Terrain dies gerade gestattete, sofort Jagd: Meister Reinicke aber
floh geschickt den steilen Bergabhang hinauf, wohin ihm unsere
Hunde nicht nachkommen konnten. Rennthiere bemerkten wir
nicht unterwegs, obgleich unsere Hunde, welche öfter eine eigenthümliche Unruhe zeigten und kaum zu halten waren, dieselben
nach der Versicherung der Eskimos witterten. Bei diesem Reichthum an Wild musste ich auf das Vergnügen der Jagd verzichten,
da ich die höchste Eile hatte, vorwärts zu kommen. Wir blieben
während der nächsten Nacht an diesem Flusse und setzten am
andern Morgen unsere anstrengende Tour fort. Wir marschirten
den ganzen Tag über, ohne den geringsten Aufenthalt zu machen,
da es uns sehr erwünscht war, noch vor der Nacht die Station
Togiak an der Seeküste zu erreichen.

Ich war jetzt so schneeblind geworden, dass ich fast gar nichts
sehen konnte und an empfindlichen Augenschmerzen litt. Wir überschritten noch eine Reihe von Hügeln und Felsen und passirten
dabei vier Gebirgsflüsse. Um 11 Uhr Vormittags durchschritten wir
den letzten Pass auf der Südseite des Gebirges und hatten nun von
der Höhe desselben weit über das Land hinaus nach Süden eine
Aussicht auf die Südküste und auf die derselben vorgelagerte Insel
Hagemeister. Das Wetter war an diesem Tage prächtig gewesen,
aber viel zu warm für die Jahreszeit. Der Sturm der letzten Tage
hatte, wie es schien, das Eis auf dem Meere vollständig zertrümmert
und hinweggeführt, denn soweit unser Auge blickte, sahen wir
auf dem Meere keine Spur von Eis, sondern eine klare Wasserfläche. Wie es sich herausstellte, hatten wir während des Ueber-
gangs über das Gebirge den richtigen Weg verfehlt und hatten
uns nun auf gutes Glück hindurchschlagen müssen, wobei wir

an einem viel weiter nach Westen gelegenen Punkte herauskamen, als wir erwartet hatten.

Da glücklicher Weise der Schnee auf der Südseite des Gebirges noch nicht geschmolzen war, so wurde uns der Abstieg ziemlich leicht und wir erreichten nach sechsstündigem scharfen Marsche die Nordspitze des Fjordes in den sich die Togiakbay verjüngt. Hier trafen wir eine Gesellschaft fischender Eskimos, welche, da das Land hier zum Gebiet des Nuschegak-Flusses gehört, die Bezeichnung Nuschegagemuten führten. Ohne uns aufzu-

Vom Kuskoquim-Fluss.
1—2. Thierfiguren. 3—4. Fischfiguren. 5—7. Vögel. 8. Fisch. 9. Eisbär. 10—14. Menschliche Figuren darstellend. 15—16. Verzierte hölzerne Löffel.

halten zogen wir an ihnen vorüber, gingen über den Togiakfluss, welcher in den Fjord mündet und gelangten um 7 Uhr Abends nach dem Orte Togiak. Die Handelsstation gleichen Namens liegt 4—5 englische Meilen weiter entfernt, aber der Schnee hörte hier auf und wir mussten deshalb unsere Sachen hier lassen. Ich konnte von Glück sagen, dass ich den arktischen Winter in Alaska so zu sagen von der ersten bis zur letzten Schneeflocke für Schlittenexpeditionen benutzt hatte. Volle sechs Monate hindurch, vom 23. October bis zum 24. April hatte ich den Schlitten benutzen können. Jetzt allerdings war der Fortsetzung der Fahrten unweigerlich Halt geboten.

Wir blieben während der Nacht am genannten Orte, da der Zustand meiner Augen sich durch die Strapazen des letzten Tagemarsches über das Gebirge so sehr verschlimmert hatte, dass ich fürchterliche Schmerzen ausstand, welche mich die ganze Nacht hindurch am Einschlafen verhinderten.

Ich musste nunmehr daran denken, meine Reise längs der Meeresküste fortzusetzen und Hunde und Schlitten hier lassen. Es war mir schmerzlich genug, ohne die Thiere meine Reise fortsetzen zu müssen, denn die Mehrzahl von ihnen gehörte noch zu jenem alten Stamme, der mich fast auf allen Schlittenfahrten begleitet hatte. Ueber Strecken von hunderten von englischen Meilen Länge hatten mich diese Thiere geführt, oft war Noth und Elend an uns herangetreten und gemeinschaftlich ertragen worden; wir hatten als gute Kameraden kennen gelernt, wie weit die Bedürfnisslosigkeit mitunter auf arktischen Schlittenreisen zu gehen genöthigt ist, und welch ein Maass von Frost, Sturm und Unwetter ein lebendes Wesen zu ertragen vermag. Plötzlich aufgehalten auf unserer fliegenden Fahrt durch das Schmelzen des Schnees, mussten wir uns nun hier von einander trennen.

So frei ich auch von jeder Sentimentalität bin, und so sehr ich auch während meiner Schlittenreisen meine vierbeinigen halbwilden Reisegenossen oft mit der Peitsche zu erhöhter Arbeitsleistung angetrieben hatte, so rührte es mich doch zu sehen, welche Anhänglichkeit diese Thiere gegen mich besassen. Wie aufmerksam folgten sie allen unsern Bewegungen, als wir am andern Morgen den grössten Theil meiner Sachen in fünf Kajaks, die ich gemiethet hatte, einluden! Ihnen war jedes Gepäckstück ebenso bekannt wie mir und sie begleiteten es bis hinab zu den Fahrzeugen, indem sie es berochen. Als ich sie dann alle heranrief und streichelte, denn mir wurde der plötzliche Abschied nicht ganz leicht, da sprangen sie an mir empor und leckten mir winselnd die Hände. Dann kam der schlimmste Augenblick, indem wir die Fahrzeuge bestiegen und sie zurückliessen, da setzte sich ein Theil der Hunde am Ufer nieder, sie hoben die Schnauzen senkrecht in die Höhe und heulten laut auf durch die Luft, andere geberdeten sich wie unsinnig und liefen laut bellend am Ufer entlang, während wir uns längs desselben in allmählich schneller werdender Fahrt entfernten. Wahrlich der Abschied von diesen unvernünftigen Thieren wurde mir schwerer als von manchen Menschen!

XXIII.

Ankunft in der Handelsstation Togiak. Fortsetzung der Reise auf drei Fahrzeugen längs der Südküste von Alaska nach Osten. Landschaftliche Schönheiten des Ufers. Tummelplätze der Seehunde und Walrosse. Die steinerne Frau Arningaktak. Unsere Opfergaben. Cap Constantine. Abenteuer mit einem Seehund. Der Frühling kommt. Schaaren von Vögeln. Landung in Fort Alexander am Nuschagak River. Der Stationsvorsteher Mr. Clarks. Pläne für die nächste Zukunft. Herr Kasernikoff. Ein Fischer-Schooner aus San Francisco. Fortsetzung der Reise in einem Fellboot. Wilde Rennthiere. Ein Paradies für Rennthierlappen. Die Mündung des Iliamna-Flusses. Die ersten Mosquitos. Ein Treidelweg durch Eiswasser. Der grosse Iliamna-See. Mangel an Lebensmitteln. Delicatessen der Eskimos. Fahrt über den See. Ein Sturm. Ein Eskimodorf mit vielen Lebensmitteln. Erneuter Sturm. „Cap Schleinitz". Die grosse Bai des Iliamnasees. Zahlreiche Inseln. „Le Coq's-Insel". Der Handelsposten Iliamna. Die Grenze zwischen der Eskimo- und Ingalikbevölkerung. Marsch über das Gebirge nach der Küste des nordpacifischen Oceans. Fortsetzung der Fahrt auf Booten. Entzückend schöne Uferlandschaft. Der Vulkan Iliamna. Braune Bären. Ein Eldorado für Jäger und Touristen. Die Insel Assik, ein Vogelfelsen. Wolken von schwärmenden Vögeln. Blumenteppich. Die indianischen Kenaiski. Der erste Königslachs des Frühjahrs. Construction der Wohnhäuser. Die Insel Kalgia. Fahrt in Cooks Inlet. Seehunde und Weisswale. Handelsstation Tagunak. Herr Dimidoff. Reicher Verdienst der Einwohner auf Jagd und Fischfang. Wilde Tänze der Einwohner. Fahrt nach Fort Kenai. Harter Kampf mit Wind und Wellen. Herr Wilson. Capitain Harendin von der Bark „Korea". Fred Kendall. Eine Fisch-Conserven-Fabrik. Mangel an Nachrichten aus der Heimath. Weiterfahrt nach Fort Alexander. Langentbehrte Genüsse. Erratische Blöcke im Meere. Kohlenlager. Versteinertes Pflanzenlaub. Wir harpuniren Heilbutten. Landung in Fort Alexander auf der Halbinsel Kenai. Handelsvorsteher Hr. Cohn aus Berlin.

Es war gegen Mittag, als wir mit unseren Fahrzeugen auf der Handelsstation Togiak anlangten; ich traf hier den Händler und Stationsvorsteher nicht zu Hause, er kam erst gegen Abend von einem Ausfluge heim und vermiethete mir drei kleine Fahrzeuge und besorgte eine Rudermannschaft von vier Köpfen. Nachdem ich meine beiden braven Eskimos abgelohnt und ihnen für ihr gutes Verhalten noch eine besondere Belohnung bezahlt hatte, auch durch Deponirung des entsprechenden Werthes für den nächsten Unterhalt meiner Hunde gesorgt hatte, brach ich auf, um meine Reise längs der Meeresküste nach Osten fortzusetzen.

Das Ufer ist hier stellenweise ziemlich steil und bietet dem

Auge den Anblick von Strandhöhlen und säulenartigen Felsbildungen dar. Die ganze Gegend scheint ein sehr beliebter Tummelplatz der Seehunde und Walrosse zu sein. Die Eskimos in Togiak hatten am Tage meines Aufenthalts sieben Seehunde und ein Walross gefangen, eine Beute, welche nach ihren gewöhnlichen Erfahrungen als eine bedeutende zu bezeichnen war. Während wir längs des Strandes fuhren, bemerkten wir hier und da Sommerhütten von Seehundsjägern errichtet an Stellen, wo das Landen ziemlich leicht war.

Nachdem wir einige grössere Buchten überschritten hatten, erblickten wir auf einer Uferklippe ein sonderbares Naturspiel, die aus Stein gebildete, etwa 15 Fuss hohe Figur einer Frau mit einer Haube auf dem Kopfe. Die Naturähnlichkeit war so gross, dass es fast schien, als ob Menschenhände ein wenig nachgeholfen hätten. Diese steinerne Frau wird von den Eskimos weit und breit verehrt, und Niemand versäumt es, wenn er vorüberkommt, hier anzuhalten und Opfer darzubringen. Auch wir landeten, um uns nach dieser Figur, welche von den Eskimos Arningaktak genannt wird, hinauf zu begeben. Einige meiner Leute brachten getrockneten Lachs mit, von dem sie ein Stück in die Erde vor der Figur und ein anderes hinter der Figur vergruben, ein drittes Stück wurde obenauf gelegt. Als Reste früherer Opfer erblickten wir rings um dies Steinbild die Knochen vieler Seethiere und Vögel.

Wir fuhren hierauf weiter und verbrachten die nächste Nacht am Ufer einer kleinen Bucht. Die nächsten beiden Tage brachten Wind und hohen Seegang, so dass wir Mühe hatten, Cap Constantine zu umfahren. In der Nähe dieses Punktes hatte einer meiner Leute ein drolliges Abenteuer mit einem kleinen Seehund. Er hatte nämlich vom Kajak aus bemerkt, dass dieses junge Thier auf den Strand gekrochen war. Er landete sofort und versuchte den Seehund an der Hinterflosse zu ergreifen. Das aufs Höchste erschrockene Thier krümmte sich indessen und trachtete darnach, seinen Feind zu beissen. So sprangen beide Theile zu unserem höchsten Ergötzen im Sande herum, und ich dachte unwillkürlich an das bekannte Volkslied vom Musikanten und dem Krokodil am Nil. Endlich gelang es dem Eskimo, den armen Seehund zu ergreifen und ihn lebend ins Kajak zu tragen. Hier aber biss das Thier so lebhaft um sich, dass es getödtet werden musste.

Der Frühling meldete sich jetzt mit Macht. Wir erblickten zum ersten Male wieder Gänse, Schwäne, wilde Enten, sowie viele Eidergänse und andere Seevögel. Interessant war es, jetzt zur Paarungszeit das Spiel einer Entenart von der Grösse der Eidergans zu beobachten.

Oestlich von Cap Constantine schneidet die Nuschagakbay tief ins Festland ein, während der Nuschagak-Fluss in ihre nordöstliche Ecke einmündet. Dort liegt Fort Alexander, einer der Haupthandelsposten der Alaska-Commercial-Company. Als ich hierselbst landete, wurde ich von dem dortigen Stationsvorsteher Mr. Clarks ausgezeichnet gut aufgenommen. Ich war körperlich total heruntergekommen, denn die Schneeblindheit hatte sich noch nicht gelegt, und meine Füsse schmerzten mich sehr von dem tagelangen rechtwinkeligen Sitzen im Kajak. Ich konnte kaum eine bessere Stelle in ganz Alaska finden, um mich während einiger Tage zu erholen, als diese Station. Mr. Clarks nahm mich in uneigennützigster Weise auf und gab mir Wohnung in dem Gebäude der meteorologischen Station, die zu Fort Alexander gehört. Diese Station war leider ohne Vorsteher, da derjenige, welcher dieses Amt bekleidete, Mr. Mackay, durch einen bedauerlichen Unfall auf der Jagd ertrunken war. In Fort Alexander befindet sich auch eine russische Kirche unter der Obhut eines Priesters und eines Diakonen.

Die ersten nothwendigen Einrichtungen waren bald gemacht, die Leute abgelohnt, meine in Togiak zurückgelassenen Hunde Herrn Clarks überwiesen, der sie späterhin abholen liess, und meine ethnographische Sammlung geordnet und eingepackt. Leider war es mir nicht möglich, an diesem Orte grössere Erwerbungen für das Berliner Königliche Museum für Völkerkunde zu machen, da der verstorbene Mr. Mackay bereits vor meiner Ankunft alles, was die Eingeborenen an diesen Gegenständen besassen, für die Smithsonian Institution aufgekauft hatte.

Es galt nunmehr, die Pläne für die nächste Zukunft festzusetzen. Fort Alexander befindet sich fast an der innersten Ecke jenes spitzen Winkels, mit dem die Beringsee in Süd-Alaska eindringt, während die grosse Halbinsel Alaska wie eine riesige langgestreckte Mauer vom Festlande nach Südwesten sich erstreckt und nicht nur das Beringmeer im Süden abschliesst, sondern auch mit ihrer Inselkette bis nahe an die alte Welt heranreicht. Wenn ich meine Reise ostwärts fortsetzen sollte — und dies war natürlich meine Absicht — so musste ich die Halbinsel Alaska überqueren. Da dieselbe indessen von hohen Gebirgsketten besetzt ist, so konnte dies nur an einem besonders günstigen Orte geschehen. Eine solche Stelle bot sich in sehr geeigneter Weise unmittelbar an der Basis der Halbinsel, da wo dieselbe zwischen Bristolbay und Kamischakbay aus dem Festlande von Alaska heraustritt. Dort wird nämlich diese Halbinsel durch den etwa 90 engl. Meilen langen Iliamnasee und durch eine Wasserverbindung, die derselbe mit Bristolbay besitzt, fast gänzlich vom Festlande abgeschnitten, so dass man, diesen Wasserweg benutzend, sich der Kamischakbay bis auf wenige Stunden Entfernung nähern kann und sich dann in der Nähe von Cooks Inlet befindet. Es blieb mir nichts anderes übrig, als diesen für mich vortheilhaften Weg zu wählen. Aber zu diesem Zwecke musste ich meinen Aufenthalt in Fort Alexander auf zwei Wochen verlängern, da das Eis des Iliamnasees noch nicht aufgegangen war. An diesem Orte lernte ich einen jungen Mann, Herrn Kasernikoff, kennen, dessen Vater einige Jahre vorher in der Handelsstation Nulato am Yukon ermordet worden war.

Einige Tage nach meiner Ankunft langte auf der Station ein Fischer-Schooner an, welcher am 7. April 1883 San Francisco verlassen hatte, also nur 32 Tage zur Fahrt hierher gebraucht hatte. Da die letzten Nachrichten von der Aussenwelt in Fort Alexander bis zum 7. August 1882 zurückreichten, so kann man sich denken, welche Freude uns die mitgebrachten Zeitungen bereiteten. Am Bord des Schooners befanden sich alle Vorkehrungen, um eine Ladung Lachse zu fangen und einzusalzen. Das Schiff war jedoch einige Tage zu früh gekommen, denn der Nuschagakfluss brach eben erst auf und die ersten Königslachse wurden nicht vor dem 17. Mai im Flusse getroffen.

Zwei Tage nach diesem Datum erfolgte auch meine Abreise und zwar in einem Fellboot, welches ich von dem russischen Diakon in Fort Alexander gemiethet hatte. Meine Mannschaft bestand aus drei Eskimos, sowie aus einem Mischblut mit Frau und Kind, der die Gelegenheit benutzte, um die Reise über die Halbinsel mitzumachen. Wir gebrauchten mehrere Tage, um in die Nordostecke von Bristolbay hineinzugelangen, denn das sehr seichte Meer setzte uns zur Ebbezeit stets aufs Trockene. In dieser Gegend bemerkte ich am Ufer wilde Rennthiere, deren es, nach Versicherung der Eingeborenen, eine ungeheure Menge hier geben soll. Die Thiere finden daselbst eine vortreffliche Weide, denn die ganze Landschaft ist dicht mit dem schönsten Rennthiermoos bedeckt. Diese Gegend würde für die Rennthierlappen meiner Heimath ein wahres Paradies sein.

Am 24. April erreichten wir die Mündung des Iliamna- oder Quitzakflusses, in welche wir hineinfuhren, indem ich gleichzeitig vom Beringsmeer Abschied nahm. Wir trafen hierselbst viele Eingeborene des Dorfes Mannek, welche sich mit dem Fang des Weisswales beschäftigten. Abends meldeten sich die ersten Mosquitos als Boten des herannahenden arktischen Sommers, auch bemerkte ich zum ersten Mal wieder einige kleine Weiden, welche begannen auszuschlagen, sowie grünes Gras.

Wir zogen unser Boot stromaufwärts und sammelten überall, wo es anging, Eier von Seevögeln, da unser Proviant fast ganz aufgebraucht war. Das warme Wetter hatte das Eis des nahen Iliamnasees aufgebrochen und führte es uns in grossen Massen entgegen. Glücklicher Weise war dieses Eis so morsch, dass es wie eine Art Brei auf dem Wasser schwamm und unser Fellboot nicht beschädigte. Meine Leute zogen tapfer an der Leine, wobei sie mitunter, wenn der Uferrand unpassirbar wurde, bis zur Brusthöhe im eisigen Wasser gingen.

Am 29. Mai erreichten wir den Iliamnasee, der den Anblick einer fast meerartigen Fläche darbot und augenblicklich in Folge eines Sturmes von hohen und mächtigen Wellen aufgewühlt wurde. Man hatte mich schon in Fort Alexander vor den Wellen dieses fast nie befahrenen Sees gewarnt und mir die Mittheilung gemacht, dass von den steilen Uferbergen oft Sturmwinde mit solcher Heftigkeit hinabstürzen, dass wenige Minuten nach ihrem plötzlichen Entstehen die Wellen sich hoch aufthürmen. In dem See, welcher an seiner westlichen Hälfte etwa 40 bis 45 engl. Meilen breit ist, sollen sich viele Fische, sowie gefleckte Seehunde, letztere oft von sechs bis sieben Fuss Länge, befinden.

Der Sturm nöthigte uns, beizulegen, obgleich wir fast gänzlich ohne Lebensmittel waren. Während der fünf Tage, die wir hier zubringen mussten, gelang es uns, nur eine geringe Ausbeute auf der Jagd zu machen, so dass bei uns wieder einmal Schmalhans Küchenmeister wurde. Endlich legte sich der Sturm und wir konnten bei schwachem Nordostwind am 2. Juni Morgens vier Uhr unsere Fahrt über den See beginnen. Nach siebenstündiger, angestrengter Arbeit gelangten wir zu einer Insel, auf der wir 120 Möveneier sammelten, die sämmtlich noch nicht angebrütet waren. Ich bemerke, dass die Eskimos beim Sammeln von Eiern sich nicht im Mindesten darum kümmern, ob dieselben angebrütet sind oder nicht, sie essen im Gegentheil von gekochten Eiern zuerst und mit Vorliebe das etwa darin befindliche, mehr oder weniger entwickelte junge Vögelchen. Wir verliessen die Insel so bald als möglich, kaum aber waren wir eine englische Meile davon entfernt, so erhob sich einer jener plötzlichen Stürme aus Nordost, und obgleich wir sofort dem nahe gelegenen Südufer des Sees uns zuwandten, war unser Boot im Augenblicke der Landung bereits halb mit Wasser angefüllt.

Wir paddelten nunmehr am Ufer entlang und fuhren eine kurze Strecke in die Mündung eines Flüsschens hinein, woselbst wir unsere ausgehungerten Leiber durch eine tüchtige Mahlzeit von gekochten Eiern erquickten. Darauf setzten wir den Weg am Seeufer weiter fort und trafen ein kleines Eskimodorf, in welchem ich reichlichen Proviant, zwei Keulen vom Elch, Forellen und Eier kaufte und somit Lebensmittel für mindestens acht Tage besass. Der Sturm nöthigte uns nachher, einige Meilen weiterhin am Ufer die Nacht zuzubringen.

Schon um zwei Uhr früh Morgens machten wir uns bei Windstille und nebliger Luft auf den Weg und umfuhren im

Laufe des Vormittags ein stolzes Felsencap, welches am südlichen Ufer kühn weit hinaus in die See tritt. Ich nannte dasselbe „Cap Schleinitz".

Bei Cap Schleinitz erweitert sich der Iliamnasee, indem er nach Süden eine grosse Bay bildet, welche mit hunderten von kleineren und grösseren Inseln bedeckt ist. Die grösste derselben, an der wir landeten, um Möveneier zu sammeln, benannte ich „Le Coq's-Insel".

Nicht weit davon, am Südufer des Sees, liegt das Eskimodorf Kaskanak, an welchem wir jedoch vorüberfuhren, da ich die grösste Eile hatte. Wir paddelten immer weiter, bis wir spät am Abend vollständig ermüdet waren und am Ufer übernachten mussten, nachdem wir an diesem Tage etwa 50 englische Meilen zurückgelegt hatten. Wie man sagt, soll es in dieser Gegend von Elchen, wilden Rennthieren und braunen Bären wimmeln.

Am andern Morgen wehte eine starke Brise aus Westen mit Regen vermischt. Wir setzten unser Segel und fuhren bis an das sich immer mehr verjüngende nordöstliche Ende des Sees, dessen beide Ufer mit hohen, steilen Felsen besetzt sind. Wir segelten an einer grossen Insel vorüber, welche noch keinen Namen besitzt, und erreichten in der Mittagsstunde das äusserste Ende des Sees und die Mündung des dort von Südosten her einströmenden Nusaktolikflusses, welchen die Russen Adematzensky nennen. Eine kurze Fahrt von fünf engl. Meilen stromaufwärts brachte uns gegen zwei Uhr Nachmittags nach dem Orte Iliamna, einem Handelsposten der Alaska-Commercial-Company. Ich erfuhr hier zu meinem grossen Bedauern, dass der alljährlich im Anfang Juni in der Nähe dieser Station landende Handelsschooner von der Kodiakinsel, welcher auf dem nahe gelegenen Ostufer die Iliamnabay besucht, von dort bereits seit drei Tagen wieder zurückgekehrt sei.

Die Station Iliamna besteht aus sechs Hütten und bezeichnet die Grenze zwischen der Eskimo- und der Ingalik-Bevölkerung. Südlich von hier und dem Iliamnasee längs der ganzen von mir passirten Küste bis Cap Newenham, wohnen die Nuschagagemuten, — nördlich davon die Ingalik.

Von der Küste des nordpacifischen Oceans trennte mich nun nur noch ein kurzer Marsch von einigen englischen Meilen, welcher über allmählich aufsteigendes Terrain nach einem steilen Gebirgspass führt, jenseits dessen man in das Thal der Iliamnabay hinabsteigt. Dort unten wurde ich von dem in der Sommerstation wohnenden Händler und einigen Goldgräbern, welche am 9. Mai aus San Francisco abgefahren waren, aufs Freundlichste empfangen.

Meine Sachen, welche von sechs Mann über das Gebirge getragen waren, wurden nunmehr wieder auf einige kleine Boote geladen und nach kurzer Nachtruhe setzte ich am anderen Tage längs der Südküste die Reise nach Osten fort. Der stille Ocean tritt hier weit ins Land hinein und bildet zwischen dem Festland von Alaska und der grossen Halbinsel Kenai das von Südwest nach Nordost sich erstreckende Cooks-Inlet. Dieses zu besuchen, war mein nächster Plan. Das Ufer ist hier hoch und steil und auf Strecken von mehreren Meilen Länge findet sich keine Gelegenheit zum Landen. Man darf deshalb mit kleinen Booten nur bei solchem Wetter in See gehen, dass man unterwegs nicht vom Sturm überrascht wird.

Die Uferlandschaft ist von entzückender Schönheit. Das Gebirge ist mit hohen spitzen Gipfeln gekrönt und tritt hart an das Meer heran. Wir konnten von hier in weiter Ferne den Rauch, welcher aus dem hohen Vulkan Iliamna hervordrang, bemerken. Der Schnee, welcher die höchsten Theile des Gebirges überall bedeckte, ging unterhalb in einzelne Gletscher über, während die Uferlandschaft selbst in frisches Grün gehüllt war. Ein herrlicher Geruch erfüllte die Luft von den in der Nähe des Gestades befindlichen Birken. Der felsige Strand war durch die gemeinsame Wirkung der Niederschläge und Wasserläufe, sowie der Wellen des Meeres zerrissen und zerklüftet und gewährte mit seinen Grotten, Säulen, Bogen und Schluchten einen malerischen Anblick.

Als wir die Saunitna-Bay passirten, sahen wir an drei Stellen unterhalb des Gipfel des Iliamna Rauch emporsteigen, zugleich war unterhalb des einen Kraters der Schnee von schmutziggrauer Farbe, als wenn unreines Wasser über ihn ausgegossen worden wäre. Um Thee zu kochen, fuhren wir gewöhnlich in die Mündung eines der vielen Flüsschen ein, welche sich hier ins Meer ergossen. Hierbei beobachteten wir fast überall die Spuren von braunen Bären; auch hatten wir wiederholt während der Fahrt, wenn wir in der Nähe des Strandes uns fortbewegten, den Anblick dieser Thiere. Die braunen Bären schienen durchaus nicht allzu sehr Furcht vor uns zu haben, denn an einer Stelle sahen wir zwei grosse Exemplare, welche sich auf einer Schneefläche am Felsabhang umherkugelten und mit einander spielten wie junge Katzen; an einer andern Stelle blieb Meister Braun eine Zeitlang ruhig stehen und schaute sich unsere Expedition an, bis er endlich durch das Gebüsch die Flucht ergriff.

Diese Gegend ist für Jäger und Touristen ein wahres Eldorado. Die landschaftlichen Reize, vulkanische Ausbrüche, Gletscher, romantische Felsbildungen, Wasserfälle, Grotten und Höhlen vereinigen sich mit einem Reichthum an Thieren, wie ich ihn selten gesehen habe. Die Flüsse wimmeln von Lachsen und anderen Fischen, das Meer bietet die Reize der Seehundsjagd; Bären, Elenthiere und Rennthiere trifft man in Mengen an, die Felsen sind an vielen Stellen bedeckt mit Millionen von Mövennestern, auf denen jetzt — als wir vorbei kamen — brütende Weibchen sassen, während die Männchen im sausenden Flug die Luft durchschnitten und dabei solchen Lärm machten, dass wir Menschen uns untereinander kaum verständigen konnten.

Namentlich die etwa 2000 Fuss hohe Insel Assik, zwischen der und dem Festlande wir fuhren, ist ein solcher Vogelfelsen, dessen höhere Theile fortwährend von einer Wolke von schwärmenden Vögeln umgeben ist, während die dem Strande näher gelegene Partie mit rothen und blauen Blumen bedeckt war, die mit dem saftigen Frühjahrsgrün vereint den Fuss des Felsgestades in einen Teppich verwandelten. Wir wurden hier von stürmischer Witterung gezwungen, gegenüber dieser Insel auf dem Festlande uns einen Tag lang aufzuhalten.

Eine Strecke weiter nach Nordosten passirten wir ein Ingalik-Dorf. Die indianische Bevölkerung, welche hier den Namen Kenaiski führt, unterscheidet sich in Körperbildung und Sprache durchaus nicht von den Ingalik, welche ich im Innern des Landes, am oberen und mittleren Laufe des Yukon angetroffen hatte. Ich kaufte hier den ersten Königslachs, den ich im Frühjahr 1883 erhielt; es war dies ein Zeichen, dass die Saison der Lachsfischerei nunmehr begonnen hatte.

Eigenthümlich sind die Wohnhäuser construirt, welche ich in dieser Gegend angetroffen habe. Sie repräsentiren einen Uebergang zwischen den regelrecht aus Holz erbauten Wohnstätten der südlicher lebenden Indianer und den mit Erde bedeckten Hütten der Eskimos. Ein solches Wohnhaus besteht aus einem grossen viereckigen Holzgebäude, dessen Wände aus senkrechten Planken gebildet sind. Dieses Gebäude bildet den Mittelpunkt der Anlage und enthält die gemeinsame Feuerstelle, den Arbeitsraum der Bewohner bei Regenwetter und die Einrichtungen für die Lachsräucherei. Seitlich von diesem Centralgebäude sind rechtwinklig von den Seiten abstehend, etwa 2—6 kleine Hütten von ca. 1$\frac{1}{2}$ Meter Höhe errichtet; diese Nebenräume dienen als Schlaf- und Wohnstätten für je eine Familie; und sind oft von aussen mit Erde überdeckt. Die Civilisation ist in diesen Gegenden in Folge der Verbindungen mit San Francisco bereits so weit gediehen, dass die kleinen Wohnhäuser fast regelmässig mit Glasfestern versehen sind. Bei Fortsetzung meiner Reise nach Nordosten passirte ich die langgestreckte niedrige Insel Kalgia und landete in dem Dorfe Kastarnak, wo die Fischerei in vollen Gange war. Je tiefer wir in Cooks Inlet eindrangen, um so mehr Thiere des Meeres trafen wir an; eine grosse Bai, die wir nördlich von Kalgia kreuzten, wimmelte von Seehunden und Weisswalen, während die Fischerbevölkerung aufs Eifrigste den Fang betrieb. In einem Orte traf ich bereits grosse Vorräthe von frisch geräucherten Königslachsen an.

Den Endpunkt meiner Fahrt bildete in Cooks Inlet die der Alaska-Commercial-Company gehörende Handelsstation Tagunak, deren Verwalter, ein Halbrusse, Herr Dimidoff mich sehr freundlich aufnahm. Das Erwerben ethnologischer Gegenstände war auf der ganzen Südküste von Alaska nicht besonders erfolgreich gewesen, da die Nuschegagemuten nur wenig originelle Geräthe besitzen. In Cooks Inlet, speciell in Tagunak, hatte ich einen etwas besseren Erfolg, denn ich konnte hier ausser verschiedenen interessanten Gegenständen, auch Kleidungsstücke aus Rennthier- und Elch-Leder, sowie hölzerne Bogen und Pfeile erwerben. Aber der Preis, welcher dafür gefordert wurde, war sehr bedeutend. Hierzu kam noch, dass Tauschwaaren und Handelsartikel, welche bis dahin das einzige Aequivalent für meine Erwerbungen gebildet hatten, in Cooks Inlet keinen Cours mehr besassen, und an ihrer Stelle Geld — und zwar recht viel Geld — mir abverlangt wurde. Die Einwohnerschaft verdiente jetzt viel mit Jagd und Fischfang, besonders mit dem Fang der Seeotter und war deshalb gerade um diese Jahreszeit schwer zugänglich für ethnologische Wünsche.

Am Abend des 12. Juni fand in Tagunak ein kleines Fest statt, an welchem ich mich betheiligte. Die Tänze hierselbst unterscheiden sich durchaus von den Tänzen der Eskimos; sie sind wilder und leidenschaftlicher, ebenso wie auch die Gesänge. Die Eskimogesänge haben meist eine einfache Melodie und enden stets auf die Silben: „Anga — jangah — jah!" Die Gesänge der indianischen Bevölkerung in Cooks Inlet dagegen hatten den Refrain: „Haah haah, heeh heeh, heih heih!" Während die Eskimos bei ihren Tänzen die Füsse nur wenig bewegen, bücken und drehen die hier wohnenden Ingalik ihre Körper beim Tanzen mit grosser Anstrengung und Lebhaftigkeit hin und her und springen vor- und rückwärts. Die Tänzer hatten hier ihr Gesicht schwarz gefärbt, statt des Federschmuckes der Eskimos trugen sie Taschentücher in ihren Haaren. Die Bewegungen der Tanzenden wurden schliesslich so wild und aufgeregt, dass ein Zuschauer auf den Gedanken kommen konnte, dass die Leute geradezu im Begriff standen, einander zu skalpiren. Jeder Tänzer hielt in jeder Hand eine Feder. Nach dem Tanze, bei dem fünf Männer gleichzeitig auftreten, wurden Geschenke ausgetheilt und empfangen, kurz, es erinnerte mich Vieles an die Tänze der südlicher wohnenden Indianer von British Columbien.

Da Herr Dimidoff am nächsten Tage die Station Tagunak für die Dauer des Sommers verliess, um sich nach dem am jenseitigen Ufer gelegenen Fort Kenai, auf der Halbinsel Kenai zu begeben, so machte ich dieselbe Reise in seiner Begleitung, trotzdem meine Leute sich zuerst weigerten, über das stürmisch bewegte Cooks Inlet zu fahren. Wir sassen in geschlossenen Fellbooten, so dass die über unsere Köpfe sich ergiessenden Wellen uns keinen Schaden thun konnten, denn die Einsteigeöffnungen der Fahrzeuge waren durch unsere Oberkleider fest geschlossen. Nach hartem Kampf mit Wind und Wellen erreichten wir um 2 Uhr Nachmittags das Ufer der Halbinsel und machten während der Fluth in einem nahegelegenen Orte Halt. Abends 9 Uhr brachen wir aufs Neue auf und erreichten um 3 Uhr Morgens bei heftig stürmender See Fort Kenai.

Der Vorsteher des Handelspostens der Alaska-Commercial-Company in Fort Kenai, Herr Wilson, ein Schotte von Geburt, nahm mich freundlich auf. Ich machte an diesem Orte auch die Bekanntschaft des Capitain Harendin, welcher die Bark „Korea" führte, und mit seinem Schiff auf der Rhede lag, um die Lachse einzuladen, welche eine dicht beim Fort Kenai gelegene Cannerie der California-Packing-Company für den Transport zubereitet hatte. Capitain Harendin lud mich ein, mit ihm diese Fisch-Conserven-Fabrik zu besuchen, eine Einladung, welche einige Tage später von Herrn Fred Kendall, dem Oberleiter der Cannerie wiederholt wurde. Ich folgte derselben gern und hörte, dass trotz der kurzen Zeit, die seit Eröffnung der Fischerei erst verflossen war, bis jetzt bereits 3000 Kisten mit Lachsconserven zubereitet und eingepackt waren; Herr Kendall hoffte, dass er es insgesammt bis auf 15—20,000 Kisten in dieser Saison bringen würde.

Die grösste Enttäuschung auf meiner ganzen Reise erlebte ich in Fort Kenai. Länger als ein Jahr war ich bereits aus San Francisco entfernt und befand mich während des ganzen Winters in Alaska, ohne die geringste Nachricht aus der Heimath. In einigen Briefen hatte ich Ordre gegeben, dass alle an mich gelangenden Schreiben, Telegramme etc. nach Fort Kenai gesandt werden sollten. Um diesen Ort zu erreichen, hatte ich meine Reise aufs Aeusserste beschleunigt, soweit dies die Erfüllung meiner übernommenen Pflichten zuliess; ich fand jedoch in Fort Kenai nicht die mindeste Nachricht für mich. Wie es schien, hatte man die für mich bestimmten Briefe nach Unalaska gesandt.

In Fort Kenai musste ich einen Entschluss fassen, auf welche

Weise ich meine Reise fortsetzen sollte. Da die Halbinsel Kenai an ihrer Basis, wo sie aus der Südküste von Alaska heraustritt, nur einige Meilen breit ist und dort leicht passirt werden kann, so lag der Gedanke nahe, dass ich noch einmal Cooks Inlet bis zur nordöstlichsten Spitze hinauffahren und von dort über Land nach Prinz Williams Sund gehen sollte. Aber Herr Wilson, welcher einer der besten Kenner der dortigen Verhältnisse ist, rieth mir entschieden von dieser Route ab, da ich, wie er versicherte, auf der Ostseite der Halbinsel keine Mannschaft erhalten könnte. Er wies auf das Beispiel des bekannten amerikanischen Reisenden Herrn Petroff hin, welcher auch an jener Landenge umzukehren gezwungen war. Herr Wilson rieth mir dagegen, nach dem im südlichsten Theile der Halbinsel Kenai gelegenen Fort Alexander zu gehen, von wo ich vielleicht eine Reisegelegenheit nach der grossen Insel Kadiak, welche der Halbinsel Alaska vorgelagert und von ihr durch die Shelikoff-Strasse getrennt ist, erhalten konnte. In Kadiak, versicherte er mir, würde ich leicht ein kleines Fahrzeug und eine Mannschaft erhalten, um damit nach dem südlichsten Theile von Alaska, nach Sitka reisen zu können. So wenig mir dieser Plan gefiel, da er mich zu einem grossen Umweg nöthigte, so sah ich mich doch veranlasst, ihn schliesslich zu dem meinigen zu machen.

Eine wesentliche Erleichterung meines Gepäckes wurde dadurch herbeigeführt, dass ich die für meine Zwecke nicht mehr nöthigen Handelswaaren an Herrn Wilson gab, da ich diejenigen ethnologischen Erwerbungen, welche ich während des letzten Theiles meiner Reise noch zu machen im Begriff stand, mit baarem Gelde bezahlen musste.

Nachdem ich herzlichen Abschied genommen, fuhr ich am 18. Juni aus Fort Kenai ab und folgte der Küste nach Südwesten. In wenigen Stunden befand ich mich in der am Kassiloff-Flusse belegenen Fischconserven-Fabrik, in der ich wieder einen sehr angenehmen Abend verbrachte, nachdem ich schon beim ersten Besuche gelegentlich der Feier eines Geburtstagsfestes die für mich ganz fremd gewordenen Genüsse Champagner und Kuchen wieder kennen gelernt hatte. Capitain Harendin und Herr Kendall schrieben in Eile einige Briefe, welche sie mir nach der Insel Kadiak mitgaben.

Vom Kassiloff-Flusse bis zu dem Dorfe Ninilschik, welches wir am anderen Tage nach siebenstündiger Fahrt erreichten, ist der Meeresgrund mit zahllosen erratischen Blöcken bedeckt, deren nicht wenige die Grösse eines europäischen Zimmers haben. Das Meer ist an dieser Stelle so seicht, dass ich einen dieser Steine noch in der Entfernung von etwa drei englischen Meilen vom Ufer über die Oberfläche des Wassers — allerdings zur Zeit der Ebbe — hervorragen sah. Ninilschik, eine Niederlassung der Russen in Alaska, bietet schon die Genüsse einer sesshaften, Landwirthschaft treibenden Bevölkerung. Ich erhielt hier von dem vornehmsten Bewohner, Herrn Alexius, Kuhmilch und frische Butter zum Imbiss vorgesetzt.

Längs der Nordwestküste der Halbinsel Kenai ist die steile Uferwand von einigern Kohlenlagern durchzogen, die mit Sand und Kiesschichten abwechseln. Das mächtigste Kohlenlager, welches ich erblickte, war an dieser Stelle 3—6 Fuss stark. Das Meergestade ist auf eine weite Strecke mit grossen Kohlenstücken bedeckt. Einzelne Stücke, welche dort lagen, waren nur halb verkohlt. Ich fand hier viele versteinerte Laubpflanzen, von denen ich einige Fundstücke mitnahm. Sie werden sich voraussichtlich bei näherer Untersuchung als instructives Material für die Beurtheilung der arktischen Flora in der letztvergangenen grossen geologischen Epoche herausstellen und die durch die zahlreichen Funde der Nordenskiöld-Expeditionen gewonnene Kenntniss für diesen Theil des circumpolaren Gebietes erweitern. Das Vorkommen früherer vulkanischer Eruptionen in dieser Gegend wurde durch mehrere Lager von Asche und vulkanischen Gesteinen am Ufer bewiesen.

Wir setzten noch an demselben Tage unsere Reise fort und gelangten zum Abend nach Anchor Point, einem Vorgebirge, welches die südlichste Spitze von Cooks Inlet bildet. Jenseits dieser Stelle biegt die Küste der Kenai-Halbinsel rechtwinklig nach links um, und erstreckt sich von Westen nach Osten. An diesem Theile der Halbinsel zieht sich die spitz nach Nordosten zulaufende Kachekmak-Bay tief ins Land hinein.

Wir übernachteten an Anchor Point oder Leida, woselbst eine grössere Anzahl von Seeotter-Jägern mit ihren Fellbooten gleichfalls die wenigen Stunden bis zum andern Morgen zubrachten. Früh um 3 Uhr verliessen die Jäger den Ort und ich weckte meine Leute gleichfalls, damit sie Thee kochen und Alles zur Abreise vorbereiten sollten. Während ich noch ein wenig ruhte, legte sich auch meine Mannschaft wieder hin und als wir erwachten, hatten wir die günstige Zeit der Abfahrt versäumt und mussten bis Mittag liegen bleiben. Die herrschende stürmische Witterung nöthigte uns, eine ziemlich weite Strecke in Kachekmak-Bay hineinzufahren, bevor wir diesen Meeresarm überfuhren, dann folgten wir wieder dem gegenüberliegenden Ufer nach Südwesten und erreichten als nächstes Nachtquartier den Ort Akedaknak in Saldovia-Bay, woselbst sich die Wohnhäuser der Seeotterjäger, die wir am Abend vorher getroffen hatten, befanden. Dieses Dorf besass bis wenige Wochen vor meiner Ankunft einen Handelsposten der Western-Fur-Trading-Company, der aber im Monat Mai 1883 aufgegeben wurde. Der Preis für ein gutes Seeotterfell ging dadurch im Orte selbst von 112 Dollar auf 35 Dollar hinunter.

Am nächsten Morgen setzten wir unsere Fahrt bei Windstille und günstiger Meeresströmung fort. Wir fuhren schnell und lautlos dahin und bemerkten verschiedene Heilbutten, welche oben auf der Meeresoberfläche spielend umherschwammen oder auf kleine Fische Jagd machten. Sofort erwachte in uns die Jagdlust und im Augenblick war die Harpune ergriffen und einer jener colossalen Plattfische im Gewicht von etwa 40 Pfund damit durchbohrt. Diese Thiere besitzen bekanntlich ein zähes Leben, so dass es Mühe kostete, unsere an Bord gezogene Beute zu tödten. Ein zweiter, noch grösserer Heilbutt entging der Harpune dadurch, dass er in demselben Augenblicke, als die letztere gegen ihn geschleudert wurde, in pompöser Krümmung untertauchte und sich mit mächtigen Schwingungen seines breiten Schwanzes in die Tiefe begab. Der gefangene Fisch war übrigens durchaus keiner der grössten seiner Art; ich habe in meiner norwegischen Heimath Heilbutten bis zum Gewicht von 250 Pfund gesehen und gefangen.

Bereits um 9 Uhr Vormittags landeten wir in Fort Alexander,

einem Handelsposten der Alaska-Commercial-Company, dessen Vorsteher Herr Cohn, gebürtig aus Berlin, ist. Dieser Herr, bei dem ich eine sehr freundliche Aufnahme fand, steht schon sehr lange in den Diensten der Handelsgesellschaft und hat sich in seiner Stellung durch Beobachtung der Natur eine Menge Kenntnisse erworben, welche mir während meines kurzen Aufenthaltes bei ihm zur genaueren Orientirung sehr vortheilhaft waren. Dieses Fort Alexander auf der Halbinsel Kenai ist nicht zu verwechseln mit dem gleichnamigen Ort an der Mündung des Nuschagak-Rivers.

XXIV.

In Fort Alexander an der Südspitze der Kenai-Halbinsel
fand ich einen Schooner von der Insel Kadiak, der unter Führung
des Capitain Sand und eines Herrn Frank stand. Diese Herren
beschäftigten sich hier damit, Lachse zu fangen und wollten nach
etwa 14 Tagen mit Ladung nach der Insel Kadiak zurückkehren.
Die gesammte Einwohnerschaft des Ortes war mit der Seeotterjagd
beschäftigt, so dass es für mich sehr schwierig, wenn nicht unmöglich schien, eine Mannschaft zu engagiren. Aber auch, falls
mir letzteres gelungen wäre, so hätte ich die Eingeborenen mit
ihren nicht seetüchtigen Fellbooten kaum dazu vermocht, über die
breite Meeresstrasse, welche Kadiak Insel von der Halbinsel Kenai
trennt, zu fahren. Nur unter den günstigsten Verhältnissen wagen
diese Leute sich über die Strasse; im anderen Falle bleiben sie
lieber Wochen lang liegen und erwarten das geeignete Wetter.

Herr Frank machte mir am Tage nach meiner Ankunft die
Mittheilung, dass tief im Innern der von mir durchkreuzten Kachekmak-Bay sich die Ruinen eines alten verlassenen Indianerdorfes Namens Soonroodna befänden, und dass es sich vielleicht
lohnen würde, an diesem Orte, der von den Eskimos Hardak,
auch Hardanak genannt wird, Ausgrabungen zu machen. Da

ich auf die Abfahrt des Schooners noch länger als eine Woche warten musste, so beschloss ich, diese Zeit zu einer solchen Ausgrabung zu benutzen, obgleich ich wieder eine Strecke von etwa 80 englischen Meilen zurückfahren musste. Nachdem ich für theuren Preis einige Leute engagirt hatte, fuhr ich am 26. Juni mit ihnen von Fort Alexander ab und erreichte am Nachmittag desselben Tages wieder den Ort Akedaknak in Saldovia-Bay, woselbst ich einen alten Indianer, dessen Vorväter in dem verlassenen Dorfe gelebt hatten, als Führer miethete. Wir fuhren noch an demselben Tage weiter bis zu der kleinen Yukon-Insel, auf der wir zuerst Eier sammelten und Vögel schossen und alsdann in einem Hause, welches dem alten Indianer gehörte, übernachteten. Mein Wirth verkaufte mir einige alte Steinlampen und ein Paar Tanzrasseln.

Am andern Morgen umfuhren wir zunächst die Yukon-Insel, auf deren Ufer wir zehn Seepapageien, Alke u. a. m., sowie einen grossen gefleckten Seehund schossen, welche Jagdbeute unserem geschwächten Proviantvorrath sehr zu statten kam. Nach einigen Stunden schneller Fahrt gelangten wir endlich nach jener merkwürdigen Ruinenstätte, welche, wie bereits erwähnt, Soonroodna heisst. Diese Lokalität befindet sich unterhalb des dritten Eisgletschers am Südufer der Kachekmak-Bay.

Soonroodna war ein Dorf von grosser Ausdehnung, schon vor dem Jahre 1794, als die Russen hierher kamen. Kurze Zeit, nachdem die Letzteren Fort Kenai erbaut hatten, fuhren sie eines Tages mit vielen Booten nach Soonroodna und entführten hier — eine zweite Auflage des Raubes der Sabinerinnen — alle jungen Mädchen und Weiber, welche sie mit nach dem Fort nahmen und sich auf diese Weise Ehefrauen verschafften. In wilder Trauer verliessen die Indianer, welche sich gegenüber den Russen machtlos sahen, ihren Heimathsort und zerstreuten sich unter die von der Insel Kadiak hierher übergesiedelte Eskimobevölkerung.

Die alten Bewohner von Soonroodna verbrannten vor Ankunft der Russen ihre Todten und setzten die Ueberreste bei. Diese letzteren waren das Einzige, was im Dorfe zurückblieb, als die Einwohner dasselbe verliessen. Die als Leichenbeigaben dienenden alten Tanzmasken wurden in einer Grotte verwahrt und blieben daselbst als Gegenstände frommer Scheu für die Nachkommen liegen. Jeder, der das verlassene Dorf besuchte, opferte diesen Masken, die für die Geister der Verstorbenen gehalten wurden, irgend einen Gegenstand, meistentheils Lebensmittel, auch wohl kleine Körbe von jener ausgezeichneten Flechtart, dass die Einwohner damals — und auch heute noch — darin mit Hilfe von heissgemachten Steinen Wasser zum Kochen bringen konnten. Mein alter indianischer Führer behauptete, eine Stelle zu kennen, woselbst die alten Indianer ihre Todten und deren Grabbeigaben deponirt hätten. Es war dies eine Grotte, welche wir aufsuchten. Aber im Laufe der Zeit hatte sich die Felsdecke herabgesenkt und alle Beigaben zerdrückt und verschüttet, wie wir deutlich sehen konnten. Jede Bemühung, diese ungeheuren Eelsblöcke hinwegzuräumen, war für uns vergebens; ich war nur im Stande, einige wenige Ueberreste unter einem Steine hervorzuziehen.

Wir besuchten darauf eine andere kleine Grotte, welche, nach dem Aufhören der Leichenverbrennung als Begräbnissplatz gedient hatte. Dort fand ich einen Stock, wie dergleichen wohl bei Festtänzen gebraucht werden, ferner eine hölzerne Frauenbüste und ein viereckiges, in der Mitte durchlöchertes Stück Holz von unbekannter Verwendungsart.

Nunmehr begannen wir unsere Ausgrabung an einer Stelle, auf der sich nach Aussage meines alten Führers einstmals das Wohnhaus eines mächtigen Häuptlings von Soonroodna befunden hatte. Neben diesem Hause hatte sich, wie ich vernahm, ehemals auch das Waarenlager des Häuptlings befunden. Dieses besteht in jenem Gebiete aus einem kleinen, auf vier hohen Pfählen errichteten Hause, welches für die Hunde unzugänglich ist und zum Aufbewahrungsort für die getrockneten Fische, für Fleisch, Felle etc. benutzt wird.

Wir gruben mit fünf Personen bis zum späten Abend und legten die Stelle bis in einer Tiefe von etwa fünf Fuss frei. Das Ergebniss der Ausgrabung war folgendes: Der Untergrund bestand aus festem Sand Hierauf folgte eine Schicht, die aus einem Gemisch von Muschelschaalen, Asche und Kohlen bestand, also offenbar das Ueberbleibsel der ersten Bewohnung des Ortes war. In dieser Schicht befanden sich als Beweis dieser Annahme kleine Stückchen von thönernen Kochgefässen von jener Art, wie sie am Yukonflusse heute noch in Gebrauch sind. Auch Knochenreste fanden sich daselbst und zwar vom Bär, Biber, Stachelschwein, Fuchs, von diversen Vögeln, dem Weisswal, Seehund, Seeotter etc. Diese Knochen waren offenbar sehr alt und zerbrachen leicht. Oberhalb dieser untersten Culturschicht lag eine 3—6 Zoll dicke Schicht aus reinem Sand und Kies, gleichsam, als ob eine grosse Ueberschwemmung für lange Zeit die Stätte bedeckt hätte. Hierauf folgte eine zweite Culturschicht, welche ebenfalls hauptsächlich aus den Schaalen von Seethieren bestand, und zwar aus solchen, welche besser erhalten waren, als diejenigen der untersten Schicht. Ausserdem wurden in dieser zweiten Lage verschiedene Pfeilspitzen und Harpunen aus Knochen gefunden. Oberhalb dieser Schicht befand sich eine gewöhnliche dunkle Erdschicht, welche mit Knochen und Asche vermischt war und in der ich u. A. eine eiserne Lanzenspitze, ein Stück eines hölzernen Lanzenschaftes, ein kleines Stück Kupfer, das wahrscheinlich als Messer gedient hatte, ein kleines eisernes Messer, eine blaue Glasperle, zwei knöcherne Harpunenspitzen, eine dreikantige Harpunenspitze, sowie endlich viele Knochen von verschiedenen Thieren auffand. Wie mir mein Führer erzählte, stand ehemals der Werth eines der kleinen eisernen Messer dem Werthe von zwei Sklaven gleich; derselbe Werth wurde auch durch hundert Marderfelle ausgedrückt.

Um die Ausgrabung nicht zu kostspielig zu machen, sandte ich am nächsten Tage, nachdem ich mich vorher genau orientirt hatte, meinen alten Indianer wieder zurück und setzte die Untersuchung mit meiner Mannschaft allein fort. An einer Stelle unterhalb des ersten Muschellagers fand ich zwei kurze Stücke einer Walfischrippe auf, welche mit einem scharfen Stein oder irgend einem anderen unvollkommenen Geräth geschnitten worden waren.

Nach Aussage meiner Leute waren diese Knochen ehedem dazu bestimmt, um als Pfeilspitzen weiter bearbeitet zu werden; wenigstens besassen sie die nöthige Länge derselben. Ferner wurden wieder verschiedene Stücke von Thongefässen, Speerspitzen,

eine steinerne Lanzenspitze, und etwa ein Fuss unterhalb der Erdoberfläche eine eiserne Axt, sowie abermals zahlreiche Thierknochen
aufgefunden.

Wir untersuchten am zweiten Tage noch eine Höhle, welche
früher als Aufenthaltsort von Jägern bekannt war. Ich liess den
Boden aufgraben und fand viele Spuren von Asche, Kohlen und
Knochen, sowie eine russische eiserne Axt. Auch machten wir
wieder einen Versuch, in jene Höhle einzudringen, welche ich oben
als Bestattungsort der verbrannten Leichen bezeichnet habe; es gelang uns jedoch nicht.

Ringsum auf den Hügeln entdeckte ich Spuren und Ueberreste ehemaliger menschlicher Wohnungen, namentlich an den
grossen Haufen von Muschelschaalen erkennbar. Es liess sich
hieraus der Schluss ziehen, dass das alte Soonroodna von recht
bedeutender Ausdehnung gewesen war. ·

Am dritten Tage setzten wir unsere Ausgrabung mit vereinten
Kräften fort. Nach allgemeiner Ansicht hatte sich der Haupttheil
des Dorfes wohl unten in der Nähe des Strandes, nicht, wie das
Häuptlingsgebäude etwa 10—12 Fuss über dem Wasserspiegel
befunden. Hier begannen wir nunmehr unsere Untersuchung.
Ich fand in der untersten Culturschicht: Stücke von alten
Thongefässen, eine Harpune für Seeotter- und Seehundsjagd, ein
Stück einer gut geschäfteten aber zerbrochenen steinernen Speer-
spitze, ein Stück Roheisen, ein gerades eisernes Messer von 5 Zoll
Länge, ein hufeisenförmig gekrümmtes eisernes Messer, dessen
Schneide sich an der Aussenseite befand, und das nach Aussage
meiner Indianer früher als Fischmesser benutzt wurde, bearbeitete
Knochen, die als Nadeln und Pfriemen gedient hatten, und viele
Thierknochen. Wir beendeten an diesem Tage unsere Ausgrabung
von Soonroodna.

Am nächsten Morgen traten wir wieder den Rückweg an.
Da der Wind nachgelassen hatte, so verstärkten wir unsern Proviantvorrath, indem wir uns der Jagd auf Murmelthiere und Seevögel ergaben. Als es darauf zu stürmen begann, gaben wir die
Jagd auf und fuhren weiter nach Saldoviabay, wo wir in Gesellschaft der beiden Amerikaner, Capitain Sand und Herrn Frank,

die Nacht zubrachten. Der Erstgenannte versprach mir, dass er mich im Laufe der nächsten acht Tage nach der Insel Kadiak bringen würde, falls es mir gelänge, einige Leute zur Bedienung des Schooners anzuwerben.

Nachdem ich am nächsten Nachmittag wieder in Fort Alexander angelangt war, ordnete ich zunächst meine Sammlung und engagirte alsdann zwei Eingeborene als Mannschaft für den Schooner. Dem oben genannten Stationsvorsteher der Alaska-Commercial-Company, Herrn Cohn in Fort Alexander, verdanke ich einige interessante Mittheilungen über die Lebensweise der Seeotter. Wie bekannt, nähren sich die Seeottern meist von Fischen, Schaalthieren und Seetang. Die Seeotter, deren Vorderpfoten mit Schwimmhäuten versehen sind, versteht es ausgezeichnet gut, unterzutauchen und holt oft aus einer Meerestiefe von 30 bis 40 Faden Muscheln und andere Crustaceen herauf. Die Schaalen öffnet sie auf eine eigenthümliche Weise. Sie legt sich nämlich. auf den Rücken, so dass sie oben auf der Meeresfläche treibt und zerkleinert die Schaalen, indem sie sie auf die Brust legt und heftig mit der Vorderpfote darauf schlägt. Aus diesem Grunde haben die Seeottern an der betreffenden Stelle der Brust gewöhnlich keine Haare. Ist das Schaalthier zerkleinert, so schlägt die Seeotter im Wasser einen Purzelbaum, wodurch die schweren Stücke der Schaale zu Boden sinken, während das Fleisch zwischen Pfote und Brust eingeklemmt bleibt. Dann biegt sie, wieder auf dem Rücken liegend, sehr geschickt ihren Kopf und verzehrt die Beute.

Eine Lieblingsspeise der Seeotter bildet der Fischlaich, der gewöhnlich bei Hochwasser auf die Klippen in der Nähe des Strandes gelegt wird. Eine Seeotter, welche sich dieser etwas zeitraubenden Gourmandise ergiebt, ist auf den Genuss des Fischrogens so erpicht, dass sie sich häufig nicht einmal durch das Herannahen eines Bootes stören lässt. Auch die Seeigel sind Leckerbissen für die Seeottern. Eine vom Jäger plötzlich überraschte Seeotter ergreift nicht immer die Flucht. Der Anblick des Menschen ist ihr nicht fremd, ebenso wenig wie die feindliche Absicht, welche der Jäger gegen sie hegt. Sie legt sich alsdann in abwartender Stellung auf den Rücken, und erwartet den Pfeil des Jägers. Eine alte und erfahrene Seeotter soll es verstehen, mit ihren starken Vorderpfoten den gegen sie gerichteten Pfeil zu pariren und ihn im Momente, wo er sie treffen würde, seitwärts zu schlagen. Diese Mittheilung erinnert mich lebhaft an das Gebahren der alten männlichen Walrosse in dem Meere von Spitzbergen. Auch hier passen diese fast ihr ganzes Leben lang verfolgten Thiere genau auf die Mannschaft des Bootes auf, welches sie jagt. Sie erkennen den Harpunierer und wenden drohend den Kopf rückwärts, wenn er die Harpune erhebt. Sobald das Geschoss seiner Hand entfliegt, heben sie ihre mächtigen Hauer in die Höhe und schlagen die Harpune bei Seite. Auf diese Weise gehen den Jägern viele Walrosse verloren. Ich kannte indessen einen sehr tüchtigen Harpunierer im Spitzbergischen Meere, der mit solcher Riesenkraft begabt war und die Harpune so schnell und energisch zu schleudern verstand, dass er unfehlbar jedes Mal seinen Zweck erreichte.

Oft ereignet es sich, dass die Seeotter, wenn sie die Pfeile abwehrt, in die Vorderpfote getroffen wird. Sie zerbeisst dann den in der Wunde steckenden Pfeil und sucht sich durch Untertauchen zu retten, was ihr manchmal auch gelingt. Wird sie aber harpunirt, dann gelingt es dem Jäger fast jedes Mal sie zu fangen, da sie die Harpune nicht aus dem Fleische zu ziehen vermag. Bei den Aleutischen Inseln werden die Seeottern jetzt gewöhnlich geschossen oder in Netzen gefangen. Hierbei ist es rührend mit anzusehen, wie die Mütter nicht von der Seite ihrer Jungen weichen, während die Männchen oft genug die Flucht ergreifen. Nach Herrn Cohn's Mittheilungen sollen sich die Seeottern zu jeder Jahreszeit paaren. Die Seeottern leben in grossen Schaaren zusammen, wobei unter den männlichen Thieren oft blutige Kämpfe um den Besitz der Weibchen entstehen. Eine erwachsene Seeotter wird bis 5 Fuss lang. Es betheiligen sich gegenwärtig in dem Meere bei Alaska auch viele weisse Leute am Seeotterfang.

Nachdem der Schooner der Herren Sand und Frank bei Springfluth flott gemacht worden war, segelten wir am 7. Juli Nachmittags 4 Uhr von Fort Alexander ab, passirten Barreninsel, fuhren am nächsten Tage zwischen den Inseln Afognak und Marmot hindurch und erreichten am dritten Tage früh um 8 Uhr den Hafen St. Paul an der Nordostküste der Insel Kadiak.

Den hier wohnenden Generalagenten Herrn Macinture traf ich in vollster Thätigkeit. Er war damit beschäftigt, verschiedene Schooner auszurüsten, welche Proviant und Fischgeräthe wegbrachten, nachdem sie eine Ladung gesalzener Lachse herangefahren hatten. Meine Hoffnung, von der Insel Kadiak aus eine schnelle Fahrgelegenheit nach San Francisco zu finden, wurde vereitelt, denn der genannte Herr machte mir die Mittheilung, dass vor dem Monat September kein Schiff dorthin fahren würde.

Somit hiess es denn wieder einmal für mich, Geduld zu fassen und den Umständen Rechnung zu tragen. Ich beschloss deshalb den übrigen Theil der Südküste von Alaska zu besuchen und namentlich die Gegend östlich von der Halbinsel Kenai, die Inselwelt des Prince Williamsunde und den Copperfluss behufs Erwerbung ethnographischer Gegenstände zu bereisen. Die Hauptaufgabe für mich war wiederum nur die, ein Fahrzeug aufzutreiben. Der einzigste Schooner, welchen die Alaska-Commercial-Company auf dieser Station besass, befand sich auf einer Fahrt nach dem Westen und somit musste ich abwarten, bis sich eine günstige Gelegenheit darbot. Dies fand glücklicher Weise schon am nächsten Tage statt, indem ein stattlicher kleiner, sehr tüchtiger Schooner, welcher das Eigenthum des Capitain Andersen und der Brüder Carlsen aus Schweden war und den Namen „Drei Brüder" führten, mit einer Ladung Lachse im Hafen anlangte. Ich machte den Versuch, dieses Schiff zu chartern und fand Capitain Andersen nicht abgeneigt, eine Fahrt nach Prince Williamsund zu unternehmen, zumal sich noch einige andere Interessen damit vereinigen liessen.

In St. Paul machte ich einige interessante Bekanntschaften. Zunächst lernte ich Herrn Fischer kennen, welcher hierselbst als Beamter der Coast Survey thätig ist und zugleich für Smithsonian Institution sammelt, ferner Herrn Wasburne, den Assistenten des Herrn Macinture, endlich Herrn Ivan Petroff, welcher durch seine vielen Reisen in Alaska bekannt ist, und dem wir eine der besten grossen Karten von Alaska verdanken. Der letztgenannte Herr, welcher vor einigen Jahren als Special-Agent des Tenth Census thätig war, bekleidet jetzt die Stelle eines Kostum Hair's Officiers auf der Insel. Seine Gemahlin war die einzige amerikanische Lady in Kadiak. Ausser diesen Personen fand ich in St. Paul eine nicht geringe Anzahl von Norwegern, die sich sämmtlich mit dem Seeotterfang beschäftigten.

Am Tage nach meiner Ankunft verheirathete sich einer dieser norwegischen Seeotterjäger mit einer in St. Paul geborenen Russin. Ich wurde mit sämmtlichen Landsleuten dazu eingeladen und verfolgte mit Interesse die Trauungsceremonie, die in der russischen Kirche vor sich ging. Ich gebe in Folgendem die Beschreibung der Hochzeitsfeierlichkeit nach meinem Tagebuche. In den russischen Kirchen steht während der Dauer derartiger Ceremonien die Gemeinde, was mitunter sehr ermüdend ist. Vor der Trauung fand eine Messe statt. Zugleich wurde ein rothes Taschentuch vor Braut und Bräutigam hingelegt. Nach der Messe wurden die Ringe auf die Finger gesteckt, und die Brautleute ein wenig mehr nach der Mitte der Kirche geführt, woselbst ein Tisch aufgestellt war, auf welchen die Brautleute die Hände legten, während das Tuch darüber gedeckt wurde. Zwei Personen aus dem Publikum nahmen darauf zwei messingene mit Glasperlen geschmückte Kronen und hielten sie mit ausgestreckten Händen über die Köpfe des Paares. Während dieser Zeit fand wieder eine sehr lange Messe statt, in welcher die, die Krone haltenden Männer wiederholt durch andere aus dem Publikum abgelöst wurden. Alsdann wurde durch den Prediger eine mit Portwein gefüllte Schaale dem Bräutigam und der Braut gereicht und jeder von beiden trank dreimal daraus. Es erfolgte hierauf noch eine kurze Messe, wonach die Ceremonie beendet war.

Nach der Hochzeitsfeierlichkeit versammelten wir uns zu einem festlichen Diner, bei welchem ich zum ersten Mal in meinem Leben „Kwas", eine Art russisches Bier, kennen lernte. Ein Tanzvergnügen, welches sich daran anschloss, dauerte bis 1 Uhr Morgens. Hierauf zog sich das Brautpaar zurück und begab sich zur Ruhe. Die Hochzeitsgäste aber blieben noch beisammen, und

ich merkte wohl aus ihren Mienen, dass noch etwas Geheimniss-
volles geplant wurde. Nachdem sie den Neuvermählten eine kurze
Ruhe gestattet hatten, bewaffnete sich jeder Gast mit einem möglichst viel Geräusch machenden Instrumente; der Eine nahm ein
Nebelhorn, der Andere eine Blechbüchse, der Dritte eine leere
Petroleumkanne u. s. w., und auf ein gegebenes Zeichen bliesen,
klopften, hämmerten und paukten Alle darauf los und brachten
dem jungen Ehepaar eine höchst feierliche und laute Katzenmusik.
Es dauerte lange Zeit, bevor das Pärchen ein Lebenszeichen von
sich gab; der Rolle gemäss, die sie in herkömmlicher Weise bei
diesem Acte zu spielen nöthig hatten, durften sie erst nach einiger
Zeit aus ihrem tiefen Schlaf erwachen und sich dann mit halb
verdriesslichem Gesicht der Menge zeigen. Unser Brautpaar war
gut vorbereitet, und indem es sich stellte, als ob es gute Miene
zum bösen Spiel machte, lud es die Anwesenden ein, ein Fass
Bier auszutrinken, welches für diesen Zweck schon in Bereitschaft
gehalten wurde. Beim Trinken des Bieres ging die Neckerei weiter,
indem jeder Gast, bevor er trank, sein Glas dem Brautpaar hin-
hielt und das Wort „Gurka" ausrief. Dieses bedeutet „Sauer" und
bezog sich auf den Geschmack des Bieres. Regelmässig musste
sich dann das junge Ehepaar küssen, worauf das Bier dem betreffenden Gaste nicht mehr sauer, sondern süss schmeckte.

Am andern Tage besorgte ich einige geschäftliche Angelegenheiten, kaufte mehrere ethnographische Gegenstände ein und schrieb
Briefe nach San Francisco und Europa, welche Hr. Vanilius,
der Capitain eines zur Seeotterjagd benutzten Schooners, mit nach
den westlichen Inseln nehmen wollte, um zu sehen, ob er sie von
dort durch irgend eine Gelegenheit nach dem Süden senden könnte.

Ich hatte mit den Besitzern des Schooners „Drei Brüder" einen
Contract geschlossen, des Inhalts, dass sie mich nach Cross-Sund
im südlichsten Theil von Alaska bei Sitka fahren sollten. Vorher
jedoch, so war die Bedingung, sollten sie mit mir Prince William-
Sund besuchen und sämmtliche Ortschaften der Eingeborenen an
der Küste von Alaska bis hinab nach Cross-Sund besuchen. Das
Unternehmen, zu dem ich mich rüstete, schien nicht ungefährlich
zu sein, und wurde ich von allen Seiten vor dieser Reise gewarnt,

denn die Bevölkerung, zu der ich mich zu begeben beabsichtigte, besitzt so ziemlich den schlechtesten Ruf an der ganzen Küste von Alaska. Diese nördlichen Tlinkitindianer gleichen in dieser Beziehung den räuberischen Rothhäuten in West-Vancouver und British Columbien auf ein Haar. Es erschien deshalb notwendig, dass wir uns vor dieser Reise gut bewaffneten, was wir auch thaten.

Wir fuhren am 13. Juli ab. An Bord befand sich Capitain Andersen, sowie einer der Gebrüder Carlsen, ferner mein Dolmetscher, ein Tlinkit-Indianer und unser Koch. Ich hatte einen grösseren Vorrath von Handelsgütern für den Tauschhandel mit an Bord genommen. Wir gelangten mit frischer Brise noch an demselben Tage nach der Marmot-Insel und am nächsten Vormittag nach der Sealbay, die eine Bucht an der Ostküste der Insel Afognak bildet. Hier befand sich damals der dritte Besitzer des Schooners, den wir benachrichtigen mussten, dass das Schiff während der nächsten fünf Wochen von Kadiak entfernt sein würde.

In unmittelbarer Nähe der Sealbay soll ehemals eine Ortschaft der Eingeborenen bestanden haben, und machte ich einen Versuch, hierselbst eine Ausgrabung von Ueberresten der Vorzeit zu veranstalten. Indessen in dem steinigen Boden zerbrachen unsere Schaufeln und Werkzeuge sehr bald, so dass wir von unserem Vorhaben Abstand nehmen mussten. Abends veranstalteten wir eine Jagd auf braune Bären, welche jedoch erfolglos ausfiel. Ungeachtet einer Contrebrise fuhren wir am andern Morgen weiter und waren fast den ganzen Tag damit beschäftigt, aus Sealbay heraus zu kreuzen. Der jüngere der beiden Brüder, Carlsen, schoss an diesem Tage vom Deck des Schiffes aus einen jungen Seehund, der uns ein vortreffliches Abendbrod lieferte. Da nunmehr fast ein volles Jahr verflossen war, seitdem ich zum letzten Mal, und zwar im Beringsmeer, etwa in derselben geographischen Breite gebadet hatte, so begann ich die Seebadesaison an diesem Tage in Sealbay. Das Wasser war nicht sehr kalt.

Wir übernachteten in einer kleinen Bay und segelten am andern Tage bei günstiger Brise nordwärts weiter. Bald war die Barreninsel passirt und wenige Stunden darauf Cap Elisabeth auf der Halbinsel Kenai. Wir bemerkten hier viele Pelzrobben, welche sich auf dem Meer umher tummelten. Die Halbinsel Kenai besitzt zahlreiche Gletscher, welche meist bis zum Meere hinabreichen. Der Wind brachte uns die Küste entlang nach Nordosten schnell weiter, so dass wir schon am andern Tage die weit in See liegenden Seal Rocks erreichten, in deren Nähe wir vielen Seelöwen und zahlzeichen Albatrossvögeln begegneten.

Bald darauf drehte sich der Wind, und es dauerte nicht lange, so wehte uns ein heftiger Ostwind entgegen. Wir befanden uns gerade in Sicht der Montague-Insel und kreuzten längere Zeit auf und ab, um noch vor dem Dunkelwerden einen günstigen Ankerplatz zu erreichen. Es gelang uns dieses indessen nicht, da der wahrscheinlich von den Gletschern abgeschliffene Grund des Meeres unmittelbar am Ufer sehr steil abfiel und der Anker nirgend haftete. So mussten wir denn, wohl oder übel, die ganze Nacht unter Segel zubringen, was bei dem ununterbrochen strömenden Regen und der tiefen Dunkelheit keineswegs angenehm war.

Sobald der Morgen graute, gingen wir weiter nördlich und erreichten die Knights-Insel um 9 Uhr Morgens. Nach Petroff's Karte befindet sich auf dieser Insel das Dorf Chenega. Wir suchten mehrere Stunden danach, ohne es zu finden. Endlich erschien ein Fellboot mit zehn Eingeborenen, welche uns benachrichtigten, dass das Dorf Chenega auf einer 2—3 engl. Meilen benachbarten Insel gleichen Namens liege. Wir fuhren dorthin und landeten um 4 Uhr Nachmittags. Somit hatte ich das nächste Ziel meiner Expedition, Prince William-Sund, erreicht.

XXV.

In Prince Williamsund bot sich mir zu meiner freudigen
Ueberraschung eine willkommene Gelegenheit dar, Ueberreste und
Reliquien aus alter Zeit kennen zu lernen. Nachdem wir in
Chenega gelandet waren, machte mir einer der Bewohner die Mit-
theilung, dass sich nur einige englische Meilen entfernt ein alter
Begräbnissplatz der Eingeborenen befände. Ich miethete deshalb
ein kleines Fellboot und fuhr mit meinem Dolmetscher und einem
Eingeborenen nach der bezeichneten Stelle. Leider aber zeigte es
sich, dass schon vor mir Jemand da gewesen war, welcher die
Reliquien gesammelt hatte. Das Einzige, was ich fand, waren
zwei zerbrochene Masken, die ich mitnahm. Am Abend kehrten
wir nach dem Dorfe zurück, in dem ich alle ethnographischen
Gegenstände kaufte, die zu haben waren. Die Bewohner dieses
Ortes gehören noch zu den Eskimovölkern und sprechen einen
ähnlichen Dialekt wie denjenigen, welchen ich am Nuschagakflusse
gehört hatte. Die ethnographischen Gegenstände, welche ich hier

kaufte, bestanden aus Steinäxten, hölzernen Tellern mit eingelegter Perlenarbeit, grossen Steinlampen, Perlenarbeiten, Jacken aus Adlerhäuten u. a. m.

Nachdem wir unsere Angelegenheiten in Chenega geordnet hatten, setzten wir unsere Reise mit dem Schooner fort. Nach einigen Stunden trat jedoch Windstille und Gegenströmung ein, wodurch wir gezwungen wurden, vor Anker zu gehen. Da wir uns hier in der Nähe des am Tage vorher besuchten Begräbnissplatzes befanden, so begab ich mich mit Capitain Andersen und meinem Dolmetscher noch einmal dorthin. Wir entdeckten diesmal nach längerem Suchen die Mumien eines Erwachsenen und eines Kindes. Dieselben waren jedoch bereits in hohem Grade dem Verfalle nahe und konnte nur die eine von beiden unter Anwendung grösster Vorsicht an Bord gebracht werden, ohne dass sie gänzlich zerfiel. Soweit sich erkennen liess, waren die Beine des Leichnams heraufgezogen, so dass die Mumie eine hockende Stellung besass. Darüber befand sich eine Bedeckung aus Fellen, welche durch Riemen eingeschnürt war. Ausserhalb dieser Umhüllung war eine zweite Bedeckung aus Seehundsleder angebracht. Die Mumien befanden sich in einer höhlenartigen Vertiefung, in welcher sie gegen den Regen geschützt waren. Die Ueberreste des Kindes waren bereits so sehr zerfallen, dass man sie nicht transportiren konnte. Trotz dieses scheinbar hohen Alters der Leichen durfte ich nicht annehmen, dass dieselben vielleicht schon seit Jahrhunderten an Ort und Stelle lägen, denn ich fand bei den Mumien ein mit einer Säge zerschnittenes Stück Holz vor.

Wir fuhren mit unserem Boot längs der hohen, steilen, fast überhängenden und an vielen Stellen mit Uferhöhlen versehenen Küste eine Strecke weiter und entdeckten bei dieser Gelegenheit einen zweiten Begräbnissplatz, an welchem wir noch mehrere Mumien auffanden. Auch diese waren in hohem Grade zerfallen, so dass wir nur ein einziges kleines Exemplar retten konnten. Dasselbe war auch mit Fellen umwickelt und lag auf einem runden Holzreifen, der mit einem Schneeschuh aus Labrador Aehnlichkeit hatte und wohl eine Kinderwiege war. Glücklicherweise fanden wir an dieser Lokalität einige recht gut erhaltene Schädel.

Wohl in Folge einer Ueberschwemmung oder Hochfluth war die See in die Begräbnisshöhlen eingedrungen und hatte hier einen grösseren Theil der menschlichen Ueberreste hinweggespült. Als Grabbeigaben fand ich einige Stücke von hölzernen Masken, dagegen keine Jagdgeräthe oder Waffen, wie dies sonst in dieser Gegend der Fall zu sein pflegt. Nach einem Abkommen, welches ich mit Capitain Andersen getroffen hatte, ging die Hälfte der Funde in den Besitz des Herrn Fischer in St. Paul über. Ohne eine derartige Abmachung würde ich wahrscheinlich gar nichts erhalten haben.

Capitain Andersen half bei diesen Höhlenuntersuchungen persönlich mit und arbeitete unverdrossen mit einem Feuereifer, als wenn er seit seiner Geburt Anthropologe und Ethnologe gewesen wäre. Wir fuhren im Boot noch einige Meilen weiter und entdeckten abermals einen Begräbnissplatz. Hier war das Dach der Höhle eingestürzt und auf die menschlichen Ueberreste herabgefallen, so dass wir zunächst grosse Aufräumungsarbeiten verrichten mussten, ehe wir an die Untersuchung der Gräber gelangten. Nach vieler Bemühung gelang es uns, einen gut erhaltenen Schädel zu bekommen. Wie es scheint, ist dieser Begräbnissplatz der älteste von denjenigen, die ich an dieser Küste sah, nicht sowohl wegen des Zustandes der Höhle, als besonders deshalb, weil die Leichen mit Holzstücken und Holzplanken bedeckt waren, die offenbar nicht mit unseren modernen Werkzeugen, Säge und Axt, sondern in alterthümlicher Art durch Keile bearbeitet und gespalten waren. Einige Leichen fand ich auch mit Tannenrinde bedeckt. Ich hatte den Eindruck, als ob die Gräber dieses letzten Platzes eine gewisse Aehnlichkeit mit den Gräbern der alten Bevölkerung von Labrador aufwiesen; allerdings unterscheiden sich die letzteren von ihnen dadurch, dass sich in ihnen viele Geräthe vorfinden, während sich andererseits keine Holzplankenbedeckung in dem an Holz überhaupt armen Labrador nachweisen lässt. Es sollen sich in der Nähe dieses alten Begräbnissplatzes der Chenegainsel noch einige grössere, mit Mumien angefüllte Höhlen befinden; wir konnten jedoch von den Eingeborenen keine nähere Auskunft darüber erhalten.

Am nächsten Tage fuhr ich mit Capitain Andersen und einem Eskimo hinüber nach der Knights-Insel, woselbst sich, wie ich erkundet hatte, gleichfalls ein alter Begräbnissplatz befand. Derselbe lag unter einem überhängenden Felsen. Wie auf dem, am Tage vorher besuchten letzten Platze, waren die Leichen in Kisten beigesetzt, welche aus rohen Holzplanken bestanden. Sämmtliche Ueberreste befanden sich in einem höchst verkommenen Zustande, so dass wir grosse Mühe hatten, aus zahlreichen Gräbern vier einigermassen erhaltene Mumien herauszufinden. Ausserdem sammelten wir an dieser Stelle sechs Schädel. In einem Grabe war die Leiche einer Frau mit derjenigen eines Kindes vereinigt; so gern ich auch den Inhalt dieses Grabes mitgenommen hätte, so gelang es mir doch nur, die Wiege und den Schädel der Frau unversehrt zu bekommen. Eine sehr grosse Schwierigkeit bereitete der Transport der Mumien und Skelettheile von der Höhe des steilen Ufers hinab nach dem Meeresufer. Sämmtliche Mumien waren in Thierfelle eingehüllt. Wir waren übrigens nicht die ersten Besucher dieses Platzes, sondern auch hier war uns der Sammler für Smithsonian-Institution zuvorgekommen.

Noch an demselben Tage fuhren wir mit unserem Schooner weiter und indem wir um die Spitze der Knights-Insel unseren Cours nahmen, wandten wir uns nördlich und gingen an der Ostseite dieser Insel hinauf, westwärts und nordwärts von der Greeninsel. Hier erblickten wir vom Bord des Schooners einen an der Meeresoberfläche schwimmenden grossen Fisch, den wir für einen Walfisch hielten. Wir liessen sofort das Boot in See und ich nöthigte meine Leute, mit mir hinzufahren und den Fisch zu verfolgen. Als wir näher kamen, entdeckten wir, dass das schwarze Ungeheuer ein mindestens 30 bis 35 Fuss langer Haifisch war. Wir schossen einige Kugeln in seinen Leib, worauf er plötzlich untertauchte und mit mächtigen Schlägen seines Schwanzes unseren Blicken entschwand.

Wir fuhren nördlich um die Montagueinsel herum und landeten an der Nordküste der Nuchekinsel an einer Handelsstation gleichen Namens, woselbst ich die Bekanntschaft des Stationsvorstehers Herrn Lohr, von der Alaska-Commercial-Company machte. Die Nachrichten, welche er mir in Bezug auf die Ausführbarkeit meines Planes gab, waren nicht sehr günstig und wie sich später herausstellte, leider nur zu wahr. Er theilte mir mit, dass sich auf der ungeheuren Küstenstrecke von beinahe zehn geographischen Längengraden zwischen der Mündung des Copperflusses und Cap Spencer am Cross-Sund nur drei Ortschaften der Eingebornen befänden; dass ich also auf die Erwerbung einer reichhaltigen Sammlung von vornherein verzichten müsse. Ausserdem bemerkte er, dass die Witterungsverhältnisse in Prince Williamsund und an der genannten Küstenstrecke für eine Reise nach Osten und Südosten, wie ich dieselbe auszuführen beabsichtigte, hinderlich sein würden, denn es wehe gewöhnlich daselbst Gegenwind aus Osten mit heftigem Regen, oder es herrsche Windstille.

Capitain Andersen hatte es übernommen, von der östlich von Prince Williamsund weithinaus in See gelegenen Middletoninsel eine Anzahl von Seehundsjägern abzuholen und begab sich dorthin. Ich traf mit ihm die Verabredung, dass ich inzwischen an der Nordostseite von Prince Williamsund die Küste des Festlandes und die Mündung des Copperflusses besuchen würde. Dort wollte ich bei Cap Martin so lange warten, bis er mich mit seinem Schooner von der Middletoninsel aus nach Cap Martin fahrend, abholen würde.

Wir trennten uns also und ich miethete ein kleines Boot, nachdem ich vorher durch meinen Dolmetscher und einen ortskundigen Eingebornen an einer etwas entfernten Stelle der Insel eine kleine Ausgrabung hatte machen lassen, deren Resultat aus 15 alten meist zerbrochenen Steinäxten bestand.

Die Abfahrt von der Nuchekinsel fand am 27. Juli 1883 statt; ausser meinem Dolmetscher befand sich noch ein junger Tlinkitindianer an Bord. Ich hatte eine Quantität Handelsgüter, sowie auf 4—5 Tage Proviant mitgenommen. An der Nordwestküste der Nuchekinsel gelangten wir noch an demselben Tage bis zur Hawkinsinsel, woselbst wir eine schlaflose Nacht unter den zahllosen Stichen der Mosquitos zubrachten.

Die Hawkinsinsel ist von dem Festlande nur durch eine schmale Meerenge getrennt, welche wir am andern Morgen in den ersten Tagesstunden überfuhren. Den nächsten Theil des Festlandes bildet eine nach Süden vorschiessende hohe steile Halbinsel, welche unmittelbar vor dem nach Osten sich daran schliessenden Delta des Copperflusses liegt. Um von Prince Williamsund, respective von der Hawkinsinsel nach dem Delta des Copperflusses zu gelangen, benutzen die Eingeborenen nicht die Passage zur See südlich um das steile Vorgebirge herum, sondern sie schneiden den Weg durch eine sogenannte Portage über Land ab. Die bezeichnete Halbinsel besitzt nämlich in ihrem innern Theile einen grossen Binnensee, dessen Westufer bis dicht an das Westufer der Halbinsel heranragt und der an seinem östlichen Ende durch einen Wasserarm mit dem Delta des Copperflusses unmittelbar verbunden ist. Dieser See heisst Konno und sein Ausfluss Konnofluss.

Als wir uns der Halbinsel genähert hatten, entdeckten wir am Westufer Feuer. Wir landeten dort und trafen die Mannschaft zweier hölzerner Canoes an. Diese Leute, mit denen wir in ein Gespräch geriethen, waren aus dem Dorfe Iggiak am Konnofluss. Wir folgten ihrer Weisung und fuhren noch eine kurze Strecke am Westufer der Halbinsel hinauf, bis wir eine kleine Bay mit flachem Strand erreichten. Hier wurde gelandet und das Boot hinaufgezogen, da hierselbst die Portage war. Zuerst zogen wir unser leeres Boot quer über das niedrige flache Land bis zu dem ungefähr eine halbe englische Meile entfernten Ufer des Konnosees und alsdann trugen wir die Waaren gleichfalls hinüber. Nachdem das Canoe beladen war, fuhren wir unter starkem Regen über den See und langten in der Mittagsstunde in Iggiak an. Dieser Ort besteht aus 10 Häusern und gehört zum Stamm der Tlinkit-Indianer. Die hier wohnenden Eingebornen sollen ursprünglich zu einem andern Stamme gehört haben, welcher einst sehr stark und mächtig war. Diesen Stamm hatten sowohl die Eskimos als auch die Tlinkit-Indianer, wie man erzählt, in verschiedenen Kriegszügen fast ganz aufgerieben, bis es endlich den Ueberlebenden gelang, sich durch Heirathen mit ihren Besiegern zu vermischen und sich dadurch vor dem gänzlichen Untergange zu retten.

In der That haben diese Leute auch einen andern Typus als die Eskimo oder Tlinkit, auch unterscheidet sich ihre Sprache so sehr von denen der genannten Völkerschaften, dass mein Dolmetscher nicht ein Wort davon übersetzen konnte. Auch ich muss gestehen, dass ich noch niemals eine unverständlichere Sprache gehört habe als die ihrige. Wir konnten uns mit den Leuten nur dadurch verständigen, dass einige unter ihnen zufällig auch die Eskimosprache verstanden.

Ich erwarb von den Leuten einige ethnographische Gegenstände, aber es gelang mir nicht, ihre aus Stein oder Knochen bestehenden Amulette, die sie um den Hals trugen, käuflich an mich zu bringen. Im Handel zeigten sich diese Leute wohlbekannt mit den Indianerkniffen, so dass ich Alles in Allem geneigt bin zu glauben, dass sie möglicherweise ihren Ursprung von einem der Indianerstämme des Innern von Nordamerika herleiten können. Es scheint, als ob die Vielweiberei unter ihnen nicht ganz selten vorkommt.

Wir verblieben die Nacht über in Iggiak, fuhren am andern Morgen den flachen Konnofluss hinab, dessen Mündung wir nach zweistündigem Paddeln erreichten. Die Mündung dieses Flusses fällt mit derjenigen des westlichen Hauptarmes des Copperfluss-Deltas zusammen, deshalb steigt auch die Fluth des nordpacifischen Oceans in beide Wasserstrassen weit hinauf. Die Deltamündung ist hier so breit, dass man kaum das jenseitige Ufer zu sehen vermag. Aber der Arm ist so seicht, dass man ihn zur Ebbezeit mit einem Boot fast gar nicht passiren kann.

Wir fuhren den Mündungsarm hinauf, wobei wir eine Strömung von 3—5 Seemeilen überwinden mussten. Nachmittags 4 Uhr erreichten wir das Dorf Allaganak, woselbst ich zu meinem grössten Erstaunen drei amerikanische Goldgräber antraf, welche von Sitka her gekommen waren und die Absicht hatten, den Copperfluss auf Metalle zu untersuchen. Sie waren bei Cap Martin, den östlichsten Hauptstrom des Deltas hinauf gefahren und hatten in dem Gewirr der zahlreichen Wasserstrassen und Kanäle, ohne es zu wissen, bereits den Hauptstrom passirt, waren in den westlichen Mündungsarm übergegangen und hatten kurz vor mir in Allaganak Halt gemacht, ohne dass sie jedoch im Stande waren, sich mit der Einwohnerschaft zu verständigen. Ihr Erstaunen und ihre Freude, als sie mich plötzlich in dieser fast noch nie von einem Weissen besuchten Einöde wie einen deus ex machina auftauchen sahen, wuchs noch mehr, als ich im Stande war, ihnen nicht nur den rechten Weg zu zeigen, sondern ihnen auch in Erinnerung einer mir vom Handelsagenten Lohr auf der Nuchekinsel gemachten Mittheilung eine Lokalität am Copperfluss bezeichnen konnte, wo am meisten Kupfer gefunden wurde. Mit Hilfe meiner Dolmetscher vermittelte ich dann noch für sie das Engagement eines ortskundigen Eingeborenen, welcher es übernahm, sie späterhin an die betreffende Stelle zu führen. Am meisten erstaunt von Allen waren übrigens die Einwohner von Alláganak. War es schon unerhört, dass plötzlich drei weisse Männer aus dem fernen Osten angefahren kamen, deren Thun und Treiben sie sich nicht enträthseln konnten, so war es jedenfalls im höchsten Grade eigenthümlich, dass fast zu gleicher Zeit direct vom Westen her ebenfalls ein weisser Mann plötzlich unter ihnen erschien und dass dieser mit Jubel von den übrigen weissen Männern begrüsst wurde. Dieser Letztgekommene, nämlich ich selber, war ausserdem noch dadurch vor den Andern ausgezeichnet, dass er einen Hirschfänger in seinem Leibgurt sowie einen Revolver trug. Ein solcher Mann, so schlossen die Eingeborenen, konnte natürlich nur ein Offizier der Vereinigten Staaten von Amerika sein, der vielleicht sich überzeugen wollte, welchen Eindruck bei ihnen die Erschiessung eines ihrer Landsleute hinterlassen hatte, der einige Jahre vorher zwei Weisse ermordete und dafür durch die Mannschaft eines Kanonenboots gefangen genommen und nach Portland gebracht worden war. Unser Erscheinen hatte zunächst die Folge, dass noch an demselben Abend eine Deputation der Eingeborenen an uns abgesandt wurde, welche uns durch Worte und flehentliche Geberden zu überzeugen suchte, dass die ganze Bevölkerung sehr ängstlich über unsere Gegenwart sei.

Man hätte meinen können, dass in Folge dieses Respects die Eingeborenen sich geneigt zeigen würden, die ethnographischen Gegenstände, welche sie besitzen, mir für einen geeigneten Preis zu verkaufen, sie thaten dies jedoch nicht, und so musste ich das Wenige, was sie mir überhaupt abliessen, enorm theuer bezahlen.

Die Concurrenz der beiden grossen mehrfach genannten Handelsgesellschaften hatte auch in dieser entlegenen Weltgegend die An
sprüche der Leute verwöhnt. Ich fand in der Bevölkerung viele
aus Holz geschnitzte Gebrauchsgegenstände, welche ganz das Aussehen der in Britisch Columbien angetroffenen Gegenstände besassen. Uebrigens muss ich erwähnen, dass mir in der Nacht
nach meiner Ankunft die besten von mir gekauften ethnographischen Gegenstände entwendet wurden. Ich wandte mich am
nächsten Morgen mit einer energischen Beschwerde an den Häuptling des Ortes, welcher sich auch aufs Eifrigste bemühte, mir
mein Eigenthum wieder zu verschaffen, leider aber keinen Erfolg hatte.

Am Mittag des nächsten Tages reisten wir ab. Wir fuhren
zunächst stromaufwärts, den rechten Hauptmündungsarm hinauf
und gingen alsdann stromabwärts auf den linken westlichen Hauptmündungsarm über. Bei dieser Gelegenheit hatten wir einen
schweren Kampf gegen Wind und Fluth zu bestehen und schlugen endlich unser Nachtlager auf einer Insel auf. Ich ging sofort auf die Jagd und drang durch das dichte Gebüsch vorwärts,
hatte jedoch das kleine Malheur, mich zu verirren und da ausserdem in Folge der grossen Nässe mein Gewehr versagte, so konnte
ich keinen Signalschuss abgeben und fand erst nach mehrstündigem
Suchen den Lagerplatz wieder auf.

Es begann nunmehr für uns eine unerquickliche Situation.
Der mitgenommene Proviant war fast ganz verbraucht, die
Gegend selbst war wildarm, auch keine Fische oder Vögel
waren zu sehen, während der mit Regen vermischte fortwährende
Nordoststurm unser Zelt, welches ohnehin schon alt und löchrig
war, fast unter Wasser setzte. Am dritten Tage liess das Unwetter endlich nach, so dass wir den Mündungsarm hinab bis zur
Küste fahren konnten, von dort erreichten wir ein wenig nach
Osten weiter rudernd den von drei Familien bewohnten Ort Cap
Martin, wo wir bei ziemlich hohem Seegang während des Landens
fast in die Gefahr geriethen, zu stranden. Die Bewohner der bisher genannten Orte des Copperfluss-Delta, einschliesslich des östlich von Cap Martin liegenden Dorfes Tschilkat, bilden eine

gemeinsame Gruppe, welche je nach der Jahreszeit vorwiegend bald in dem einen, bald in dem andern dieser Orte ihren Wohnsitz hat.

Aus diesem Grunde war die von mir angekündigte bevorstehende Ankunft des Schooners „Drei Brüder" Veranlassung, dass die Einwohner aller dieser Orte sich, um Tauschhandel zu treiben, für dies Mal nach Cap Martin begaben, wo sie kurz nach uns anlangten. Ich kaufte an diesem Orte verschiedene ethnographische Gegenstände, namentlich Masken, geschnitzte Knochen u. s. w. Glücklicherweise fand sich hier ein reichlicher Vorrath an Lebensmitteln, so dass wir hierselbst unsere ausgehungerten Körper wieder restauriren konnten.

Sturm und Regen aus Osten und die entsetzliche Mosquitosplage brachten uns während der nächsten Tage fast zur Verzweiflung, zumal es eine volle Woche dauerte, bis der Schooner von Middleton-Insel ankam. Während dieser Zeit hatte ich Gelegenheit, die interessanten Sitten und Gebräuche der Bewohner des Copperfluss-Deltas zu erkunden. Die Medicinmänner machen ihre Zaubermittel, oder die Einweihung der Amulets auf folgende Art. Der Schamane wirft sich zunächst in seine festliche Tracht, die aus einer Art Schürze besteht, die mit Vogelschnäbeln oder den Füssen der wilden Gebirgsziege behängt ist. Er bemalt sein Gesicht, bedeckt seinen Kopf mit einer Art Hut oder je nach der Medicin, welche er machen will, mit einer Maske und nimmt seine Rassel in die Hand. In der Mitte des Hausraumes wird ein grosses Feuer entzündet, um welches er in Gegenwart herbeigeströmter Einwohner seinen Tanz ausführt. Vorwiegend imponirt der Medicinmann seinen Zuschauern dadurch, dass er ihnen zeigt, dass die Hitze des Feuers ihm keine Beschädigungen zufügt. Zu diesem Behufe nimmt er wiederholt glühende Kohlen in die Hand und zeigt sie rings umher, auch wirft er sie durch die obere Dachöffnung, ohne dass er seine Finger hierbei verbrennt. Die Männer sitzen rings ums Feuer an den Wänden des Hauses. Jeder von ihnen hält einen Stock in der Hand, mit dem er den Takt auf einer hölzernen Planke schlägt. Ein älterer Mann übernimmt das Amt, die grosse Trommel zu schlagen. Alle betheiligen sich am

Gesang, wobei die Weiber ihre Stimme so laut als möglich erheben. Eigenthümlich ist der Gebrauch, dass die Frauen beim Singen stets irgend einen beliebigen Gegenstand vor den Mund halten, gleichsam als ob sie irgend einem Dämon den Eintrit in denselben verhindern wollten.

Der Schamane macht allerhand kleine Kunststücke, um das Publikum in Erstaunen zu setzen. Eins der beliebtesten Bravourstücke ist folgendes: Zwei Männer stellen sich je auf einer Seite des Feuers auf und halten ein Tau aus Bast oder Leder unmittelbar über dem Feuer. Auf dieses Tau legt oder hängt sich der Medicinmann und wird von den vier Trägern hin und her geschwungen, so dass stets die Flamme unter ihm bleibt, oft fängt das Tau Feuer und wird alsdann mit dem Mann hinweggenommen. Ein anderes Hauptkunststück besteht darin, dass der Schamane vor den Augen seiner Zuschauer einen langen Knochen verspeist und den letzteren bald darauf zum Erstaunen der Anwesenden aus seinem Halse wieder unversehrt herauszieht. Auch kommt es häufig vor, dass die Zauberer ein eisernes Messer rothglühend machen und es dann sowohl in die Hände nehmen, als auch an der Klinge lecken, ohne dass dieses ihnen scheinbar etwas schadet. Die Kunst des Bauchredens wird von manchem Schamanen mit einer gewissen Virtuosität ausgeübt. Mitten im Gesang wird bei solchen Gelegenheiten plötzlich eine Pause gemacht und der Schamane beugt sich zur Erde nieder, worauf ihm ein Dämon, der tief unter dem Boden zu sein scheint, antwortet.

Da die Zeit der Tänze und derartigen Vorführungen nicht in die Tage meines Aufenthaltes fiel, so habe ich einen Theil dieser Mittheilungen durch Erkundigungen erfahren, namentlich verdanke ich dem Führer der Schaluppe „Drei Brüder", Herrn Capitain Andersen, welcher früher ein volles Jahr lang in dieser Gegend zugebracht hat, manches von dem, was ich hier berichte.

Sobald ein Gesang beendet ist und ein neuer beginnen soll, legt der Medicinmann einen andern Anzug oder Maske oder Kopfbedeckung an und streut Adlerdaunen auf sein Haupt etc. Das Heilen von Krankheiten geschieht dadurch, dass der Schamane dem Patienten die Krankheit einfach in der Gestalt einer Hand voll Daunenfedern oder einer lebendigen Maus hinwegnimmt und, damit diese Krankheit nachher nicht einen anderen Menschen befallen möge, sie vor den Augen der Zuschauer verspeist. Der Patient spielt hierbei eine passive Rolle, er muss sich vollständig ruhig und theilnahmlos wie ein lebloser Körper verhalten und wird, je nachdem es der Schamane für nöthig erachtet, entweder hinter einen Vorhang, oder vor den Augen aller Zuschauer hingelegt. Alsdann nähert sich ihm der Schamane, während die Sänger und Trommelschläger die tiefste Stille beobachten und lautlos auf die Orakelsprüche des Zauberers lauschen. Jedes Mal, wenn derselbe einige Worte gesprochen hat, singt die ganze Versammlung als Refrain: „A—h! A—h!"

Die Schamanen stehen bei den Eingebornen in grossem Ansehen. Capitain Andersen erzählte mir, dass er bei seiner früheren Anwesenheit hierselbst einstmals auf die Ankunft eines Schooners gewartet habe. Ein Schamane hätte sich darauf erboten, durch seine Zauberkünste nachzuforschen, ob der Schooner bald kommen werde oder nicht. Zu diesem Zwecke wurde eine allgemeine Versammlung anberaumt und der Zauberer machte zunächst wie gewöhnlich seine Kunststücke. Als er sich bei dieser Gelegenheit über dem Feuer hin und her schwingen liess, verbrannte plötzlich das Tau und der Medicinmann fiel in die lodernde Gluth hinein. Mit Blitzesschnelle sprang er sofort auf und aus dem Feuer heraus; diese eilige Flucht des sonst für unverbrennlich gehaltenen Mannes machte jedoch einen so komischen Eindruck, dass viele der Anwesenden ein lautes Gelächter ausstiessen. Hierüber aufs äusserste empört, wandte der Schamane seine ganze Wuth gegen den unglücklichen Schooner und rief aus, dass demselben ein Unglück zustossen würde. Zufälliger Weise lief dieses Schiff noch in demselben Jahre in der Nähe der Kadiak-Insel auf einen Felsen ausserhalb St. Pauls-Hafen und das Ansehen des Schamanen, der „dieses Unglück" prophezeit hatte, stieg hierdurch so sehr, dass er noch heute als einer der bedeutendsten Medicinmänner jener Gegend verehrt wird. Die Anzüge, Masken und Gegenstände eines Schamanen werden nicht in einem Hause, sondern im Gebüsch aufbewahrt. Die Ein-

gebornen kennen diese Gegenstände, aber sie wagen es niemals sie
zu berühren. Wenn einem Schamanen die Heilung eines Kranken
gelingt, so erhält er dafür eine gute Belohnung in Blankets. Die
Schamanen bereiten auch Amulets gegen gute Bezahlung, namentlich stellen sie Liebesgetränke oder Liebesamulets aus einer gewissen
Wurzelart her und sie finden stets ein dankbares und gläubiges
Publikum, namentlich unter den jungen Leuten. In jedem Dorfe
befindet sich ein Schamane.

Es sei mir gestattet, noch einiges über die häuslichen und
Familien-Verhältnisse der das Delta des Copper-Flusses bewohnen-
den Indianer mitzutheilen. Wie sämmtliche Indianer der Nordwestküste, so werden auch sie sehr jung verheirathet, respective
versprochen. Wenn in einer Familie eine Tochter geboren wird,
so wird sie oft schon am ersten Tage ihres Lebens versprochen,
aber erst im 12. bis 14. Lebensjahr geheirathet. Wenn ihr Vater
früher stirbt als bis sie heirathsfähig geworden ist, so muss ihr
zukünftiger Gatte bis zu dem Momente ihrer Heirathsfähigkeit seine
zukünftige Schwiegermutter zur Gattin nehmen. Wie bei vielen
Naturvölkern wird der Eintritt der jungfräulichen Reife durch eine
besondere Ceremonie und ein Fest begangen. Die jungen Mädchen
werden bei dieser Gelegenheit von den übrigen Familienmitgliedern
getrennt und in einen kleinen Raum des elterlichen Hauses ein-
gesperrt. Hier müssen sie volle 30 Tage verweilen und erhalten
während dieser Zeit von irgend einer weiblichen Verwandten eine
nur spärliche Nahrung. Wenn sie sich niederlegen, so muss ihr
Kopf nach Süden gerichtet sein. Nach Beendigung der Abgeschlossenheit dürfen sie wieder wie gewöhnlich im Hause wohnen und erhalten ein neues Kleid und andere festliche Geschenke von ihrem
Vater oder nächstem Verwandten. Auch wenn sie, wie in der Regel
bald nach diesem Termin geschieht, sich verheirathen, so bekommen
sie sowohl als ihre Eltern Geschenke.

Eine eigenthümliche Art, die Bevölkerung von missgestalteten
Personen frei zu halten besteht darin, dass Missgeburten unmittelbar nach der Geburt öffentlich verbrannt werden; dasselbe geschieht
auch jedesmal mit der Nachgeburt. Diese Gesetze werden strenge
beachtet und soll auf ihre Nichtbefolgung sogar der Tod stehen.

Sobald ein Kind geboren ist, wird seine Nasenscheidewand und jedes Ohr durchbohrt und durch die Oeffnungen ohne weitere Ceremonie Ringe gesteckt.

Kommt ein Todschlag vor, so bewaffnet sich der nächste Verwandte des Erschlagenen, nachdem zuvor ein Familienrath abgehalten worden ist und geht in das Haus dessen, der den Mord ausgeführt hat. Er verlangt von ihm ein Sühnegeld und wenn ihm dasselbe verweigert wird, so stellt er blutige Rache in Aussicht. Hierauf wird von beiden Seiten ein Familienrath zusammen berufen und in gemeinsamer öffentlicher Berathung über die Höhe der in so und soviel Blankets zu zahlenden Ablösungssumme discutirt. Bei diesen Berathungen geht es oft heiss her, namentlich wenn die Verwandten des Erschlagenen zu hohe Forderungen stellen, auf welche die Verwandten des Uebelthäters nicht eingehen können oder wollen. Es kommt oft vor, dass wenn das Lösegeld nicht bezahlt werden kann, sich einer oder mehrere junge Leute von der Familie des Mörders in die Sklaverei begeben und durch persönliche Dienste das Verbrechen sühnen. Es giebt viele Sklaven unter den Tlinkits, dieselben haben jedoch im Allgemeinen ein fast ebenso freies Leben als ihre Herren.

Am 8. August langte ein kleines Canoe von der Nuchek-Insel an, mit welchem die Nachricht kam, dass der von mir so sehnsüchtig erwartete Schooner „Drei Brüder" wegen des fortwährend herrschenden Sturmes zu vier verschiedenen Malen versucht hatte, die Reise nach Cap Martin anzutreten und dass er jedesmal von Wind und Wellen gezwungen war, wieder umzukehren. In den letzten drei Tagen hatte statt des Sturmes vollkommene Windstille geherrscht, welche es ihm gleichfalls unmöglich machte, die Ueberfahrt anzutreten. Diese Nachricht bestätigte mir, was ich schon längst befürchtet hatte, dass ich meine beabsichtigte Reise nach Cross-Sund vor Eintritt des Herbstes wohl schwerlich würde ausführen können. Ausserdem hatte ich gehört, dass auf der weiten Küstenstrecke östlich und südöstlich von Cap Martin bis zum Eingange von Cross-Sund nur wenig Gelegenheit sei, ethnographische Gegenstände zu sammeln. Dies bestätigten mir am Tage darauf, als der Schooner „Drei Brüder" endlich ankam, die Herren

Andersen und Carlsen. Sie waren wegen des stets herrschenden Unwetters in grosser Verzweiflung und boten mir eine bedeutende Abstandssumme für den Fall, dass ich sie von dem übrigen Theil ihrer Verpflichtung entbinden und die Rückreise nach St. Paul antreten lassen würde. Sie befürchteten nämlich mit Recht, dass sie die Vorbereitungen zur nächsten Fischerei-Saison nicht mehr rechtzeitig würden ausführen können und alsdann der gesammten zukünftigen Einnahmen verlustig gehen würden.

Ich erbat mir einige Tage Bedenkzeit und kaufte inzwischen soviel ethnographische Gegenstände auf, als zu erlangen waren, wobei ich das Glück hatte, dass unter den betreffenden Gegenständen sich auch solche befanden, die von der Küste von Alaska bis hinab nach Cross-Sund stammten.

Am 11. August 1883 trat wieder der von mir so sehr gefürchtete Ostwind mit Regen ein und so fasste ich denn nach einer längeren Debatte mit den Besitzern des Schooners „Drei Brüder" den Beschluss, die Reise nicht weiter nach Osten und Südosten fortzusetzen, sondern zunächst nach der Insel Kadiak zurück zu gehen und dort eine Fahrgelegenheit nach St. Francisco zu suchen. Unter den für mich günstigen Bedingungen, für welche ich die Rückreise antrat, befand sich auch diejenige, dass Capitain Andersen mir die ihm zustehende Hälfte der von uns gesammelten indianischen Mumien etc. abtrat.

Wir segelten um 10 Uhr Vormittags ab und erreichten am nächsten Tage Mittags den Hafen von Nuchek. Um einen Beweis davon zu geben, wie sehr ich mich in die Sitten und Gebräuche der Küstenbewohner eingelebt hatte und zugleich, um einen kleinen Scherz mit denjenigen zu machen, die mich vor einer Reise zu den Bewohnern der Mündung des Copper-Flusses gewarnt hatten, beschlossen wir, Capitain Andersen, Herr Carlsen und ich, dass ich mich in einen der Schamanenanzüge, den ich bei Cap Martin gekauft hatte, kleiden, und mein Gesicht nach Art eines Medicinmannes bemalen sollte, um in diesem Ausputz auf der Nuchek-Insel zu erscheinen.

Nachdem ich die Metarmophose ausgeführt hatte, kam der Stationsvorsteher von Nuchek, Herr Lohr, an Bord; während ich als Schamane verkleidet dasass. Seine erste Frage lautete: „Warum kommen Sie so schnell zurück, Sie wollten doch nach Cross-Sund fahren; wo ist Capitain Jacobsen?" Mit verstellter Miene zeigten Capitain Andersen und Carlsen auf mich und sagten, „wir bringen dort den Medicinmann, welcher Jacobsen getödtet hat." Mit wüthender Miene blickte Herr Lohr mich längere Zeit an, während ich anscheinend theilnahmlos dasass und die Uebrigen die Segel festmachten. Als er endlich unruhiger wurde, begann Carlsen zu lachen und klärte ihn zuletzt auf, dass die ganze Sache nur ein Scherz sei. Er wollte dies zuerst nicht glauben, bis ich ihn selber anredete und dadurch überzeugte. Erleichtert athmete er auf und theilte mir mit, dass es ein grosses Glück für mich und ihn gewesen sei, dass er keinen Revolver bei sich geführt habe, sonst hätte er mich in der ersten Erregung ohne Gnade erschossen. Ich wusste dies sehr wohl, und antwortete ihm, dass ich mich in diesem Falle wohl gehütet haben würde, den Scherz mit ihm zu treiben.

Nunmehr betheiligte sich Herr Lohr selber an dem Complott und rieth mir in dieser Verkleidung an Land zu gehen, um zu sehen, welchen Eindruck dies auf die Eskimobevölkerung der Insel Nuchek machen würde. Dies geschah, und als unter den Einge-bornen bekannt wurde, dass ich der Mörder des' Capitain Jacobsen sei, geriethen die guten Leute in fürchterliche Angst und flohen vor mir überall, wo ich mich zeigte. Späterhin klärte sich die Sache zum allgemeinen Vergnügen dadurch auf, dass ich mich umkleidete und mich jedermann als Weisser zeigte.

Nachdem wir noch einige nothwendige Angelegenheiten erledigt hatten, brachen wir auf und setzten unsere Reise nach der Kadiak-Insel fort, woselbst wir nach sechstägiger Fahrt am Abend des 18. August im Hafen von St. Paul Anker warfen.

XXVI.

Heimkehr! Immer noch keine Nachrichten für mich aus Europa. Abschied von St. Paul. Fahrt nach Fort Kenai. Rückfahrt nach St. Francisco auf der Bark „Korea". Grossartiger Fischreichthum. Das chinesische Beschwörungsfest. Günstiger Wind. Ankunft in San Francisco 22. Sept. 1883. Briefe aus Europa. Auftrag, in Arizona zu sammeln. Abreise nach Fort Yuma. Die Yuma-Indianer. Maricopa. Station Gila. Eigenthümliche Verwendung alter Steinäxte. Lederne Schilder. Die Reservation der Pimos- und Maricopa-Indianer. Ein eigenthümlicher Telegraph. Die Reservation der Papajos-Indianer. Washington. New-York. Ankunft in Berlin 23. Nov. 1883.

Heimkehr, welch' herrliches Wort für den Reisenden, welcher seit Jahren in entlegenen Punkten der Erde weilt! Wie hebt sich sehnsuchtsvoll die Brust, wenn es gilt, der Heimath wieder die Schritte zuzulenken.

Im Hafen von St. Paul angekommen, erfuhr ich, dass während meiner fünfwöchentlichen Abwesenheit nach dem Copperflusse das Schiff „Marie Anne" aus San Francisco angekommen sei, ohne indessen Nachrichten oder Briefe für mich mitzubringen. Es sei indessen keine Aussicht, mit diesem Schiffe nach San Francisco zu fahren, weil dasselbe erst im Monat September zurücksegeln würde. Dagegen würde der mir bekannte Capitain Harendin mit der Bark „Korea" von der von mir besuchten Fischconserven-Fabrik am Kassiloff-Fluss, südlich von Fort Kenai in Cooks-Inlet binnen Kurzem nach St. Francisco fahren und sich bei dieser Gelegenheit für mich der Weg nach der Heimath eröffnen.

Ich packte sofort meine Sachen, markirte die ethnographischen Gegenstände und nach herzlichem Abschied von den Bewohnern von St. Paul fuhr ich mit dem Schooner „Kadiak" nach Fort Kenai, woselbst wir am 22. August eintrafen. Nach einigen Besuchen bei meinen alten Freunden in Fort Kenai und am Kassiloff-Flusse ging ich am 28. August an Bord der Bark „Korea".

Es waren im Ganzen gegen 100 Personen, darunter allein 64 Chinesen und acht italienische Fischer, welche die Heimreise nach St. Francisco mit diesem Schiffe antraten. Als Hauptfracht hatte dasselbe 15000 Kisten eingemachten Lachs, jede Kiste zu 48 Dosen geladen. Man ersieht daraus, wie auch schon aus meinen früheren Mittheilungen ersichtlich sein dürfte, dass Alaska mit seinem beispiellos grossartigem Fischreichthum sich in Zukunft als einer der bedeutendsten Fischdistrikte der Welt entwickeln wird.

Während der ersten Woche unserer Reise legten wir in Folge der meist widrigen Winde noch nicht ganz 100 englische Meilen zurück. Dies veranlasste die Chinesen eine Art Opfer- und Beschwörungsfest unter sich zu veranstalten, indem sie hofften, dass der chinesische Gott, an den sie sich wandten, alsdann günstigen Wind schicken würde. Sie breiteten demzufolge eine grosse Matte auf das Hinterdeck aus und stellten zwei Schaalen, die mit rohem Reis gefüllt waren, darauf hin. In diese Schaalen wurden von den Chinesen kleine chinesische Münzen geworfen, ferner wurden verschiedenfarbige Stücke Papier, auf welche kleine viereckige Stückchen Silberpapier geklebt waren, ausgebreitet; auch rothe und weisse Lichter angezündet, eine chinesische Urne mit chinesischem Branntwein gefüllt, ein Topf mit Theeaufguss placirt u. a. m., so dass die Matte zuletzt ganz bedeckt war. Sämmtliche Chinesen hatten ihre festlichen Kleider angelegt und liessen ihre sonst auf dem Haupte aufgebundenen Zöpfe frei über die Rücken hinunter hängen. Nachdem sich jeder einzelne Chinese dreimal feierlich vor dem Opfer verbeugt hatte, wurde ein Theil des bunten Papiers über Bord geworfen, auch wurde die Hälfte des Inhalts der Reisschaale über die Steuerbordseite, die andere über die Backbordseite in die See geworfen. Schliesslich hielt einer der Söhne des himmlischen Reichs eine Rede, indem er Zauber- oder Beschwörungsformeln vortrug. Alsdann wickelten die Chinesen ihre Zöpfe wieder auf und die Feier war beendet.

Es dauerte noch keinen vollen Tag, als die Aussichten auf eine günstige Windveränderung sich bemerkbar machte, wir hatten daher allen Grund uns darüber zu freuen, dass der chinesische

Gott das Opfer unserer bezopften Mitpassagiere gnädig aufgenommen hatte. Acht Tage nach diesem Opferfeste hatten wir bereits 900 englische Meilen, etwa die Hälfte des Weges nach San Francisco zurückgelegt. Abermals eine Woche später am Sonnabend den 22. September Abends ¹/₂8 Uhr landeten wir in der Hauptstadt des Westens in San Francisco. Ich ging sofort ans Land und wurde von meinen Freunden aufs Beste empfangen.

Am andern Tage empfing ich sämmtliche Briefe, die während meiner Abwesenheit, seit April 1882, also seit 18 Monaten an meine Adresse gelangt waren. Aus einem Briefe des Vorsitzenden des Hilfskomites, Herrn Banquier J. Richter in Berlin, ersah ich, dass ich noch vor Antritt meiner Rückreise nach Europa eine ethnographische Expedition nach Arizona ausführen sollte. Ich verschaffte mir deshalb Empfehlungsbriefe nach Aricona und bereitete mich zur Reise vor.

Nach herzlichem Abschiede von allen Bekannten reiste ich am 11. October

Arizona.
Apachee-Kind in der Wiege.

früh von San Francisco wieder ab und erreichte am nächsten Abend Fort Yuma, mein nächstes Reiseziel.

Fort Yuma am Colorado, etwa einen Breitegrad nördlich vom Golf von Californien entfernt, ist die Eingangsstation zu Arizona. Ich logirte dort im Eisenbahn-Hôtel und engagirte einen Dolmetscher, welcher mich zunächst zu einem der bedeutendsten Ansiedler von Yuma, in das Haus des Herrn Jäger, eines Deutsch-Pennsylvaniers, führte. Da dieser Herr nicht anwesend war, so hatte seine Frau und seine Tochter die Liebenswürdigkeit, mich nach der nächsten Ansiedlung der Yuma-Indianer zu begleiten. Wir fuhren im gemietheten Wagen dorthin und erreichten sie in der Mittagsstunde.

Die Yumas sind ein friedliebendes Völkchen von etwa 600 bis 1000 Seelen. Sie sind von hohem schlanken Körperbau und dunkler Hautfarbe. Die Frauen tragen vorn eine Art Schürze von Baumrinde. Diese Schürze reicht bis zur Mitte des Oberschenkels, während eine kleinere Schürze das Gesäss bedeckt. Die Oberkörper sind unbekleidet. Am Halse tragen die Frauen ein sehr breites Perlenhalsband. Die Männer trugen früher als einzige Körperbedeckung gleichfalls einige Schurze aus Baumrinden. Heutzutage tragen die Männer sowohl wie die Frauen, statt der Gegenstände aus Baumrinde baumwollene Tücher. Die Yumafrauen verstehen sich auch darauf, wollene Tücher herzustellen, welche sehr theuer sind.

Die Männer sowohl wie die Frauen tätowiren ihr Kinn. Die Männer tragen ihre langen Haare in Locken getheilt. Frauen und Männer verstehen es, ihre Gesichter mit grosser Kunstfertigkeit schwarz, roth und gelb zu bemalen. Die Frauen lassen ihr Haupthaar, welches vorn kurz geschnitten ist, frei herabhängen.

Als Waffen gebrauchen die Yumas Bogen und Pfeil. Zum Schiessen von Vögeln und kleineren Thieren werden Pfeile mit stumpfer Spitze, im Kriege dagegen solche mit Obsidianspitze gebraucht. Früher bedienten sich die Yumas auch hölzerner Kriegskeulen. Die Weiber besitzen die Fertigkeit, hübsche thönerne Gefässe herzustellen.

Mit gütiger Unterstützung meiner beiden liebenswürdigen Führerinnen traf ich unter den zum Verkauf vorgeführten Gegenständen eine Auswahl, musste jedoch alles ziemlich theuer bezahlen, wie dies immer der Fall ist, wenn man solche Erwerbungen in der Eile erledigen muss. Wieder zurückgekehrt, verbrachte ich noch eine Nacht in Fort Yuma, um die Gegenstände sicher einzupacken und reiste alsdann nach Maricopa weiter.

In Maricopa miethete ich einen Wagen und fand auch nach längerem Suchen einen Dolmetscher, mit dem ich nach der Station

Gila fuhr. Hier wanderte ich, von einer grossen Schaar lärmender junger Indianer begleitet, von Haus zu Haus und kaufte eine Anzahl Thongefässe und alte Steinäxte. Die letzteren, welche früher in Gebrauch gewesen waren, befanden sich fast durchgängig in defectem Zustande, indem die Bewohner sie heutigen

Alte Kirche in der Nähe von Tucson in Arizona.

Tages dazu benutzen, um die Innenseite ihrer Steinmörser damit rauh zu machen. Die Folge davon ist, dass sämmtliche Schneiden stumpf geworden sind. In Gila kaufte ich auch einige Exemplare jener alten ledernen Schilder, welche die dortigen Einwohner im Kampfe gegen die Apachen gebraucht haben. Bogen und Pfeile dagegen wollte mir Niemand überlassen, weil man im Allgemeinen Furcht vor einem plötzlichen Ueberfalle der Apachen hegt.

Aus diesem Grunde befinden sich auch die mit Pfeilen gefüllten Köcher und die Bogen neben jedem Hause, sodass sie sofort, wenn es nothwendig sein sollte, benutzt werden können.

An diesem Abend schlief ich im Hause eines weissen Mannes, der sich in Gila angesiedelt hat und mit den Indianern Handel treibt. Die Reservation der Pimos- und Maricopa-Indianer ist etwa 30 engl. Meilen lang, so dass man längere Zeit damit zu thun hat, wenn man alle Hütten besuchen will. Diese Indianer leben in Erdhütten, welche theils rund, theils oval erbaut und über dem Erdboden errichtet sind. Ausserhalb dieser Hütten befindet sich ein hölzernes, mit einem Dache versehenes Gerüst, auf dem gewöhnlich die Thongeräthe und andere Gegenstände des Hausgebrauchs aufbewahrt werden. Unter diesem Gerüst, im Schatten des Daches, werden die gewöhnlichen häuslichen Arbeiten ausgeführt.

Die Pimos sollen früher ein grosser und mächtiger Indianerstamm gewesen sein. Einer der ältesten weissen Ansiedler von Arizona erzählte mir, dass zu jener Zeit, als er ins Land kam, die Pimos noch ein mächtiger Stamm waren. Die Hütte des damaligen Oberhäuptlings stand mitten in dem umfangreichen Dorfe, und es wurden in ihr die gemeinsamen Berathungen abgehalten und Bestimmungen getroffen, welche grösseren gemeinschaftlichen Arbeiten von den Angehörigen des Stammes ausgeführt werden sollten. Wenn eine derartige Versammlung beendet war, so bediente man sich einer eigenthümlichen telegraphischen Methode, um die Beschlüsse schnell nach allen Richtungen hin bekannt zu machen. Es stand nämlich auf jedem der flachen Hausdächer eine Person; sobald nun der Beschluss vom Dache des Berathungshauses mit lauter Stimme verkündet war, so riefen ihn die Personen, die auf den nächstgelegenen Dächern postirt waren, abermals mit lauter Stimme aus, und die nächsten nach aussen hin trugen ihn weiter. Auf diese Weise verbreitete sich die Nachricht ringsum im Kreise wie die von einem Stein erregten Wellen über die Fläche eines Sees.

Man muss in der That erstaunen, wenn man die Ueberreste der grossartigen Bauten sieht, welche diese Indianer in früheren Zeiten ausführten; besonders auffallend sind die ehemaligen Wasserwerke, sowie die Ruinen grösserer Bauwerke.

Späterhin kamen die Maricopa-Indianer, welche von einem anderen Stamme bedrängt wurden, in das Gebiet der Pimos-Indianer. Da beide Stämme friedlicher Gesinnung waren, so entwickelte sich zwischen ihnen kein Krieg, sondern die Ankömmlinge erhielten an den Grenzen des Gebietes neue Wohnsitze angewiesen. Bald darauf unternahmen die kriegslustigen Apachen einen Feldzug gegen die vereinigten Pimos- und Maricopa-Indianer und tödteten von den letzteren, welche die Vorhut bildeten, eine beträchtliche Zahl Krieger, wurden jedoch durch ein geschicktes strategisches Manöver der Pimos-Indianer in die Flucht geschlagen.

Am nächsten Tage machte ich einen Ausflug nach dem 15 englische Meilen entfernten Phönix, woselbst ich von einem weissen Ansiedler eine grössere Anzahl ethnologischer Gegenstände kaufte.

Am 18. October fuhr ich weiter nach der Stadt Tucson, woselbst ich ein unerwartetes Zusammenkommen mit einem jener Goldgräber hatte, mit denen ich die Reise den Yukonstrom hinauf ausgeführt hatte. Neben dem Bahnhof in Tucson wohnte ein „Curiositäten-Händler", d. h. ein Mann, welcher ethnographische Gegenstände aller Art, deren Herkunft er in den meisten Fällen nicht kannte, an die Reisenden verkauft. Der Mann verlangte ganz exorbitante Preise für seine Sachen.

In Tucson miethete ich Pferd und Wagen, um nach der Reservation der Papajos-Indianer zu fahren. Hier befindet sich eine Kirche, welche von den Jesuiten im sechszehnten Jahrhundert erbaut wurde, und in der noch heutzutage Gottesdienst abgehalten wird.

Bei den Papajos-Indianern fand ich fast gar keine ethnographischen Gegenstände, mit Ausnahme einiger unscheinbaren Thongeräthe. Es wurde hier meine Aufmerksamkeit in einigen Häusern durch einen eigenthümlichen Gegenstand erregt, welcher jedoch auf mein Befragen von den Eingeborenen als unveräusserlich bezeichnet wurde. Sie thaten damit sehr geheimnissvoll und schlugen selbst einen verhältnissmässig hohen Preis aus, den ich ihnen dafür anbot. Dieser geheimnissvolle Gegenstand bestand aus einem länglich geformten, mit einem Deckel versehenen Korbe, welchem in sich, wie ich mich durch einen indiscreten flüchtigen Einblick überzeugte, ein mit Federn decorirter Kopfputz befand, wie deren etwa bei Tanzfesten u. s. w. gebraucht werden.

Von Tucson aus beabsichtigte ich die Reservation der Apachen zu besuchen; man rieth mir indessen aus mehreren Gründen davon ab, so dass ich hiervon Abstand nahm. Ich beendete deshalb hierselbst meine Thätigkeit und trat die Rückreise über Demming, El Passo, St. Louis und Washington nach New-York an, von wo aus ich Berlin am 23. November 1883 wieder erreichte.

ANHANG.

Lebensbeschreibung des Capitain J. Adrian Jacobsen.

Ich wurde geboren am 9. October 1853 auf der kleinen Insel
Risö (70⁰ N. B. 16⁰ O. L. G.) in der Nähe der norwegischen
Stadt Tromsö. Schon in meinen frühesten Jugendjahren machte
ich die Bekanntschaft des Meeres, auf dem ich fast täglich
zwischen den vielen kleinen Inseln mit unsern Booten umherfuhr,
um zu jagen und zu fischen. In jedem Frühling gegen Ende
April kommen die Seemöven, Gänse und Eidergänse zu Tausenden
aus den südlicheren Gegenden an, um auf unseren Inseln ihre
Neste zu bauen. Im Anfang Mai wird auf jeder Insel das Ein-
sammeln der Seevogeleier betrieben und bildet einen nicht unbedeutenden Erwerb für die Inselbesitzer, denn es giebt Tage, an
welchen bis 3000 Eier gesammelt werden. Letztere werden in der
Stadt Tromsö, die circa acht bis zehn deutsche Meilen von Risö
entfernt liegt, verkauft.

Mein Vater siedelte von der Stadt Tromsö am Ende der
dreissiger Jahre nach Risö über, welche Insel er vorher angekauft
hatte und engagirte einige junge Leute, mit welchen die Fischerei
ausserhalb der Insel betrieben wurde. Die Hauptfischarten, welche
bei uns vorkommen, sind im Winter der Dorsch und im Sommer ein
diesem ähnlicher Fisch, genannt „Sei"; welche zu Tausenden in grossen
Netzen, 1—3 Meilen ausserhalb der Insel gefangen werden. Einen
guten Verdienst verschaffte uns das Sammeln der oben schon erwähnten Vogeleier, am meisten jedoch die Daunen der wilden Eidergänse, welche, nachdem sie gereinigt worden sind, für hohe Preise
nach Russland verkauft werden. Unsere sämmtlichen Nachbarn,
welche, wie wir, Inselbewohner sind, ernähren sich durch die

Fischerei. Neben der Fischerei, welche von den Männern betrieben wird, findet man auch Viehzucht vertreten und befinden sich die Eigenthümer im Besitze von drei bis zehn Kühen, zehn bis fünfzig Schafen, einigen Ziegen, Schweinen etc.

Während der neun Wintermonate, in welchen die Kühe in den Ställen gefüttert werden müssen, besteht das Futter, da Heu dann wenig vorhanden, fast nur aus gekochten Fischen und Fischsuppe, in den Monaten März, April, Mai wird als Viehfutter viel Seetang verwendet.

Für einen Stadtbewohner in südlichen Ländern muss ein Leben wie dasjenige in meiner Heimath grauenhaft erscheinen, jedoch für diejenigen, die dort wohnen, ist das Leben erträglich und giebt es vielleicht manche, die ihr freies Leben im hohen Norden nicht mit demjenigen der Grossstädter Europas vertauschen möchten. Nur eins ist nachtheilig, dass wir Inselbewohner wenig oder gar keinen Schulunterricht erhalten, während die Stadtbewohner dort oben im Norden fast dieselbe Schulordnung wie in Deutschland haben. Warum wir Inselbewohner so zurückstanden in unsern Schulkenntnissen, kam einfach daher, dass in den neun Wintermonaten die Communikation zwischen den Inseln und dem Festlande sehr erschwert war. In den drei Sommermonaten gehen schon Kinder von sieben Jahren mit ihren Eltern auf den Fischfang aus, und ist somit keine Zeit und Gelegenheit für ihre anderweitige Ausbildung vorhanden. Es war damals im Jahre siebenwöchentlicher Schulunterricht für die Inselbewohner angeordnet, aber weil dieser im Frühling und Herbst stattfand, so passirte es oft, dass die Eltern mit ihren Kindern wegen Sturm und Unwetter gänzlich oder theilweise verhindert wurden, die Insel zu besuchen, wo die Schule abgehalten wurde. Was man in den Schulen damals lernte, war hauptsächlich: „Religion“, Lesen, ein wenig Schreiben und Rechnen, und wenn man die Schule bis ins 13. oder 14. Jahr besuchte, hatte man Gelegenheit, einen kleinen Begriff von Geographie und Kirchengeschichte zu bekommen. Ich will jedoch damit nicht sagen, dass unser hoher Norden sehr zurücksteht gegen die südlichen Inselbewohner, welche viel bessere Schulen haben, im Gegentheil habe ich bei den meisten meiner

Bekannten aus meiner Jugendzeit ebensoviel Intelligenz und Kenntnisse wie man es bei irgend einem vom Fischfang lebenden Volke zu finden vermag, gefunden. Es kommt dies wohl daher, dass alle unsere jungen Leute, wie schon oben erwähnt, auf allen ihren Fischereifahrten, welche sie sowohl nach Süden wie bis zur Küste von Russland im Nordosten ausdehnen, in Verkehr mit allerlei Leuten kommen und dadurch ihre Kenntnisse erweitern. Die meisten Fischerleute sind während der Hälfte des Jahres auf Reisen. Auch lesen die Nordländer gern Zeitungen und fast jeder Fischer hält ein bis drei verschiedene Blätter, wenn es auch Monate lang dauert, ehe sie die Zeitungen aus den Städten oder nächsten Poststationen erhalten. Jetzt neuerdings hat fast jede bedeutendere Fischerstation ihre Post- und Telegraphenverbindung mit der Aussenwelt.

Soweit meine Erinnerung zurückgeht, kann ich nur Kämpfe mit dem nassen Elemente, die mein Vater mit seinen Leuten auf verschiedenen Fischer-Expeditionen durchzuführen hatte, erwähnen. Wiederholt stand das Leben Aller auf dem Spiele durch wüthende Winterstürme. Oft kamen Trauernachrichten von Nachbarn, deren Boote durch Sturm umgeschlagen waren und deren Insassen entweder theilweise oder ganz in den Wogen ihr Grab gefunden hatten. Ich glaube behaupten zu können, dass ein Drittheil unserer männlichen Bevölkerung — ich meine hier die Inselbewohner — das Grab in den Wellen findet.

Mein ältester Bruder, welcher im 15. Lebensjahre zur See ging und als Seemann alle Welttheile bereiste und von welchem wir hin und wieder Briefe erhielten, bald aus den Vereinigten Staaten, aus Peru, Australien, Java, China etc., regte früh auch bei mir den Wunsch an, fremde Länder und Völker kennen zu lernen. Mein Vater hatte sich einen Schulatlas angeschafft und waren wir auf diese Weise im Stande, die verschiedenen Länder und Städte, welche mein Bruder besuchte, kennen zu lernen. Ich muss gestehen, dass sich mein Vater recht gute geographische Kenntnisse dadurch erwarb. Durch rührige Thätigkeit und Sparsamkeit hatten meine Eltern ein kleines Vermögen erworben und als im Anfang der sechsziger Jahre das Amerikafieber ausbrach und zwei unserer Nachbarn ihre Inseln am Eismeer gegen ein wärmeres Heim in irgend einem amerikanischen Staat vertauschen wollten, so kaufte ihnen mein Vater diese Inseln ab und da sie mit unserer Insel in einer Gruppe befindlich waren, so vermehrte sich unser Besitz dadurch beträchtlich.

Eines Tages im Frühling 1865, als ich mich mit anderen jungen Burschen auf dem höchsten Punkte unserer Insel befand, sahen wir plötzlich durch den vorübergehenden Nebel zwei grosse Schiffe zwischen den äussersten Felsriffen herumkreuzen. Fast in demselben Moment, als wir die Schiffe zu sehen bekamen, lief das Eine, ein Barkschiff, auf einen unter dem Wasser befindlichen Felsen, während das andere Schiff, in die See steuerte. Natürlich liefen wir so schnell uns unsere Beine zu tragen vermochten, nach Hause, augenblicklich wurde ein Boot ausgesetzt, in welchem mein Vater, mein Schwager und zwei andere Leute Platz nahmen und nach dem Wrack hinaus segelten. Von dem höchsten Punkte unserer Insel konnten wir viele Fischerboote beobachten, die sich ebenfalls dem Schiffe näherten. Gegen Abend kehrte mein Vater zurück und brachte den zweiten Steuermann und zwei Matrosen mit, welche nach Tromsö gehen wollten, einen Schleppdampfer zu engagiren, um damit das Schiff vom Felsen abzubringen. Das Schiff war eine Bark von Dundee in Schottland, dasselbe war neu, sehr gut eingerichtet und machte die erste Reise nach Archangel. An demselben Abend begab sich mein Vater mit einem unserer jungen Leute nach Tromsö, während die anderen elf Mann der Schiffsbesatzung trotz allen Warnens meines Vaters das Schiff nicht verlassen wollten. Am andern Morgen fing es an, heftig zu stürmen und konnten wir schon früh die Nothsignale der Schiffsbesatzung bemerken. Verschiedene Fischerleute versuchten sich dem Wrack zu nähern, es war indessen nicht möglich, denn die See war heftig erregt und umtobte die unter dem Wasser liegenden Felsriffe, auf welche die Wellen jetzt mit kolossaler Gewalt schlugen und konnte sich deshalb kein Boot dem Schiffe nähern. Es hatte das Aussehen, als müsste die ganze Mannschaft des Schiffes zu Grunde gehen. Die Wellen hatten bald die Boote, welche zum Schiffe gehörten, zerschlagen. Die Masten waren über Bord gefallen und sahen wir ein, dass in wenigen Stunden keine Spur vom Schiffe vorhanden sein würde. Meine Mutter und Schwestern, welche bisher Zuschauerinnen gewesen waren, baten mit Thränen in den Augen meinen jungen Schwager, welcher ein tüchtiger Seemann war, einen Versuch zu machen, die armen Schiffbrüchigen zu retten. Mein Schwager hatte nur einen jungen Mann zur Verfügung, indessen ein Versuch musste gemacht werden und nahm mein Schwager daher das grösste unserer Boote, mit welchem er dem Wrack zusegelte. Unsere Besorgniss, die wir als müssige Zuschauer dabei entwickelten, war ausserordentlich gross, da die Wogen auf eine halbe Meile im Umkreise des Schiffes sich brachen und wegen des Sturmes und hohen Seeganges das Schiff fast unnahbar war. Es gelang indessen meinem Schwager, die elf Schiffbrüchigen vom Schiff abzuholen und glücklich an Land zu bringen. Der Capitain war in Folge vielen Wasserschluckens besinnungslos, auch hatte die ganze Mannschaft durch eingeschlucktes Wasser sehr gelitten. Eine halbe Stunde später wäre Niemand mehr zu retten gewesen, da dann keine Spur mehr von dem Schiffe vorhanden war. Meine Mutter, sowie mein Schwager und der junge Mann, welche zur Rettung ausgefahren waren, erhielten später von der englischen Regierung durch den britischen Consul in Tromsö jeder einen grossen silbernen Aufgebelöffel mit folgender Inschrift „For Edel Doad" — d. h. „für edle Thaten".

Im Sommer 1866 kam mein älterer Bruder von seiner weiten Reise zurück. Die Freude des Wiedersehens war gross; denn er hatte acht Jahre hindurch seine Heimath nicht gesehen; es traf sich, dass er einige Tage nach seiner Ankunft einen Spaziergang nach dem höchsten Punkte unserer Insel machte, von wo aus man eine prächtige Aussicht über das Eismeer hat und nichts anderes als Himmel und Wasser von Südwest nach West und von Norden bis Nordost sieht.

Mein Bruder hatte ein Fernrohr mitgenommen, durch welches er meilenweit in der See grosse Gegenstände herumtreiben sah. Er eilte mit der Nachricht zurück, durch welche Alle in Aufregung geriethen, was dieses wohl sein könnte. Ein Boot wurde schleunigst bemannt, mein Vater, mein älterer Bruder und zwei Knechte steuerten noch denselben Abend in die See, um die Sache zu untersuchen. Ich war damals zwölf Jahre alt und kann mich besinnen, dass keiner von uns, ich sowohl wie meine Mutter und Schwestern, ein Auge während der Nacht geschlossen haben. Beim ersten Zeichen des Tageslichtes am andern Morgen begab ich mich mit meinen Schwestern und mit dem Fernrohr bewaffnet auf die höchst gelegene Spitze der Insel, von wo aus ich bald das Boot meines Vaters und im Schlepptau desselben einen grossen todten Walfisch entdeckte; das Ungeheuer sah aus wie eine kleine Insel, denn er war bereits durch entwickelte Gase aufgeschwollen. Ich lief schnell nach unserem Hause, und mit Hilfe meiner Schwestern und des Dienstmädchens liessen wir ein Boot ins Wasser, und da keine männliche Hilfe auf der Insel sich befand, so mussten zwei meiner Schwestern und das Dienstmädchen mit in das Boot gehen, mit welchem wir unserem Vater zu Hilfe zu gehen beabsichtigten, denn es fing an, stürmisches Wetter zu werden. Kaum waren wir in die offene See gekommen, so musste das Segel gerefft werden, bei welcher Gelegenheit meine Schwestern sich nicht gerade als tüchtige Seeleute bewährten, denn bei jeder Welle, die sich über uns ergoss, ertönte ihr Geschrei. Ich war so beschäftigt durch Aufpassen auf das Segel, Ausschöpfen des Wassers und Steuern des Bootes, dass ich mich mit ihnen nicht viel abgeben konnte; nach einer kurzen Fahrt erreichten wir unseres Vaters Boot und erhielten ein Tau zugeworfen, an welchem der Walfisch befestigt war, und nach einigen Stunden scharfen Segelns gelang es uns, auf einer Nachbarinsel unsere Beute und uns in Sicherheit zu bringen. Ich war nicht wenig stolz auf diese meine Bootsfahrt als selbständiger Führer.

Im Herbst desselben Jahres kaufte mein Vater ein kleines Schiff, welches mein älterer Bruder befehligte. Das Schiff war neu, ein guter Segler und war genannt nach Frithjofs berühmtem Schiff Elida. Das Schiff wurde ausgestattet, um Fische einzukaufen. Ich bekam von meinen Eltern die Erlaubniss, mitzugehen. Meine erste Beschäftigung an Bord des Schiffes war diejenige eines Cabinenjungen. Im März 1867 reisten wir von unserer Heimath ab und besuchten die grösseren Fischerstationen, wo wir

Fische theils kauften, theils selbst fingen. Indessen war der Fang nicht sehr ergiebig, und machten wir daher keine grossen Geschäfte. Ende Mai kehrten wir in unsere Heimath zurück, und wurde das Schiff ausgerüstet, um nach Spitzbergen zu gehen. Ich bekam aber keine Erlaubniss, diese Reise mitzumachen. Mein Bruder machte auf Spitzbergen recht gute Geschäfte und kehrte Anfangs September nach Norwegen zurück. Ende September wurde das Schiff wieder ausgerüstet, um bei den Lofoten-Inseln Heringe einzukaufen. Ich ging mit; wir hatten aber wenig Glück, denn es wurden in diesem Jahr nur wenig Heringe gefangen, und kehrten wir daher nach Weihnachten in unsere Heimath zurück.

Im Februar 1868 ging unser Schiff wieder mit acht Mann Besatzung und zwei Fischerbooten nach Finnmarken, um Fische einzukaufen und einzufangen. Einige Tage, nachdem wir unsere Heimath verlassen hatten, überfiel uns plötzlich ein Sturm, wobei unsere Fischerboote von den Wellen gefüllt wurden und sanken. Bei dieser Gelegenheit ertranken zwei von unseren Leuten, trotzdem wir uns Mühe gaben, dieselben zu retten. Einer dieser jungen Leute war ein Freund von mir, und waren wir durch dieses Unglück sehr erschüttert. Ich musste zurückkehren, um neue Leute zu engagiren. Dieses Jahr zeichnete sich durch viele Stürme aus. Die Fischerei wurde von uns mit viel Glück an der russisch-murmanischen Küste betrieben, und gingen deshalb viele von unseren norwegischen Fischerleuten mit Booten sowohl wie Schiffen hinüber, um Fische einzufangen und zu kaufen. Wir hatten uns vorgenommen, dorthin zu segeln, wurden aber durch Zufall hieran verhindert. An der murmanischen Küste wie an der norwegischen östlich vom Nord-Cap sind nur wenige gute Häfen, und es scheitern daher sehr viele Fischerboote und Schiffe in dieser von Stürmen so sehr heimgesuchten Gegend. Auch dieses Jahr traf ein orkanartiger Sturm ein, wobei viele Schiffe und Boote untergingen. Viele unserer Bekannten ertranken bei dieser Gelegenheit.

Wir befanden uns während des Orkans in einem Hafen der norwegischen Seite und waren so glücklich, unser Schiff zu erhalten. Diejenigen, welche der Sturm verschonte, wurden von den dort wohnenden Russen ausgeplündert. Im Anfang Juni kehrten wir wieder in unsere Heimath zurück. Mein älterer Bruder, welcher eine Stellung in Hamburg angenommen hatte, reiste dorthin ab; ein Capitain, dessen Schiff im schon erwähnten Sturm verloren ging, erhielt den Befehl über unser Schiff. Mitte Juni segelten wir nach Spitzbergen ab. Nach ein paar Tagen trafen wir Polareis in der Nähe der Bären-Insel an. Hier wären wir fast verloren gewesen, indem wir vor Nebel die Insel nicht sehen konnten, kamen aber ohne Schaden davon.

Wir kreuzten an der Westseite von Spitzbergen den ganzen Sommer herum und landeten oft in einem der tiefen Fjorde, wo die Rennthierjagd sehr ergiebig ist. Diese Jagd ist äusserst interessant und aufregend, wenn auch mit vielen Strapazen verbunden, denn man muss die erlegten Thiere manchmal 2—4 deutsche Meilen weit vom Gebirge bis zur Küste hinabschleppen. Trotzdem ich noch sehr jung war, habe ich mich mit vielem Eifer an der Jagd betheiligt, und wenn wir nach erlegter Beute Abends bei dem Feuer sassen und unsere Rennthierstücke schmorten, fühlte ich mich freier und glücklicher wie irgend ein Mensch. Vor dem Schlafengehen wurde das Boot umgekehrt und diente Nachts als Zelt. Auf Spitzbergen werden hauptsächlich Robben, Walross, Weisswal, Polarbären und viele Leberhaie, die sogenannten Haakjerring, welche eine Länge von 8—15 Fuss erreichen, gefangen, sowie Eiderdaunen gefunden; neuerdings werden auch viele Dorsche gefangen. Das Land hat wenig Vegetation, so wenig, dass man sich oft frägt, wovon die Rennthiere eigentlich leben. Es giebt auf Spitzbergen viel Steinkohle, sie ist nur von geringer Qualität.

Die Jagd auf Spitzbergen wird jetzt nur von Norwegern betrieben, während früher die Holländer, die Engländer und auch Russen dort Stationen errichtet hatten. Von diesen Leuten sind noch manche Ueberreste da und bestehen dieselben meistens aus gebleichten Gebeinen, denn viele Männer sind dort am Skorbut gestorben.

Die folgenden Jahre bis zum Herbst 1869 ging ich während des Sommers nach Spitzbergen und wanderte jedesmal im Herbst nach Norwegen zurück. Ich hatte mich in diesen drei Jahren als Seemann ausgebildet, so dass ich eben dieselben Arbeiten auszuführen vermochte wie alte Seeleute. Im Winter 1879 wanderten viele Leute aus Tromsö und Umgegend nach Queensland in Australien und unter anderen auch unser bisheriger Capitain. Es war gerade Mangel an Capitainen und war mein Vater sehr besorgt, einen Schiffsführer zu erhalten, welcher die Interessen unseres Hauses gehörig wahrnehmen würde. Eines Tages, als wieder die Rede davon war, sagte ich meinem Vater, dass ich diesen Posten übernehmen würde. Mein Vater meinte zwar, ich sei hierzu noch zu jung, um selbständig ein Schiff zu führen, Leute zu befehligen, indessen, ich beharrte bei meinem ausgesprochenen Wunsch und wurde schleunigst nach Tromsö gesandt, um die dortige Navigationsschule zu besuchen. Gleichzeitig mit mir gingen Hans und Sören Johansen mit anderen jungen Leuten, welche sich später als Polarreisende Ruhm erworben haben (Hans Johansen machte wie bekannt später als Capitain des Dampfers „Lena" mit Nordenskiöld eine Fahrt nach Sibirien). Im April 1870 hatte ich nach vieler Mühe endlich die Mannschaft zusammengebracht, da man zu mir, damals sechszehnjährigem Jüngling, nur wenig Vertrauen hatte, auch wollte die Assecuranz wegen meiner Jugend die Versicherung des Schiffes nicht übernehmen. Am 19. April segelten wir ab, hielten uns auf den grossen Banken zwischen Spitzbergen und Norwegen auf und muss ich bekennen, dass ich vom Glücke recht begünstigt wurde, denn schon im Anfang Juni desselben Jahres war ich mit einem recht bedeutendem Fange in meine Heimath zurückgekehrt. Wir löschten schleunigst und segelten Ende Juli abermals ab, diesmal aber nach Spitzbergen. Mitte September kehrten wir zurück mit voller reicher Ladung, zu welcher die mitgenommenen Fässer nicht ausreichten, so dass die von den Robben gewonnene Beute: Speck, Häute u. s. w. in Säcke verpackt werden musste. Schon ausserhalb der norwegischen Küste erhielten wir die Nachricht von dem Kriege zwischen Deutschland und Frankreich, von der für Frankreich verhängnisvollen Schlacht bei Sedan, sowie Napoleon's Gefangennahme etc. Diesen Herbst kam mein ältester Bruder von Hamburg nach Hause zum Besuch und bei seiner Abreise nach einem Aufenthalte von einem Monate spürte ich grosse Lust ihn zu begleiten. Indessen meine Zeit erlaubte es damals nicht.

Im Jahre 1871 brachte ich ebenfalls den Sommer auf Spitzbergen zu. Im Sommer 1872 ging Nordenskiöld, wie bekannt,
nach Spitzbergen, wo er überwinterte. Dieses Jahr war für viele
Schiffer unserer Gegend verhängnissvoll, denn sechs unserer kleinen
Schiffe mit ca. 60 Mann Besatzung wurden vom Eise eingeschlossen.
Ende November gelang es ein Schiff, worin sich 40 Mann befanden, vom Eise zu befreien und kam die Besatzung im November
desselben Jahres halb verhungert nach Norwegen zurück. 20 Mann,
welche in eine andere Gegend gezogen waren, starben im Laufe
des Winters am Skorbut. Ich war diesen Sommer im südlichen
Theil von Spitzbergen und entging auf diese Weise der Katastrophe,
da im Süden verhältnissmässig nur wenig Eis vorhanden war.
1873 und 1874 verlebte ich ebenfalls an den Banken zwischen
Spitzbergen und Norwegen, wo wir Haifische fingen, die in
diesem Jahre sehr zahlreich waren. Mein Schwager hatte ein
Schiff gekauft und machte sehr gute Geschäfte. Nach meiner
Zurückkunft von Spitzbergen im Herbst 1874 entschloss ich mich,
meinen Bruder in Hamburg zu besuchen, reiste im Anfang October
von Norwegen ab und traf am 26. October in Hamburg ein.
Mein Bruder rieth mir, in sein kaufmännisches Geschäft einzutreten, ich that dies, schrieb an meinen Vater nach Norwegen,
dass ich nicht mehr zurückkommen würde und wurde deshalb unser Schiff verkauft. Ich blieb also den Winter über in
Hamburg, wo ich die deutsche Sprache einigermassen erlernte.
Im Sommer 1875 fühlte ich, dass mein Beruf nicht der kauf-
männische wäre, denn ich hatte Sehnsucht nach dem Wasser und
nach Reisen und so sah ich mich danach um, irgend einen fremden Welttheil zu bereisen. Ein norwegischer Capitain, der mit
seinem Schiffe im Herbste in Hamburg lag, rieth mir, mit ihm
nach Süd-Amerika zu gehen und da ich nichts anderes vor hatte,
so entschloss ich mich, ihn zu begleiten. Wir reisten am 13. Januar
1876 von Hamburg ab und langten am 14. Mai wohlbehalten in
Valparaiso an. Nachdem ich von meinem Landsmann, Capitain
Olsen, herzlichen Abschied genommen, nahm ich in Ermangelung
anderweitiger Entfaltung meiner Thätigkeit als Steuermann auf der
Barke „Emilie" aus Valparaiso Stellung; indessen ich muss ge-

stehen, dass dieses die unangenehmste Stellung meines Lebens war, denn die Chilenen als Matrosen sind für Europäer unbrauchbar und ein Umgang mit diesen Leute fast unmöglich. Ich gab daher meinen Posten als Steuermann bald auf und trat jetzt in den Dienst eines schwedischen Bäckers, welcher sein Hauptgeschäft in Iquique (Peru) hatte und in Valparaiso eine Filiale besass, welcher ich als Aufseher vorstand. Ich hatte gleich bei meiner Ankunft in Chili gesehen, dass das Meer sehr fischreich war und entschloss mich dort ein Fischerei-Geschäft zu etabliren. Ich kaufte ein Fischerboot nebst den dazu gehörenden Geräthen und engagirte einen Schweden und einen Dänen als Partner. Indessen unser Unternehmen sollte nicht nach unserem Wunsche ausfallen, die Regierung machte uns gleich von vornherein dadurch Schwierigkeiten, dass wir als Fremde den Eingeborenen den Erwerb durch Fischerei nicht schmälern durften und was noch schlimmer war, wir durften den Hafen wegen der Zollgesetze von Sonnenuntergang bis Sonnenaufgang nicht verlassen, bei Tage aber ist der Fischfang nur gering, daher verloren meine beiden Collegen bald den Muth, kauften sich jeder einen Maulesel und setzten über die Cordilleren, während ich das Boot und die Fischerei-Geräthe verkaufte, resp. verschenkte und mich nach anderer Beschäftigung umsah. Valparaiso ist, wie bekannt, der grösste Seehafen Chiles; alle Schiffe, welche westseits Cap Horn Havarie leiden, müssen nach Valparaiso, um dort ausgebessert zu werden. Daselbst befinden sich zur Aufnahme der zu reparirenden Schiffe mehrere Docks und schloss ich mit den Capitainen der havarirten Schiffe Verträge ab behufs Ausführung der Maler- und Anstreicherarbeiten etc., engagirte als Arbeiter Matrosen aus dem dortigen Verdingshause, wenn dieselben keine andere Beschäftigung hatten, und verdiente bei diesem Geschäft täglich 5—6 Dollars. Im November 1876 kam ein norwegisches beschädigtes Schiff nach Valparaiso, dessen Capitain und Steuerleute ich kannte. Das Schiff war nach Hamburg bestimmt und entschloss ich mich, mit nach Europa zu gehen.

Wir segelten im November ab und landeten in Hamburg Mitte Februar. Mein ältester Bruder hatte sich während meines Auf-

enthaltes in Chile zum zweiten Male verheirathet, und lud er und
seine Frau mich ein, bei ihnen einige Wochen als Gast zu verweilen. Ich nahm dieses Anerbieten an. Eines Tages hörte ich
von einem Landsmanne, welcher damals in Hamburg sechs Eis-
bären verkauft hatte, dass Herr Carl Hagenbeck einem Capitain
den Auftrag gegeben hatte, womöglich eine Collection ethnographischer Gegenstände mit sammt einer Eskimo-Familie aus Grönland nach Europa mitzubringen. Da ich nun ganz bestimmt wusste,
dass der Capitain, welcher nach Nowaja-Semlja ging, nicht Eskimos bringen konnte, so dachte ich, es wäre Gelegenheit für mich,
diese Leute zu holen, ging zu Herrn Hagenbeck, stellte mich
demselben vor und bewarb mich um diesen Auftrag. Herr Hagenbeck meinte, dass wenn ich irgend welche Aussicht hätte Eskimos
zu bringen, so wäre er gern bereit, mir den Auftrag zu ertheilen.
Ich begab mich also denselben Abend nach Kopenhagen, weil ich
wusste, dass von hier die einzigste Gelegenheit nach Grönland sein
würde. Zunächst ging ich zu der Kriolith-Compagnie-Direction.
Ich theilte dem Director meinen Plan mit, der rieth mir aber
entschieden ab, und sagte, es dürften ohne Erlaubniss der Regierung
keine Leute in Grönland landen. Ich ging also zu der Königlich
Dänisch-Grönländischen-Handels-Direction, dessen Director damals
der berühmte Grönlandsforscher Herr Rink war und legte ihm
unseren Plan vor. Derselbe sagte, dass Herr Hagenbeck einen
Antrag an die Dänische Regierung deshalb zu machen habe, weil
es für wissenschaftliche Zwecke bestimmt war, so wäre es möglich,
dass die Regierung meinen Vorschlag genehmigen würde. Herr Rink
schien nicht Lust zu haben, eine Grönländer-Familie herkommen zu
lassen. Ich begab mich gleich nach Hamburg zurück und theilte
Herrn Hagenbeck das Resultat mit. Letzterer schrieb sogleich an
die Dänische Regierung und nach drei Wochen erhielten wir die Erlaubniss. Ich rüstete mich gleich aus zur Reise und ging im April
nach Kopenhagen, um mich von dort aus mit einem der Königlich Dänischen Handelsschiffe nach West-Grönland zu begeben.
Anfang Mai 1877 segelte ich von Kopenhagen mit einer alten
Dänischen Brigg, der „Walfisch" genannt, der damals seine 84. Reise
nach Grönland machte, ab. Wir hatten viel Gegenwind, so dass wir

erst Mitte Juni die Westküste von Grönland und erst am 6. Juli die Handelsstation Omenak erreichten. Ich machte sofort ethnographische Sammlungen bei den dort wohnenden Eskimos, eine Familie nach Europa zu engagiren, war mir indess hierselbst nicht möglich. Am 12. Juli traf ich den Gouverneur, oder wie er dort genannt wird, Inspektor; ich legte ihm meine Legitimationspapiere vor und ersuchte ihn, mich in meiner Angelegenheit zu unterstützen, er schien jedoch wenig Lust hierzu zu verspüren, besonders da ich die Leute nach Deutschland ·befördern wollte. Am 17. Juli ging ich mit der Bark „Thorwaldsen" nach Diskobay weil ich sah, es sei ein Ding der Unmöglichkeit, von hier aus Leute zu erhalten. Am 20. Juli langten wir in Godhavn an, wo der Inspektor, welcher uns bis hierher begleitet hatte, an Land stieg. Am 22. Juli langten wir in Jacobshavn an. Hier machte ich die Bekanntschaft eines Dr. von Haven, sowie des dortigen Missionairs Rasmussen und des dortigen Kaufmanns Fleischer; diese drei Herren zeigten sich sehr freundlich und versprachen mir Unterstützung meiner Pläne. Die ersten acht Tage hatte ich wenig Aussicht auch von hier Leute zu erhalten, aber nachdem ich mit den Eskimos mehr bekannt geworden war, wurden auch die Aussichten günstiger. Als ich die Gewissheit erhalten hatte, dass ich Leute von dort nach Europa bekommen würde, fing ich an ethnographische Gegenstände zu beschaffen, kaufte grosse und kleine Fellboote, Zelte, Hunde, Schlitten, Jagd- und Fischereigeräthe, Schmuckgegenstände, Kleider, Wirthschaftsgeräthe etc. Am 15. August langte die alte Brigg „Walfisch" in Jacobshavn an und sicherte ich mir sofort Plätze für mich und meine hier engagirten sechs Eskimos. Der Inspector war mit dem „Walfisch" gekommen und schloss die Contracte für die Eskimos ab. Am 21. August hatte ich alle meine Sachen an Bord und unter Begleitung einiger Hundert Eskimos, die ihre Brüder bis zum letzten Augenblick sehen wollten, bugsirten wir unser Schiff zwischen den mächtigen Eisbergen, welche bis 300 Fuss den Meeresspiegel überragen, auf die See hinaus. Meine Eskimos waren so betrübt beim Abschied, dass sie fast Lust hatten, wieder umzukehren. Am 26. September langten wir wohlbehalten in Kopenhagen und drei Tage später in Hamburg an.

Wir hielten uns in Hamburg vom 29. September bis 23. October auf, wo wir viel Erfolg hatten, indem Tausende von Hamburgern die Gelegenheit benutzten, Eskimos zum ersten Male in Europa zu sehen. Am 26. October langten wir in Paris an, wo wir Engagement fanden im Jardin d'Acclimatation. Auch hier erregten wir Aufsehen, besonders wurden die Eskimos beim Fahren mit ihren Hundeschlitten, sowie in ihren kleinen Fellbooten bewundert. Niemals war eine so vollständige ethnographische Sammlung in Paris gezeigt worden. In Paris blieben wir bis zum 17. Januar und gingen dann nach Brüssel. Hierauf besuchten wir die Städte Cöln a. Rh., Berlin, Dresden, Hamburg und Kopenhagen. Die Eskimos hatten einen Ueberschuss von 600 Kronen aufgespart, und übertraf dieser Betrag ganz und gar ihre Erwartungen. Am 14. Mai des nächsten Jahres gingen sie von Kopenhagen nach ihrer Heimath ab, wo sie Mitte Juli desselben Jahres wohlbehalten eingetroffen sind.

Am 14. Juni begab ich mich im Auftrage des Hrn. Hagenbeck nach Lappland, um von dort eine ethnographische Sammlung nebst Rennthieren und Lappländern nach Deutschland zu bringen. Am 26. Juni langte ich in meiner lieben Heimath Tromsö an; nach einem Aufenthalte daselbst von zwei Tagen begab ich mich nach den Stätten, wo sich viele Lappländer mit ihren Rennthieren aufhalten, schloss Contracte mit den Lappländern, mir 40 Rennthiere zu überlassen, welche ich bei meiner Rückkehr aus dem Norden abholen wollte. Ich besuchte meine Heimath Risö am 2. Juli und verweilte daselbst zwei Tage. Mein Schwager begleitete mich nach Hammerfest, wo wir am 8. Juli eintrafen. Dort habe ich bis zum 15. Juli auf eine passende Gelegenheit gewartet, um nach dem tief sich ins Land schneidenden Fjord Porsanger, von wo aus der kürzeste Weg nach zwei Lappländerdörfern, nämlich Karasjok und Kautokeino sich befindet, zu gelangen. Am 16. Juli langte ich in Fjord Porsanger an und machte dort sogleich Station an einer Stelle, wo eine Telegraphenstation errichtet war. Von hier aus machte ich Streifzüge nach allen Richtungen, wo Lappländer ihre Lager aufgeschlagen hatten, kaufte, sammelte und bestellte verschiedene Modelle, Kleidungsstücke u. s. w.

Ende Juli traf ich oben in den Gebirgen ein grosses lappisches Lager, wo ich zur Reise nach Deutschland neun Personen engagirte; es befanden sich hierunter drei Frauen, vier erwachsene Männer und zwei Knaben. Am 16. August hatte ich sämmtliche Leute und die ethnographische Sammlung bei mir und bestieg den Küstendampfer.

Am 26. August langte ich in Bergen an. Hier war grade ein Circus (Leonhardt), und beschloss ich, meine Lappländer Abends in den Circus zu führen. Die Lappländer blickten sich verwundert um, und da sie so viele Menschen sahen, so nahmen sie ihre Mützen ab, denn sie glaubten, sie befänden sich in einer Kirche. Als ein Schimmel in die Manege hineingesprungen kam, bekamen die Lappländer Angst und brachen sich durch das Zuschauerpublikum einen Weg bis zur Gallerie hinauf, wobei sie sich umwandten, um nachzusehen, ob der Schimmel sie bis dahin verfolgt habe. Als sie aber sahen, dass das Pferd nicht nachkam, beruhigten sie sich, freuten sich insbesondere über die Leistungen der Clowns, welchen sie auf ihre Art den lebhaftesten Beifall spendeten, wodurch natürlich das Publikum mehr Auge und Ohr für die an solche Genüsse nicht gewöhnten Lappländer, als für die Künstler hatte.

Am 31. August Abends langte ich in Hamburg an und besuchte mit den Lappen später die Städte Hannover, Paris, Lille, Brüssel, Düsseldorf, Berlin, Dresden. In Dresden erhielt ich von Hrn. Hagenbeck Ordre, nach Hamburg zu kommen, um von dort aus nach Havre zu reisen, wo er drei Patagonier, Mann, Frau und Kind, mit einem deutschen Dampfer erwartete. Mit diesen besuchte ich Hamburg, Dresden, Berlin, und kehrten die Leute bald darauf nach ihrer Heimath zurück. Als ich mit den Patagoniern nach Hamburg kam, traf ich gleichzeitig meine Lappländer, welche auf ihrer Heimreise waren. Bei der Begegnung der Lappländer und Patagonier fand eine drollige Scene statt. Unser Patagonier behauptete nämlich, er kenne die Lappländer, und habe sie in den Cordilleras gesehen, verlangte vor den Häuptling dieses Volkes geführt zu werden, um ihn zu begrüssen. Ich that dies, und sofort machten unsere guten Patagonier

27*

die bei ihnen gebräuchlichen Begrüssungsceremonien, welche mehr als zehn Minuten durch die verschiedenartigen Beugungen und Krümmungen des Körpers erforderten. Die Lappländer, welchen dieses Verfahren, jemand zu begrüssen, ganz neu war, sahen die Patagonier verwundert an. Der älteste und intelligenteste der Lappländer übernahm es, nachdem der Patagonier seine Begrüssung beendet hatte, dieselbe zu erwiedern. Er ahmte hierbei scherzweise dieselben Gesichtszüge und Bewegungen nach, von welchen der Patagonier, nicht ahnend, dass die Lappländer ihn zum Besten hielten, annahm, dass diese Begrüssungsform bei diesem Volke gebräuchlich war. Nach der Begrüssung gaben sich Beide die Hände, und hiermit wurde die Sitzung, in welcher Einer den Andern nicht verstanden hatte, geschlossen.

Seit Jahren war es Hrn. Hagenbeck's und mein Plan gewesen, ein eigenes kleines Schiff zu besitzen, um damit Reisen in alle Weltgegenden zum Zwecke des Einsammelns ethnographischer Gegenstände zu unternehmen, und ging ich Mitte November nach Norwegen, wo ich December 1879 ein Schiff kaufte. Da wir als Ziel unserer ersten Reise Grönland und die Nordostküste von Amerika bestimmt hatten, so liess ich das Schiff zu einer Polarfahrt einrichten.

Am 27. April segelten wir von Hamburg ab, hatten aber am Anfange viel Gegenwind und ging die Reise nur langsam vorwärts. Wir hatten Robben- und Walfänger an Bord, indem wir hofften, bei Grönland uns an dem Robbenfang betheiligen zu können. Ich wurde unterwegs, schon längere Zeit mich unwohl fühlend, ernstlich krank und bekam kaltes Fieber. Am 29. Mai sahen wir die nordwestliche Küste von Grönland, und ein paar Tage später trafen wir mit der norwegischen Robbenschläger-Gesellschaft, aus etwa 20—30 Dampfern und Segelschiffen bestehend, zusammen. Ich war so krank, dass ich kaum wusste, was vorging. Hierzu kamen heftige Stürme und Nebel, so dass wir beim Robbenfang ein nur geringes Resultat erzielten. Am 21. Juni befanden wir uns vor der Ostküste von Grönland und hatten uns ihr auf etwa vier deutsche Meilen genähert, als wir durch einen plötzlich heraufgekommenen dichten Nebel, sowie starkes Eis verhindert wurden, unsere Reise fortzusetzen. Vom Schiffsmast konnte ich einige kleine Inseln sehen sowie einen Fjord, der sich landeinwärts erstreckte. Ende Juni segelten wir nach Nordwest-Grönland und langten am 6. Juli in Jacobshavn an, von wo ich von 1877 zu 78 die Eskimofamilie nach Europa brachte. Ich wurde von den Eingeborenen mit grossem Jubel begrüsst, besonders von denen, welche bereits die Rundreise mit mir in Europa gemacht hatten, und waren sie sehr bereit, wieder nach Europa zu gehen. Als jedoch der dortige Inspektor dies untersagte und sogar meine ethnologische Sammlung beschränkte, war ich gezwungen, am 20. Juli wieder abzusegeln und wandte meinen Cours nach dem Grönland gegenüberliegenden Cumberland. Indessen die Eisverhältnisse erlaubten es nicht zu landen, und schlugen wir uns durch Eis und Stürme herum bis 8. August. Dann gab ich es auf, die Nordostküste von Cumberland zu erreichen und wandte mich nach Labrador, wo ich am 11. August im Hafen von Hebron, einer Missionsstation der Herrenhuter Brüdergemeinde, landete. Hier sammelte ich unter den eingeborenen Eskimos verschiedene ethnographische Gegenstände, besonders machte ich reiche Grabfunde. Eine Familie nach Europa zu engagiren war indess nicht möglich, indem die dortigen deutschen Missionäre, welche mir sonst freundlich entgegenkamen, die Eskimos abredeten, nach Europa zu gehen. Es gelang mir jedoch, einen jungen intelligenten Eskimo als Lotse und Dolmetscher zu engagiren, und segelten wir am 16. August die Küste entlang nordwärts. Nach vieler Mühe hatte ich den Erfolg, eine heidnische Eskimofamilie aus dem Norden zu engagiren, und da nun mein Lotse mir versprochen hatte, mit seiner Familie mich nach Europa zu begleiten, so kehrte ich nach Hebron zurück; der Eskimolotse holte seine Frau, zwei Kinder und eine Bekannte und konnte nun die Heimreise angetreten werden. Wir hatten günstigen Wind und langten schon am 24. September in Hamburg an. Wir machten unsere erste Ausstellung in Hamburg, verweilten dort bis zum 27. October und gingen dann nach Berlin. Hier producirten wir uns im zoologischen Garten bis 15. November, gingen dann nach Prag, wo wir uns bis 29. November aufhielten. Sowohl in Hamburg

wie in Berlin und Prag erregten unsere Eskimos grosses Aufsehen.
Am 30. November siedelten wir nach Frankfurt a. M. über, wo
wir uns bis zum 13. December aufhielten, besuchten dann später
Darmstadt und Crefeld und gingen nach Paris, wo wir im Januar
1881 eintrafen. Die Unglücksfälle und Krankheiten, welche unserer Expedition betrafen, sind wohl bekannt, dass eine Erwähnung
derselben unnöthig erscheint. Auch ich war so krank, dass ich
bis 16. März in Frankreich verweilen musste, kehrte am 17. März
nach Hamburg zurück, von wo ich mehrere Geschäftsreisen für
Hrn. Hagenbeck nach England unternahm. Von unserem Schiffe
konnten wir keinen richtigen Gebrauch machen, und erbot ich mich,
für das königliche ethnographische Museum in Berlin eine Samm-
lungsreise zu unternehmen. Mein Anerbieten wurde angenommen,
und so reiste ich mit den Instructionen des königlichen Museums
im Auftrage des „Hilfscomités" vom Sommer 1881 bis Ende 1883
nach Nordwestamerika und Alaska. Von dort zurückgekehrt, war
ich mit dem Registriren meiner aus 6—7000 Nummern bestehenden
Sammlung und der Bearbeitung meiner Reisetagebücher während
einiger Monate thätig und befinde mich nunmehr wieder in demselben Auftrage auf der Reise durch Europa und Asien, um die
Amurländer zu besuchen und dort ethnographische Sammlungen
zu machen.

Alphabetisches Namens-Verzeichniss.